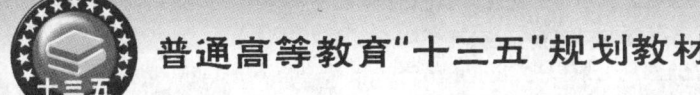

普通高等教育"十三五"规划教材

CAIWU GUANLI JINGPIN XILIE

财务管理精品系列

财务报表分析

（第三版）

张立达　刘卫东　主编

U0781002

财务管理

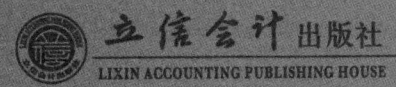

立信会计出版社

LIXIN ACCOUNTING PUBLISHING HOUSE

图书在版编目(CIP)数据

财务报表分析 / 张立达,刘卫东主编.—3 版. —

上海:立信会计出版社,2020.1

　ISBN 978 - 7 - 5429 - 6381 - 9

　Ⅰ.①财…　Ⅱ.①张…　②刘…　Ⅲ.①会计报表—会

计分析　Ⅳ.①F231.5

中国版本图书馆 CIP 数据核字(2020)第 001627 号

策划编辑　　赵志梅
责任编辑　　赵志梅

财务报表分析(第三版)

出版发行	立信会计出版社		
地　　址	上海市中山西路 2230 号	邮政编码	200235
电　　话	(021)64411389	传　　真	(021)64411325
网　　址	www.lixinaph.com	电子邮箱	lixinaph2019@126.com
网上书店	http://lixin.jd.com		http://lxkjcbs.tmall.com
经　　销	各地新华书店		
印　　刷	上海肖华印务有限公司		
开　　本	710 毫米×960 毫米	1/16	
印　　张	27		
字　　数	560 千字		
版　　次	2020 年 1 月第 3 版		
印　　次	2020 年 1 月第 1 次		
印　　数	1—3100		
书　　号	ISBN 978 - 7 - 5429 - 6381 - 9/F		
定　　价	55.00 元		

如有印订差错,请与本社联系调换

第三版前言

2017年以来,财政部相继修订了《企业会计准则第14号——收入》《企业会计准则第16号——政府补助》《企业会计准则第21号——租赁》《企业会计准则第22号——金融工具确认和计量》《企业会计准则第23号——金融资产转移》《企业会计准则第24号——套期会计》《企业会计准则第37号——金融工具列报》《企业会计准则第42号——持有待售的非流动资产、处置组和终止经营》等多项准则,同时会计报表列报格式和审计报告准则也发生了重大调整。本教材为了及时反映最新的会计制度变化,以第二版教材内容为基础,对相关内容进行了较大幅度调整,并对相关实务案例资料做了全面更新。

本版教材编者由山东大学管理学院从事财务分析课程教学的一线教师和实务界人士组成,编写人员有着丰富的教学工作经验和良好的实践背景,曾给不同层次的学生(包括研究生、MBA、本科生、在职会计人员等)进行过讲授,同时也给许多大型公司做过财务咨询服务,积累了大量的企业财务分析实践经验。

改版之后,本教材仍然保持其主要特色:

第一,体例规范,内容完整。本教材以财务报表主表为结构框架,以企业财务报告披露内容为分析主线,内容涵盖偿债能力分析、营运能力分析、盈利能力分析、现金流量分析、附注重要项目分析、合并报表和分部报告分析、企业可持续发展能力分析以及审计报告分析等方面;分析方法包括水平分析、垂直分析、趋势分析、比率分析和因素分析等,而且把各主要财务分析方法作为本教材通用的分析工具贯穿始终,同时在具体问题分析上还运用了EVA、行业竞争能力分析和企业价值评估等分析方法,有利于学生提高综合分析能力并开阔视野。本教材内容结构安排符合当代教材的发展趋势,为了对每章内容有合理的启发和引导,正文前设计有学习目标、引导案例和重要概念(中英文对照),同时每章正文后安排有推荐读物和思考与案例讨论,有利于学生对相关内容做有针对性的复习和拓展。

第二,案例引导,启发兴趣。本教材各章正文前的引导案例均来自上市公司信息披露的相关专业媒体报道,内容精炼且有针对性,反映了企业信息披露方面的热点问题,在引发兴趣的同时,使学生带着问题进入每一章的学习。在章后还有就引导案例的话题讨论,或要求学生自己搜集相关公司的财务数据做深入分析,培养学生解决实际问题的能力。

第三,实例丰富,数据真实。本教材各章举例均采用上市公司的真实数据,且大部分实例系出自同一家上市公司,不仅能使学生理论联系实际,而且通过学习本课程能够全面了解一家企业的整体财务状况,有助于学生掌握各章知识体系的内在钩稽关系并融会贯通。

第四,案例讨论,加深理解。本教材的课后练习采用章后案例讨论的形式,由书后附录提供的公司年报作为统一的分析背景资料,既有计算类题目帮助学生熟练掌握各章分析方法,又有适合讨论的开放式问题用于拓宽思路和开阔视野,以达到对所学知识的综合练习和加深理解的目的。

本教材是高等院校财会专业本科生的专用教材,也可作为其他管理类专业的教学用书,还可作为各类在职人员学习培训的辅导用书。

本版教材由张立达、刘卫东任主编,张萌远任副主编。正、副主编负责拟定写作计划并组织编写,主编负责全书内容的修改和最后定稿。各章的具体分工为:刘卫东编写第一章、第六章、第八章、第九章,张萌远编写第二章、第四章和第十一章,张立达编写第三章、第五章、第七章和第十章。

本版教材得以出版,承蒙立信会计出版社赵志梅女士的督促和精心审读,在此表示衷心感谢!在本教材编写过程中,山东大学管理学院袁明哲教授和胡培军副教授提出了许多宝贵建议,研究生任雪、张荣、代圣贤、屈建玲、薛铃沄、王卓君、李彦、西云欣和于熹梦参与了本教材的案例搜集和整理校对工作,对他们给予的支持和帮助,我们表示衷心的感谢!

由于编者水平有限,书中定有不妥之处,恳请读者提出宝贵的意见和建议。

编　者

目　　录

第一章 财务报表分析概述

学习目标

通过本章学习,认识和理解财务报表分析的内涵和目的;了解财务报表分析的体系和内容;熟悉财务报表分析的原则和步骤;掌握财务报表分析的基本方法。

引导案例[①]

本周值得关注的,莫过于中国石油、工商银行、中国银行等多只重磅股公布年报。接下来,中国神华、中海集运、中国铝业等一批"中"字头权重股,也将集中晒出 2008 年成绩单。而《证券时报》与大智慧投票箱调查结果显示,八成以上股民买股票不重视年报、季报;认真阅读年报的女性股民比男性股民要多,要细心。

分析人士提醒投资者,上市公司的年报在很多方面决定公司股票未来 1 年的走向,尤其是权重股的年报甚至决定大盘重心的移动,认真阅读年报是每个投资者必须要做到的。读懂年报,可以一叶知秋。

很多时候,普通投资者把希望寄托于分析师身上,寄望他们解读年报,指点迷津。然而,接受采访的分析师直言,财务报告上某一处小小的修饰都可能让他们作出错误的判断,如同西方谚语所说"每朵乌云都镶着金边"。投资者最可信赖的应该是自己解读财务报告的能力。

---

① 资料来源:摘自 2009 年 3 月 28 日《证券时报》(有删节)。

股民何先生告诉记者,面对密密麻麻的年报,往往是一头雾水,只是粗略看一下每股收益、每股净资产、净资产收益率等指标。枯燥的年报使中国大多数股民像何先生一样,放弃进一步认识的勇气。

　　这里要提醒股民,信奉安全第一的投资大师巴菲特就是以读年报出名的。他一再告诫:"投资人应把自己当成经理人,深入了解企业创造财富的活动。投资人可以从财报解析企业竞争力,或从企业公布的财务数据中发现其不合理之处,从而作出正确的投资决策。"这位大师还常常抱怨自己的阅读速度不够快,因为他1年所读年报上千份,约1天3份! 当大多数人将读年报视同乏味之旅时,他却从年报中嚼出有滋有味的故事。

　　一位自称"年报迷"的老股民蔡大姐,讲了巴菲特对中石油的投资经典。2008年5月,伯克希尔·哈撒韦公司的股东大会上,很多人不相信他是只看了公司两份年报就作出那么英明的决定。巴菲特的回答我们应该铭记在心,"我是在2002年春天读的年报。我从没问过任何人的意见。我当时认为这家公司值1 000亿美元,但它那时的市值只有350亿美元。如果你根据中石油年报上的数字还作不了决定,那你应该看下一家公司。"

　　那么,投资者阅读年报时应该关注哪些方面呢?

　　其一,盈利模式比利润更可贵。尤其在金融危机影响和我国经济转轨的双重夹击下,盈利模式甚至比利润更重要。利润仅代表过去,而盈利模式代表未来。诚然,在一些注重长线的投资者看来,一个清晰的盈利模式,以及由此产生的业绩可预期性,远比过去1年赚了多少钱来得重要。

　　其二,现金流量比收入更重要。从财务报表看,如果一家上市公司每股收益较高,主营业务利润又占较高比例,并且每股现金流量金额又与每股收益相比差距不大,那么,从财务的角度讲,应是一家较好的上市公司。相反,如果在一家公司的利润构成中,主营业务所占比例较低,而投资收益和其他一次性收益占的比重很大,同时,每股现金流量金额又与每股收益相比差距很大,这样的公司业绩增长持续性难以保证,而且现金流不足,应收款过高,容易出现问题。

　　其三,财务费用与销售费用、管理费用有区别。通常报表体现较高的财务费用不是好事,因为这意味着高的有息负债,但是考虑到2008年多次降息的累积效应将在2009年年初企业贷款利率年度调整时一次进行,只要企业保持正常经营状态,那么,这种高财务费用状况有望在今年得到缓解。但是,销售费用、管理费用的增幅高于净利润的增幅,则说明公司运营和管理有待加强。

重要概念

财务报表分析（financial statement analysis）

水平分析法（horizontal analysis）

趋势分析法（trend analysis）

垂直分析法（vertical analysis）

比率分析法（ratio analysis）

因素分析法（factor analysis）

第一节　财务报表分析的内涵和目的

一、财务报表分析的内涵

财务报表分析是指以财务报表资料及其他相关资料为依据和起点，采用科学的评价标准及专门的方法，对企业财务状况、经营成果、现金流量以及未来发展趋势等进行系统分析和评价的一项经济管理活动。财务报表分析的主要资料包括资产负债表、利润表、现金流量表、所有者权益变动表、附表及报表附注等。财务报表分析的其他相关资料包括非会计数据资料和其他报告资料。非会计数据资料主要包括企业业务资料、统计资料、计划预算等；其他报告资料主要包括企业的招股说明书、审计报告等。

综观国内现有的财务分析教材，其命名各有不同。有的称为财务报表分析，有的称为财务报告分析，也有的称为财务分析。教材名称不同，所给出的定义也各有不同。显然，财务报表分析、财务报告分析和财务分析是既有区别又有联系的三个不同概念。

从产生时间来看，有观点认为，财务分析的思想和实务操作早于财务报表分析或财务报告分析。其理由是，当人类有了剩余产品时，就开始对经济活动的过程和结果进行总结，对剩余产品作出处理，对下期经济活动给予安排，这些往往需要财务分析的介入。而财务报表分析或财务报告分析则是在人类社会产生了会计职业，并且编制了会计报表或者提供了会计信息之后才出现的。显然，这种观点将早期经济活动分析视为了财务分析。尽管经济活动分析与财务分析在分析对象、内容、依据及分析主体等方面存在差异，但也不无道理。而早期的财务报表分析，实际上是对会计技术发展阶段之一的财务报表解释进行分析，是一种会计分析，并不是现代意义上的财务报表分析或财务报告分析。会计技术的发展包含了利用会计凭证记录交易、用会计分类账记录交易、编制会计报表和财务报表解释四个发展阶段。对财务报表解释的目的是帮助管理者管理经营,对财务报表解释进行分析也只是从总体分解到其构成要素,或从报表回到原始记录。随着社会经济的发展以及公司资产的增加,公司开始有了许多投资者、债权人,现代会计实践中使用的财务报表(资产负债表、利润表、现金流量表等)也加入了会计程序,真正意义上的财务报表分析或财务报告分析得以出现,其内涵也得到了进一步的拓展。

从分析的依据来看,财务报表分析的依据是财务报表,财务报告分析的依据是财务报告,财务分析的对象是财务活动。财务分析不仅对财务报表(报告)进行分析,而且要对企业的经营活动、资金运动以及外部环境等进行全面分析。即财务分析的内涵除了对财务报表(报告)进行分析外,还应包括对管理会计资料、其他业务核算资料和市场信息资料的分析。而财务报表(报告)分析通常仅以对外报告会计提供的财务报表(报告)资料作为分析依据,对内报告会计提供的报表一般不作为其分析依据。

尽管存在上述不同之处,但它们之间的联系还是显而易见的。首先,财务分析、财务报表分析、财务报告分析的主体是相同的,都是与企业存在经济利益关系的单位、团体和个人,他们为了特定的目的,站在各自的立场上,对企业的财务状况、经营成果和现金流量等进行分析评价,并作出判断和决策。其次,财务分析、财务报表分析、财务报告分析的依据有相同之处。财务分析要以财务报表为依据,以企业经营活动和外部市场环境为背景来开展;而财务报表分析、财务报告分析也要以财务报表为主线进行分析,同时还要了解企业资金运动的规律、企业经营业务的特点和市场环境,这样才能使其分析建立在客观、可靠和真实的基础之上。最后,财务分析、财务报表分析、财务报告分析在很多情况下可以通用。比如,西方的财务分析教材也经常称之为财务报表分析。财务分析可以有广义和狭义之分。广义的财务分析是指利用企业财务信息,对企业的整体与局部、历史与未来、短期与长远进行比较,以揭示企业现实价值和预测未来价值为目的的分析与评价活动。狭义的财务分析是指借助于企业财务报表及相关资料,以历史财务信息为基础,以揭示企业现实价值为主要目的的分析活动。可以说,财务报表分析、财务报告分析就是狭义的财务分析。

综上所述,财务分析、财务报表分析及财务报告分析几种表述在其内容、分析重点等方面有一定区别,但因财务活动、财务报告和财务报表之间存在着天然的内在联系,所以以上几种表述的本质是相同或相近的。因此,有观点认为,财务报告分析也可以叫作财务报表分析或简称财务分析。在本教材后面各章节中,如果没有特别说明,财务报表分析与财务报告分析含义相同。

二、财务报表分析的目的

财务报表是了解公司经营状况的重要信息来源,对财务报表进行分析,可以更深入地了解公司的运营状况,发现一些深层次的问题,或者找到潜在的价值。因此,财务报表分析往往成为投资者、债权人、经营者以及监管当局等进行有关经营决策的重要依据。

财务报表分析的目的受财务报表分析主体和财务分析服务对象的制约,不同的财务报表分析主体进行财务报表分析的目的是不同的,不同的财务报表分析服务对象所关心的问题也是不同的。各种财务分析主体的分析目的和财务报表分析服务对象所关心的问题,也就构成了财务报表分析的目的。

1. 投资者分析的目的

在我国 2006 年颁布的《企业会计准则》中,将投资者作为财务会计报告的首要使用者,凸显了投资者的地位,体现了保护投资者利益的要求。因此,投资者是财务报表分析的首要主体。企业的投资者是指为企业提供资金并承担最终风险的所有者,包括企业的所有者和潜在投资者。投资者既是企业收益的获得者,也是企业风险的最终承担者。他们最关心的是所投资企业的获利能力,因为获利能力是投资者资本保值增值的关键。但是投资者仅关心获利能力还是不够的,为确保资本保值增值,他们还应研究企业的资本结构、支付能力以及营运状况,只有投资者认为企业有良好的发展前景,他们才会保持或增加投资,潜在的投资者才会把资金投入该企业。另外,投资者还要关注对经营者行为的监督和控制,使其行为合理化,从而扩大自己的财富。

2. 债权人分析的目的

企业债权人是指向企业提供信用的金融机构,以及购买企业债券的单位和个人等。一般而言,金融机构及其他债权人不仅要求本金的及时收回,而且还要得到相应的收益,而这个收益的大小又与其承担的风险程度相对应。因此,债权人进行财务分析的主要目的包括:一是看其对企业的借款或其他债务是否能及时、足额收回,即研究企业偿债能力的强弱;二是看债权人的收益状况与风险程度是否相适应,即分析企业的经营状况、盈利能力并与偿债能力分析相结合。

3. 经营者分析的目的

企业经营者是指受托经营管理企业的各级经营管理人员。作为财务报表的内部使用者,他们所获得的信息更加全面,进行财务分析的目的也更加多样化。从对企业所有者负责的角度,经营者首先应关心企业的盈利能力,这是他们的总体目标。但是,在财务分析中,他们关心的不仅仅是盈利的结果,还有盈利的原因及过程,如资产结构与营运效率分析、经营风险与财务风险分析、支付能力与偿债能力分析等。经营者进行财务分析,其目的是及时发现生产经营中存在的问题与不足,并采取有效措施解决这些问题,使企业不仅能充分利用现有资源,而且促使企业盈利能力保持持续稳定增长。同时根据分析的结果,对企业内部的各个部门及其员工进行业绩评价,对以后的生产经营作出预测与决策,并合理规划未来的发展战略和经营策略。

4. 其他分析主体分析的目的

其他财务报表分析的主体或服务对象主要是指国家行政管理与监督部门、与企业经营有关的单位、员工与社会公众等。国家行政管理与监督部门主要是指工商、税务、财政、证券监管及审计等部门。监管者作为经济管理和经济监督的部门,其职责就是维护市场经济秩序的公正有序,确保宏观决策所依据的信息真实可靠。比如,通过财务报表的分析,税务部门可以审查企业的纳税申报数据是否准确合理;财政部门可以审查企业的会计法规和财务制度是否规范;证券管理部门可以审查上市公司是否遵守了经济法规和市场秩序;注册会计师可以审查企业的各项会计处理是否符合会计准则,是否客观公允地反映某一特定会计期间的财务状况和经营成果。

与企业经营有关的企业单位主要是指材料供应企业、产品购买者等。这些单位或个人出于保护自身利益的需要,也非常关心往来企业的财务状况,他们进行财务分析的主要目的是搞清楚企业的信用状况。材料供应者可能希望与企业建立长期的合作关系,因此通过对企业的财务报表进行分析来了解企业的持续购买能力、支付能力和商业信用情况,从而调整其商品的营销策略和信用政策。产品购买者可能成为企业商品或劳务的重要客户。为了解企业能否长期持续经营下去以提供稳定的货源,能否长期履行产品质量的担保义务及其所提供的信用条件等信息,产品购买者往往需要对企业的发展能力、盈利能力等进行分析。

第二节 财务报表分析的体系和内容

一、西方财务报表分析的体系与内容评价

目前,西方理论界关于财务报表分析体系及内容的安排多种多样,特色各异,教材不同,分析体系与内容也各有不同,从总体上可以归纳为以下几种体系类型。

1. 基于财务报表解读的财务分析体系

这种体系是从财务报告的逆向选择性出发,对三大基本财务报表的结构及敏感项目的真实性进行剖析,从中提取出有助于报表使用者决策的有效信息,然后再分别从利润的概念界定、收入费用的确认、审计和披露的可靠性等方面入手,对利润作进一步的重点分析,最后对诸如并购会计、预计财务报表、信用分析及所有者权益分析进行专题式讲解。该体系以财务报表为主线来构建教材体系结构,具体的财务分析方法,如财务比率等,只作专题性介绍,不作为统领全局的系统性方法;对财务分析报告的结构及程序步骤也不作关注。该体系比较适合于外部报表使用者对公司财务报告进行解读。这种分析体系的代表是 Martin Fridson 和 Fernando Alvarez 两位教授所著的《财务报表分析》一书。

2. 基于财务活动绩效分析的财务分析体系

这种体系是在对公司财务报告性质及其分析进行概述的基础上,以企业融资活动、内部投资活动、外部投资活动、经营活动为主线展开分析,并对相关方面作专题式研究,包括现金流量分析、投资回报率和盈利能力分析、前景分析、信用分析、权益分析与估值等内容,最后以综合案例的方式介绍财务报表分析的应用。该体系从构成企业现金流量表的三大财务活动(经营活动、投资活动和融资活动)出发,以财务报表分析报告的形成落脚点,比较适合于企业内外部的专业分析人员(公司高管或证券分析师等)对企业存在的问题进行分析和诊断。这种分析体系的代表是 K. R. Subramanyam 和 John J. Wild 两位教授所著的《财务报表分析》一书。

3. 基于经营分析工具应用的财务分析体系

这种体系是在介绍财务报表分析环境与目的的基础上,首先进行分析程序与具体技术分析方法研究,具体包括经营战略分析、会计分析、财务分析、基于预测技术的前景分析、基于折现技术的前景分析和基于会计评价的前景分析,最后是分析的具体应用问题,即上述分析工具在实践领域的应用,包括权益证券分析、信贷分析与危机预测、兼并与收购、公司筹资政策、管理交流等方面的应用。该体系以财务报表为分析对象,以经营分析工具应用为重点,比较适合于报表使用者对企业进行综合性研究以及企业管理当局改进管理决策和制订财务计划。这种体系的代表是 Palepu, Bernard 和 Healy 所著的《经营分析与评价——使用财务报表》一书以及 George Foster 所著的《财务报表分析》一书。

从上述分析体系可以看出,作为一个全面系统的分析体系,西方财务报表分析的基本内容通常包括分析理论、分析方法、具体分析及分析应用。具体来讲,既包括传统分析中的盈利能力分析、偿债能力分析、营运能力分析等,又或多或少地包含会计分析、战略分析、价值评估分析、预测分析等内容。

二、我国财务报表分析的体系与内容

在对西方财务报表分析体系及内容介绍的基础上,结合我国的实际情况,将我国的财务报表分析体系构建如下:第一部分将介绍财务报表分析理论、财务报表分析方法以及财务报表分析信息等基础理论内容,具体包括财务报表分析概述及财务报表分析基础两章内容。第二部分将从财务报表的质量分析入手,结合财务报表分析的内容与技术方法,对企业的财务报表进行分类分析,具体包括资产负债表分析、利润表分析、现金流量表分析、所有者权益变动表分析、财务报表附注分析、合并财务报表及分部报告分析、企业可持续发展能力分析等章节的内容。第三部分将介绍财务报表的综合分析,具体包括综合财务分析、企业价值评估、财务报表综合案例及审计报告的解读与分析等内容。

关于财务报表分析的内容,不同的报告使用者,由于其对财务信息的需求不同,因而相应的财务报告分析的内容也不同。但概括起来,主要包括以下几个方面。

1. 资本结构分析

企业在生产经营过程中周转使用的资金,是从不同的来源取得的(包括从债权人借入和企业自有两大部分),又以不同的形态分配和使用(包括流动资产、固定资产、无形资产、其他资产等)。资本结构的健全和合理与否,直接关系到企业经济实力的充实和经济基础的稳定与否。如果资本结构健全、合理,企业的经济基础就比较牢固,就能承担各种风险;反之,如果资本结构不健全、不合理,企业的经济基础就会处于虚弱状态,难以承担各种风险。分析资本结构,无论对企业的经营者、投资者或债权人来说,都具有十分重要的意义。

2. 偿债能力分析

企业在生产经营过程中,为了弥补自有资金的不足,经常通过举债来筹集部分生产经营资金。但是举债必须以能偿还为前提。如果企业不能按时偿还所负债务的本息,那么企业的生产经营就会陷入困境,以致危及企业的生存。因此对于企业经营者来说,通过财务报告分析,测定企业的偿债能力,有利于其作出正确的筹资决策和投资决策;而对债权人来说,偿债能力的强弱则是衡量贷款决策正确与否的基本的和决定性依据。

3. 获利能力分析

获利能力即赚取利润的能力。获取利润是企业生产经营的根本目的,也是投资者投资的基本目的。获利能力的大小显示着企业经营管理的成败和企业未来前景的好坏,因而是企业经营者和投资者财务报告分析的重点。

4. 资金运用效率分析

企业筹集资金的目的是为了使用。如果资金得到充分有效的使用,则企业必能获得较多的收入,而且能减少对资金供应量的需求;反之,如果筹集到的资金得不到充分有效的使用,不仅不能给企业带来利益,而且还会给企业带来负担。因此,资金利用效率的高低,直接关系到企业获利能力的大小,预示着企业未来的发展前景,因而是企业经营者和投资者进行财务报告分析的一项重要内容。

5. 现金流量分析

通过现金流量表的分析,为财务报表的使用者提供企业在该会计期间内现金流入、现金流出以及现金净流量信息的财务报表,估计企业现金的获取能力和使用方向,反映企业现金在流动中的增减变动情况,从现金流量的角度来揭示企业的财务状况。

6. 收入、利润和利润分配分析

收入和利润水平的高低是否与企业生产经营规模和能力相适应,反映企业经营管理的水平和企业获利能力的大小,也预示企业未来的发展前景。而利润分配政策则直接关系到企业未来的发展和企业承担风险的能力,这些都是企业经营者和投资者财务报表分析的重要内容。

第三节 财务报表分析的原则与步骤

一、财务报表分析的原则

1. 目标明确原则

目标明确原则是指企业财务报表使用者在进行财务报表分析之前,必须明确分析目的,即要解决的问题。分析目的决定了分析所需要的资料、分析步骤和方法以及需要得到的结果,也关系到分析的深度和质量。没有明确的分析目的,分析将无从下手,分析结果可能会失去意义。

2. 客观性原则

客观性原则是指分析要从实际出发,坚持实事求是,客观反映情况。对企业财务状况、经营成果、现金流量的分析与评价是财务分析的重点内容之一,而对其产生影响的因素很多,既有外部因素,又有内部因素;既有宏观环境的因素,又有微观个体的因素。因此,在设计、运用评价指标时,应客观地、公允地反映企业财务状况和经营成果的真实情况,使得评估结果具有更大的可信度,更有使用价值。

3. 可理解性原则

财务报表分析的结果是提供给相关决策者使用的有效信息,使用者只有读懂分析报告提供的内容并能准确理解,才能更好地利用分析的结果进行科学决策。因此,财务报表分析的结果应该直观、明确、易于理解。企业在财务报表分析过程中应尽量采用通用的方法和计算口径,对于有关制度中没有规定统一计算口径的指标,应注明所采用的分析计算方法,以便于报表使用者理解。

4. 可操作性原则

可操作性原则是设计财务评价指标体系必须考虑的重要因素,离开了可操作性,再科学、合理、系统的评价体系也是枉然。可操作性原则要求在制定财务评价指标体系时注意以下两点:一是指标体系尽量做到条目简明,建立指标体系时要对影响企业财务状况和盈利质量的因素进行认真分析研究,找出评价的主要因素,并给予清楚明确的表述。二是定量指标要可测量,即相关指标数据收集的可行性,可以通过一定的测量手段获得信息,取得结论。

5. 定性分析与定量分析相结合原则

定性分析是对事物性质的分析,它是通过一些评价指标,结合相关专家意见,综合分析评价企业未来财务状况和获利能力。定性分析是财务分析的前提和基础。定量分析是对事物数量关系的分析,是通过对财务指标数据的分析比较,评价企业财务状况真实性和盈利能力的持续性。定量分析是财务报表分析的手段和工具。由于现代企业面临复杂而多变的外部环境,这些外部环境有时很难定量,但其都会对企业产生重要影响。因此,企业财务报表分析,必须全面地坚持定量分析与定性分析相结合的原则,只有在分析的过程中将定量分析与定性分析有机结合起来,才能得出科学、合理的结论。

6. 全面性与重要性相结合的原则

财务分析评价指标体系的设计应满足层次性、全面性的要求,要能够从多角度、多层面观察、分析、评价会计工作,不能遗漏关于会计工作的任何重要方面的情况,从而使得评价活动更具体、更完整、更有实用价值。然而,过于全面的、面面俱到的指标评价体系不仅会给评价工作带来不便,还会使财务报表分析评价变得模糊不清,不利于围绕核心问题展开评价。因此,在设计与运用评价指标时应遵循全面性与重要性相结合的原则。

二、财务报表分析的步骤

财务报表分析一般应按下列步骤进行。

1. 明确财务报表分析目的

明确财务报表分析目的是财务报表分析工作的始点,也是关键。只有目的明确,才能避免工作的盲目性,提高工作效率。由于报表分析的主体不同,分析的目的也不同,所以首先应明确分析主体,其次是明确分析主体要解决的主要问题。比如,长期投资者通过分析希望能作出更正确的投资决策;债权人通过分析主要是为了解企业的偿债能力,判断其债权的安全程度,决定是否再为该企业提供贷款;经营者进行财务报表分析,主要是为全面了解企业的经营活动情况,以便采取更有力的管理措施,加强管理,提高经济效益。

2. 制订财务报表分析工作方案

制订财务报表分析工作方案是财务报表分析的重要阶段。分析目的明确之后,要根据分析目的的不同、分析工作量的大小、分析问题的难易程度,制订出工作方案。例如,是全面分析还是重点分析,是协作进行还是分工负责等,要列出分析项目及分析重点,合理安排工作进度,确定工作内容、工作标准、完成时间与地点,由谁负责,要落实责任。只有这样,才能使财务报表分析工作有计划、按步骤、高效率地进行。

3. 收集、加工、整理信息资料

收集、加工、整理信息资料是财务报表分析的核心阶段,若资料准备不充分,会严重影响分析的质量。

首先,根据需要有步骤、有重点地收集资料。虽然财务报表分析的主要依据是财务报表,但为了全面掌握企业的经营状况,还需要收集其他资料,如企业背景、企业文化、企业市场占有率、企业的销售政策与措施、企业的财务会计政策等。其次,对收集的信息资料进行核对。要仔细阅读财务报表,核对财务报表是否反映了真实情况,若是企业内部财务分析者,如发现资料数据不真实、不全面等问题,要反复核对,寻求真实完整的情况,防止发生差错;但若是企业外部分析者,完成这项工作就比较困难。因此,在进行财务报表分析时,还有一项主要资料依据就是注册会计师的审计报告。最后,要对资料进行加工、整理。例如,可通过比较财务报表数据,统计、归纳信息资料等方式,对所收集的信息资料进行加工、整理,以便最大限度地满足分析的需要,保证分析的质量。

4. 选择财务报表分析方法

选择财务报表分析方法也是财务报表分析的核心阶段。在分析资料准备就绪之后,根据不同的分析目的和分析内容,选择适当的分析方法进行分析。可供选择的方法有水平分析法、垂直分析法、比率分析法、趋势分析法、因素分析法等,局部的财务报表分析可选择其中某一种方法;全面的财务报表分析,则可将多种分析方法结合起来综合运用,以便对企业财务状况和经营成果作出客观、全面的评价。

5. 撰写财务报表分析报告

撰写财务报表分析报告是财务报表分析的最后一个阶段。分析完成后,应当对分析报表的时期、所采用的分析方法和资料依据等作出交代,应当将全部分析内容、观点进行综合概括,总结经验,发现不足,提出改进建议;同时还应对分析资料、分析方法的局限性等作出说明,写出分析报告,提交信息使用者,以帮助有关各方作出决策。

第四节　财务报表分析的基本方法

一、水平分析法

水平分析法是指将反映企业报告期财务状况、经营成果和现金流量的信息与反映企业前期或历史某一时期财务状况、经营成果和现金流量的信息进行对比,研究企业财务状况、经营成果和现金流量发展变动情况的一种财务分析方法。一般而言,水平分析法所进行的对比,不是单一项目进行比较分析,而是对反映某方面情况的财务报表进行全面、综合的对比分析。

水平分析法的基本原理是将报表资料中不同时期的同类项目数据进行对比,对比的方式主要有绝对数和相对数两种,即分别计算变动额和变动率。其计算公式为:

$$变动额 = 某项目分析期金额 - 同类项目基期金额$$

$$变动率＝（分析期的实际数值÷基期的实际数值）×100\%-1$$

变动额衡量的是企业财务报表某一项目的变动规模；变动率衡量的是企业财务报表某一项目的变动幅度。以上两种形式的对比应同时进行，以免得出错误的结论。当然，上式中的基期，可以是上年度，也可以是以前某年度。水平分析法通过将企业报告期的财务报表资料与前期对比，揭示各方面存在的问题，为全面分析企业财务状况等奠定基础。水平分析法是财务报表分析的基本方法。

【例 1-1】 某公司 2018 年和 2019 年两年利润表的部分数据见表 1-1。

表 1-1　某公司比较利润表

单位：万元

项　　目	2019 年	2018 年	增加（减少）	
			差额	百分比
一、营业收入	484	424	60	14.15%
减：营业成本	356	290	66	22.76%
税金及附加	46	40	6	15.00%
销售费用	6	4	2	50.00%
管理费用	50	45	5	11.11%
财务费用	10	8	2	25.00%
资产减值损失				
加：投资收益	42	35	7	20.00%
二、营业利润	58	72	-14	-19.44%
加：营业外收入	2	1	1	100.00%
减：营业外支出	1	2	-1	-50.00%
三、利润总额	59	71	-12	-16.90%
减：所得税费用	17.7	21.3	-3.6	-16.90%
四、净利润	41.3	49.7	-8.4	-16.90%

根据表 1-1 的资料分析如下：2019 年与 2018 年相比，企业的营业收入呈现增长势头（14.15%），但利润却大幅下降（-16.90%）。从水平分析数据可以看出，该企业成本费用项目增长迅猛，特别是营业成本增长幅度较大，因此应进一步分析找出其成本提高的原因。

二、垂直分析法

垂直分析法是指通过计算财务报表中各项目占总体的比重或结构，来反映财务报表中的项目与总体结构关系的一种分析方法。垂直分析法可分别应用于资产负债表、利润表、现金流量表等财务报表的分析。财务报表经过垂直分析法处理后，通常称为同度量报表或称总体结构报表。垂直分析法的基本原理是：

首先,计算确定财务报表中各项目占总体的比重或百分比。其计算公式为：

$$某项目的比重＝(该项目的金额÷总体的金额)×100\%$$

然后,通过考察各项目的比重,分析各项目在企业经营中的重要性。一般而言,项目比重越大,说明其重要程度越高,对总体的影响越大。

最后,将分析期各项目的比重与前期同项目比重对比,研究各项目的比重变动情况。也可将本企业报告期某项目比重与同行业企业的可比项目比重进行对比,从而确定差异。

需要注意的是,在应用垂直分析法时,总体基础的选择需要事先明确。例如,可以选择资产总额、营业收入等作为总体基础;另外,在进行同一企业前后期或不同企业同一期的结构对比时,应尽量保持结构比重计算口径的一致性。因为如果同一企业前后期或不同企业同期对于同一个项目采取不同的会计政策和会计估计,会直接导致数据的不可比。

【例1-2】 仍以上述某公司2018年和2019年两年利润表为例。其分析数据见表1-2。

表1-2 某公司共同比利润表 单位:万元

项 目	2019 年	2018 年	2019 年	2018 年
一、营业收入	484	424	100.00%	100.00%
减:营业成本	356	290	73.55%	68.40%
税金及附加	46	40	9.50%	9.43%
销售费用	6	4	1.24%	0.94%
管理费用	50	45	10.33%	10.61%
财务费用	10	8	2.07%	1.89%
资产减值损失				
加:投资收益	42	35	8.68%	8.25%
二、营业利润	58	72	11.98%	16.98%
加:营业外收入	2	1	0.41%	0.23%
减:营业外支出	1	2	0.21%	0.47%
三、利润总额	59	71	12.19%	16.75%
减:所得税费用	17.7	21.3	3.66%	5.02%
四、净利润	41.3	49.7	8.53%	11.72%

根据表1-2的资料分析如下:该公司2019年与2018年相比,每百元收入带来的净利润在下降,其主要原因是每百元营业收入中,成本费用特别是营业成本占比在提

高,应进一步分析其营业成本提高的原因。

三、趋势分析法

趋势分析法是根据企业连续几年或几个时期的分析资料,运用指数或动态比率的计算,比较和研究不同会计期间相关项目的变动情况和发展趋势的一种财务分析方法。趋势分析法既可用于对财务报表的整体分析,即研究一定时期财务报表所有项目的变动趋势,也可对某些主要指标的发展趋势进行重点分析。趋势分析法的基本原理是:

首先,计算趋势比率或指数。趋势指数的计算通常有两种方法:一是定基指数;二是环比指数。定基指数就是各个时期的指数都是以某一固定时期为基期来计算的,环比指数则是各个时期的指数以前一期为基期来计算的。趋势分析法通常采用定基指数。两种指数的计算公式分别为:

$$定基指数＝比较期指标数÷基期指标数$$

$$环比指数＝比较期指标数÷上期指标数$$

其次,根据指数计算结果,评价与判断企业该指标的变动趋势及其合理性。

最后,根据企业分析期该项目的变动情况,研究其变动趋势或总结其变动规律,从而可预测出企业该项目的未来发展情况。

【例1-3】 仍以上述某公司2018年和2019年两年利润表为例。以2017年为基期,其分析数据见表1-3。

表1-3 某公司共同比利润表 单位:万元

项　　目	2019年	2018年	2017年	2019年		2018年	
				定基指数	环比指数	定基指数	环比指数
一、营业收入	484	424	378	128.04%	114.15%	112.17%	112.17%
减:营业成本	356	290	237	150.21%	122.76%	122.36%	122.36%
税金及附加	46	40	35	131.43%	115.00%	114.29%	114.29%
销售费用	6	4	3	200.00%	150.00%	133.33%	133.33%
管理费用	50	45	39	128.21%	111.11%	115.38%	115.38%
财务费用	10	8	5	200.00%	125.00%	160.00%	160.00%
资产减值损失							
加:投资收益	42	35	26	161.54%	120.00%	134.62%	134.62%
二、营业利润	58	72	85	68.24%	80.56%	84.71%	84.71%
加:营业外收入	2	1	3	66.67%	200.00%	33.33%	33.33%

（续表）

项　目	2019 年	2018 年	2017 年	2019 年		2018 年	
				定基指数	环比指数	定基指数	环比指数
减：营业外支出	1	2	2	50.00%	50.00%	100.00%	100.00%
三、利润总额	59	71	86	68.60%	83.10%	82.56%	82.56%
减：所得税费用	17.7	21.3	25.8	68.60%	83.10%	82.56%	82.56%
四、净利润	41.3	49.7	60.2	68.60%	83.10%	82.56%	82.56%

根据表 1-3 的资料分析如下：营业收入的定基增长速度和环比增长速度都在逐年增加，显示较好的成长性；但是营业成本的定基增长速度和环比增长速度也在逐年增加，并且增长幅度超过了营业收入，从而导致利润的定基指数和环比指数均呈现下降趋势，因此，应关注对成本费用的控制。

四、比率分析法

比率分析法是将影响财务状况的两个相关因素联系起来，通过计算比率，反映它们之间的关系，借以评价企业财务状况、经营成果和现金流量的一种财务分析方法。比率分析法是财务报表分析中最基本、最常用的一种方法。

由于各种比率的计算方法各不相同，通过计算出来的各种比率进行分析，其分析的目的以及所起的作用也各不相同。各种比率指标大体上可以分为效率比率和相关比率两种。效率比率是指某项财务活动中所费与所得的比率，反映投入与产出的关系。财务报表分析中常用的效率比率有营业利润率、总资产报酬率、成本费用利润率、净资产收益率等。利用效率比率指标可以进行得失比较，考察经营成果，评价经济效益。相关比率是根据两个相互联系的财务指标的数额相除后得出的，据以对企业财务状况进行分析的一种方法。财务报表分析中常用的相关比率有流动比率、资产负债率、存货周转率、流动资产周转率等。通过相关比率分析，可以使财务会计报表分析更全面、更深刻。同时，还可以将这些相关比率的实际值分别与目标值、历史值、同行业平均值或经验值进行对比，以进一步揭示企业财务状况的发展变化情况。

五、因素分析法

因素分析法是依据财务指标与其影响因素之间的关系，按照一定的程序方法分析各因素对财务指标差异影响程度的一种技术方法。因素分析法主要用来确定财务指标前后期发生变动或产生差异的主要原因。因素分析法适用于多种因素构成的综合性指标的分析，如成本、利润、资产周转率等。因素分析中最常用的方法有两种，即连环替代法和差额计算法。

1. 连环替代法

连环替代法又称连锁替代法,是把综合经济指标分解为各个可以计量的因素,根据因素之间的相互依存关系,依次测定这些因素对综合经济指标影响程度的一种分析方法。其计算分析的程序可以归纳为以下四个步骤:

第一步,分析指标体系,确定分析对象。即根据影响某项经济指标完成情况的因素,按其依存关系将经济指标的基数和实际数分解为两个指标体系,并将该指标的实际数与基数进行比较,求出实际脱离基数的差异,即为分析对象。

第二步,按顺序替代,计算替代结果。即以基数指标体系为计算基础,用实际指标体系中每项因素的实际值顺序地替代其基数值;每次替代后,实际值就被保留下来,有几个因素就替代几次;每次替代后计算出由于该因素变动所得的结果。

第三步,比较替代结果,确定影响程度。即将每次替代所计算的结果,与这一因素被替代前的结果进行比较,两者的差额,就是这一因素变化对综合经济指标差异的影响程度。

第四步,加总影响数值,验算分析结果。即将各个因素的影响数值相加,其代数和应同经济指标的实际数与基数的总差异相符,据此检验分析结果是否正确。

【例 1-4】 用连环替代法分析各因素对材料费用变动的影响程度如表 1-4 所示。

表 1-4 某材料费用相关资料

项 目	计划数	实际数
产品产量(件)	100	110
材料单耗(千克)	16	15
材料单价(元)	5	6
材料费用总额(元)	8 000	9 900

计划指标: $a_0 \times b_0 \times c_0 = 100 \times 16 \times 5 = 8\,000$ ①

第一次替代: $a_1 \times b_0 \times c_0 = 110 \times 16 \times 5 = 8\,800$ ②

第二次替代: $a_1 \times b_1 \times c_0 = 110 \times 15 \times 5 = 8\,250$ ③

第三次替代: $a_1 \times b_1 \times c_1 = 110 \times 15 \times 6 = 9\,900$ ④

②式减去①式:产品产量变动的影响 $= +800$(元)

③式减去②式:材料单耗变动的影响 $= -550$(元)

④式减去③式:材料单价变动的影响 $= +1\,650$(元)

全部因素的总影响 $= 800 + (-550) + 1\,650 = 1\,900$(元)

其中,a_0,b_0,c_0 表示产品产量、材料单耗、材料单价的计划数,a_1,b_1,c_1 表示产品产量、材料单耗、材料单价的实际数。

运用连环替代法,应注意以下几个问题:

(1) 确定构成经济指标的因素,必须是客观上存在的因果关系,每个因素的变动,都将直接影响综合经济指标的变动。否则,就是毫无意义的分析。

(2) 分析前提的假设性。即分析某一因素对经济资本差异的影响时,假设其他因素保持不变;否则,就不能分清各单一因素对分析对象的影响程度。但实际上,有些因素对经营指标的影响是共同作用的结果,如果共同影响的因素越多,那么这种假设性就越差,分析结果的准确性也会降低。因此,在分解因素时不宜过多过细。

(3) 因素替代的顺序性。替换因素时,必须按照各因素的依存关系,排列成一定的顺序并依次替代,不可随意加以颠倒,否则就会得出不同的计算结果。传统的方法是依据数量指标在前、质量指标在后的原则进行排列;也有人提出应依据重要性原则排列,即主要指标在前,次要指标在后。

2. 差额计算法

差额计算法是连环替代法的简化形式。它是先计算出各因素变动后的差额,即确定分析对象,然后仍按一定的替换顺序,直接计算出各因素变动对综合经济指标的影响程度。该方法的运用操作程序与连环替代法基本相同。

【例 1-5】 承[例 1-4],用差额计算法分析各因素对材料费用变动的影响程度如下:

$$产品产量变动的影响 = (a_1 - a_0) \times b_0 \times c_0 = (110 - 100) \times 16 \times 5 = +800 (元)$$

$$材料单耗变动的影响 = a_1 \times (b_1 - b_0) \times c_0 = 110 \times (15 - 16) \times 5 = -550 (元)$$

$$材料单价变动的影响 = a_1 \times b_1 \times (c_1 - c_0) = 110 \times 15 \times (6 - 5) = +1\,650 (元)$$

六、综合分析法

财务报表的综合分析法是将盈利能力、营运能力、偿债能力、现金能力和发展能力等各方面财务指标作为一个整体,系统、全面、综合地对企业财务状况和经营业绩进行剖析、解释和评价。其目的在于为报表使用者提供客观、及时、全面、准确的财务信息,为信息使用者的决策提供帮助。财务报表能够全面反映企业的财务状况、经营成果和现金流量情况,但是单纯从财务报表上的数据还不能直接或全面说明企业的财务状况,特别是不能说明企业经营状况的好坏和经营成果的高低,只有将企业的财务指标与有关的数据进行比较才能说明企业财务状况所处的地位,因此,财务报表的综合分析法在财务报表分析中显得尤为重要。关于综合分析法的应用实例参见本教材第十章。

推荐读物

[1] K·R·苏布拉马尼亚姆.财务报表分析[M].11 版.宋小明,谢盛纹,译.北京:中国人民大学出

版社,2015:1-45.

[2] 查尔斯·H.吉布森.财务报告与分析[M].10 版.胡玉明,译.大连:东北财经大学出版社,2009:
1-21.

思考与案例讨论

1. 什么是财务报表分析? 财务报表分析的目的是什么?

2. 财务报表分析的主要内容有哪些?

3. 财务报表分析应遵循哪些原则? 请阐述其一般步骤。

4. 财务报表分析的基本方法有哪些?

5. 结合本章引导案例,谈谈巴菲特对中石油估值的依据是什么? 你认为中石油财务报表中的哪些信息是巴菲特投资成功的关键?

第二章 财务报表分析基础

学习目标

通过本章学习,了解企业财务信息的概念及其供求基础;了解上市公司信息披露的要求和内容;熟悉资产负债表、利润表、现金流量表和所有者权益变动表的性质、作用、项目和结构;熟悉财务报表附注的主要内容;充分认识和理解财务报表的制约因素。

引导案例[①]

信息披露是证券市场的本质要求,赋予上市公司信息披露义务的理论基础是维护投资者利益和维护证券市场秩序。因此信息披露无疑非常重要。只有真实、完整、及时的信息披露,才能保障证券交易的安全和公平,维护投资者的信心,进而维持证券市场的稳定秩序。

但现实却不容乐观,长期以来,不按规定进行信息披露已经成为 A 股市场的一个顽症,且有不断恶化的趋势。据报道,今年以来,因信息披露违规被证监会开出罚单的就有鲁北化工、亚星化学、佛山照明、永安林业、永安药业、紫鑫药业、宏盛科技、紫金矿业、沧州化工、劲嘉股份、宁波富邦、ST 大地、升达林业、中恒集团等十余家上市企业。

"本公司及董事会全体成员保证本公告内容的真实、准确和完整,没有虚假记载、误导性陈述或者重大遗漏。"这是所有上市公司在发布公告时都必须首先

---

① 资料来源:摘自 2012 年 7 月 26 日《中国财经新闻报》(有删节)。

作出的郑重承诺,也是公告的格式用语。但是,众多上市公司常常把这个郑重承诺当成玩弄广大股民及监管部门的"戏言",而且违规的花样繁多、手段各异。

目前,A股市场发现信息披露违规的各种手法有虚假披露(包括虚增利润粉饰经营业绩)、遗漏披露、滞后披露及误导性陈述等,其中涉及遗漏和滞后披露的内容达8种之多,分别是:①重大担保;②募集资金使用和占用情况;③关联方事项;④诉讼事件;⑤重大合同的订立与变更;⑥重大投资;⑦重大债务;⑧重大抵押或质押。

可以印证研究结果的是,6月15日,中国证监会对外公告称,经查鲁北化工存在多项信息披露违法违规行为:一是2011年年报虚增利润962.17万元;二是重大关联交易未予及时披露;三是合成氨资产停产事项信息披露虚假;四是未及时披露热电厂发电机组关停事项;五是短期借款余款未如实披露。另据中国网络电视台报道,鲁北化工循环经济示范基地还面临环保拷问及历史欠账造成的非法占地嫌疑两大问题未向公众披露。

信息披露违规,首先侵害了投资者的知情权,只有在上市公司充分披露其资产与负债、利润与权益、产业与发展前景等信息的条件下,投资者才能正确作出其投资决策。投资者据以投资的基础被破坏,必然导致投资者经济利益的受损。在我国证券市场上,因恶意披露虚假信息导致投资者损失惨重甚至血本无归的悲剧屡见不鲜。早期如2001年8月,"银广夏"虚构7.45亿元利润的造假事件曝光后,其股票连续15个跌停板、25.32元的跌幅,使相当一部分中小投资者几乎血本无归。

大量案例还证明,信息披露违规必然形成内幕交易的温床。近期被证监会立案查处的永安药业就是最明显的一例。据媒体报道,永安药业故意违规滞后披露涉嫌环境违法对公司不利的消息,主要是为了给公司高管减持公司股票争取时间。2011年8月,永安药业已经得知了湖北省环保厅对其的审查,并下发文件,责令永安药业限期整改,完善污水处理设施,停止稀释生产废水等。如果消息及时披露,这将是一项重大利空,必将极大地影响股票在二级市场上的表现。但永安药业却在随后长达2个月的时间里,一直保持缄默,未披露环保部门的调查结果。而与此同时,公司10位高管却在暗中进行了集中减持,从而全数逃过了之后事件披露后的大跌,并获益匪浅。证监会也已经对永安药业高管涉嫌内幕交易立案调查。

证监会有关部门负责人指出,鲁北化工信息披露违法行为时间较长,违法事项较多,涉及金额特别巨大,公司治理和内部控制存在严重缺陷。该负责人强调,上市公司信息披露是资本市场"三公"原则的基本要求,是广大投资者了解上市公司的重要途径。证监会将继续对上市公司信息披露进行严格监管,一旦发现存在违法违规行为,将依法严肃查处,以切实保护投资者合法权益。

重要概念

信息披露(information disclosure)

财务报表(financial statement)

资产负债表(balance sheet)

利润表(income statement)

现金流量表(statement of cash flow)

所有者权益变动表(statement of changes in equity)

第一节　企业财务信息概述

在市场经济条件下,企业的兴衰成败受诸多因素的影响,但其中最关键的因素之一是企业财务。财务信息是企业对外公布的、反映企业财务状况、经营成果和现金流量等方面的信息,是众多财务信息使用者分析企业经营状况、评估企业价值、进行经济决策的重要依据。

一、财务信息在企业经营中的重要性

财务信息是"会说话"的数字,能够反映出企业各项经营活动是否成功、是否具有核心竞争力、是否具有良好的发展前景等。从财务信息入手,可以研究企业的管理能力、创新能力、经营业绩等,因此财务信息对企业有着很重要的意义,其重要性主要表现在以下几方面。

1. 财务信息反映企业的整体经营成果

企业是由多个部门组成的、具有特定功能的营运系统,企业的目标是由多个部门共同合作完成的。根据木桶理论,一只木桶的蓄水量并不是取决于最高的木板,而是取决于最低的木板。同样,企业的经营业绩不是由效益最好的部门决定,而是由效益最差的部门决定,因为各部门不仅要实现自身的职能,还必须进行良好的配合和协作才能创造优秀的业绩。财务信息记录了企业的整个经营过程,包括采购、研发、生产、销售等环节,能够综合反映企业的经营状况和经营成果。

2. 财务信息帮助企业树立全员财务观念

全员财务观念是指站在企业层面,业务流程各部门之间全员参与、相互配合,共同理解财务信息,树立理财意识,参与财务活动的观念。财务信息是树立全员财务观念的关键,在企业中,不仅财务人员要懂财务知识,技术人员、销售人员以及管理层都有必要掌握财务知识,这样各个部门才能利用财务信息更好地进行部门业绩评价,改进业务流程。

二、财务信息供求关系的产生基础

财务信息作为一种公共商品,有其供应方和需求方,在市场中存在着对财务信息的供求关系。这一关系的建立基于以下几个基础条件。

1. 现代企业制度的诞生

现代企业制度是指以完善的企业法人制度为基础,以公司制企业为主要形式,以有限责任制度为保证,以产权清晰、权责明确、政企分开、管理科学为条件的新型企业制度。其主要内容包括企业法人制度、出资者有限责任制度、科学的领导体制、企业自负盈亏制度、组织管理制度。现代企业制度的产生源自企业组织形式的发展变化。根据出资主体不同,企业组织形式可以划分为个人独资企业、合伙企业和公司制企业。其中,合伙企业又可分为普通合伙制和有限合伙制;公司制企业又包含有限责任公司和股份有限公司。伴随着现代企业制度出现的两全分离,即所有权和经营权的分离,是财务信息供需关系产生的基础。

2. 金融市场的发展

金融市场是资金供应者和资金需求者通过信用工具进行交易,以实现融通资金的市场。金融市场的功能主要包括:能够有效地引导资金合理流动,提高资金配置效率;定价功能;为金融管理部门进行间接调控提供条件;帮助实现风险分散和风险转移;降低交易的搜寻成本和信息成本。因此,无论企业融资、投资、分散风险等活动,都与金融市场息息相关。而企业要想在金融市场完成以上活动,就需要提供关于自身的信息,即财务信息。因此,金融市场的发展是财务信息供需关系产生的基础之一。

3. 代理成本的存在

在现代企业中,两全分离导致企业出资者和经营者之间形成了委托代理关系。根据委托代理理论,委托人和代理人之间的利益诉求不同,会不可避免地产生代理成本,造成委托人和代理人之间的代理问题和利益冲突。为防止代理成本降低经济效率,就需要一定的契约来协调、规范双方,这类契约是以公开各类信息为基础的,且集中表现为财务信息。

三、财务信息的使用者

凡是关心企业经营业绩、希望了解企业财务状况的人都是财务信息的需求者。财务信息的目标是帮助信息使用者进行决策,因此,了解使用财务信息的人都有哪些是十分有必要的。按照财务信息使用者与企业的关系,可以将其分为外部使用者和内部使用者两类。

1. 企业外部财务信息使用者

(1) 投资者。企业的投资者包括企业业主、合伙人,以及现有的和潜在的股东。投资者可以是自然人,也可以是保险公司、基金等机构投资者。投资者追求的是股东财富最大化,虽然不直接参与企业的日常经营,但是需要通过财务信息实时关注企业的情况。投资者对财务信息的解读最根本的作用是帮助他们作出投资决策,是继续保持投资、减少投资还是扩大投资。投资者会关注企业的盈利能力、股价变动以及风险等,并通过分析来判断这项投资的获利水平。

(2) 债权人。根据债权的期限,债权人可以分为短期债权人和长期债权人。债权人关注的是债权的安全性,本息能否按期收回。短期债权人更侧重于关注短期偿债能力,需要利用财务信息来分析企业的流动性和现金流。长期债权人更关心长期偿债能力,除了流动性和现金流之外,还关注企业的盈利能力和资本结构。债权人通过分析财务信息,作出维持原贷款条件、收回贷款、追加贷款以及调整信用条件等决策。

(3) 政府部门。政府部门对企业负有管理和监督的职能,还需要对宏观和产业经济进行整体调控,因此政府部门也需要了解企业的财务信息,包括盈利状况、资金状况、风险水平等信息,以便进行征税、政府补贴、行政干预、市场监管等方面的决策。比如,证监会通过企业的财务信息进行上市资格审查和上市后的监管;税务部门以财务信息为依据征收税款。

另外,对于国有企业来说,政府部门还承担着其投资者的角色,政府部门(国资委等相关部门)还需要了解投资者关心的财务信息。

(4) 供应商、客户及竞争对手。在与供应商的交易过程中,经常出现暂未结算的债权债务,因此供应商需要通过财务信息分析企业的流动性和现金流,以保证能及时获得商品或劳务的价款。另外,在供应商和客户与企业建立起长期合作关系之前,供应商和客户都要分析企业的长期生存能力和长期盈利能力,也同样需要财务信息。同行业中的竞争对手为了知己知彼、在竞争中获得优势,也会分析企业的财务信息,以全面了解企业的状况,便于自己制定应对策略。

(5) 中介机构及其他组织。很多中介机构也对企业的财务信息产生需求,如独立的会计师事务所进行审计时,通过了解企业的财务信息以制定审计策略。另外,某些研究机构、环保组织等,也会出于不同的目的需要企业财务信息。

2. 企业内部财务信息使用者

(1) 董事会与监事会。董事会与监事会都是企业内部的组织。其中,董事会是企业的最高决策机构,企业的重大战略和长期发展方向都由董事会决定,董事会只有了解了企业的财务信息,才能准确地把握企业当前的经营情况,作出有关利润分配、高层管理人员变动、年度财务预决算等方面的重大决策。

监事会是企业的最高监督机构,肩负着监督企业全面业务状况、财务状况的责任,要完成这一职能,监事会必须详细了解企业的财务信息。

(2) 管理层。企业的管理层是在投资者的委托下经营管理企业,以投资者的利益为目标经营整个企业。管理层需要解决日常经营中出现的各种问题,制定有助于企业发展的经营决策,实现企业的发展目标。这些任务的实现也都离不开对财务信息的了解和使用。

(3) 职工。目前,越来越多的职工参与到企业的经营活动和决策当中。另外,职工获得的薪资水平和福利待遇,都与企业的经营情况息息相关,为维持自身收入的稳定,职工也要关注企业的盈利能力、偿债能力和发展前景。职工的这些需求都要求职工对企业的财务信息有较为详细的了解,因此职工也是财务信息的使用者之一。

第二节 上市公司信息披露制度

一、信息披露制度概述

上市公司是证券市场的核心之一。由于上市公司所有权与经营权分离的特性,信息不对称现象客观存在,外部利益相关者的财务决策对上市公司披露会计信息的依赖性越来越强,对所披露会计信息的数量和质量要求也越来越高。然而,由于企业会计准则对公司会计处理提供了不止一种会计政策和选择,加上代理冲突的选择,公司管理当局在处理和提供会计信息的时候,有条件也有动机选择有利于管理当局意图实现的会计处理方法,从而为管理者操纵财务报表提供了可能。为了证券市场的健康有序并保护投资者的利益,世界各国无不将上市公司的信息披露纳入法律法规的范畴加以强制约束,使上市公司的信息披露法制化和制度化。上市公司信息披露的公正、透明、及时、完整、准确和有效,对于维持证券市场的有效运行和保护以投资者和债权人为主的利益相关者的利益具有非常重要的意义。

信息披露制度又称信息公开制度,是为了保护投资者的利益和证券市场的健康发展,要求上市公司依法必须将公司有关财务状况、经营成果和现金流量等重要方面的真实信息向社会公开或公告的制度。信息披露制度既规定了上市公司上市前有关重要信息的披露,也规定了上市后的持续的重要事项信息公开制度。

信息披露制度起源于英国,发展于美国。1844 年的《英国合资公司法》(The Joint Stock Companies Act, 1844)首次确立了"公开原则"(disclosure regulation);英国有关信息公开的制度为美国所接受和发展,并成为当今世界上有关信息披露立法最成熟、最完善的国家之一。

信息披露制度是证券发行与交易制度的基础,也是证券市场赖以存在的基石。信息披露是上市证券区别于非上市证券的主要特征之一。可以说,以法律强制性功能作保证的信息披露,是信息披露制度生命之树常青之所在。美国法官路易斯·布兰戴斯(Louis D.Brandeis)在《Other People's Money》一书中揭示了信息披露的哲学思想:"阳光是最好的防腐剂,街灯是最好的夜警。"可见,信息披露制度在证券法律制度中处于举足轻重的地位,意义重大。

二、我国上市公司信息披露制度

随着我国证券市场的不断发展和上市公司规模的不断扩大,上市公司信息披露制度也在不断发展和完善。目前,已形成了以《公司法》《证券法》和《股票发行与交易暂行条例》等国家法律和条例为主体,以《公开发行股票公司信息披露的内容与格式准则》等国家证券监管部门发布的一系列信息披露的规则为内容的信息披露制度体系。

(一)信息披露要求

根据我国《证券法》《公司法》《首次公开发行股票并上市管理办法》《上市公司证券发行管理办法》和其他相关部门规章等的规定,依法披露的信息必须真实、准确、完整,不得有虚假记载、误导性陈述或者重大遗漏。违反以上规定致使投资者在证券交易中遭受损失的,发行人应当承担赔偿责任;发行人的董事、监事、高级管理人员和其他直接责任人员以及保荐人、承销的证券公司,应当与发行人承担连带赔偿责任,但是能够证明自己没有过错的除外;发行人的控股股东、实际控制人有过错的,应当与发行人、上市公司承担连带赔偿责任。概而言之,信息披露的基本要求是真实性、准确性、完整性、公正性和及时性。

1. 真实性

真实性是指信息披露义务人所公开的信息必须可靠、值得信赖,不得有虚假记载或误导性陈述,必须与自身的客观实际相符。

2. 准确性

准确性是指信息披露义务人披露的信息必须尽可能详尽、具体、没有遗漏。因此,信息披露义务人在披露信息时必须确切表明其含义,其内容不得使人产生重大误解。

3. 完整性

信息披露的完整性是指凡是供投资者判断证券投资价值和影响证券市场价格的重大信息,信息披露义务人必须全部披露,不得故意隐瞒或有重大遗漏。

4. 公正性

公正性是指信息披露义务人在信息披露的场合和途径方面,对所有投资者获得和利用信息应无差别地同等对待,而且不设置任何障碍。

5. 及时性

信息披露的及时性又称为时效性或者最新性,是指凡是与证券市场价格有关的重大信息应依照法定时间及时向投资者作出公告,确保重要信息利用的平等性,防止内幕交易。及时性要求信息披露义务人公告信息的时间不超过法定期限,为保证披露信息的及时性,《证券法》等相关法规的主要要求有:

第一,披露信息的时间应符合法定期限的要求,不能超过有关的有效期限。比如,《证券法》第 65 条至第 67 条关于中期报告、年度报告和临时报告都有不同的披露时限要求:上市公司和公司债券上市交易的公司,应当在每一会计年度的上半年结束之日起 2 个月内,向国务院证券监督管理机构和证券交易所报送中期报告,并予以公告;上市公司和公司债券上市交易的公司,应当在每一会计年度结束之日起 4 个月内,向国务院证券监督管理机构和证券交易所报送年度报告,并予以公告;发生可能对上市公司股票交易价格产生较大影响而投资者尚未得知的重大事件时,上市公司应当立即将有关该重大事件的情况向国务院证券监督管理机构和证券交易所报送临时报告,并予以公告,说明事件的起因、目前的状态和可能产生的法律后果。

第二,在任何公共传播媒介中出现的消息可能对上市公司的股票价格产生影响时,该公司知悉后应当立即对该消息作出澄清公告,并披露公司的真实情况。

第三,恰当处理信息披露及时性和信息披露完整性、准确性之间的关系。披露信息及时性是信息披露完整性、准确性的进一步要求。要保证所披露信息的完整性和真实性,需有适当时间进行信息处理,如调查核实有关信息及制作信息披露文件所需的时间。如片面要求信息披露的及时性、完整性和准确性,可能导致不真实性信息的披露,这违背信息披露制度的设立宗旨。

(二) 信息披露的方式

1. 依披露途径划分:公布或公开、备案、置备及章程约定的其他方式

(1) 公布或公开。公布或公开方式主要包括:报刊登载、网站(website)和只读存储器即光盘(CD-ROM)公开。报刊登载方式是目前使用最为普遍的信息披露方式,其次是网站和光盘的信息披露方式。

(2) 备案。备案是指将披露的信息报送中国证监会和证券交易所备用、备查和存档。按照《证券法》和《股票条例》的规定,信息披露义务人在报刊披露的信息,应同

时将其报中国证监会和证券交易所备案。值得注意的是,由于备案文件不易为股东及社会公众查阅,因而不能将文件备案方式作为单独运用的信息披露方式。

（3）置备。置备是指将披露的信息在指定的场所存放。根据我国《证券法》第25、第53条和第70条的规定,必须依法披露的信息,应当在国务院证券监督管理机构指定的媒体发布,同时将其置备于公司住所、证券交易所,供社会公众查阅。置备文件方式是将信息制作完毕后存放在公司所在地和证券交易所,以备公众查阅的一种信息披露方式。按规定,置备文件必须同时以指定报刊等媒体登载方式进行披露,而不能只采取置备文件方式进行披露。

（4）章程约定的其他方式。除上述方式外,信息披露义务人可以与投资者在章程中约定其他披露方式,如答复咨询或查阅、复制公开披露的信息资料方式。

2. 依披露目的划分:初次信息披露和持续信息披露

（1）初次信息披露又称首次公开发行证券的信息披露,是证券发行人公开发行证券时依法所承担的信息披露义务,包括招股说明书、募集资金说明书、上市公告书等。

（2）持续信息披露又称继续信息披露,是指证券在上市交易期间,信息披露义务人披露与证券价格波动有关的一切重大信息,包括定期报告和临时报告。定期报告又包括年度报告、中期报告和季度报告;临时报告主要是披露重大事件和并购信息等。

第三节　财务报表及附注

一、财务报表及其组成内容

财务报表是上市公司信息披露制度中定期报告的重要组成部分,是反映企业一定时点或期间的财务状况、经营成果和现金流量的书面文件,包括基本财务报表和财务报表附注。企业基本财务报表包括资产负债表、利润表、现金流量表、所有者权益（股东权益）变动表及有关附表。如图 2-1 所示。

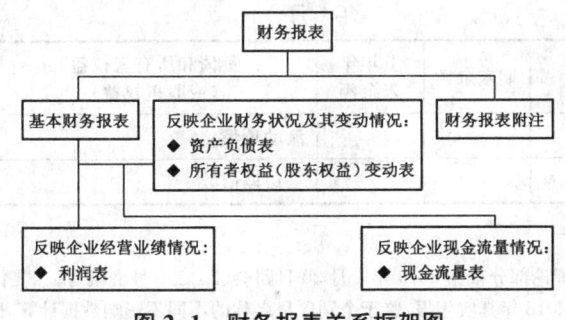

图 2-1　财务报表关系框架图

二、基本财务报表①

(一)资产负债表

1. 资产负债表的性质和作用

资产负债表是反映企业在某一特定日期(如年末、季末、月末等)财务状况的会计报表,是根据资产、负债和所有者权益(或股东权益,下同)之间的相互关系,按照一定的分类标准和一定的顺序,把企业一定日期的资产、负债和所有者权益各项目予以适当排列,并对日常工作中形成的大量数据进行高度浓缩整理后编制而成的。它表明企业在某一特定日期所拥有或控制的经济资源、所承担的现有义务和所有者对净资产的要求权。资产负债表的理论依据是"资产=负债+所有者权益"。资产负债表对于财务报表使用者具有以下重要作用:

(1)通过对企业所拥有的各种经济资源及其分布情况的分析,了解企业资产结构。

(2)通过对企业当前所负担债务及其结构的分析,评价企业财务风险。

(3)通过对企业相关资产与负债的对比关系的分析,评价其偿债能力。

(4)通过对企业的长期债务资本与自有资本的构成及其比例关系的分析,了解企业的资本结构及其特征。

(5)通过对企业自有资本相对份额的分析,评价企业的财务实力与财务弹性。

2. 资产负债表的项目和结构

资产负债表的格式常见的有三种:账户式、报告式和财务状况式。我国采用的是账户式,根据会计等式"资产=负债+所有者权益",资产项目列在左边,负债和所有者权益项目列在右边,左右对称。如表 2-1 所示,资产项目按资产流动性的强弱顺序排列,流动性越强的资产排列越靠前面;负债项目以到期日远近为序排列,流动负债列前,非流动负债列后;所有者权益项目以存续时间的长短顺序排列,实收资本在前,未分配利润在后。表 2-1 是资产负债表格式。

表 2-1　资产负债表

会企 01 表

编制单位:　　　　　　　　　　　年　月　日　　　　　　　　　　　单位:元

资　产	期末余额	上年年末余额	负债和所有者权益(或股东权益)	期末余额	上年年末余额
流动资产:			流动负债:		
货币资金			短期借款		

---

① 本教材财务报表理论部分根据 2019 年 4 月 30 日财会〔2019〕6 号文编写。例题涉及财务报表数据部分及附录由于取自上市公司 2018 年真实年报,鉴于个别项目名称的不同不影响数据计算,因此保留实务中财务报表格式原貌,未做修改。

（续表）

资　产	期末余额	上年年末余额	负债和所有者权益（或股东权益）	期末余额	上年年末余额
交易性金融资产			交易性金融负债		
衍生金融资产			衍生金融负债		
应收票据			应付票据		
应收账款			应付账款		
应收款项融资			预收款项		
预付款项			合同负债		
其他应收款			应付职工薪酬		
存货			应交税费		
合同资产			其他应付款		
持有待售资产			持有待售负债		
一年内到期的非流动资产			一年内到期的非流动负债		
其他流动资产			其他流动负债		
流动资产合计			流动负债合计		
非流动资产：			非流动负债：		
债权投资			长期借款		
其他债权投资			应付债券		
长期应收款			其中：优先股		
长期股权投资			永续债		
其他权益工具投资			租赁负债		
其他非流动金融资产			长期应付款		
投资性房地产			预计负债		
固定资产			递延收益		
在建工程			递延所得税负债		
生产性生物资产			其他非流动负债		
油气资产			非流动负债合计		

（续表）

资　产	期末余额	上年年末余额	负债和所有者权益（或股东权益）	期末余额	上年年末余额
使用权资产			负债合计		
无形资产			所有者权益（或股东权益）：		
开发支出			实收资本（或股本）		
商誉			其他权益工具		
长期待摊费用			其中:优先股		
递延所得税资产			永续债		
其他非流动资产			资本公积		
非流动资产合计			减:库存股		
			其他综合收益		
			专项储备		
			盈余公积		
			未分配利润		
			所有者权益（或股东权益）合计		
资产总计			负债和所有者权益（或股东权益）总计		

（二）利润表

1. 利润表的性质和作用

利润表又称损益表，是反映企业一定期间（如年度、半年度、季度、月度）经营成果的财务报表，根据会计等式"收入－费用＝利润（或亏损）"编制。利润表对于财务报表使用者具有以下重要作用：

（1）了解企业的收入、费用、成本及利润的形成过程，以及利润各构成要素之间的内在联系。

（2）通过分析利润的来源，可以分析企业的利润可持续性及预测企业未来的盈利情况。

（3）通过对企业不同时期的收入、成本和费用、利润的比较，可以评价企业的盈利能力和利润变动趋势。

2. 利润表的项目和结构

利润表的格式主要有单步式和多步式两种。我国采用的是多步式，具体格式如表 2-2 所示。

表2-2　利润表

会企02表

编制单位：　　　　　　　　　　　　　　年　月　　　　　　　　　　　　　单位:元

项　目	本期金额	上期金额
一、营业收入：		
减:营业成本		
税金及附加		
销售费用		
管理费用		
研发费用		
财务费用		
其中:利息费用		
利息收入		
加:其他收益		
投资收益(损失以"一"号填列)		
其中:对联营企业和合营企业的投资收益		
以摊余成本计量的金融资产终止确认收益(损失以"一"号填列)		
净敞口套期收益(损失以"一"号填列)		
公允价值变动收益(损失以"一"号填列)		
信用减值损失(损失以"一"号填列)		
资产减值损失(损失以"一"号填列)		
资产处置收益(损失以"一"号填列)		
二、营业利润(亏损以"一"号填列)		
加:营业外收入		
减:营业外支出		
三、利润总额(亏损总额以"一"号填列)		
减:所得税费用		
四、净利润(净亏损以"一"号填列)		
(一)持续经营净利润(净亏损以"一"号填列)		
(二)终止经营净利润(净亏损以"一"号填列)		
五、其他综合收益的税后净额		
(一)不能重分类进损益的其他综合收益		

项　　目	本期金额	上期金额
1. 重新计量设定受益计划变动额		
2. 权益法下不能转损益的其他综合收益		
3. 其他权益工具投资公允价值变动		
4. 企业自身信用风险公允价值变动		
……		
（二）将重分类进损益的其他综合收益		
1. 权益法下可转损益的其他综合收益		
2. 其他债权投资公允价值变动		
3. 金融资产重分类计入其他综合收益的金额		
4. 其他债权投资信用减值准备		
5. 现金流量套期储备		
6. 外币财务报表折算差额		
……		
六、综合收益总额		
七、每股收益：		
（一）基本每股收益		
（二）稀释每股收益		

（三）现金流量表

1. 现金流量表的性质和作用

现金流量表是指反映企业在一定会计期间现金和现金等价物流入与流出情况的报表。现金流量表是以现金为基础编制的财务状况变动表。该表通过企业的现金流动反映企业在一定时期内的经营活动、投资活动和筹资活动的动态状况,反映企业现金流入和流出的全貌。现金流量表的作用主要表现在以下几个方面:

（1）了解企业一定时期内现金流量变动的原因。

（2）分析企业现金流量变动的合理性。

（3）对企业的实际支付能力和偿债能力作出可靠的判断。

（4）评价企业的利润质量。

（5）对企业未来创造现金流量的能力作出判断。

2. 现金流量表的项目和结构

现金流量表的内容主要由经营活动的现金流量、投资活动的现金流量、筹资活动的现金流量和汇率变动对现金的影响四个部分组成,具体格式如表2-3所示。

表 2-3 现金流量表　　　　　　　　　　　　　会企03表

编制单位:　　　　　　　　年　月　日　　　　　　　　　　单位:元

项目	本期金额	上期金额
一、经营活动产生的现金流量:		
销售商品、提供劳务收到的现金		
收到的税费返还		
收到其他与经营活动有关的现金		
经营活动现金流入小计		
购买商品、接受劳务支付的现金		
支付给职工以及为职工支付的现金		
支付的各项税费		
支付其他与经营活动有关的现金		
经营活动现金流出小计		
经营活动产生的现金流量净额		
二、投资活动产生的现金流量:		
收回投资收到的现金		
取得投资收益收到的现金		
处置固定资产、无形资产和其他长期资产收回的现金净额		
处置子公司及其他营业单位收到的现金净额		
收到其他与投资活动有关的现金		
投资活动现金流入小计		
购建固定资产、无形资产和其他长期资产支付的现金		
投资支付的现金		
取得子公司及其他营业单位支付的现金净额		
支付其他与投资活动有关的现金		
投资活动现金流出小计		
投资活动产生的现金流量净额		
三、筹资活动产生的现金流量:		
吸收投资收到的现金		
取得借款收到的现金		

（续表）

项目	本期金额	上期金额
收到其他与筹资活动有关的现金		
筹资活动现金流入小计		
偿还债务支付的现金		
分配股利、利润或偿付利息支付的现金		
支付其他与筹资活动有关的现金		
筹资活动现金流出小计		
筹资活动产生的现金流量净额		
四、汇率变动对现金及现金等价物的影响		
五、现金及现金等价物净增加额		
加：期初现金及现金等价物余额		
六、期末现金及现金等价物余额		

（四）所有者权益变动表

1. 所有者权益变动表的性质和作用

所有者权益变动表又称股东权益变动表，是全面反映公司本期（年度或中期）内至截至期末所有者权益变动情况的报表。所有者权益变动表具有以下重要作用：

（1）了解所有者权益变动的原因及过程。

（2）将利润表与资产负债表连接起来。

2. 所有者权益变动表的项目和结构

在所有者权益变动表中，应当单独列示反映的项目有：

（1）会计政策变更和差错更正的累积影响金额。

（2）综合收益总额。

（3）所有者投入和减少资本。

（4）利润分配。

（5）所有者权益内部结转。

具体项目见表2-4。

三、财务报表附注

1. 财务报表附注的性质和作用

财务报表附注是对企业财务报表有关项目等所作的解释和说明，与财务报表一并构成企业财务报告。财务报表附注对于企业财务报表使用者具有以下作用：

表2-4　所有者权益(股东权益)变动表

编制单位：　　　　　　年度　　　　　　会企04表　单位:元

项目	本年金额											上年金额										
	股本	其他权益工具			资本公积	减:库存股	其他综合收益	专项储备	盈余公积	未分配利润	所有者权益合计	股本	其他权益工具			资本公积	减:库存股	其他综合收益	专项储备	盈余公积	未分配利润	所有者权益合计
		优先股	永续债	其他									优先股	永续债	其他							
一、上年期末余额																						
加:会计政策变更																						
前期差错更正																						
其他																						
二、本年期初余额																						
三、本期增减变动金额(减少以"-"号填列)																						
(一)综合收益总额																						
(二)所有者投入和减少资本																						
1.所有者投入的普通股																						
2.其他权益工具持有者投入资本																						
3.股份支付计入所有者权益的金额																						
4.其他																						
(三)利润分配																						
1.提取盈余公积																						

（续表）

项目	本年金额 股本	其他权益工具 优先股	永续债	其他	资本公积	减：库存股	其他综合收益	专项储备	盈余公积	未分配利润	所有者权益合计	上年金额 股本	其他权益工具 优先股	永续债	其他	资本公积	减：库存股	其他综合收益	专项储备	盈余公积	未分配利润	所有者权益合计
2. 对所有者（或股东）的分配																						
3. 其他																						
（四）所有者权益内部结转																						
1. 资本公积转增资本（或股本）																						
2. 盈余公积转增资本（或股本）																						
3. 盈余公积弥补亏损																						
4. 设定受益计划变动额结转留存收益																						
5. 其他综合收益结转留存收益																						
6. 其他																						
（五）专项储备																						
1. 本期提取																						
2. 本期使用																						
（六）其他																						
四、本期期末余额																						

（1）资产负债表等基本财务报表均是以数字和表格的形式提供信息,反映的都是高度浓缩、概括的信息。财务报表附注则提供了对表内数字的详细信息,如存货、应收账款等。

（2）会计处理方法具有可选择性,同一企业的会计事项以不同的方法处理将会得到不同的财务结果,这将给财务报表的使用者带来困惑和误解,财务报表附注中对重要会计政策的说明将有助于财务报表使用者正确理解财务报表所披露的信息。

（3）会计政策和会计估计变更将导致企业财务信息的纵向不可比,附注的说明将有助于财务报表使用者全面把握报表所披露的信息。

2. 财务报表附注的内容

附注是财务报表的重要组成部分。企业应当按照规定披露附注信息,主要包括下列内容:

（1）企业的基本情况,包括企业注册地、组织形式和总部地址;企业的业务性质和主要经营活动;母公司以及集团最终母公司的名称、财务报告的批准报出者和财务报告批准报出日。

（2）财务报表的编制基础。

（3）遵循企业会计准则的声明。企业应当声明编制的财务报表符合企业会计准则的要求,真实、完整地反映企业的财务状况、经营成果和现金流量等有关信息。

（4）重要会计政策和会计估计。企业应当披露采用的重要会计政策和会计估计,不重要的会计政策和会计估计可以不披露。在披露重要会计政策和会计估计时,应当披露重要会计政策的确定依据和财务报表项目的计量基础,以及会计估计中所采用的关键假设和不确定因素。

（5）会计政策和会计估计变更以及差错更正的说明。企业应当按照《企业会计准则第 28 号——会计政策、会计估计变更和差错更正》及其应用指南的规定,披露会计政策和会计估计变更以及差错更正的有关情况。

（6）报表重要项目的说明。企业对报表重要项目的说明,应当按照资产负债表、利润表、现金流量表、所有者权益变动表及其项目列示的顺序,采用文字和数字描述相结合的方式进行披露。报表重要项目的明细金额合计,应当与报表项目金额相衔接。

（7）或有事项。

（8）资产负债表日后事项。

（9）关联方关系及其交易。

第四节　财务报表的制约因素

财务报表作为企业会计工作最终的产成品,是企业对外揭示并传递信息的重要手段,对内对外都有着极其重要的作用,是政府实施宏观调控、投资者和债权人作出投资决策的依据。财务报表质量的高低直接决定着资本市场的有效程度和社会自然资源配置的效率。

我国的财务报表一直在不断改进中,财务报表的编制与披露必须遵循客观性、及时性、重要性、相关性等原则。但随着我国经济的全球化、网络化、高科技和知识化的发展,新的经济业务层出不穷,会计界受到了严峻的考验。当我们从信息化应用的新视角对财务报表进行重新审视时,会发现其在诸多方面滞后于企业管理的需要,难以完全达到报表使用者的要求。

一、历史成本计量属性的局限性

在历史成本计量属性下,资产按照购置时支付的现金或者现金等价物的金额,或者按照购置资产时所付出的对价的公允价值计量。负债按照因承担现时义务而实际收到的款项或者资产的金额,或者承担现时义务的合同金额,或者按照日常活动中为偿还负债预期需要支付的现金或者现金等价物的金额计量。《企业会计准则——基本准则》第43条规定:"企业在对会计要素进行计量时,一般应当采用历史成本,采用重置成本、可变现净值、现值、公允价值计量的,应当保证所确定的会计要素金额能够取得并可靠计量。"但是,以历史成本计量的财务报表列示的要素金额不能代表其现实价值。

二、货币计量属性的局限性

企业会计核算一般不考虑物价变动问题,不按通货膨胀或物价水平调整币值,这会导致财务报表中的信息往往不能反映现实社会的物价水平,造成报表列示的相关要素金额不能代表其现实价值或成本。况且企业还有许多经济资源或是受到客观条件制约,或受到会计惯例的制约并未在报表中得到体现,如企业自创的商誉、企业所处的经济环境、产品的竞争力、人力资源、企业家的能力和责任心、员工的合作精神和工作积极性、企业的综合竞争力、产品和技术的创新能力等。

三、会计分期假设的局限性

企业为了定期及时提供有用的会计信息,将企业延续不断的营业活动人为地划分为各个阶段,如年度、季度、月度,并在权责发生制的基础上,对企业的财务状况和经营成果进行定期确认和计量。在确认、计量过程中,当记入的交易或事项涉及未来事项不确定性时,必须予以估计入账。例如,关于未来事项是否发生的不确定性以及关于未来事项的影响或时间的不确定性,需要会计人员对其进行估计和判断,从而使会计报表中的有些数据带有很强的主观性。

四、稳健性原则的局限性

《企业会计准则——基本准则》第 18 条规定:"企业对交易或者事项进行会计确认、计量和报告应当保持应有的谨慎,不应高估资产或者收益、低估负债或者费用。"稳健原则又称谨慎性原则,或称保守主义。谨慎原则要求体现于会计核算的全过程,包括会计确认、计量、报告等会计核算的各个方面。从会计确认来说,要求确认标准和方法建立在稳妥合理的基础上;从会计计量来说,要求不得高估资产和利润的数额;从会计报告来说,要求会计报告向会计信息的使用者提供尽可能全面的会计信息,特别是应报告有关可能发生的风险损失。但是往往有些企业出于特殊目的,任意使用或歪曲使用谨慎原则,违反会计核算客观性,使财务报告失真。

五、会计政策选择的局限性

会计政策是指企业在会计核算时所遵循的具体原则以及企业所采纳的具体会计处理方法。具体原则是指企业按照《企业会计准则》和国家统一的会计制度规定的原则所指定的适合本单位的会计制度中所采用的会计原则;具体会计处理方法是指企业在会计核算中从诸多可选择的会计处理方法中所选择的,适合本企业的会计处理方法。这从客观上导致由于选择会计政策的不同影响了会计报告的可比性。例如,存货的发出计价方法、折旧方法等。虽然在报表附注中对会计政策的选择有一定的表述,但报表使用者未必能完成可比性的调整工作。

六、及时性原则的局限性

财务报表对外披露的财务信息要有用、及时。这项原则要求当期的会计事项必须在当期内处理,不能延至下一会计期间。因为会计信息具有很强的时间性,如果错过了使用时间,就失去了对决策的影响力,就会变成无用的信息。及时性是会计信息重要的质量特征。但就企业年度财务报表而言,所披露的会计信息间隔过长,缺乏及时性。企业年度财务报告在年度终了后 4 个月内对外提供,报表使用人了解的是 4 个月以前的财务状况,至少现金流量表已经没有太大的参考价值了。最典型的例子是英国巴林银行,1994 年年底,其账面净资产为 500 多亿美元,而到 1995 年 2 月底,该银行已进入破产清算境地,此时其 1994 年的财务报告还未完成。

七、客观性原则的局限性

《企业会计准则——基本准则》第 12 条规定:"企业应当以实际发生的交易或者事项为依据进行会计确认、计量和报告,如实反映符合确认和计量要求的各项会计要素及其他相关信息,保证会计信息真实可靠、内容完整。"这项原则要求会计在核算的各个阶段,必须不偏不倚,使用真实的原始资料,客观、真实地提供会计信息,不得人为进行歪曲。企业信息披露主要是基本财务报表及报表附注,尤其是报表附注的披露,应当遵循客观性原则如实反映。但往往一些企业出于自身利益对一些应当披露而"不宜披露"的事项予以隐瞒。如未作记录的或有负债、可能的质量事故赔偿、未决诉讼及担保等,以上事项由于不满足确认和计量条件而没有在财务报表中反映。这样无疑使报表使用者高估企业价值。

除了以上提到的财务报表的制约因素以外,还有一些由于会计人员或者企业管理当局的原因产生的缺陷。比如,企业管理当局更多地注重企业短期利益,尽量减少成本,追逐近期的利润最大化,人为粉饰报表;企业发生的交易或事项具有复杂性和多样性,对业务的会计处理更多地依赖会计职业判断,可能给企业管理当局留下可操作的空间等。

总之,无论是财务报表自身的局限性,还是企业管理当局的自由操纵,都会导致财务报表的不真实性,给外部会计信息使用者带来不利影响。因此,我们在使用财务报表进行财务分析时,应充分考虑到这些因素,保证决策的有效性。

推荐读物

[1]马丁·弗里德森,费尔南多·阿尔瓦雷斯.财务报表分析[M].4版.刘婷,译.北京:中国人民大学出版社,2016:3-20.

[2]K·R·苏布拉马尼亚姆.财务报表分析[M].11版.宋小明,谢盛纹,译.北京:中国人民大学出版社,2015:50-95.

思考与案例讨论

1. 简述不同财务信息使用者对企业财务信息供求关系的影响。

2. 信息披露制度的内涵及其主要内容有哪些?

3. 资产负债表、利润表、现金流量表和所有者权益变动表分别向报表使用者传递了哪些信息?

4. 简述财务报表使用者分析和研读财务报表附注的必要性。

5. 财务报表的制约因素有哪些?怎样理解现实财务报表的局限性?

6. 结合本章引导案例,谈谈鲁北化工信息披露违规的深层原因是什么?我国在上市公司信息披露制度上还需作何改进?

第三章 资产负债表分析

学习目标

通过本章学习,了解资产负债表的作用;熟悉资产负债表质量分析和结构分析的基本内容;掌握影响企业偿债能力的因素,重点掌握各项短期偿债能力和长期偿债能力评价指标的计算与分析;了解企业破产预警分析的作用,熟悉企业破产预警分析的主要方法;学会利用资产负债表分析评价企业的资本结构和财务状况。

引 导 案 例 [1]

巴林银行由弗朗西斯·巴林爵士于 1763 年创立,是世界上首家商业银行。巴林银行经营灵活、勇于创新的特点,使其很快在国际金融领域获得了巨大的成功,其业务范围也十分广泛,遍布世界各地。

然而,1995 年 2 月 27 日,一个令人震惊的消息传来:拥有 233 年历史的巴林银行破产了。这家世界上最早的商业银行最终以 1 英镑的象征性价格出售给荷兰国际集团。

巴林银行破产的直接原因,是其新加坡分行的一名交易员——尼克·里森违规交易造成的。里森的工作,是在日本的大阪及新加坡进行日经指数期货套利活动。然而,里森并没有严格地按规则去做,当他认为日经指数期货将要上涨时,不惜伪造文件筹集资金,通过私设账户大量买进日经股票指数期货头寸,从事自营

---

① 资料来源:根据新浪财经、搜狐财经及中国经济网等网站资料整理。

投机活动。然而,日本关西大地震打破了里森的美梦,日经指数不涨反跌,里森持有的头寸损失巨大。但过于自负的里森不仅没有果断斩仓,控制损失,而是在1995年1月26日以后又大幅增仓,最终导致损失超过巴林银行的净资产值,将巴林银行推进了破产的深渊。

有人认为巴林银行的倒闭是由里森引起的,由于他的错误操作,使得巴林银行损失了14亿美元,最终导致巴林银行的百年基业毁于一旦。但是,在深入分析巴林银行倒闭的原因时,会发现尼克·里森只是一个导火索,巴林银行的内部控制制度存在的漏洞才是事件的根源。除此之外,巴林银行还有一个突出的特点,这也是破产的原因之——董事长彼得·巴林不重视资产负债表。1994年3月,他曾经有过一段评语,认为资产负债表没什么用,"若以为揭露更多资产负债表的数据,就能增加对一个集团的了解,那真是幼稚无知",因为它的组成,在短期间内就可能发生重大的变化。

但是,1994年7月,在里森的损失达到5 000万英镑时,巴林银行总部曾派人调查里森的账目。事实上,每天都有一张资产负债表,每天都有明显的记录可看出里森的问题。即使是月底,里森为掩盖问题所制造的假账,也极易被发现——如果巴林银行真有严格的审查制度。里森假造花旗银行有5 000万英镑存款,但这5 000万英镑已被挪用来补偿其账户中的损失了。查了1个月的账,却没有人去查花旗银行的账目,以致没有人发现花旗银行账户中并没有5 000万英镑的存款。最令人难以置信的,便是巴林在1994年年底发现资产负债表上显示5 000万英镑的差额后,仍然没有警惕到其内部控制的松散及疏忽。在发现问题至其后巴林银行倒闭的两个月时间里,有很多巴林银行的高级及资深人员曾对此问题加以关切,更有巴林银行总部的审计部门正式加以调查。但是这些调查都被里森以极轻易地方式蒙骗过去。里森对这段时期的描述为:"对于没有人来制止我的这件事,我觉得不可思议。伦敦的人应该知道我的数字都是假造的,这些人都应该知道我每天向伦敦总部要求的现金是不对的,但他们仍旧支付这些钱。"里森说:"有一群人本来可以揭穿并阻止我的把戏,但他们没有这么做。我不知道他们的疏忽与罪犯级的疏忽之间界限何在,也不清楚他们是否对我负有什么责任。但如果是在任何其他一家银行,我是不会有机会开始这项犯罪的。"

随后,里森造成的损失越积越大,最终高达14亿美元,使得巴林银行陷入无可挽回的地步。如果巴林董事长提高对资产负债表的重视,也许在里森进行错误操作的初期就可以在资产负债表中发现异常迹象,从而避免在错误的道路上越走越远,也许巴林银行的命运就会改写。对资产负债表不重视的巴林董事长付出的代价之高,也实在没有人想象得到!

重要概念

流动资产(current assets)

流动负债(current liabilities)

营运资金(net working capital)

长期负债(long-term liabilities)

固定资产(fixed assets)

无形资产(intangible assets)

所有者权益(stockholder's equity)

流动比率(current ratio)

速动比率(quick ratio)

资产负债率(debt ratio)

产权比率(debt-equity ratio)

权益乘数(equity multiplier)

股东权益比率(equity ratio)

利息保障倍数(interest coverage)

第一节　资产负债表概述

一、资产负债表的概念及作用

(一)资产负债表的概念

资产负债表描述了某一时点企业的财务状况,是企业"一瞬间的快照"。简单来说,资产负债表反映了特定时点企业拥有多少资产、是哪些资产,有多少负债、是哪些负债,以及所有者权益的规模和构成。总体来看,资产负债表体现了企业的财务状况和资金结构,是对企业整体财务状况的概述。

(二)资产负债表的作用

对于资产负债表的作用,主要可以概括为以下几个方面。

1. 反映了特定时点企业拥有的资产及其分布情况

一方面资产负债表表明了在某一时点(如年末、季末等)企业拥有的资产的总量;另一方面从资产负债表中可以清楚地了解企业拥有的资产分别是哪些类别。例如,可以了解企业在某一时点的流动资产有多少,流动资产中货币资金、应收账款、存货等分别有多少;非流动资产有多少,其中固定资产、无形资产、长期股权投资等各占多少。企业拥有的资产及其分布情况反映了企业的资金运用方向。

2. 反映了特定时点企业承担的债务及其构成情况

通过资产负债表,我们还可以了解企业在特定时点承担的债务的总体规模、偿还时间的长短以及偿还对象。负债分为流动负债和非流动负债。流动负债要求在短时间内偿还,通常在 1 年以内,包括短期借款、应付账款、应付职工薪酬等,会给企业带来短期偿债压力;非流动负债的偿还期限在 1 年以上。通过资产负债表可以清楚地了解到企业在某一时点的债务规模以及不同偿还期限债务的构成,也反映了企业的资金来源。

3. 反映了特定时点企业所有者拥有的权益及其形成原因

企业所有者拥有的权益即净资产,根据会计恒等式,所有者权益＝资产－负债,是全部投资者对于企业剩余权益的要求权。也就是说,企业的资产首先要用来偿还债务,剩下的部分无论盈亏都归属于所有者。所有者权益包括实收资本(或股本)、资本公积、留存收益等,通过资产负债表可以了解到所有者权益的金额,并且能了解到其形成的原因,哪些是所有者投入的资本,哪些是经营过程中累积的成果。

4. 能够反映企业财务状况的发展趋势

虽然资产负债表是企业某一时点的静态报表,仅从某一时点的数据难以看出企业财务状况的发展趋势,但是如果把几个时点数据放在一起对比来看,就可以清晰地看到企业财务状况的发展趋势。比如,把 5 年的资产负债表进行对比分析,并借助散点图等工具,可以清楚地反映出 5 年中企业的发展状况,固定资产规模的持续增长可能意味着企业仍处于扩张阶段,应收账款的逐年增加可能意味着企业对于应收账款的管理不够规范严格等。因此,管理者不仅要关注某一时点的财务状况,更要将其与其他时点进行比较分析,特别是将不同的资产负债表项目联系起来对比分析,以发现变化趋势,全面地了解企业的财务状况。

5. 有助于评价企业的资本结构和财务弹性

资本结构主要体现为负债与所有者权益的比值,有时也用非流动负债与所有者权益的比值来表示。财务弹性是指企业适应经济环境变化和利用投资机会的能力,具体是指公司动用闲置资金和剩余负债的能力,应对可能发生的或无法预见的紧急情况,以及把握未来投资机会的能力,是公司筹资活动对内外环境的反应能力、适应程度及调整的余地。资产负债表则是对资本结构最直观的反映,体现了企业的财力及其弹性。因此,利用资产负债表有助于评价企业的资本结构和财务弹性。

二、资产负债表的格式

资产负债表主要由表首、正表两部分组成。表首部分包括报表名称、报表编号、编制单位、编制日期和计量单位等。正表部分是资产负债表的核心内容,具体说明企业财务状况的各个项目。

资产负债表的格式一般有两种:报告式资产负债表和账户式资产负债表。报告式资产负债表是上下结构,上半部列示资产,下半部列示负债和所有者权益。具体排列形式又有两种:一是按"资产＝负债＋所有者权益"的原理排列;二是按"资产－负债＝所有者权益"的原理排列。账户式资产负债表是左右结构,左边列示资产,右边列示负债和所有者权益。我国《企业会计准则第 30 号——财务报表列报》规定,我国的资产负债表采用账户式。根据财务报表信息列报的可比性要求,财务报表至少应当提供所有列报项目上一可比会计期间的比较数据。资产负债表要填列"年初余额"和"期末余额"两栏。

第二节　资产负债表质量分析

资产负债表项目分为资产、负债和所有者权益三大类。在列示各项目时,资产按照变现能力由强到弱排列,可分为流动资产和长期资产;负债项目按照偿还期限由短到长排列,可分为流动负债和长期负债;所有者权益按照永久性由强到弱排列,可分为实收资本(或股本)、资本公积和留存收益三类。要对资产负债表进行分析,首先应对资产负债表各项目的质量进行分析,这对准确地把握特定时点上企业的财务状况来说是十分必要的。

一、资产类项目

1. 货币资金

货币资金包括库存现金、银行结算户存款、外埠存款、银行汇票存款、银行本票存款、信用卡存款和信用证保证金存款等。根据凯恩斯货币需求理论,企业持有货币资金通常出于三个动机:一是交易动机,是指为了应付日常的商品交易而需要持有货币的动机;二是预防动机,是指为了应付不测之需而持有货币的动机;三是投资动机,是指根据对市场利率变化的预测,需要持有货币以便满足从中投机获利的动机。

货币资金是企业拥有的流动性最强、最具有活力的资产,是企业维持经营活动必不可少的"血液"。货币资金过少就会增加流动性风险,影响企业的正常经营活动。然而,货币资金也是获利能力最低的资产,几乎无法产生收益,持有过多的货币资金意味着过高的机会成本,企业的资金运作效率低下。过多或过少的货币资金都会影响企业的盈利能力,因此企业应根据自身需求确定合理的货币资金持有量。在对货币资金进行质量分析时,主要关注企业货币资金持有量是否合适,货币资金持有量受到以下因素影响:

(1) 企业的规模。企业的资产规模和业务规模越大,需要的货币资金数量越多。

(2) 企业的负债结构。中短期债务在负债中占的比重较大时,需要较多的货币资金以偿还债务。

(3) 企业的融资能力。若企业的融资能力较强,可持有较少量的货币资金。

(4) 所在行业的特性。隶属不同行业的企业,日常经营所需的货币资金数量往往有较大的差距,应考虑行业的平均货币资金持有量水平。

2. 交易性金融资产

交易性金融资产是指企业在公开证券市场中购买的、以公允价值计量、主要以交易为目的持有的股票、债券、基金等。该项目反映资产负债表日企业分类为以公允价值计量且其变动计入当期损益的金融资产,以及企业持有的直接指定为以公允价值计量且其变动计入当期损益的金融资产的期末账面价值。交易性金融资产一般用于调剂货币资金余缺,在保持流动性的前提下获得一定的收益。对交易性金融资产的分析主要包括:

(1) 交易性金融资产的交易目的和流动性分析,应关注划分为该类别的资产的交易目的和流动性是否与该类别的特征相符。

(2) 交易性金融资产的规模分析,如交易性金融资产的规模是否适中,是否与企业自身的需要、业务规模的大小相适应。对非金融企业而言,交易性金融资产往往扮演着辅业的角色,因此其规模不应过大而挤占了主营业务所需的资金。

(3) 交易性金融资产的投资质量分析。质量较高的交易性金融资产才能给企业带来收益,低质量的交易性金融资产反而会给企业造成损失,在这种情况下应及时处置低质量的交易性金融资产,保持或扩大高质量的交易性金融资产。因此,分析时应关注交易性金融资产的投资质量,以判断其是否能为企业带来盈利。

3. 应收票据

应收票据是指因销售商品、提供劳务而收到的商业汇票。在分析时,应关注应收票据的类型,应收票据分为银行承兑汇票和商业承兑汇票。前者一般具有较高的可靠性,不能得到偿付的风险较小,但是后者得到偿付的可能性则取决于债务人的信用情况,具有一定的风险。企业要根据实际情况计提坏账准备。

4. 应收账款

正常情况下,应收账款能够在 1 年内收回,一般归属于流动资产。应收账款的规模一般与企业主营业务收入金额成正相关关系,对应收账款质量的分析应从以下几个方面入手:

（1）应收账款的规模。应收账款的规模应与企业总资产规模和收入水平相适应，若应收账款比重过大，反映了企业的信用政策过度宽松或者账款催收不力，会影响企业的流动性，增加企业的经营风险。

（2）应收账款的账龄分析。应收账款的账龄越长，回收的可能性越低，越容易成为呆账、坏账，给企业造成损失。因此，对应收账款进行账龄分布分析十分有必要。例如，通过分析属于1年以内、1～2年、2～3年、3年以上的应收账款金额和比例，可以了解应收账款的质量及其对企业现金流的影响。

（3）应收账款债务人的分布。如果企业应收账款的客户集中度较高，说明企业应收账款的回收过度依赖于大客户，将给企业带来较大的回收风险。如果应收账款的客户较为分散，将降低回收风险，但是相应的管理难度和成本会增加。另外，还应考虑债务人分布的地域性、所有权性质及规模、与债权人的关联状况等。

（4）坏账准备政策。按照企业会计准则规定，企业必须按照实际情况提取坏账准备，而坏账准备计提政策由企业自主决定，这就为企业盈余管理留下了空间。因此，有必要关注企业的坏账准备计提政策是否合理，主要表现在计提比例是否恰当，计提方法在不同期间是否保持一致，以及是否有利用坏账准备调节利润的行为。

5. 存货

存货是企业资产的重要组成部分，能保证企业的生产和经营正常、连续地进行。对存货的质量分析包括以下几点：

（1）存货规模分析。存货与企业经营直接相关，所以存货规模的变化可以在一定程度上反映出企业经营效果、经营方式的变化。另外，存货的规模应保持在一个适当的水平，持有量过多会降低存货周转率和资金使用效率，增加存货储存成本和贬值风险；反之，持有量过少，会让企业面临缺货的风险，不利于保持客户和扩大生产。

（2）存货结构分析。存货包括产成品、在产品、原材料、周转材料、低值易耗品、委托加工物资等，不同类型存货的金额和比例的变化，反映出企业经营状况和经营思路的变化，对存货结构的分析有助于财务报表使用者了解企业的存货是否合理、是否能够满足企业正常的生产经营需要。

（3）存货的计价。存货的发出成本计算方法包括个别计价法、移动加权平均法、先进先出法等，企业可以自主选择，应分析企业选择的发出成本计算方法是否符合存货的特点，是否能准确计量发出存货的成本。另外，运用不同的盘存方法会使得存货的期末账面价值不同，因此有必要对企业的存货盘存制度进行分析，以确定企业选择的盘存制度是否合理、是否符合企业的自身特点，并确定存货账面价值的可靠程度。期末，还应根据成本与市价孰低来调整存货的计价，此时要分析企业对存货可变现净值的确定是否合理。另外，还要关注存货跌价准备的计提、注销和转回是否恰当。

（4）存货的技术构成。存货的技术构成是指现有存货的技术竞争力情况。当今社会竞争十分激烈,产品更新换代的速度也日益加快,特别是对电子产品行业来说,面临着更大的产品过时压力。因此,存货的技术构成也决定了存货的价值,对其进行分析有助于准确把握存货的质量。

6. 合同资产

合同资产是指企业已向客户转让商品而有权收取对价的权利,且该权利取决于时间流逝之外的其他因素。如企业向客户销售两项可明确区分的商品,企业因已交付其中一项商品而有权收取款项,但收取该款项还取决于企业交付另一项商品的,企业应当将该收款权利作为合同资产。企业拥有的、无条件(仅取决于时间流逝)向客户收取对价的权利应当作为应收款项单独列示。

7. 长期金融资产

长期金融资产包括债权投资、其他债权投资、长期股权投资、其他权益工具投资和其他非流动金融资产。对于长期金融资产,主要分析其成本和公允价值变动是否合理,以判断长期金融资产的盈利能力和变化趋势。对于债权性质的金融资产,应主要分析其账龄、债务人构成、信用风险、投资收益与现金流入的差异,以确定其盈利水平和债权的安全性。对于长期股权投资,主要分析其构成、核算方法、减值准备的计提、投资收益与现金流入的差异,进而明确长期股权投资的盈利能力和计价的准确性。在对长期金融资产进行质量分析时,要注意结合资产减值明细表进行分析。

8. 投资性房地产

投资性房地产是指企业为赚取租金或资本增值,或两者兼有而持有的房地产,主要包括已出租的土地使用权、持有待增值后转让的土地使用权和已出租的建筑物等。投资性房地产的后续计量方式有两种:成本模式和公允价值模式。其中,采用公允价值模式必须满足两个条件:一是投资性房地产所在地有活跃的房地产交易市场;二是能够从房地产交易市场取得同类或类似房地产的市场价格及其他相关信息。不同的后续计量方式会对企业的收益产生不同的影响,因此对投资性房地产的质量分析要关注其计量方式,以及是否符合该计量方式的条件。

9. 固定资产

固定资产是指企业为生产商品、提供劳务、出租或经营管理而持有的,使用寿命超过1年或一个会计年度的有形资产。该项目反映资产负债表日企业固定资产的期末账面价值和企业尚未清理完毕的固定资产清理净损益。在资产负债表上,固定资产按照期末余额减去累计折旧和固定资产减值准备以及固定资产清理后的净值列示。对固定资产的质量分析,重点关注三个方面:

(1)固定资产的规模和结构。固定资产是企业经济效益和竞争力的源泉,是企业经营规模大小的标志,因此固定资产的规模对企业(特别是制造业企业)有着重要的意义。不同类型的固定资产为企业带来经济利益的方式不同,如生产设备能够直接为企业产生收益,而办公用固定资产并不能直接产生收益。不同结构的固定资产的盈利能力也不同,所以也应关注固定资产的结构。固定资产的规模和结构应当与企业的需求、特点和发展阶段相适应,因此还应关注固定资产规模和结构的合理性。

(2)固定资产的折旧方法。折旧方法包括直线折旧法、工作量法、年数总和法、双倍余额递减法等。折旧方法的选择应与固定资产的经济利益流入方式相匹配,因此,应分析企业是否选择了适宜的折旧方法。另外,还须注意折旧年限、预计净残值等会计估计是否合理。折旧方法和折旧会计估计的不同会直接影响企业的利润。

(3)固定资产的减值准备。如果固定资产的可收回金额低于其账面价值,应当按可收回金额低于其账面价值的差额计提减值准备,一旦计提就不能转回。企业在进行会计核算时,应当遵循谨慎性原则,即要求企业在面临不确定因素的情况下作出职业判断时,应充分估计到各种风险和损失,不高估资产或收益,也不少计负债或费用。对固定资产进行质量分析时,应分析其可收回金额的计算是否准确,减值准备的计提是否合理,以及减值准备的处理是否正确。

10. 在建工程

在建工程是指企业固定资产的新建、改建、扩建,或技术改造、设备更新和大修理工程等尚未完工的工程支出。该项目反映资产负债表日企业尚未达到预定可使用状态的在建工程的期末账面价值和企业为在建工程准备的各种物资的期末账面价值。在建工程应根据在建工程期末余额减去在建工程减值准备和工程物资以及工程物资减值准备后的净值列示。在资产负债表上,在建工程意味着正在进行的固定资产投资项目,影响企业当前和未来的经营发展状况。对在建工程的质量分析主要包括以下几个方面:

(1)在建工程的规模。在建工程往往投资金额大、建设时间长,如果在建工程的金额过大,对于企业的短期和长期的财务状况都会产生很大的影响。应分析在建工程的规模是否与行业发展形势、企业的经营状况和成长阶段相匹配,对在建工程的合理性和前景进行考虑。

(2)在建工程借款费用的处理。借款费用的处理有两种选择:费用化和资本化。在建工程的借款费用通常一部分费用化进入当期损益,一部分资本化计入在建工程的成本。应重点分析资本化的借款费用,判断其是否符合资本化的条件,资本化金额是否正确,以避免高估在建工程成本和虚增利润。

(3)在建工程完工后是否及时转入固定资产。工程完工达到预定可使用状态时,要及时从在建工程转入固定资产核算。应关注是否存在已完工项目长期在在建工程挂账、未及时转入固定资产的现象,这样会造成少计提固定资产折旧,对企业的盈利水平和税收都会产生影响。

11. 无形资产

无形资产是指企业拥有或控制的、没有实物形态的、可辨认的非货币性资产,包括商标权、著作权、专利权、土地使用权、非专利技术、特许权等。无形资产与固定资产类似,能够为企业带来长期的、持续的收益,对无形资产的质量分析也与固定资产类似,包括以下几个方面:

(1)无形资产的规模和结构。随着知识创新和科技发展速度的加快,无形资产的比重越大,往往意味着企业的核心竞争力越强,尤其是与企业主要业务相关的、科技含量高的无形资产。因此,无形资产的规模和结构都影响着企业的盈利水平,应关注对无形资产规模和结构的分析。

(2)无形资产的摊销政策。使用寿命有限的无形资产应当在使用寿命内按照合理的方法进行摊销,无法确定使用寿命的无形资产不进行摊销,但应当在每个会计期间末对其进行减值测试。因此,应分析无形资产的使用寿命是否有限,是否应摊销及摊销政策是否合理。

(3)无形资产的减值准备。若无形资产的可收回金额低于其账面价值,也应当按可收回金额低于其账面价值的差额计提减值准备。但由于很多无形资产并不具备市场,无形资产的可收回金额往往很难确定,因此更应关注无形资产计提减值准备的合理性。

(4)研发支出的资本化。研究与开发活动发生的费用,在遵循无形资产确认和初始计量的要求以及满足其他特定条件情况下,能够予以资本化,确定为一项无形资产。由于研究阶段和开发阶段费用处理的不一致,导致企业必须提供确凿证据证明研究阶段和开发阶段的明显标志,否则将按照研究阶段处理所有的费用。因此,应该重点分析企业资产形成过程中是否建立区分研究阶段和开发阶段的有效办法,向投资者说明研究与开发阶段的重要标志。

二、负债类项目

(一)流动负债

流动负债包括短期借款、应付账款、应付职工薪酬、应交税费等,偿还期限在 1 年以内。

对流动负债的质量分析,首先,应分析其规模和构成。负债是企业的资金来源之一,流动负债的规模一方面反映了企业对短期外来资金的依赖程度,另一方面反映了企业的短期偿债压力。不同类型的流动负债对应着不同的条款、不同的偿还压力,因此流动负债的构成也值得关注。其次,要分析流动负债的周转能力,这也反映了企业的偿债能力,若流动负债周转速度过慢,说明企业的短期偿债能力较为紧张,盈利情况不是很乐观,出现财务危机的可能性较大。具体到各个流动负债项目,可以从以下角度分析。

1. 短期借款

对短期借款的质量分析应着重检查其到期期限,判断其对企业现金流的压力大小,是否可能存在无法偿还短期借款的情况。

2. 应付票据

此项目应主要关注应付票据是否带息,企业是否发生过延期支付到期票据的情况,以及应付票据的类型,即是银行承兑汇票还是商业承兑汇票。

3. 应付账款

应分析应付账款是否与企业的采购成本呈现较稳定的关系,是否出现了应付账款不合理地急剧增加的情况,债权人的分布情况和分散程度,以及企业是否曾经延期支付过应付账款。

4. 预收款项

应主要分析预收款项的形成原因,若预收款项系因企业产品旺销所致,可提高预收款项的质量。

5. 合同负债

合同负债是指企业已收或应收客户对价而应向客户转让商品的义务。即企业在向客户转让商品之前,如果客户已经支付了合同对价或企业已经取得了无条件收取合同对价的权利,则企业应当在客户实际支付款项与到期应支付款项孰早时点,将该已收或应收的款项列示为合同负债。合同负债主要存在于销售激励、客户奖励积分、未来购买商品的折扣券以及合同续约选择权等附有客户额外购买选择权的销售中。

6. 应付职工薪酬

应主要分析以下三点:

(1)企业是否将全部职工薪酬计入了应付职工薪酬,是否存在绕过"应付职工薪酬"账户直接计入费用的情况。

(2)计入应付职工薪酬的辞退福利是否符合确认条件,其金额是否估计准确。

(3)以现金结算的股份支付是否按照企业承担的以股份或其他权益工具为基础计算确定的负债的公允价值计量,企业是否在相关负债结算前的每个资产负债表日以及结算日,对负债的公允价值重新计量并将其变动计入当期损益。

7. 应交税费

应分析应交税费的具体构成内容及形成原因,判断是否已经包括了所有应交未交的税费,以及是否存在实质上已构成纳税义务但企业未入账的税费。

(二)长期负债

长期负债包括长期借款、应付债券、长期应付款、长期应付职工薪酬等项目。长期负债是企业常用的长期资金筹集方式之一,能够为企业提供资金支持,发挥财务杠杆的作用,但通常也会带来种种限制条件。对长期负债的质量分析,首先应分析长期负债的构成,不同类型的长期负债限制条件不同,对企业的影响也不同;其次要分析长期负债利息资本化的方法是否合理,长期负债通常用于长期资产的构建,符合资本化条件的利息费用应当计入相应资产的成本,利息费用是否能够正确资本化值得关注。具体到长期负债的各个项目,还应分析以下方面。

1. 长期借款

对长期借款的质量分析包括以下几点:

(1)观察长期借款的用途,是否与长期资产的增加相匹配,是否存在将长期借款用于流动资产的情况。

(2)长期借款的金额是否有明显波动,波动的原因是什么。

(3)长期借款的限制条件和利率水平,企业的盈利水平是否与长期借款的本息规模相配比。

2. 应付债券

应分析应付债券的有关条款,关注债券是否具有可转换条件。

3. 长期应付款

长期应付款通常是由于融资租赁形成的,应分析企业融资租赁的固定资产是否已经形成预期生产能力,其收益率是否超过了融资租赁的内涵利率,若未超过则会影响长期应付款的偿还,降低其质量。

三、所有者权益项目

所有者权益包括实收资本(或股本)、资本公积、其他综合收益和留存收益四大部分。

首先,应分析实收资本的状态,包括初始成立时注册资本是否到位,若注册资本未到位,查明其原因;是否存在抽逃注册资本的现象;是否存在高估非货币性投资的情况。

其次,分析资本公积的构成,观察是否存在企业将其他项目错误计入资本公积,造成企业资产负债率下降的现象。

然后,分析其他综合收益。其他综合收益是指企业根据会计准则财务报表列报规定未在当期损益中确认的各项利得和损失,包括以后会计期间不能重分类进损益的其他综合收益和以后会计期间满足规定条件时将重分类进损益的其他综合收益两类。其他综合收益是所有者权益类科目,而非损益类科目,本身并不会影响营业利润。但是其他综合收益会转入其他业务成本,最终也会影响到营业成本以致影响营业利润。

最后,分析留存收益。留存收益包括盈余公积和未分配利润,反映了企业的经营成果。在分析留存收益时应结合企业历史各期的利润及其分配情况。

第三节　资产负债表结构分析

资产负债表由资产、负债和所有者权益三部分构成。资产负债表结构分析是指通过对资产负债表各个组成部分占总资产的比值分析,来评价和衡量企业的总体财务状况。

资产负债表中的资产和负债是从两个不同的角度记录了同一项经营活动。资产反映了企业资金的使用方向,以货币资金、存货、应收账款、固定资产等形式反映资金的存在状态;负债则是企业资金的来源,反映了企业资产筹集的途径。所有者权益是资产扣除负债后的剩余部分,其金额的大小依赖于资产和负债的多少。因此,资产负债表结构分析主要分为资产结构分析和负债结构分析。

一、资产结构分析

资产负债表的资产结构是指企业的流动资产、长期投资、固定资产、无形资产以及其他各类资产占资产总额的比重。通过分析不同流动性的资产占总资产的比重,同时结合企业自身特点和所处行业环境,能够了解企业的资产结构是否合理。

反映资产结构的一个重要指标就是流动资产率。其计算公式为:

$$流动资产率 = \frac{流动资产总额}{资产总额} \times 100\%$$

一般来说,流动资产率越高,说明企业的资金流动性越高,可变现能力越强,也意味着企业偿还短期债务有较高保证。但是,该指标受到行业差异的影响较大。比如,商业企业的流动资产往往多于非流动资产,流动资产率可以达到90%以上;而制造业企业的非流动资产通常多于流动资产,流动资产率一般在30%～60%。因此,在进行流动资产率分析时,应当基于行业的差异性,将该指标与同行业平均水平进行比较,或者与该企业的历史各期进行比较,以判断企业的资产结构是否合理。

除流动资产率之外,在分析资产结构时,还可以利用相同的方法来分析货币资金、存货、应收账款、固定资产、无形资产等各项目的比重,即将各项资产的金额除以资产总额,将各项资产的比率与行业平均水平或历史数据进行比较分析。这样可以进一步全面了解企业的整体财务状况,深入评价企业资产结构的合理性,了解企业的经营特点和技术特点,发现资产的异常变化。

【例3-1】　山东新华制药股份有限公司(以下简称新华制药,证券代码:000756)2018年度资产负债表如表3-1所示,根据资产负债表资料,计算该公司2018年期初和期末的流动资产率。[1]

---

[1]　根据2019年4月30日财会〔2019〕6号文编写。

表 3-1 新华制药 2018 年资产负债表

编制单位：山东新华制药股份有限公司　　　　　　2018 年 12 月 31 日　　　　　　单位：元

资产	期末金额	期初金额	负债和股东权益	期末金额	期初金额
流动资产：			流动负债：		
货币资金	778 423 353.71	731 126 274.34	短期借款	235 000 000.00	151 837 507.11
应收票据及应收账款	478 454 671.43	435 871 810.21	应付票据及应付账款	889 606 620.75	738 293 026.61
其中：应收票据	136 220 853.40	123 254 824.94	合同负债	228 622 058.30	123 295 214.99
应收账款	342 233 818.03	312 616 985.27	应付职工薪酬	73 456 646.80	68 460 743.73
预付款项	31 786 512.35	22 806 947.53	应交税费	23 623 090.44	11 997 561.61
其他应收款	35 077 815.17	45 017 383.05	其他应付款	285 887 587.92	302 014 632.23
其中：应收利息			其中：应付利息	3 020 508.89	2 238 698.12
应收股利			应付股利	5 310 599.53	19 661 202.16
存货	951 723 324.21	713 210 692.52	一年内到期的非流动负债	606 637 247.96	89 621 673.88
合同资产			其他流动负债	17 211 380.00	5 319 000.00
一年内到期的非流动资产			流动负债合计	2 360 044 632.17	1 490 839 360.16
其他流动资产	73 699 758.87	61 956 321.18	非流动负债：		
流动资产合计	2 349 165 435.74	2 009 989 428.83	长期借款	522 643 436.60	931 500 000.00
非流动资产：			长期应付款	74 174 473.69	119 501 721.66
债权投资			递延收益	128 295 859.52	131 701 917.02
其他债权投资			递延所得税负债	30 883 385.57	17 089 244.98

（续表）

资产	期末金额	期初金额	负债和股东权益	期末金额	期初金额
长期股权投资	19 594 473.83		其他非流动负债	3 561 500.00	3 561 500.00
其他权益工具投资	189 739 168.00	258 141 232.00	非流动负债合计	759 558 655.38	1 203 354 383.66
其他非流动金融资产			负债合计	3 119 603 287.55	2 694 193 743.82
投资性房地产	69 365 706.41	73 441 754.87	股东权益:		
固定资产	2 631 152 561.89	2 152 905 567.58	股本	621 859 447.00	478 353 421.00
在建工程	253 211 929.16	434 545 877.52	资本公积	622 815 654.30	728 450 324.94
无形资产	332 703 937.68	323 563 478.78	其他综合收益	142 645 071.04	199 385 406.07
开发支出			盈余公积	256 110 049.68	235 509 229.07
商誉			未分配利润	1 043 818 095.99	838 325 395.51
递延所得税资产	22 246 103.11	21 059 785.05	归属于母公司股东权益合计	2 687 248 318.01	2 480 023 776.59
其他非流动资产	48 977 003.81		少数股东权益	109 304 714.07	99 429 604.22
非流动资产合计	3 566 990 883.89	3 263 657 695.80	股东权益合计	2 796 553 032.08	2 579 453 380.81
资产总计	5 916 156 319.63	5 273 647 124.63	负债和股东权益总计	5 916 156 319.63	5 273 647 124.63

$$2018\ 年期初流动资产率 = \frac{2\ 009\ 989\ 428.83}{5\ 273\ 647\ 124.63} \times 100\% = 38.11\%$$

$$2018\ 年期末流动资产率 = \frac{2\ 349\ 165\ 435.74}{5\ 916\ 156\ 319.63} \times 100\% = 39.71\%$$

计算表明,该公司流动资产率变化不大,期末比期初略有提高,基本保持在 40%以内的水平,说明企业大部分资产配置在获利水平较高的长期资产上,资产流动性不是太强。新华制药的主要经营范围是从事开发、制造和销售化学原料药、制剂、医药中间体及其他产品,较高的固定资产配置比例是企业维持其药品开发和制造的重要保障。值得注意的是,该公司流动资产率在行业中的地位还需要与行业平均水平和主要竞争对手进行比较分析。

二、负债结构分析

负债结构主要是指流动负债与负债总额、长期负债与负债总额以及长期负债与所有者权益之间的比例关系。企业的负债结构反映了企业的债务情况、企业自有资金与债务之间的比率关系。负债结构分析中,主要运用到了以下指标。

1. 流动负债比率

流动负债比率是指企业的流动负债与负债总额之间的比率。其计算公式为:

$$流动负债比率 = \frac{流动负债}{负债总额} \times 100\%$$

这一指标反映了企业依赖短期债权人的程度。该比率越高,说明企业对短期资金的依赖性越强。流动负债包括短期借款、应付账款、应付票据等项目,可以具体分析每一项目的比重,以了解对细分项目的依赖程度。

2. 长期负债比率

长期负债比率是指企业的长期负债与负债总额之间的比率。其计算公式为:

$$长期负债比率 = \frac{长期负债}{负债总额} \times 100\%$$

长期负债比率反映了企业所有负债中对外来长期资金的依赖程度,该指标越大,依赖程度越高;该指标越小,依赖程度越小。

3. 负债经营率

负债经营率是指企业的长期负债与所有者权益总额之间的比率,反映了企业经营资本中长期负债所占的比重。其计算公式为:

$$负债经营率 = \frac{长期负债总额}{所有者权益总额} \times 100\%$$

负债经营率越低,说明企业投资者投入的资金越大,企业财务状况的稳定性越好,企业长期偿债能力就越强。反之,长期负债比重越高,企业还本付息的压力越大,在企业资金报酬率低于长期负债利率的情况下,企业偿还长期负债利息和本金的能力就越小;而在企业资金报酬率高于长期负债利率的情况下,企业长期偿债能力反而会增强。负债经营率反映了企业负债结构的独立性和稳定性,一般认为 1:3 或 1:4 较为合理。比率越高说明企业独立性越差,比率越低说明企业的资金来源稳定性越好。

【例 3-2】 根据表 3-1,计算新华制药 2018 年期初和期末的流动负债比率、长期负债比率和经营负债率。

2018 年期初:

$$流动负债比率 = \frac{1\,490\,839\,360.16}{2\,694\,193\,743.82} \times 100\% = 55.34\%$$

$$长期负债比率 = \frac{1\,203\,354\,383.66}{2\,694\,193\,743.82} \times 100\% = 44.66\%$$

$$经营负债率 = \frac{1\,203\,354\,383.66}{2\,579\,453\,380.81} \times 100\% = 46.65\%$$

2018 年期末:

$$流动负债比率 = \frac{2\,360\,044\,632.17}{3\,119\,603\,287.55} \times 100\% = 75.65\%$$

$$长期负债比率 = \frac{759\,558\,655.38}{3\,119\,603\,287.55} \times 100\% = 24.35\%$$

$$经营负债率 = \frac{759\,558\,655.38}{2\,796\,553\,032.08} \times 100\% = 27.16\%$$

计算结果表明,该公司总体上对长期负债的依赖度较大,尤其是期初的长期负债比率达到了 44.66%,企业利用短期借款和应付账款等短期融资方式的能力较弱,年末长期负债比率有所下降,流动负债比率有大幅提高,原因主要是 1 年内到期的非流动负债增加。从经营负债率来看,年末比年初有较大幅度的下降,但总体上企业对长期负债的依赖度较高,企业资金来源的稳定性较差,长期债权人的安全性不高。

三、资产负债表结构分析的作用

首先,通过核查流动资产、非流动资产、负债、所有者权益等项目在资产总额与负债和所有者权益总额中所占的比重,可以在一定程度上了解企业资产的流动性、负债的流动性以及企业负债经营的程度等。

其次,可以进一步观察各项明细资产、负债、所有者权益分别在资产总额、负债与所有者权益总额中所占的比重。根据有关数据,可以列出百分比资产负债表,从而了解企业资金的分布状况、资金的来源渠道,这样有助于进一步分析和发现问题,进一步改善企业的资金结构。

最后,可以给予企业历史各期的资产负债表数据,计算出各资产、负债、所有者权益项目的金额变动及金额变动百分比。这些数据可以反映出各项目对企业财务状况变化影响的大小以及各项目自身变化的幅度,有助于预测企业未来财务状况变化的趋势。

总之,通过资产负债表结构分析,可以大致了解企业所拥有资产的状况、企业所负担的债务、所有者权益等财务状况。同时,需要注意的是,企业资产和负债的合理结构,因技术水平、市场发育程度、行业特点等条件的不同而改变。比如,在我国目前资本市场欠发达的情况下,合理的负债经营率往往低于国外同行业的水平。因此,这些指标的合理数值是相对的、可调整的。不同行业之间的数据差距也是较大的,在进行企业资产负债表结构分析时,应根据不同行业,运用不同的指标数值,才能得出有意义的结论。

第四节　短期偿债能力分析

负债是支持企业经营的外来资金,企业负债经营能够解决资金不足的问题,运用财务杠杆获得更高的收益,但同时也带来了偿还的压力。尤其是对短期负债来说,偿还期限较短,企业必须保持一定的短期负债偿还能力,才能避免出现财务危机。

短期偿债能力是指企业在不变卖或处置固定资产的情况下能否偿还流动负债的能力,即用流动资产偿还流动负债的能力,反映了企业应对眼前财务危机的能力。

一、影响短期偿债能力的因素

在进行短期偿债能力分析之前,首先要明确影响企业短期偿债能力的因素有哪些。从流动负债的规模与构成、流动资产的规模与构成、企业经营活动现金流量等方面进行分析,将影响短期偿债能力的因素概括如下。

1. 流动负债的规模与结构

流动负债的规模是影响企业短期偿债能力的重要因素,流动负债的规模越大,企业偿还债务的压力就越大。企业的流动负债可以分为三类:第一类是从企业外部借入的资金,如短期借款、交易性金融负债等;第二类是企业在经营活动中占用的他人资金,如应付账款、应付票据、预收款项等;第三类是企业由于会计制度、财政政策等原因占用的他人资金,如应付职工薪酬、应付股利、应交税费等。一般情况下,从外部借入的资金,不仅要偿还本金,还要支付利息;后两类流动负债一般不计息,但是某些项目超过规定期限后要交纳滞纳金,如应交税费、应付票据等。由于企业会计准则和财政政策,企业在日常经营中产生流动负债是十分正常的,几乎所有的企业都需要进行短期偿债能力分析。

2. 流动资产的规模与结构

流动资产是偿还流动负债的物质保证。一般来说，企业的流动资产越多，短期偿债能力越强。因此，流动资产也是影响短期偿债能力的因素之一。除了流动资产的规模，还要考虑流动资产的结构。不同类型流动资产的变现能力不同，其相应的流动负债偿还能力也就不同，如货币资金、交易性金融资产基本可以直接用来偿还流动负债；应收款项和预付款项虽然不能直接用来清偿债务，但其变现能力较强，可以在短时间内转化为现金；存货的流动性较差，变现时间长，由于过时、损毁等原因变现能力也较为有限。所以，不同规模、不同结构的流动资产都会影响企业的短期偿债能力。

3. 企业经营活动现金流量

企业用来偿还流动负债的资金来源有两种：一种是用企业自身拥有的资产去偿还；另一种是用新的收益或负债偿还。由于收益是由资产产生的，新的负债也是由资产抵押或质押获得的，因此归根结底债务还是需要用企业拥有的资产去偿还。偿还债务需要的是现金，因此企业的现金流量是影响企业短期偿债能力的重要因素。企业的现金流量受到企业的经营状况和融资能力两方面的影响。

另外，企业的财务管理水平、母公司和子公司之间的资金调拨等也会影响短期偿债能力。企业的外部因素，如宏观经济形势、银行的信贷政策、证券市场的成熟程度等，也都影响着企业的短期偿债能力。

二、短期偿债能力的基本指标

用于反映企业短期偿债能力的财务指标主要有营运资金、流动比率、速动比率、现金比率和或有负债比率等。

1. 营运资金

营运资金是指流动资产和流动负债之间的差额，是反映企业短期偿债能力大小的绝对数，是企业的流动资产用于偿还短期负债之后可用于营运周转的剩余部分。营运资金的计算公式为：

$$营运资金 = 流动资产 - 流动负债$$

营运资金的金额越大，代表该企业对于支付义务的准备越充足，短期偿债能力越好；反之，营运资金金额越小，说明企业偿还短期债务的能力越弱。当营运资金出现负数，也就是一家企业的流动资产小于流动负债时，这家企业的资金营运可能随时会因周转不灵而中断。

营运资金过少，表明企业的短期偿债能力较低，经营上可能面临一定的困难。然而，也不能一味追求营运资金的增加，因为营运资金过大，说明企业的闲置资金较多，既未用于投资,也未用于偿还债务,影响了企业的盈利。因此,一个企业要维持正常的运转就必须拥有适量的营运资金。但是,由于营运资金是个绝对数,在不同行业、不同规模的企业之间可比性很低,就需要其他的相对数指标进行分析。

【例 3-3】 根据表 3-1,计算新华制药 2018 年期初和期末的营运资金。

2018 年期初营运资金 = 2 009 989 428.83 − 1 490 839 360.16 = 519 150 068.67(元)
2018 年期末营运资金 = 2 349 165 435.74 − 2 360 044 632.17 = −10 879 196.43(元)

计算结果表明,该公司期末比期初的营运资金有较为严重的大幅度下降,并且出现了负值。主要原因是期末的 1 年内到期的非流动负债比年初增加了 517 015 574.08元(606 637 247.96 − 89 621 673.88),几乎抵销了期初的营运资金。如果企业新的资金筹措不能及时到位,不但面临着很大的偿债压力,经营资金也会随时出现周转不灵的状况。

2. 流动比率

流动比率是流动资产与流动负债之间的比率。流动比率是衡量企业短期偿债能力的重要指标,表明企业平均每 1 元流动负债有多少流动资产作为偿还保障,反映了企业有多少可变现的流动资产来偿付 1 年内到期的流动负债。流动比率的计算公式为:

$$流动比率 = \frac{流动资产}{流动负债}$$

一般认为,尤其是从债权人的立场来说,流动比率越大越好,流动比率越大说明企业的短期偿债能力越强,债权越有保障。根据一般经验,流动比率为 2∶1 时,认为是比较合适的,此时企业的短期债务已有了较充分的保障。然而,流动比率并非越高越好,流动比率过高,说明企业的流动资产占用资金过多,资金利用效率低下,不利于企业盈利。

流动比率假设所有的流动资产都可以变现来偿还债务,全部的流动负债都需要偿还。实际上,一方面有些流动资产的流动性较差(如存货),或者是企业持续经营所必需的,难以变为现金;另一方面流动负债往往不需要全部用现金予以结清,如经营性应付项目可以滚动存续。因此,流动比率是对企业短期偿债能力的粗略估计,但是仍具有很重要的意义,应用广泛。在运用流动比率时,要注意与行业水平进行比较,而非仅与经验数据比较。当流动比率与历史数据相比发生较大波动,或者与行业平均值出现重大偏差时,就需要对影响流动比率的流动资产和流动负债的每一项目逐一分析,以发现变动原因。

3. 速动比率

现实中,企业存货的流动性通常较差,难以在短时间内变现。在计算流动比率时,若企业的存货大量积压或损毁严重,就会造成流动比率很高,但实际不具备相应短期偿债能力的问题。因此,可以用速动比率来修正流动比率的这一缺陷。

速动比率又称酸性测试比率,是企业速动资产与流动负债之间的比率,可以衡量企业紧急清偿流动负债的能力。速动资产是指流动资产除去存货、预付账款等后的剩余部分,是几乎可以随时变现清偿债务的资产。存货、预付账款等虽然属于流动资产,但是难以变现,因而不属于速动资产。在实际应用中,由于预付账款的金额通常较小,常用流动资产减去存货的差额作为速动资产。速动比率的计算公式为:

$$速动比率 = \frac{速动资产}{流动负债}$$

其中

$$速动资产 = 流动资产 - 存货$$

一般经验认为,速动比率为 1 时较为合适。如果速动比率大于 1,说明企业的短期偿债能力较强,但是也存在资金闲置的情况;如果速动比率小于 1,说明企业可变现的资产不足清偿流动负债,企业将面临债务危机。

一般认为,速动比率虽然计算比流动比率繁琐,但速动比率更实用,能更加准确、可靠、科学地评价企业的短期偿债能力,在进行分析时将流动比率和速动比率结合使用是十分必要的。

【例 3-4】　根据表 3-1,计算新华制药 2018 年期初和期末的流动比率、速动比率。

$$2018 年期初流动比率 = \frac{2\ 009\ 989\ 428.83}{1\ 490\ 839\ 360.16} = 1.35$$

$$2018 年期初速动比率 = \frac{2\ 009\ 989\ 428.83 - 713\ 210\ 692.52}{1\ 490\ 839\ 360.16} = 0.87$$

$$2018 年期末流动比率 = \frac{2\ 349\ 165\ 435.74}{2\ 360\ 044\ 632.17} = 0.99$$

$$2018 年期末速动比率 = \frac{2\ 349\ 165\ 435.74 - 951\ 723\ 324.21}{2\ 360\ 044\ 632.17} = 0.59$$

计算表明,2018 年度该公司期初和期末的流动比率都不高,说明企业短期偿债能力不足,同时期末比期初又有较大幅度的下降,远远小于 2∶1 的经验标准值,短期债务面临一定的偿还风险。该公司速动比率也呈现与流动比率相同的变化趋势,由于期末比期初增加了 33.44%[(951 723 324.21−713 210 692.52)÷713 210 692.52×100%]的存货,导致速动比率下降幅度较大。从企业所在行业性质看,医药行业流动比率平均在 2.5 左右,所以新华制药的短期偿债能力亟待改善。

另外,在应用速动比率时,要注意应收账款和应收票据的质量问题。这是因为账面上的应收款项不一定都能变成现金,由于信用风险、坏账等问题使得应收款项未必能按期收回,将全部应收账款和应收票据都作为速动资产是不合适的。因此,提出了一个更加保守的指标,即现金比率。

4. 现金比率

现金比率是指企业期末现金类资产与流动负债之间的比率。其计算公式为:

$$现金比率=\frac{货币资金＋交易性金融资产}{流动负债}$$

现金比率反映了企业直接偿付流动负债的能力,从稳健性角度来看,是衡量企业短期偿债能力最为保险的指标。现金比率越高,企业可用于清偿债务的现金类资产越多,债权人的债务风险越小。但是这一指标也不宜过高,现金比率过高说明资金利用率低,影响企业盈利能力。

【例 3-5】 根据表 3-1,计算新华制药 2018 年期初和期末的现金比率。

由于新华制药不拥有交易性金融资产,因此计算结果如下:

$$2018 年期初现金比率=\frac{731\ 126\ 274.34}{1\ 490\ 839\ 360.16}=0.49$$

$$2018 年期末现金比率=\frac{778\ 423\ 353.71}{2\ 360\ 044\ 632.17}=0.33$$

计算表明,新华制药现金比率基本维持在 0.5 以下,期末有较大幅度下降,2018 年度货币资金存量没有明显增加,但 1 年内到期的长期负债高达 606 637 247.96 元,接近企业现金存量的 78%(606 637 247.96÷778 423 353.71×100%),现金偿付债务压力较大。

5. 或有负债比率

或有负债比率是指企业的或有负债与所有者权益之间的比率,反映了企业所有者权益对可能发生的或有负债的保障程度。其计算公式为:

$$或有负债比率=\frac{或有负债}{所有者权益＋少数股东权益}$$

其中 或有负债＝已贴现承兑汇票＋担保余额＋贴现与担保外的被诉事项＋其他或有负债

需要注意的是,或有负债并不等同于预计负债。或有负债不符合负债的定义和确认条件,通常只在财务报告附注中加以说明,而非在报表中列示;预计负债与其他常规类型的负债一样,在财务报表中进行列示。一般情况下,或有负债比率越低,表明企业的短期偿债能力越强,所有者权益对或有负债的保障程度越高;或有负债比率越高,表明企业承担的相关风险越大。

或有负债是否发生取决于未来相关事项是否发生,具有很大的不确定性,一旦发生就会给企业的流动性产生影响。因此,在分析企业的短期偿债能力时,有必要关注或有负债。前述多种指标都没有考虑到或有负债的影响,或有负债比率就是对反映企业短期偿债能力和债务风险状况指标的一种补充和修正,具有一定的警示作用。

三、短期偿债能力分析的控制指标

前述的营运资金、流动比率、速动比率、现金比率、或有负债比率等反映短期偿债能力的基本指标,都是建立在一个基础上,即认为企业的流动资产是健康的;否则,就会出现这些指标越优良,企业的短期偿债能力越弱的情况。因此,要准确地分析企业的短期偿债能力,单纯考虑以上基本指标是不充分的,还需要运用流动资产周转能力指标作为控制指标,如存货周转率、应收账款周转率、流动资产周转率等。要将两类指标结合起来进行分析,才能得到合理的结论。

第五节　长期偿债能力分析

仅了解一个企业的短期偿债能力是远远不够的,还需要对其长期偿债能力进行分析评价。长期偿债能力是指企业对还款期限在1年以上的债务的偿还能力和对偿还该类债务的保障能力,是反映企业财务安全和稳定程度的重要标志。

一、影响长期偿债能力的因素

在分析长期偿债能力前,首先要了解影响企业长期偿债能力的因素。企业的长期债务通常可以分为本金和利息两部分,这两部分的偿还都与企业的非流动资产和盈利能力密切相关。影响长期偿债能力的因素主要有以下三个。

1. 非流动负债的规模与结构

非流动负债是除企业投资者投入的资本之外,企业向债权人筹集的、可供企业长期使用的资金,偿还期限在1年或超过1年的一个经营周期以上。与流动负债相比,非流动负债的金额大、期限长、利息负担重。企业的非流动负债一般包括长期借款、应付债券、长期应付款、递延所得税负债、专项应付款等。

一般来说,企业的非流动负债规模越大,企业的偿还压力越大。另外,不同类型非流动负债的偿还期限不同、利息率不同、条件不同,所需要的偿还保障程度也不同。因此,非流动负债的规模与结构是影响企业长期偿债能力的首要因素。

2. 非流动资产的规模和结构

非流动资产是指企业除流动资产外的所有其他资产,包括固定资产、无形资产、长期股权投资、递延所得税资产等。非流动资产为企业带来的收益是长期性的,而非流动负债的偿还同样也是在一个较长期间内完成,两者的匹配性决定了企业的非流动资产是非流动负债的偿还保障。无论是用自身拥有的资产偿还债务,还是举新债还旧债,最终都是以企业的资产为基础的。因此,非流动资产的规模和结构对长期偿债能力来说很重要。因为一般情况下,非流动资产的规模越大,企业的偿债能力就越强。不同的非流动资产的收益水平不同,由此产生的偿债能力也不同。非流动资产的结构就影响了企业的长期偿债能力。

3. 企业的盈利能力

企业的盈利能力是指企业在一定时期内获取利润的能力。企业的盈利能力是企业偿还长期债务的根本保证,因为企业若想扩大生产、发展壮大,就不能依靠资产来偿还债务,这样势必会减少资产规模,不利于企业的长期发展,也违背了企业负债经营的初衷。所以,盈利能力是影响企业长期偿债能力的一个非常重要的因素。一般来说,企业的盈利能力越强,长期偿债能力也就越强。在分析企业的长期偿债能力时,考虑盈利能力对企业的债权人、投资者和经营者都有重要意义。对债权人而言,企业的盈利能力越高,其债权的安全性就越高,越有利于其债权的按期收回;对投资者而言,只有在企业的盈利能力较强、资产报酬率高于长期负债的成本时,才能获得更多的收益;对经营者而言,提高盈利能力不仅能够满足投资者和债权人的需要,也是提高企业成长性、流动性和安全性的关键。

二、长期偿债能力的基本指标

通过上述对影响长期偿债能力因素的分析,可知对长期偿债能力的计算分析可以主要从两个方面进行:一是资产规模;二是盈利能力。从资产规模角度分析长期偿债能力的指标主要有资产负债率、权益乘数、股东权益比率、产权比率等,从盈利角度分析长期偿债能力的指标主要有利息保障倍数、利息的现金保障倍数等。

1. 资产负债率

资产负债率是企业负债总额与资产总额的比值,反映了企业的资产总额中有多少是通过借债获得的,体现了企业的基本资本结构,是综合反映企业偿债能力,尤其是长期偿债能力的重要指标。资产负债率的计算公式为:

$$资产负债率 = \frac{负债总额}{资产总额} \times 100\%$$

资产负债率越高,说明企业的负债越重,用于偿还债务的资产就越不充足,企业的长期偿债能力越弱;反之,资产负债率越低,说明企业可用于偿还债务的资产越充足,企业的长期偿债能力越强。

对于资产负债率,并没有统一的评价标准。不同企业的自身特点不同、经营状况不同、所处的行业环境不同,以及外部经济环境的变化都会导致资产负债率的变化。资产负债率对不同的利益相关者来说,也有着不同的衡量标准。对债权人来说,其关注的是债权的安全性和本息是否能按时、足额地支付,因此债权人希望资产负债率越低越好。对投资者来说,只要企业的总资产利润率高于债务利息率,多举债扩大经营对投资者更有利,因此投资者通常希望资产负债率高些。对经营者来说,既需要考虑举债以满足企业的资金需求,又要考虑资金成本的负担能力,所以经营者通常要综合各种因素来评价企业的资产负债率。一般经验认为,资产负债率为 50% 时较为合适,在这种情况下有利于收益与风险的平衡,较为稳妥。若资产负债率大于 100%,说明企业已资不抵债,达到破产警戒线。

【例 3-6】　根据表 3-1,计算新华制药 2018 年期初和期末的资产负债率。

$$2018 \text{ 年期初资产负债率} = \frac{2\,694\,193\,743.82}{5\,273\,647\,124.63} \times 100\% = 51.09\%$$

$$2018 \text{ 年期末资产负债率} = \frac{3\,119\,603\,287.55}{5\,916\,156\,319.63} \times 100\% = 52.73\%$$

计算表明,新华制药的资产负债率基本保持在 50% 左右,2018 年期末比期初略有上升。从企业所在行业性质看,医药行业平均负债率在 40% 左右,新华制药长期偿债能力偏弱,债权人的利益会受到一定影响。

2. 权益乘数和股东权益比率

权益乘数是企业资产总额与所有者权益之间的比率,反映了企业资产总额和所有者权益总额之间的倍数关系,表明每 1 元所有者权益拥有多少总资产。权益乘数的计算公式为:

$$\text{权益乘数} = \frac{\text{资产总额}}{\text{所有者权益}}$$

权益乘数越大,说明所有者权益占的比重越小,负债越多,企业的长期偿债能力越弱;相反,权益乘数越小,说明所有者权益占的比重越大,负债越少,企业的长期偿债能力越强。一般经验认为,权益乘数在 2 附近比较合适,权益乘数为 2 时说明企业有充足的自有资金以偿付债务,同时也充分利用了负债经营,保证了盈利。当权益乘数大于 2 时,说明负债多于所有者权益,企业的长期偿债能力较差;当权益乘数小于 2 时,则说明企业的长期偿债能力较强。

权益乘数的倒数即为股东权益比率。股东权益比率又称净资产比率,是所有者权益与资产总额之间的比率,反映了企业的资产中有多少是所有者投入的。其计算公式为:

$$\text{股东权益比率} = \frac{\text{所有者权益}}{\text{资产总额}} \times 100\%$$

如果股东权益比率过小,表明企业过度负债,容易削弱公司抵御外部冲击的能力;而股东权益比率过大,意味着企业没有积极地利用财务杠杆作用来扩大经营规模。因此,股东权益比率应当适中,一般认为其在 50% 左右较好。

3. 产权比率

产权比率又称负债股权比率,是企业负债总额与所有者权益总额之间的比率,反映了债权人提供的资金与股东所投入资金的对比关系,说明每1元的所有者权益对应着多少负债,可以揭示企业的财务风险和所有者权益对偿还债务的保障程度。产权比率的计算公式为:

$$产权比率 = \frac{负债总额}{所有者权益总额} \times 100\%$$

产权比率越低,说明负债对所有者权益的相对比重越小,企业的长期债务压力越小,长期偿债能力越强;相应的,产权比率越高,说明负债对所有者权益的相对比重越大,每1元自有资金对应的债务越多,企业的长期偿债能力越弱。一般认为,产权比率在100%左右比较合适,此时企业既有充足的自有资金来清偿债务,也可以充分利用负债扩大经营,获得更多利润。

从前述四个指标的计算公式可以得知,只要知道了其中一个指标,其他三个指标均可以由其计算得到。以上指标从不同角度反映了企业的长期偿债能力,相辅相成,同时四个指标的分析结果是一致的。另外,需要注意的是,在评价这些指标时,不能一概而论,应结合不同行业的平均水平具体分析。

【例3-7】 根据表3-1,计算新华制药2018年期初和期末的权益乘数、产权比率。

$$2018年期初权益乘数 = \frac{5\ 273\ 647\ 124.63}{2\ 579\ 453\ 380.81} = 2.04$$

$$2018年期初产权比率 = \frac{2\ 694\ 193\ 743.82}{2\ 579\ 453\ 380.81} \times 100\% = 104.45\%$$

$$2018年期末权益乘数 = \frac{5\ 916\ 156\ 319.63}{2\ 796\ 553\ 032.08} = 2.12$$

$$2018年期末产权比率 = \frac{3\ 119\ 603\ 287.55}{2\ 796\ 553\ 032.08} \times 100\% = 111.55\%$$

计算表明,该公司期初和期末的权益乘数均大于2,产权比率也均大于100%,企业利用负债经营较为充分,对企业盈利有较好的促进作用,但偿债压力也较为明显。

4. 利息保障倍数

利息保障倍数又称已获利息倍数,是指企业息税前利润与利息费用的比值,利息费用包括短期负债和长期负债的利息,反映了企业用经营所得偿付利息的能力。利息保障倍数的计算公式为:

$$利息保障倍数 = \frac{息税前利润}{利息费用} = \frac{税前利润 + 利息费用}{利息费用}$$

利息保障倍数越高,说明企业所获得的利润相对于利息费用来说越多,对利息偿付的保障程度越大,企业的长期偿债能力越强;相反地,利息保障倍数越低,说明企业盈利水平越不足以偿付利息费用,财务风险越高,企业的长期偿债能力越低。当利息费用为负数时,表明企业获得了利息收入,说明企业的银行存款大于银行借款,此时计算利息保障倍数就没有意义了。

利息保障倍数不仅反映了企业的盈利水平,也反映了企业盈利能力对债务的保障程度。一般情况下,利息保障倍数至少应大于1,即企业获得的利润至少应该足够支付利息费用,该倍数越大,企业的长期偿债能力越强。然而,利息保障倍数存在一个明显的缺陷,即息税前利润是会计核算的结果,并不是全部以现金的形式存在,不能全部用来偿还债务,只有企业的现金流才能作为债务和利息的偿付手段,因此就需要用到现金流量利息保障倍数。

5. 现金流量利息保障倍数

现金流量利息保障倍数是指企业经营活动产生的现金流和本期支付的所得税之和与利息费用的比值,反映了企业经营活动产生的现金对偿付利息费用的保障程度。其计算公式为:

$$现金流量利息保障倍数=\frac{经营活动现金净流量+本期支付的所得税}{本期支付的利息}$$

与利息保障倍数相同,现金流量利息保障倍数越高,说明企业的长期偿债能力越强;反之,现金流量利息保障倍数越低,说明企业的长期偿债能力越弱。该比率表明1元的利息费用有多少倍的经营现金净流量作为保障,比以收益为基础的利息保障倍数更可靠。一般地,若现金流量利息保障倍数小于1,说明企业偿付利息的能力堪忧。

【例3-8】 根据表3-2相关财务数据,计算新华制药2017年和2018年的利息保障倍数和现金流量利息保障倍数。

表3-2 新华制药2017年和2018年相关财务数据　　　单位:元

项目	2017年	2018年
税前利润	268 173 876.00	325 075 858.17
利息费用	59 529 590.45	54 552 277.62
经营活动净现金流量	389 971 809.35	344 609 119.10
当期支付所得税	32 077 945.65	25 633 976.09
当期支付利息	43 008 323.95	79 892 762.18

根据表3-2计算得到:

$$2017 \text{ 年利息保障倍数} = \frac{268\ 173\ 876.00 + 59\ 529\ 590.45}{59\ 529\ 590.45} = 5.50$$

$$2017 \text{ 年现金流量利息保障倍数} = \frac{389\ 971\ 809.35 + 32\ 077\ 945.65}{43\ 008\ 323.95} = 9.81$$

$$2018 \text{ 年利息保障倍数} = \frac{325\ 075\ 858.17 + 54\ 552\ 277.62}{54\ 552\ 277.62} = 6.96$$

$$2018 \text{ 年现金流量利息保障倍数} = \frac{344\ 609\ 119.10 + 25\ 633\ 976.09}{79\ 892\ 762.18} = 4.63$$

计算表明,该公司利息保障倍数基本稳定在 5 倍至 7 倍之间,2018 年比上年有所提高,说明息税前利润对利息偿付的保障程度较高;但现金流量利息保障倍数波动较大,2018 年较上年下降了 50% 之多,一方面原因是经营活动现金流量下降导致,另一方面原因是当期支付利息大幅增加引起的。企业应该密切关注带息负债的变化趋势,保证还本付息的正常运转。

第六节 破产预警分析

随着经济发展水平的日渐提高,经济全球化的加速,当今的企业面临着日益激烈的竞争和越来越多的风险。多元化的经济发展模式使得很多因素都会给企业带来财务危机甚至出现破产风险,因此及时分析和发现可能存在的破产风险和财务危机征兆就成为管理者一项很重要的工作,对企业的生存和发展有着重要意义。对于企业的投资者和债权人来说,做好破产风险的预警分析也直接关系到他们的利益。

破产风险是指经济主体的资产不足以偿还其负债所带来的风险。所谓破产,在法律意义上是指债务人丧失清偿能力时,在法院监督下强制清算其全部财产,清偿全体债权人的法律制度。破产风险是企业风险的重要方面,是其他风险的综合结果。此处的预警分析主要指财务预警分析,即通过对企业财务报表、经营计划和其他相关资料的分析,运用比率分析、比较分析、因素分析等多种方法,对企业的经营活动、财务活动等进行分析预测,以发现潜在的经营风险和财务风险,避免发生损失的分析过程。

一、破产预警分析的作用

破产预警分析的作用主要表现在以下三个方面。

1. 预测未来可能面临的破产风险

破产预警分析能够提前预计出可能出现的财务危机和破产风险,提醒企业管理者及早注意并采取措施予以应对,帮助企业防患于未然,给企业充足的时间来化解危机,尽可能减少损失的发生,维持企业的正常经营活动。

2. 控制已发生的破产风险征兆进一步扩大

当企业已经出现了破产风险的征兆时,破产预警分析还可以帮助管理者及时找到导致破产风险的原因,使管理者能够尽快对症下药,采取有效的措施控制危机进一步恶化,避免破产风险的预兆转化为真正的危机。

3. 避免类似的破产风险再次发生

破产预警分析系统一旦发现曾经出现过的破产风险征兆再次发生时,可以帮助管理者利用以前处理类似情况的经验,对可能出现的风险进行合理的预测,并采取有效措施,降低财务损失。

二、破产预警分析的方法

破产预警分析的方法主要分为两种:一种是定性分析法,包括专家法和德尔菲法;另一种是定量分析法,主要包括单变量分析法、多变量分析法、多元逻辑回归模型、多元概率化回归模型和人工神经网络模型等。

（一）定性分析法

1. 专家会议法

专家会议法是指通过与专家进行深度访谈、召集专家会议等方式,由专家对企业当前可能存在的破产风险进行分析,通过意见汇总、集体讨论等方式最终得出一致结论的方法。

企业可以在预期财务状况不乐观时或者定期举行专家访谈或专家会议,将企业近期的财务报告和一些重要的非财务信息提供给专家,利用专家丰富的专业知识和才智进行破产预警分析,并对专家的意见进行汇总和归纳,得出最适合企业实际情况的意见和措施,以防范和规避可能发生的破产风险。

专家会议法的优点在于充分发挥专家的作用,集思广益,取各家之长,避各家之短,意见的准确性有一定保证。但其缺点在于专家评价的准确程度主要取决于专家的阅历经验以及知识丰富的广度和深度,要求参加评价的专家对评价的系统具有较高的学术水平和丰富的实践经验;并且其理论性和系统性尚有欠缺,有时难以保证评价结果的客观性和准确性。

2. 德尔菲法

德尔菲法(Delphi Method)是在 20 世纪 40 年代由 O·赫尔姆和 N·达尔克首创,经过 T·J·戈尔登和兰德公司进一步发展而成的。1946 年,兰德公司首次用这种方法用来进行预测,后来该方法被迅速广泛采用。

德尔菲法又称专家调查法,是一种采用通讯方式将所需解决的问题单独发送给各个专家征询意见,然后回收汇总全部专家的意见,并整理出综合意见的方法。随后将该综合意见和预测问题再分别反馈给专家,再次征询意见,各专家依据综合意见修改自己原有的意见,然后再汇总。这样多次反复,逐步取得比较一致的预测结果的方法。

德尔菲法依据系统的程序,采用匿名发表意见的方式,即专家之间不得互相讨论,不发生横向联系,只能与调查人员发生关系,通过多轮次调查专家对问卷所提问题的看法,经过反复征询、归纳、修改,最后汇总成专家基本一致的看法,作为预测的结果。这种方法具有广泛的代表性,较为可靠。

德尔菲法与专家会议法既有联系又有区别。德尔菲法能发挥专家会议法的优点,同时又能避免其缺点,如权威人士的观点影响他人的意见;有些专家碍于情面,不愿意发表与其他人不同的意见;出于自尊心而不愿意修改自己原来不全面的意见。德尔菲法的主要缺点是过程比较复杂,花费时间长。

(二)定量分析法

1. 单变量模型分析法

单变量模型是指运用单一财务变量对企业的破产风险进行预测的模型。单变量模型最早是由威廉·比弗(William Beaver)于1966年提出来的。由于出现财务困境的企业的财务指标与正常经营的企业相比有着显著不同,比弗通过对1954—1964年间大量失败企业和成功企业的对比研究,对14种财务比率进行取舍,最终发现可以有效预测财务失败的比率依次为:

(1)债务保障率＝现金流量÷债务总额。

(2)资产负债率＝负债总额÷资产总额。

(3)资产收益率＝净收益÷资产总额。

单变量模型分析法简单易懂,但其也具有较明显的缺点,如使用不同比率分析的结果会有所差异,企业也有可能为了粉饰财务状况对核心财务指标进行操纵等。因此,在实际应用中往往使用一组财务数据进行综合判断,单变量模型也就逐渐被多变量模型所替代。

2. 多变量模型分析法

多变量模型是指使用多个变量组成的鉴别函数来预测企业破产风险的多元线性模型。多变量模型是由美国爱德华·阿尔曼(Altman)在20世纪60年代中期提出来的,最初阿尔曼在制造企业中分别选取了66家破产企业和良好企业为样本,收集了样本企业资产负债表和利润表的有关数据,并通过整理从22个变量中选定预测破产最有用的5个变量,经过综合分析建立了一个判别函数,即为Z计分法,在这模型中他赋予5个基本财务指标以不同的权重,并加权产生"Z"值,即:

$$Z=0.012X_1+0.014X_2+0.033X_3+0.006X_4+0.999X_5$$

其中　　　Z 为判别函数值,

　　　　　$X_1＝$(营运资金÷资产总额)×100%

$X_2 =$（留存收益÷资产总额）×100%

$X_3 =$（息税前利润÷资产总额）×100%

$X_4 =$（普通股与优先股市场价值总额÷负债账面价值总额）×100%

$X_5 =$ 销售收入÷资产总额

该模型将反映企业偿债能力的指标 X_1 和 X_4、反映企业获利能力的指标 X_2 和 X_3 以及反映企业运营能力的指标 X_5 有机联系起来,通过综合分值来分析预测企业财务失败或破产的可能性。一般来说, Z 值越低,企业越有可能破产,通过计算某企业若干年的 Z 值就可以发现企业是否存在财务危机的征兆。阿尔曼根据实证分析提出了判断企业财务状况的几个临界值:

（1）当 Z 值大于 2.675 时,表明企业的财务状况良好,发生破产的可能性小。

（2）当 Z 值小于 1.81 时,表明企业潜伏着破产危机。

（3）当 Z 值介于 1.81～2.675 时,被称为"灰色地带",说明企业的财务状况极为不稳定。

这一模型在企业出现危机的前一两年对企业破产风险的预测准确率很高,在破产前 1 年的预测准确率高达 95%,但随着预测期的变长,准确率有所下降,前 5 年的预测准确率仅为 36%。

Z 计分法模式克服了单变量模型的缺点,具有很强的预测能力。但是 Z 计分法模式同样存在一些不足,如不具有横向可比性,无法用于不同规模、不同行业的企业之间的比较。

多变量模型除了 Z 计分法模式外,还有日本开发银行的多变量预测模型,中国学者陈肇荣的多元预测模型,周首华、杨济华的 F 分数模型,阿尔曼改进的第二代模型——ZETA 模型等。但是到目前为止,Z 计分法模式的应用最为广泛。

3. 多元逻辑回归模型

Ohlson 于 1980 年首次将逻辑回归方法引入财务危机预警领域,他选择了1970—1976 年间破产的 105 家公司和 2 058 家非破产公司组成的配对样本,分析了样本公司在破产概率区间上的分布以及两类错误和分割点之间的关系,发现公司规模、资本结构、业绩和当前的融资能力进行财务危机的预测准确率达到 96.12%。逻辑回归分析方法使财务预警得到了重大改进,克服了传统判别分析中的许多问题,包括变量属于正态分布的假设以及破产和非破产企业具有同一协方差矩阵的假设。

多元逻辑回归被引入财务风险预测研究之后,财务危机预测简化为已知一公司具有某些财务特征,计算其在一段时间内陷入财务危机的概率问题。如果算出的概率大于设定的分割点,则判定该公司将陷入财务风险。

4. 多元概率化回归模型

1980 年,Ohlson 利用上述样本,采用极大似然法,通过每个样本个体的破产与非破产的联合概率最大来构造模型,其研究思路与多元逻辑回归类似,不同之处是多元概率化假设样本服从标准正态分布,计算破产概率的方法也不同。多元概率化回归模型的不足也与多元逻辑回归模型类似。

5. 人工神经网络模型

1991年,Tam首次运用人工神经网络模型进行财务预警研究,通过输入层、隐藏层和输出层的人工神经网络模型构建模型,能够处理资料的遗漏和错误,具有很好的容错能力和模式识别能力,适用于当今日益复杂多变的企业经营环境。但人工神经网络模型的缺点是其理论基础比较抽象,对人体大脑神经模拟的准确性和科学性有待进一步验证,因此大大影响了这一模型的可用性。

推荐读物

[1] 马丁·弗里德森,费尔南多·阿尔瓦雷斯.财务报表分析[M].4版.刘婷,译.北京:中国人民大学出版社,2016:25-38.

[2] 查尔斯·H.吉布森.财务报告与分析[M].10版.胡玉明,译.大连:东北财经大学出版社,2009:51-82.

思考与案例讨论

1. 资产负债表有哪些方面的作用?

2. 简述资产负债表质量分析的主要内容。

3. 简述资产负债表结构分析的主要内容。

4. 简述影响企业短期偿债能力和长期偿债能力的因素。

5. 衡量企业短期偿债能力的主要评价指标有哪些? 各有何特点?

6. 流动比率、速动比率和现金比率之间的关系如何?

7. 衡量企业长期偿债能力的主要评价指标有哪些? 各有何特点?

8. 负债率、权益乘数、股东权益比率和产权比率之间的关系如何?

9. 简述破产预警分析对企业生产经营的意义。

10. 常用的破产预警分析方法有哪些? 各有何优劣?

11. 试运用Z值模型对中工国际进行破产预警分析。

12. 结合本章引导案例,谈谈资产负债表在防范企业风险方面的作用。你认为导致巴林银行倒闭的最主要原因是什么?

13. 阅读福耀玻璃年报相关内容(见书后附录),并回答以下问题:

(1) 该公司资产负债表各主要项目的质量如何? 结构是否合理?

(2) 计算该公司的短期和长期偿债能力相关指标。

(3) 该公司偿债能力方面有何问题? 试作出解释和评价。

第四章 利润表分析

学习目标

通过本章学习,了解利润表的作用;熟悉利润表质量分析的基本内容,理解企业利润恶化的表现形式;掌握利润表的垂直分析和水平分析方法;重点掌握各项资产运营能力和盈利能力评价指标的计算与分析;了解影响盈利能力的其他因素;学会利用利润表分析、评价企业的经营成果和资产运营效率。

引导案例①

2011年4月27日,中国重汽发布的一季报显示,一季度归属于母公司股东的净利润同比下滑46.14%!笔者表示,公司有人为调低当期净利润之嫌。究其原因,在港上市的重汽香港是中国重汽的母公司。一旦国际板推出,重汽香港回归A股,届时可能以换股合并或要约收购方式对中国重汽实施并购。在这种情况下,其A股的股价越低,母公司并购整合的成本就越低。重汽集团通过关联交易占用资金、转移利润,有利于其将来对中国重汽实施低成本并购整合。

4月27日,中国重汽发布的一季报显示,一季度归属于母公司股东的净利润仅为9 347.96万元,较去年一季度17 355.84万元的净利润同比下滑46.14%!这是公司自去年四季度出现意外亏损之后再次给投资人带来的意外

---

① 资料来源:摘自2011年5月8日《证券时报网》(有删节)。

震撼。

2010 年前三季度,中国重汽实现净利润 7.10 亿元,实现每股收益 1.69 元,其股价也在 2010 年 11 月初创下 33.5 元的 2008 年以来的高点。市场对其业绩前景充满期待,然而,暴风雨却不期而至:齐鲁银行伪造金融票证案意外引爆,中国重汽子公司济南桥箱公司 5 亿元银行存款涉案。齐鲁银行伪造金融票证案似乎成为中国重汽的滑铁卢:去年四季度意外亏损、今年一季度业绩大幅下滑……其股价在一连串的意外中持续下跌,投资者损失惨重。

然而,正如笔者在上期"中国重汽:关联交易隐瞒巨额销售收入"一文中所言,齐鲁银行伪造金融票证案并非导致中国重汽去年四季度亏损的主要原因,中国重汽 2010 年的年度财报中为其在齐鲁银行伪造金融票证案涉案款项计提了坏账准备 1 亿元,影响税后利润 7 500 万元,以中国重汽总股本 4.194 亿股计,影响每股收益 -0.179 元,而中国重汽去年前三季度每股收益分别为 0.41 元、0.91 元和 0.37 元,计提 1 亿元坏账准备并不足以使其去年四季度亏损。中国重汽在今年一季报中也未表示对该笔涉案存款追加计提坏账准备,一季度业绩大幅下滑与该案也无关联,为什么今年一季度业绩仍然大幅下滑呢?

表 4-1 简单的数据比较显示,今年一季度中国重汽利润总额较去年同期下降 8 239 万元,其中,管理费用、财务费用和资产减值损失分别较去年同期增加 6 203 万元、2 233 万元和 1 650 万元,三者合计使利润总额减少 10 086 万元。可见,管理费用等大幅上升是导致其一季度利润总额下降的主要原因。

表 4-1　中国重汽一季度部分财务数据比较

单位:万元

项　　目	2011 年一季度	2010 年一季度	同比增幅	同比金额变动
管理费用	14 980.55	8 777.36	70.67%	6 203.19
财务费用	6 031.54	3 798.20	58.80%	2 233.33
资产减值损失	1 649.65	0.00		1 649.65
利润总额	19 420.99	27 659.63	-29.79%	-8 238.65
所得税费用	6 543.95	5 827.17	12.30%	716.78
所得税税负率(%)	33.70	21.07		
归属于母公司股东的净利润	9 347.96	17 355.84	-46.14%	-8 007.88

另外,2011 年一季度中国重汽利润总额同比下降 29.8%,而归属于母公司股东

的净利润下降了 46.1％,净利润的降幅远高于利润总额的降幅。其原因是当期实际所得税税负率大幅上升,去年一季度的实际所得税税率为 21.1％,而今年一季度实际所得税税负率高达 33.7％。中国重汽 2010 年财报披露的该公司及子公司适用的所得税税率为 15％及 25％。其今年一季度 33.7％的实际所得税税负率不仅大幅高于去年同期,也显著高于 25％的法定税率,实属异常。实际所得税税负率异常也是导致其今年一季度净利润大幅下滑的主要原因。

重要概念

营业利润(operating income)

息税前利润(earnings before interest and taxes)

净利润(net income)

应收账款周转率(receivables turnover)

存货周转率(inventory turnover)

总资产周转率(total asset turnover)

销售净利率(net profit margin)

总资产报酬率(gross return on assets)

总资产净利率(net return on assets)

净资产收益率(return on equity)

市盈率(price-to-earnings ratio)

市净率(market-to-book ratio)

每股收益(earnings per share)

第一节　利润表概述

一、利润表的概念及作用

利润表(income statement)又称损益表,是反映企业一定时期经营成果的报表。由于利润表主要揭示企业一定时期(月、季、年)的收入实现情况以及由此计算出来的企业利润及(或)亏损的情况,因此又称动态报表。

利润表的作用主要体现在以下几个方面。

1. 反映和评价企业的经营成果和获利能力,预测企业未来的盈利趋势

通过利润表可以反映企业一定会计期间收入的实现情况和费用的损耗情况,可以了解企业生产经营活动的成果即净利润的实现情况,据以判断资本保值、增值情

况,据此可以分析企业损益形成的原因,了解企业利润的构成。通过比较企业不同时期,或同一行业中不同企业的相关指标,可以了解企业获利能力的大小,预测企业未来的盈利趋势。

2. 解释、评价和预测企业的偿债能力

企业的偿债能力受到多种因素的影响,而获利能力强弱是决定偿债能力的一个重要因素。企业的获利能力不强,影响资产的流动性,会使企业的财务状况逐渐恶化,进而影响企业的偿债能力。

3. 帮助企业管理人员据此作出经济决策

企业的损益是各个部门工作成果的集中体现,企业的各项工作无不发生收益与费用。因此,企业的损益是反映企业生产经营情况的综合性指标。通过对利润表的分析,可以发现企业在各个环节存在的问题,这有利于促进企业全面改进经营管理,不断提高管理水平。

4. 正确评价和考核企业各方面的经营业绩

通过对利润表的分析,可以确定企业在这一期间是获利还是亏损。通过对不同环节的利润进行分析,可以反映企业在生产、经营和理财等方面的管理效率和效益,有利于客观、准确地评价各部门、各环节的经营业绩。

二、利润表的格式

利润表一般由表首、表身和补充资料三部分组成。其中,表首主要说明报表的名称、编制单位、报表日期、货币名称和计算单位等。正表是利润表的主体部分,主要反映收入、费用和利润各项目的具体内容和相互关系。为了使报表使用者通过比较不同期间利润的实现情况,判断企业经营成果未来发展趋势。企业还需要提供比较利润表,将利润表各项目再分为"本期金额"和"上期金额"两栏分别填列。补充资料列示了一些在利润表主体部分中未能提供的重要信息或未能充分说明的信息,这部分资料通常在报表附注中列示。

利润表的正表结构又可分为两种:单步式和多步式。

单步式是将本期所有的收入加在一起,然后再把所有的费用加在一起,再将其简单的相减得出当期的利润总额,而不考虑收入与费用的配比关系。这种利润表的优点是形式简单,比较直观、清楚,易于理解。但其缺点是收入和费用只是笼统地归集在一起,不加区分,收入与费用之间缺乏配比关系,不利于对利润的构成分析,也不利于对不同时期的经营成果进行分析比较。

多步式是按照收入与费用之间的关系进行配比,按形成利润的主次排列列示一些中间性利润指标,如主营业务利润、营业利润、利润总额、净利润,分步计算当期净损益。多步式利润表提供了丰富的中间信息,便于报表使用者分析了解企业的经营成果,预测企业的经营趋势。但其也存在编制比较繁琐,收入与费用的分类带有一定主观性的缺点。

我国目前采用的是多步式利润表格式。

第二节　利润表质量分析

利润质量是指公司利润的形成过程及其利润结果的质量,是分析企业的盈利能力和评价企业的经营管理状况的重要依据。公司利润的实现主要靠营业利润。高质量的利润应该表现为公司运转良好,同时,利润的实现能为公司带来较强的支付能力,能有足够的现金流量交纳税费、偿还债务和分发股利等;反之,低质量的利润则表现为公司运转不灵,利润的支付能力较差,无法产生足够的现金流量维持公司的生产经营活动,利润变动风险大。

一、利润表主要项目分析

(一)营业收入

收入是指企业在日常活动中形成的、会导致所有者权益增加的、与所有者投入资本无关的经济利益的总流入。营业收入主要指商品销售收入、提供劳务收入和让渡资产收入,包括主营业务收入和其他业务收入。企业代第三方收取的款项,应当作为负债处理,不应当确认为收入。

企业在进行营业收入分析时可以从以下几个方面入手。

1. 企业营业收入的品种构成

目前,企业大多从事多种商品或劳务的经营活动。在从事多种经营的条件下,企业不同品种的商品或劳务的营业收入的构成对信息使用者具有十分重要的意义,即占收入比重大的商品或劳务是企业过去业绩的主要增长点。此外,信息使用者还可以通过对体现企业过去主要业绩的商品和劳务的未来发展趋势进行分析,初步判断企业业绩的持续性,进而分析企业未来的发展趋势。

2. 营业收入的地区构成

企业不同地区商品和劳务的营业收入构成对信息使用者也有重要的意义,即占收入比重大的地区是企业过去业绩的主要增长点。从消费者的心理与行为表现来看,不同地区的消费者对不同商品具有不同的偏好和忠诚度,不同地区的市场潜力很大程度上制约着企业未来的发展。

3. 关联交易收入在总收入中所占的比重

关联交易是企业形成集团化经营的条件下,集团内各个企业之间发生的交易。关联方之间有正常交易的成分,但也有为了粉饰业绩而人为地制造一些业务,如通过低价买入关联方的产品再以高价卖出或是虚构一些不存在的交易来达到粉饰报表的目的。因此,在报表分析时必须对关联方交易的营业收入在交易价格的公允性、交易实现时间等方面进行重点关注。

在分析其他业务收入时注意其他业务收入与营业收入的配比,若其他业务在营业收入中的比重过高,则应分析企业是否存在关联方交易,分析关联方交易的真实性和合理性。一般情况下,其他业务收入占营业收入的比重不应该过高。

4. 部门或地区行政手段对企业业务收入的贡献

在我国社会主义市场经济的发展过程中,部门或地区的行政手段对企业的营业收入的影响也不容忽视。对于新兴产业,在其发展的初期,是很需要部门或地区的行政手段支持的。而处于成熟阶段的企业,部门或地区的行政手段的影响应当逐渐淡化。如果企业的业绩过度地依赖于部门或地区行政手段的帮助来实现,即便其业绩是好的,企业的未来发展前景也不容乐观。

5. 营业收入与资产负债表的应收账款的配比

在对营业收入进行分析时还应关注企业的信用政策,是以赊销为主,还是以现金销售为主。通常,如果赊销的比重较大,应进一步将其与企业往年同期的实际情况、与行业的水平进行比较分析,评价企业的收入质量。

6. 分析营业收入的现金流入

将利润表中的"营业收入"与现金流量表中的"销售商品、提供劳务收到的现金"进行配比,由此可以观察营业收入的质量情况。如果营业收入远高于相应的现金流量,则营业收入的质量不高,说明收入的提高是通过宽松的信用政策带来的,也意味着企业未来发生坏账的风险较高。

（二）营业成本

营业成本是指与营业收入相关的、已经确定了归属期和归属对象的成本,包括主营业务成本和其他业务成本。在不同类型的企业里,营业成本有不同的表现形式。在制造业或工业企业里,营业成本表现为已销产品的生产成本;在商品流通企业,营业成本表现为已销商品的进货成本。

营业收入减去营业成本的差额即为毛利,追求一定规模的毛利和较高的毛利率是企业的普遍心态,也是利益相关者的普遍期望。在进行相关分析时,可通过对产品成本总额与上年成本或计划成本相比的升降情况,以及产品的成本构成各项目进行分析,结合所处行业的普遍水平来评价企业的营业成本的质量。

（三）期间费用

期间费用是指企业发生的与一定期间相联系,不能直接或间接归入营业成本的各项费用。期间费用直接计入当期损益,直接从企业当期销售收入中扣除,其发生额只对当期利润产生影响,不影响下一个会计期间。期间费用一般包括销售费用、管理费用、研发费用和财务费用三类。

1. 销售费用

销售费用核算企业销售商品和材料、提供劳务的过程中发生的各种费用,包括保险费、包装费、展览费和广告费、商品维修费、预计产品质量保证损失、运输费、装卸费等以及为销售本企业商品而专设的销售机构(含销售网点、售后服务网点等)的职工薪酬、业务费、折旧费等经营费用。

从企业管理层对上述各项费用的有效性控制来看,尽管管理层可以对广告费、营销人员的工资和福利费等采取控制或降低其金额等措施。但是,这种控制或降低,或对企业的长远发展不利,或影响营销人员的积极性,这对企业的长远发展是不利的。因此,在分析时应注意:

(1)销售费用与营业收入的配比。长期来看,销售费用的增减变动与营业收入的增减变动通常应该是方向相同、变化幅度相近的。

(2)销售费用的多少与企业所处行业的形态有关。来料加工企业的销售费用一般很少,而营销型企业的销售费用则很高。在分析时也要结合行业的特点进行评价。

2. 管理费用

管理费用核算企业为组织和管理企业生产经营所发生的费用,包括企业的董事会和行政管理部门在企业的经营管理中发生的或者应由企业统一负担的公司经费(包括行政管理部门职工薪酬、修理费、物料消耗、低值易耗品摊销、办公费和差旅费等)、工会经费、董事会费(包括董事会成员津贴、会议费和差旅费等)、聘请中介机构费、咨询费(含顾问费)、诉讼费、业务招待费、房产税、车船税、土地使用税、印花税、技术转让费、矿产资源补偿费、排污费等。

管理费用属于固定性费用,尽管管理层可以采取措施控制或降低管理费用的规模,但是在企业业务正常发展的情况下,企业的管理层不应当降低其发生额。片面追求一定期间内管理费用的降低,有可能对企业的长远发展不利。因此,在分析时应注意:

(1)管理费用与营业收入的配比。通常,销售的增长会使相应的应收账款和存货规模扩大,资产规模的扩大会增加企业的管理要求,如增加设备、扩充人员等,从而增加管理费用。

(2)重视关联方交易的披露。这里所说的关联方交易主要是指企业向关联方企业租入固定资产、无形资产的使用权,以及向上级单位或母公司上交管理费用等,应分析这种交易的真实性、合理性以及是否存在人为转移企业资产的行为。此外,由于无形资产的研究费用与开发费用的分界点难以划分,固定资产的修理与改良支出的划分标准涉及一定主观性,这为企业的盈余管理提供了可操作空间。对于这些项目在分析时应给予较多的关注。

3. 研发费用

研发费用是指企业开展研发活动中实际发生的未形成无形资产而应予以费用化计入当期损益的研发支出,包括研究阶段的支出和无法满足资本化的开发阶段的支出。研发费用具体包括人员人工费用、直接投入费用、折旧费用、无形资产摊销、新产品设计费以及其他与研发活动直接相关的费用。

对于研发支出应该重点分析企业是否有明确的从事研发活动人员的范围,费用化研发支出归集是否及时准确,无形资产摊销是否合理,研发费用的税前加计扣除政策执行是否规范,以及对于使用寿命不确定的无形资产是否采用了减值测试方法等。

4. 财务费用

财务费用主要核算企业为筹集生产经营所需资金等而发生的筹资费用,包括利息支出(减利息收入)、汇兑差额以及相关的手续费、企业发生的现金折扣或收到的现金折扣等。

财务费用的主体是经营期间所发生的利息支出,其金额大小主要取决于贷款规模、贷款利息率和贷款期限,对财务费用进行分析时,也主要从这三个方面入手。

(1)贷款规模。如果因贷款规模的改变导致财务费用的下降,这会使企业的盈利能力有所上升,但是也要对此警惕,企业可能因贷款规模的下降而限制了其发展。

(2)贷款利息率。从企业融资角度看,贷款利息率的具体水平主要取决于以下几个因素:一定时期资本市场的供求关系、贷款规模、贷款的担保条件及企业的信誉等。在利率的选择上,可以采用固定利率或浮动利率。可见,贷款利率中既有企业不可控的因素,也有企业可控的因素。在不考虑贷款规模和贷款期限的条件下,企业的利息费用随着利率水平的波动而波动。我们不应对企业因贷款利率的宏观下调而导致财务费用的降低给予过高的评价。

(3)贷款期限。由于贷款期限的改变而降低利率,从而降低财务费用,往往会加大企业的财务风险。

此外,在分析时应重点关注利息费用资本化的问题。由于在建工程的资本化的分界点难以划分,涉及一定的主观判断,因此成了近几年企业进行利润操纵的常见手段。

(四)资产减值损失

资产减值损失反映企业根据资产减值准则计提各项资产减值准备所形成的损失。当资产存在减值迹象时,应当估计其可收回金额。资产的可收回金额低于其账面价值的,应当将资产的账面价值减记至可收回金额,减记的金额确认为资产减值损失,计入当期损益,同时计提相应的资产减值准备,包括存货跌价准备、长期股权投资减值准备、固定资产减值准备、在建工程减值准备、工程物资减值准备、无形资产减值准备、商誉减值准备、抵债资产跌价准备、损余物资跌价准备等科目。

资产减值损失的确认本质上属于会计估计问题,缺乏判断的客观标准,这为企业管理当局故意多提或少提资产减值损失而操纵利润提供了空间。因此,在分析时要特别注意:

(1) 在某些特殊年份,一些企业为了达到集中亏损或扭亏为盈的目的可能出现会计估计朝某一方向发展的情形。

(2) 资产减值情况与会计报表附注中相关会计政策的配比,分析和评价所采用的相应会计政策的合理性。

(3) 各项资产减值情况与企业以往情况及市场情况相配比,以观察和分析其变动趋势。

(五) 信用减值损失

信用减值损失是指企业按照《企业会计准则第 22 号——金融工具确认和计量》(2017 年修订)的要求计提的各项金融工具减值准备所形成的预期信用损失。

企业应当在资产负债表日计算金融工具(或金融工具组合)预期信用损失。如果该预期信用损失大于该工具(或组合)当前减值准备的账面金额,企业应当将其差额确认为信用减值损失,同时根据金融工具的种类计提相应的资产减值准备,包括坏账准备、合同资产减值准备、债权投资减值准备、租赁应收款减值准备、贷款损失准备、预计负债(用于贷款承诺及财务担保合同)或其他综合收益(用于以公允价值计量且其变动计入其他综合收益的债权类资产)等科目;如果资产负债表日计算的预期信用损失小于该工具(或组合)当前减值准备的账面金额,则应当将差额确认为减值利得并做相反处理。

预期信用损失是指以发生违约的风险为权重的金融工具信用损失的加权平均值。信用损失是企业按照原实际利率折现的、根据合同应收的所有合同现金流量与预期收取的所有现金流量之间的差额,即全部现金短缺的现值。其中,对于企业购买或源生的已发生信用减值的金融资产,应按照该金融资产经信用调整的实际利率折现。由于预期信用损失考虑付款的金额和时间分布,因此即使企业预计可以全额收款但收款时间晚于合同规定的到期期限,也会产生信用损失。

在估计现金流量时,企业应当考虑金融工具在整个预计存续期的所有合同条款(如提前还款、展期、看涨期权或其他类似期权等)。企业所考虑的现金流量应当包括出售所持担保品获得的现金流量,以及属于合同条款组成部分的其他信用增级所产生的现金流量。

企业通常能够可靠估计金融工具的预计存续期。在极少数情况下,金融工具预计存续期无法可靠估计的,企业在计算确定预期信用损失时,应当基于该金融工具的剩余合同期间。

(六) 公允价值变动损益

公允价值变动损益核算企业在初始确认时划分为以公允价值计量且其变动计入

当期损益的金融资产或金融负债(包括交易性金融资产或负债和直接指定为以公允价值计量且其变动计入当期损益的金融资产或金融负债),以及采用公允价值模式计量的投资性房地产、衍生工具、套期业务中公允价值变动形成的应计入当期损益的利得或损失。

公允价值变动损益本身并不会给企业带来现金流量,如果企业净利润中公允价值变动损益占较大份额,则不应对企业的利润质量给予较高的评价。此外,分析时还应注意将公允价值变动情况与市场的实际情况相配比,观察和分析其变动趋势。

(七)投资收益(损失)

投资收益主要的核算内容有:企业根据长期股权投资准则确认的投资收益或投资损失;企业根据投资性房地产准则确认的,采用公允价值模式计量的投资性房地产的租金收入和处置损益;企业处置交易性金融资产、交易性金融负债、可供出售金融资产实现的损益;企业的持有至到期投资和买入返售金融资产在持有期间取得的投资收益和处置损益,及证券公司自营证券所取得的买卖价差收入等。

在分析投资收益时应注意投资收益与资产负债表项目相配比,即投资收益要与投资规模相配比。此外,以权益法核算的长期股权投资收益可能并没有产生现金流入。最后,企业的投资收益一般不会出现重大变动,若某年企业的投资收益发生重大变动,应注意是否存在人为调高或调低投资收益的行为。例如,运用权益法在投资收益上大做文章,故意调高或调低企业的投资收益;或通过多计提或少计提减值准备来操纵投资收益。

(八)其他收益

其他收益是按照《企业会计准则第 16 号——政府补助》(2017 年修订)增设的一个在利润表中的营业利润项目之上单独列报的项目,专门用于核算与企业日常活动相关、但不宜确认收入或冲减成本费用的政府补助。

由于政府补助主要是对企业成本费用或损失的补偿,或是对企业某些行为的奖励,因此需要对其是否与日常活动有关作出判断:

(1)如果政府补助补偿的成本费用属于营业利润之中的项目,则该项政府补助与日常活动相关(如成本费用的补贴、超税负返还、研发费用补助等均属于与企业日常经营活动相关)。

(2)该补助与日常销售等经营行为是否密切相关,例如,软件企业享受增值税即征即退的税收优惠,该税收优惠与企业销售商品的日常活动密切相关,则属于与日常活动相关的政府补助。

与企业日常活动相关的政府补助,应当按照经济业务实质,计入其他收益或冲减相关成本费用。与企业日常活动无关的政府补助,应当计入营业外收支。

(九)资产处置收益(损失)

资产处置收益是指企业出售划分为持有待售的非流动资产(金融工具、长期股权投资和投资性房地产除外)或处置组(子公司和业务除外)时确认的处置利得或损失,以及处置未划分为持有待售的固定资产、在建工程、生产性生物资产及无形资产而产生的处置利得或损失。债务重组中因处置非流动资产产生的利得或损失和非货币性资产交换中换出非流动资产产生的利得或损失也包括在本项目内。该项目应根据在损益类科目新设置的"资产处置损益"科目的发生额分析填列(如为处置损失,以"一"号填列)。

需要特别指出的是,只有正常处置非流动资产产生的利得或损失记入此科目,而当企业的非流动资产不再具有价值时,如固定资产报废、无形资产注销、意外灾害等使企业的资产不再具有使用价值的情况,产生的净损益记入"营业外收入"或"营业外支出"科目。

（十）营业外收支

营业外收入反映企业发生的除营业利润以外的收益,主要包括债务重组利得、与企业日常活动无关的政府补助、盘盈利得、捐赠利得(企业接受股东或股东的子公司直接或间接的捐赠,经济实质属于股东对企业的资本性投入的除外)等。营业外支出反映企业发生的除营业利润以外的支出,主要包括债务重组损失、公益性捐赠支出、非常损失、盘亏损失、非流动资产毁损报废损失等。

营业外收支的发生与本企业的生产经营无直接关系,通常其数额不应过高,否则是不正常的,并应从以下方面加以关注:

(1) 是否存在经营管理水平较低的情况。

(2) 是否为关联方交易。

(3) 是否有违法的经营行为,如违反相关的规章制度、滞延纳税、非法走私等。

(4) 是否有经济诉讼和纠纷等。

二、利润质量恶化的表现形式

1. 企业扩张速度过快

企业发展到一定程度以后,必然在业务规模、业务种类等方面需要扩张。在企业的创业发展过程中,企业有自己熟悉的领域,正是由于对自己业务领域的熟悉,企业才有了发展的基础。但是,在走向多样化的过程中必然出现一个问题,就是企业对开拓的其他领域不论从技术、管理还是市场等多方面都有一个逐步适应、探索的过程。如果企业在一定时期内扩张过快,涉及领域过多、过广,那么企业在这个时期所获得的利润质量可能会出现恶化的迹象。

2. 企业内部人员大笔出售所持本企业的股票

企业内部的管理人员所了解的企业信息相对于企业外部人员来说是最充分、最全面的。因此,当本企业的经营状况出现恶化时,企业的管理人员也是最先知道的。

如果企业所提供的经营业绩良好而企业内部高管人员大量出售其所持有的本企业的股票,则说明企业的经营状况已经开始恶化。

例如,在 2000 年美国安然公司破产之前,安然股票达到历史高位每股 90 美元,这时安然公司董事长却开始抛售自己持有的公司股票。与此同时,一般投资者被建议继续买进安然股票,股价还会无休止地涨下去。安然高层向投资者承诺公司股价会涨到每股 130~140 美元,背地里却悄悄将自己手里的公司股票卖出,因为他们知道公司前景不妙。而在此不久之后的 2001 年 11 月 28 日,安然公司宣布破产。

3. 企业反常压缩酌量性支出

酌量性支出是指管理层可以通过自身的决策来改变其发生规模的支出,如研发支出、广告费支出、职工教育培训费等。此类支出一般对企业的未来发展有利,如果该类支出相对于营业收入规模大幅度降低,则为反常压缩,这有可能是企业为了避免利润大幅度降低,而故意降低此类支出或推迟其发生的时间。通常这预示着企业的利润质量有可能进一步恶化。

4. 企业变更会计政策和会计估计

企业采用的会计政策,在每一会计期间和前后各期应当保持一致,不得随意变更;但是,满足下列条件之一的,可以变更会计政策:

(1) 法律、行政法规或者国家统一的会计制度等要求变更。

(2) 会计政策变更能够提供更可靠、更相关的会计信息。

会计估计变更是指由于资产和负债的当前状况及预期未来经济利益和义务发生了变化,从而对资产或负债的账面价值或者资产的定期消耗金额进行的重估和调整。企业赖以进行估计的基础发生了变化,或者由于取得新信息,积累了更多经验以及后来的发展变化,可能需要对会计估计进行修订。

除了上述情况之外,有时企业为了改善自身的财务业绩而在不符合相关要求的情况下变更会计政策或会计估计。因此,当企业在面临不良经营状况时,如果企业所作的会计估计或会计政策变更有利于企业账面利润的改善,那么这种变更应该看成是企业利润质量恶化的一种信号。

5. 应收账款金额的不正常增加及收账期的不正常延长

应收账款是企业因赊销而引起的债权。在企业的赊销政策一定的情况下,企业的应收账款应与企业的营业收入相配比,企业的平均收账期应保持稳定。通常,影响企业应收账款规模及收账期的最主要因素为企业的赊销政策,尤其是对那些产品在市场上可替代性强、市场竞争激烈的企业,宽松的信用政策(放宽对顾客信誉的审查、放宽收账期)将会刺激销售,增加应收账款的规模、延长应收账款的平均收账期。

因此,企业应收账款金额的不正常增加、平均收账期的不正常延长,有可能是企业为了增加营业收入而放宽信用政策的结果。过度宽松的信用政策,可以刺激企业营业收入立即增长,但是企业也面临着未来发生大量坏账的风险。此时,即使企业的利润较高也应警惕未来期间因坏账的增加而导致利润质量恶化。

6. 企业存货周转过于缓慢

存货周转过于缓慢,表明企业在产品质量、价格、存货控制或营销策略等方面存在一些问题。在一定营业收入的条件下,存货周转越慢,企业在存货上占用的资金也就越多。过多的存货占用,除了占用资金引起企业过去和未来的利息支出增加以外,还会使企业发生较多的存货损失和存货保管成本,这将影响企业的利润质量。

7. 应付账款金额的不正常增加及平均付现期的不正常延长

应付账款是企业因赊购商品或其他存货引起的债务。在企业供货商赊销政策一定时,企业应付账款的规模应与企业的采购规模相配比。在企业产销较为平稳的条件下,企业的应付账款规模还应与企业的营业收入保持一定的对应关系,企业应付账款平均付账期应保持稳定。但是,在企业的购货和销售状况没有发生很大变化,企业的供货商也没有主动放宽赊销信用政策时,如果企业应付账款的规模出现不正常增加,应付账款平均收账期不正常延长,就是企业支付能力恶化、资产质量恶化、利润质量恶化的表现。

8. 企业无形资产规模的不正常增加

企业自行开发的无形资产所发生的支出分为研究阶段支出和开发阶段支出。对于这两个阶段分界点的划分很大程度上是主观判断,这为企业财务操纵提供了空间。若在某一期间,企业的无形资产出现了大规模的不正常增加,则很可能是企业为了减少费用支出、提高当期利润而人为地将研究费用资本化,这样虚增的利润并不是高质量的。

9. 非营业利润占企业业绩的比重过大

通常情况下,企业的主营业务收入、投资收益及利得构成企业利润总额的支撑。这三部分在企业利润总额中所占的比例反映出企业各类活动对利润的贡献程度。在企业利润增长点挖尽的情况下,若企业为了维持一定的利润水平,不是通过开发新产品、提高产品质量、扩大市场占有率等手段来实现营业收入的增长,而只是通过出售企业固定资产、债务重组或是大量的主营业务以外其他业务以求得本期盈利,这样的活动虽然在短期内使企业维持表面上的繁荣,但是会使企业的长期发展战略受到冲击,很难维持可持续发展。

10. 企业计提的各种准备金过低

企业在计提各种资产减值准备时,需要企业的财务人员根据现实情况作出主观职业判断,这为企业在会计处理过程中留下了很大的自由处理空间。因此,各项准备金成为企业调节利润、粉饰报表的常用工具。例如,在企业期望利润高估的会计期间少计提减值准备。这虽然短时期内能使企业获得盈利,但是这种做法实际上等同于把应当现在或以前负担的费用或损失人为地推移到企业未来的会计期间,从而导致企业的发展后劲不足。

11. 企业举债过度

企业举债过度,除了发展、扩张性原因外,还可能是企业通过正常的经营活动和投资活动难以获得正常的现金流量支持。在回款不力、现金流难以支持经营活动时,企业只能依靠扩大贷款规模维持其发展。

12. 企业的现金流量与利润不配比

一个盈利质量优良的企业应该创造出比较充裕的自由现金流量,尤其是经营活动产生的现金净流量应该是正值,而且具有稳定性和持续性,只有伴随着现金注入的利润才具有高质量。如果一个企业连续几个会计年度的净利润都为正值,而经营活动产生的现金净流量却为负值,那么说明该企业对应收账款管理不善,现金无法按时收回;或者是企业根据权责发生制对会计利润进行了盈余管理,甚至可能出现利润操纵的行为。

13. 企业更换会计师(会计师事务所)及审计报告出现异常

由于企业的经营权与所有权的分离,企业的经营者需定期向企业的股东报送财务报告,企业的股东需要聘请注册会计师对企业财务报告出具审计意见。

对注册会计师而言,企业是注册会计师的客户,注册会计师一般不会轻易失去客户。只有在审计过程中,注册会计师与企业管理者就报表的编制出现重大意见分歧而难以继续合作的条件下,注册会计师才有可能主动放弃客户。因此,对于变更会计师(会计师事务所)的企业,会计信息使用者应当考虑企业的管理层是否有正当的变更理由,在报表编制上的行为是否符合企业会计准则的要求。

在注册会计师(会计师事务所)出具审计报告时,注册会计师(会计师事务所)将根据自己的审计情况出具无保留意见审计报告、保留意见审计报告、否定意见审计报告或无法表示意见审计报告之中的一种。当注册会计师(会计师事务所)出具的是无保留意见审计报告时,表明企业的会计信息质量较高,会计信息的可信度较高。如果出具其他三种报告中的任何一种,均表明企业与注册会计师在报表编制上出现意见分歧或者注册会计师难以找到相关的审计证据。在这种情况下,会计信息使用者很难对企业利润质量作出较高的评价。

14. 企业有足够的可供分配的利润,但不进行现金股利的分配

企业的股东投资建立企业,或者出资购买企业的股权,主要的目的有:获取现金股利;控制被持股企业以实现企业的战略目标;耐心持有以实现投资增值等。企业的经营者满足上述股东的目标的主要手段就是支付现金股利。但是,企业想要支付股东股利必须满足两个条件:第一,企业有足够的可供分配的利润;第二,企业要有足够的货币支付能力。显然,如果出现企业有足够可供分配的利润而不进行现金股利分配的情况,应当考虑企业有没有现金支付能力,或者企业管理层是否对未来前景信心不足。

第三节 利润表结构分析

一、利润表垂直分析

利润表垂直分析是将利润表中每个项目与营业收入相比,反映利润项目与营业收入的关系情况及其变动情况,分析说明财务成果的结构及增减变动的合理程度,从而找出企业经营中存在的问题。利润表垂直分析可以提供大量有用的信息。

1. 收入构成分析

在对利润表进行分析时,首先要看利润的构成情况,如果营业收入所占的比重较大,说明企业盈利主要来自主营业务,有利于企业的持续发展。若企业中的其他业务收入或营业外收入所占的比重较大,则表明企业的盈利状况不稳定,不利于企业的可持续发展。

2. 毛利和毛利率

毛利是营业收入减去营业成本的差额,毛利与营业收入的比值为毛利率。若企业的毛利率越高,说明营业成本占营业收入的比重越小,越有可能获得较高的净利润,企业的盈利能力就越强。通常,毛利率随行业的不同而高低各异,但同一行业中的毛利率一般相差不大。与同行业毛利率进行比较,可以评价企业在生产成本控制方面是否存在问题,从而找出提高企业业绩的途径。

3. 利润的构成分析

将营业利润、投资收益及营业外收入分别与营业收入相比,可以对企业未来盈利的稳定性及发展的可持续性作出判断。若营业利润所占的比重较大,则说明企业获利能力稳定可靠;如果利润来自投资收益或营业外收入等项目,那么企业的利润可能会因为这些收益的消失而发生巨大的变化。

【例4-1】 根据新华制药2018年度利润表资料,对其进行垂直分析,如表4-2所示。

表4-2 新华制药的垂直分析利润表

编制单位:山东新华制药股份有限公司　　　2018年度　　　　　　　　　　　单位:元

项目	2018年度	2017年度	结构	
			2018年度	2017年度
一、营业总收入	5 207 868 838.88	4 515 716 784.19	100.00%	100.00%
其中:营业收入	5 207 868 838.88	4 515 716 784.19	100.00%	100.00%
二、营业总成本	4 902 771 929.80	4 298 618 395.23	94.14%	95.19%

（续表）

项目	2018年度	2017年度	结构	
			2018年度	2017年度
其中：营业成本	3 649 668 414.24	3 247 615 838.86	70.08%	71.92%
税金及附加	61 856 930.53	60 664 577.84	1.19%	1.34%
销售费用	654 909 174.09	509 748 602.14	12.58%	11.29%
管理费用	259 892 339.67	223 534 611.29	4.99%	4.95%
研发费用	186 975 801.38	161 173 636.60	3.59%	3.57%
财务费用	34 434 832.48	79 745 027.94	0.66%	1.77%
其中：利息费用	54 552 277.62	59 529 590.45	1.05%	1.32%
利息收入	3 653 972.03	2 904 839.15	0.07%	0.06%
资产减值损失	54 640 019.61	16 136 100.56	1.05%	0.36%
信用减值损失	394 417.80		0.01%	0.00%
加：其他收益	21 165 013.23	12 508 306.00	0.41%	0.28%
投资收益（损失以"—"号填列）	7 120 624.26	6 026 908.54	0.14%	0.13%
其中：对联营企业和合营企业的投资收益	−34 050.25		−0.00%	0.00%
资产处置收益（损失以"—"号填列）	3 931 363.18	46 047 264.22	0.08%	1.02%
三、营业利润（亏损以"—"号填列）	337 313 909.75	281 680 867.72	6.48%	6.24%
加：营业外收入	2 657 376.13	10 920 615.95	0.05%	0.24%
减：营业外支出	14 895 427.71	24 427 607.67	0.29%	0.54%
四、利润总额（亏损总额以"—"号填列）	325 075 858.17	268 173 876.00	6.24%	5.94%
减：所得税费用	50 791 868.25	46 925 124.11	0.98%	1.04%
五、净利润（净亏损以"—"号填列）	274 283 989.92	221 248 751.89	5.27%	4.90%
（一）按经营持续性分类	274 283 989.92	221 248 751.89	5.27%	4.90%
1. 持续经营净利润（净亏损以"—"号填列）	274 283 989.92	221 248 751.89	5.27%	4.90%
2. 终止经营净利润（净亏损以"—"号填列）				
（二）按所有权归属分类	274 283 989.92	221 248 751.89	5.27%	4.90%
1. 归属于母公司所有者的净利润	250 833 425.15	209 591 907.23	4.82%	4.64%

（续表）

项目	2018 年度	2017 年度	结构	
			2018 年度	2017 年度
2. 少数股东损益	23 450 564.77	11 656 844.66	0.45％	0.26％
六、其他综合收益的税后净额	−56 384 297.50	59 794 367.70	−1.08％	1.32％
归属母公司所有者的其他综合收益的税后净额	−56 740 335.03	59 964 184.38	−1.09％	1.33％
（一）不能重分类进损益的其他综合收益	−58 141 754.40	61 086 480.80	−1.12％	1.35％
其中：其他权益工具投资公允价值变动	58 141 754.40	61 086 480.80	−1.12％	1.35％
（二）将重分类进损益的其他综合收益	1 401 419.37	−1 122 296.42	0.03％	−0.02％
其中：外币财务报表折算差额	1 401 419.37	1 122 296.42	0.03％	−0.02％
归属于少数股东的其他综合收益的税后净额	356 037.53	−169 816.68	0.01％	−0.00％
七、综合收益总额	217 899 692.42	281 043 119.59	4.18％	6.22％
归属于母公司股东的综合收益总额	194 093 090.12	269 556 091.61	3.73％	5.97％
归属于少数股东的综合收益总额	23 806 602.30	11 487 027.98	0.46％	0.25％
八、每股收益：				
（一）基本每股收益(元/股)	0.40	0.35		
（二）稀释每股收益(元/股)	0.40	0.35		

　　从表 4-2 中可以看出,在 2018 年营业收入的占比中,营业总成本占 94.14％,其中营业成本占 70.08％（毛利率为 29.02％）,税金及附加占 1.19％。销售费用、管理费用、研发费用和财务费用合计占比 21.82％,其中的销售费用为 12.58％占比最高,其他如资产减值损失等占比很低。高毛利和高销售费用比较符合医药行业的经营特点,但营业利润和净利润的占比分别只有 6.48％和 5.27％,企业盈利能力不高。

　　与上年对比来看,2018 年净利润占营业收入比重由 2017 年的 4.90％提高到 2018 年的 5.27％,表明公司的盈利能力有一定程度的上升,但幅度不大,其具体原因如下:营业成本占营业收入比重由 71.92％下降到 70.08％,毛利率相应地由 28.08％提高到 29.92％,企业在成本控制方面的表现有所提升;期间费用方面,除了销售费用占比略有增加,管理费用、研发费用和财务费用占比都没有明显变化;资产减值损失占比有所增加,但幅度较小,对净利润影响不大。总体来说,营业成本占比下降和毛利率提高是企业利润增加的主要原因,从企业收入的总体结构来看,盈利能力较上年度有了一定改善,投资者应该进一步关注其未来收入和盈利变化趋势。

二、利润表水平分析

利润表的水平分析是指将企业报告期利润表中的不同项目与前期利润表中对应的项目进行对比,从而了解企业目前的利润变化状况,揭示存在的问题和差异,进而分析企业未来发展趋势;将企业利润表各项目的实际数同行业平均水平进行比较,说明企业收益在同行业中的水平;将企业利润表各项目的实际数与计划数进行比较,说明企业完成经营计划(经营预算)的程度。

【例4-2】 根据表4-2新华制药2018年的利润表资料,对其进行水平分析如表4-3所示。

表4-3 新华制药的水平分析利润表

单位:元

项目	2018 年度 ①	2017 年度 ②	变动金额 ③=①-②	变动幅度 ④=③÷②
一、营业总收入	5 207 868 838.88	4 515 716 784.19	692 152 054.69	15.33%
其中:营业收入	5 207 868 838.88	4 515 716 784.19	692 152 054.69	15.33%
二、营业总成本	4 902 771 929.80	4 298 618 395.23	604 153 534.57	14.05%
其中:营业成本	3 649 668 414.24	3 247 615 838.86	402 052 575.38	12.38%
税金及附加	61 856 930.53	60 664 577.84	1 192 352.69	1.97%
销售费用	654 909 174.09	509 748 602.14	145 160 571.95	28.48%
管理费用	259 892 339.67	223 534 611.29	36 357 728.38	16.26%
研发费用	186 975 801.38	161 173 636.60	25 802 164.78	16.01%
财务费用	34 434 832.48	79 745 027.94	−45 310 195.46	−56.82%
其中:利息费用	54 552 277.62	59 529 590.45	−4 977 312.83	−8.36%
利息收入	3 653 972.03	2 904 839.15	749 132.88	25.79%
资产减值损失	54 640 019.61	16 136 100.56	38 503 919.05	8.62%
信用减值损失	394 417.80		394 417.80	—
加:其他收益	21 165 013.23	12 508 306.00	8 656 707.23	69.21%
投资收益(损失以"—"号填列)	7 120 624.26	6 026 908.54	1 093 715.72	18.15%
其中:对联营企业和合营企业的投资收益	−34 050.25		−34 050.25	—
资产处置收益(损失以"—"号填列)	3 931 363.18	46 047 264.22	−42 115 901.04	−91.46%

（续表）

项目	2018 年度 ①	2017 年度 ②	变动金额 ③=①-②	变动幅度 ④=③÷②
三、营业利润（亏损以"—"号填列）	337 313 909.75	281 680 867.72	55 633 042.03	19.75%
加：营业外收入	2 657 376.13	10 920 615.95	－8 263 239.82	－75.67%
减：营业外支出	14 895 427.71	24 427 607.67	－9 532 179.96	－39.02%
四、利润总额（亏损总额以"—"号填列）	325 075 858.17	268 173 876.00	56 901 982.17	21.22%
减：所得税费用	50 791 868.25	46 925 124.11	3 866 744.14	8.24%
五、净利润（净亏损以"—"号填列）	274 283 989.92	221 248 751.89	53 035 238.03	23.97%
（一）按经营持续性分类	274 283 989.92	221 248 751.89	53 035 238.03	23.97%
1. 持续经营净利润（净亏损以"—"号填列）	274 283 989.92	221 248 751.89	53 035 238.03	23.97%
2. 终止经营净利润（净亏损以"—"号填列）				
（二）按所有权归属分类	274 283 989.92	221 248 751.89	53 035 238.03	23.97%
1. 归属于母公司所有者的净利润	250 833 425.15	209 591 907.23	41 241 517.92	19.68%
2. 少数股东损益	23 450 564.77	11 656 844.66	11 793 720.11	101.17%
六、其他综合收益的税后净额	－56 384 297.50	59 794 367.70	－116 178 665.20	－194.30%
归属母公司所有者的其他综合收益的税后净额	－56 740 335.03	59 964 184.38	－116 704 519.41	－194.62%
（一）不能重分类进损益的其他综合收益	－58 141 754.40	61 086 480.80	－119 228 235.20	－195.18%
其中：其他权益工具投资公允价值变动	－58 141 754.40	61 086 480.80	－119 228 235.20	－195.18%
（二）将重分类进损益的其他综合收益	1 401 419.37	－1 122 296.42	2 523 715.79	－224.87%
其中：外币财务报表折算差额	1 401 419.37	－1 122 296.42	2 523 715.79	－224.87%
归属于少数股东的其他综合收益的税后净额	356 037.53	－169 816.68	525 854.21	－309.66%
七、综合收益总额	217 899 692.42	281 043 119.59	－63 143 427.17	－22.47%
归属于母公司股东的综合收益总额	194 093 090.12	269 556 091.61	－75 463 001.49	－28.00%

（续表）

项目	2018 年度 ①	2017 年度 ②	变动金额 ③＝①－②	变动幅度 ④＝③÷②
归属于少数股东的综合收益总额	23 806 602.30	11 487 027.98	12 319 574.32	107.25％
八、每股收益：				
（一）基本每股收益（元/股）	0.40	0.35	0.05	14.29％
（二）稀释每股收益（元/股）	0.40	0.35	0.05	14.29％

通过对该公司 2018 年利润表的水平分析，可以看出该公司净利润较 2017 年增加了 23.97％，总体盈利状况有了较大幅度的提升。净利润增加的主要原因有以下两点：一是营业收入增加了 15.33％，说明企业的经营规模在不断扩大，产品的市场竞争力进一步提升，是一个积极信号；二是营业总成本虽有增长，但增长率（14.05％）低于营业收入增长率，因此带来了营业利润、利润总额和净利润分别增长 19.75％、21.22％和 23.97％。

从营业总成本各主要项目来看，营业成本虽然占了营业总成本的 75％左右（2017年为 75.55％，2018 年为 74.44％，见图 4-1），但 2018 年的营业成本仅比去年增加了 12.38％，低于营业收入增长率，可见营业成本的有效控制是企业盈利增长的主要来源。其他低于营业收入增长的项目还有税金及附加和财务费用。而销售费用、管理费用和研发费用的增长率都高于营业收入，尤其是占营业总成本 13％左右（2017 年为 11.86％，2018 年为 13.36％，见图 4-1）的销售费用，增长率达到了 28.48％，远大于营业收入增长率，对企业盈利增长不利；资产减值损失（238.62％）增长幅度较大，主要是存货跌价损失和固定资产减值损失导致的，但由于占比较低，对利润增长影响不大。

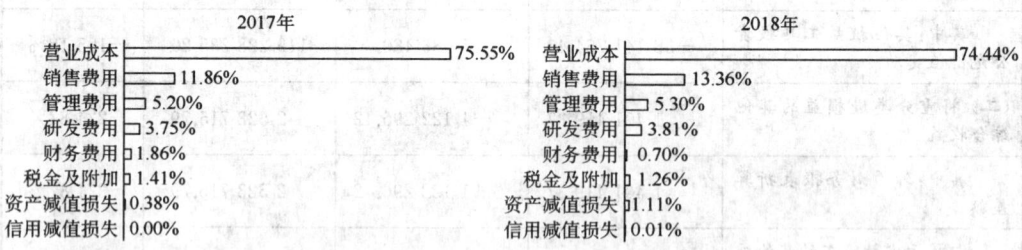

2017年	2018年
营业成本 75.55%	营业成本 74.44%
销售费用 11.86%	销售费用 13.36%
管理费用 5.20%	管理费用 5.30%
研发费用 3.75%	研发费用 3.81%
财务费用 1.86%	财务费用 0.70%
税金及附加 1.41%	税金及附加 1.26%
资产减值损失 0.38%	资产减值损失 1.11%
信用减值损失 0.00%	信用减值损失 0.01%

图 4-1　营业总成本各项目占比情况

另外，其他收益增长了 69.21％，主要是来自政府的各项补助增加，对利润增长有一定贡献，投资收益和资产处置收益有增有减，金额较小。

总体来看,新华制药的盈利情况保持了持续增长的势头,收入和净利润的增长幅度较高,且利润增长主要来自经营活动,反映了较好的利润质量。但企业销售费用增长过快,在开拓市场和促进营业收入增长的同时,也对利润增长形成了掣肘,企业未来应该更多在产品开发和质量提升上下功夫。

第四节 资产运营能力分析

一、资产运营能力分析概述

资产运营能力是指企业在外在市场环境的约束下,对其从各种渠道筹集到的有限资金进行有效配置和利用的能力。其实质就是要以尽可能少的资产占用,尽可能短的时间周转,生产尽可能多的产品,创造尽可能多的销售收入。一个企业资产运营状况直接关系到资本的增值程度,同时还会影响企业的偿债能力。如果企业的运营能力很低,那就表明企业的资金积压、沉淀严重,资产不能发挥应有的效能,企业就不能创造出足够的利润和现金流量来支付成本费用、扩大再生产和偿还债务,其偿债能力和盈利能力也会随之降低。

资产运营能力分析就是要通过对反映资产运营效率与效益的指标进行计算与分析,评价企业的运营能力,为企业提高经济效益指明方向。资产运营能力分析的作用表现在以下三个方面:第一,运营能力分析可以评价企业资产运营的效率;第二,运营能力分析可以发现企业在资产运营中存在的不足和问题;第三,运营能力分析是盈利能力分析和偿债能力分析的基础与补充。因此,资产运营能力分析也是所有企业都必须关注的。

二、资产运营能力指标分析

资产运营能力分析主要是通过一定时期内资产周转额(收入或费用)与同一时期资产平均占用额之间的比例关系,分析各项资产的周转速度,了解各项资产对收入的贡献程度,借以揭示企业运用资产赚取收入的能力。一般来说,资产周转的速度越快,其使用效率越高,运营能力也就越强。由于企业财务状况稳定与否、获利能力的强弱都与运营能力密切相关,因此运营能力能够用以评价一个企业经营水平和管理水平,乃至企业的发展前景,这对各个利益主体来说关系重大。

(一)流动资产周转情况分析

反映流动资产周转情况的指标主要有:应收账款周转、存货周转率和流动资产周转率。

1. 应收账款周转率

企业一定时期内收回赊销账款的能力,可以用应收账款周转率和应收账款周转期来衡量。应收账款周转率是一定时期内企业的赊销收入净额与应收账款平均余额之间的比率,反映了一定时期内应收账款的周转次数。应收账款周转期表示企业从获得应收账款的权利到收回款项(变成现金)所需要的时间,即周转一次所需要的天数。其计算公式为:

$$应收账款周转率 = \frac{赊销收入净额}{应收账款平均余额}$$

$$应收账款周转期 = \frac{应收账款平均余额 \times 365}{赊销收入净额}$$

其中

$$赊销收入净额 = 营业收入 - 现销收入$$

$$应收账款平均余额 = \frac{期初应收账款 + 期末应收账款}{2}$$

一般而言,在一定时期内企业的应收账款周转率高,周转期短,表明企业收款速度快,在应收账款上占用的资金少,坏账损失发生的可能性小,收账费用节约,企业经营效率高;也表明了资产流动性高,偿债能力强。否则,资金过多的滞留在应收账款上,影响企业正常的资金运转,降低资金运用效率。

在计算和分析这一指标时应注意下列问题:

(1)赊销收入净额的问题。从理论上讲,应收账款是赊销引起的,其对应的流量是赊销额,而非全部销售收入。但是由于外部人员一般很难取得赊销收入数据,只能直接使用销售收入作为近似值进行计算。

(2)应收账款的坏账准备问题。报表上列示的应收账款是已经计提坏账准备后的净额,而计提坏账准备时销售收入并未相应减少。其结果是,计提坏账准备越多,应收账款周转次数越多、天数越少。这种周转次数的增加及周转天数的减少不是业绩改善的结果,反而说明应收账款管理欠佳。如果坏账准备金额较大,就应对应收账款周转率的计算进行调整,使用未计提坏账准备的应收账款进行计算。关于应收账款坏账准备计提的信息可以从报表附注中查找,以此作为调整的依据。

(3)应收账款周转天数是否越少越好。应收账款是赊销引起的,在企业的经营中,有时赊销可能比现销更有利,周转天数并不是越少越好。如果应收账款周转次数过高,可能是企业信用政策和回款条件过于苛刻造成的,这会限制企业销售量的扩大,从而影响企业的盈利水平。

(4)应收账款分析应与销售额分析及现金分析相联系。应收账款的起点是销售,终点是现金。正常情况下应收账款随着销售的增加而增加,经营活动的现金流量也会随之增加。如果一个企业的应收账款日益增加,而销售和现金日益减少,则可能是销售出现较严重的问题,以致放宽信用政策,甚至随意发货,但现金却无法收回。

2. 存货周转率

存货周转率又称存货周转次数,是指企业一定时期内营业成本与存货平均余额之间的比率。用时间表示的存货周转率就是存货周转天数。存货周转率和存货周转天数是反映企业存货周转速度的指标,也是衡量企业经营过程中存货运营效率的综合性指标。其计算公式为:

$$存货周转率(周转次数) = \frac{营业成本}{存货平均余额}$$

$$存货周转天数(周转期) = \frac{存货平均余额 \times 365}{营业成本}$$

其中

$$存货平均余额 = \frac{期初存货 + 期末存货}{2}$$

存货周转速度反映了企业的存货管理水平。它不仅影响企业的短期偿债能力和盈利能力,也是整个企业经营管理的重要内容。一定时期内,企业的存货周转速度越快,存货占用水平越低,存货变现能力越强;反之,如果存货周转速度过慢,表明存货管理效率较低,存货呆滞、积压过多,存货占用资金较多,企业利润率较小。

在进行存货周转率指标分析时还应注意下列问题:

(1) 存货计价方法对存货周转率有较大的影响,因此各种存货的计价方法必须前后一致,否则需要对分析结果进行调整。

(2) 存货周转速度不是越快越好。存货周转速度过高可能说明企业在管理方面存在一些问题,如企业存货资金投入过少,可能导致存货不足或发生缺货现象,进而影响企业生产和销售业务的正常运行。

(3) 关注构成存货的原材料、在产品、半成品、产成品和低值易耗品之间的比例关系。在报表附注中,我们可以得到关于各类存货的明细资料及存货重大变动的解释。正常情况下,它们之间应保持一定的比例关系。如果企业的产成品大量增加,其他项目减少,很可能是销售不畅,放慢了生产节奏,此时存货总量可能并没有发生显著的变动,甚至尚未引起存货周转率的显著变化。因此,在财务分析时既要重点关注变化大的项目,也不能完全忽视变化不大的项目,其内部可能隐藏着重要的问题。

3. 流动资产周转率

流动资产周转率是指一定时期内营业收入与流动资产平均总额的比率,用时间表示的流动资产周转率是流动资产周转天数。流动资产周转率和流动资产周转天数是评价企业流动资产利用效率的重要指标。其计算公式为:

$$流动资产周转率(周转次数) = \frac{营业收入}{流动资产平均总额}$$

$$流动资产周转天数(周转期) = \frac{流动资产平均余额 \times 365}{营业收入}$$

其中
$$流动资产平均余额 = \frac{期初流动资产总额 + 期末流动资产总额}{2}$$

一般情况下,该指标越高,表明流动资产周转速度越快,对流动资产的利用越好。因为在更快的流动资产周转速度下,企业的流动资产占用就会更为节约,企业的盈利能力更强;而缓慢的周转速度需要补充更多的流动资产参加周转,造成资金浪费,降低企业的盈利能力。

在分析流动资产周转率时应注意:流动资产周转率虽然可以比较全面地反映企业资产的运营能力,但是不能仅依靠该指标的高低来判断企业运营能力的好坏,在分析时,要结合企业的其他影响因素来判断,如企业所处的行业与生命周期、企业以前年度的水平、企业管理体制与组织构架、信用政策等,以便更加客观地判断企业的实际经营情况。

（二）固定资产周转情况分析

固定资产周转情况分析主要是指通过固定资产周转率或固定资产周转天数对固定资产的运营能力进行分析。固定资产的周转率是指企业在一定时期内营业收入与固定资产平均净值的比率,是衡量固定资产运用效率的指标。其计算公式为:

$$固定资产周转率(周转次数) = \frac{营业收入}{固定资产平均净值}$$

$$固定资产周转天数(周转期) = \frac{固定资产平均净值 \times 365}{营业收入}$$

其中
$$固定资产平均净值 = \frac{期初固定资产净值 + 期末固定资产净值}{2}$$

$$固定资产净值 = 固定资产原值 - 累计折旧 - 固定资产减值准备$$

一般情况下,固定资产周转率高,周转天数短,固定资产利用得充分,说明企业固定资产投资得当,固定资产结构分布合理,能够充分发挥固定资产的使用效率;反之,则表明企业资产使用效率不高,拥有固定资产数量过多,设备闲置没有充分利用。

此外,在进行固定资产周转情况指标的计算和分析时应注意:固定资产周转率在计算时使用的是固定资产净值,其大小受企业采用的折旧方法、折旧年限和预计净残值的影响,应注意其可比性的问题;在企业的固定资产和销售情况都未发生变化时,由于固定资产采用历史成本计量,通货膨胀会导致物价上涨而使销售收入虚增,从而会使固定资产周转提高,但是企业固定资产的实际使用效率并没有得到真正的提升。

（三）总资产周转情况分析

总资产周转情况分析主要是指通过总资产周转率和总资产周转天数对总资产运营能力的分析。总资产周转率是一定时期内营业收入与平均资产总额的比率,可以用来反映企业全部资产的利用效率和管理水平。其计算公式为:

$$总资产周转率(周转次数) = \frac{营业收入}{平均资产总额}$$

$$总资产周转天数(周转期) = \frac{平均资产总额 \times 365}{营业收入}$$

其中　　　　　$$平均资产总额 = \frac{期初资产总额 + 期末资产总额}{2}$$

总资产周转率是考察企业资产运营效率的一项重要指标,体现了企业经营期间全部资产从投入到产出的流转速度,反映了企业全部资产的管理质量和利用效率。总资产周转速度越快,周转天数越短,表明企业的总体资产利用效率越好,用相同的资产占用所实现的经营收入越多;反之,总资产周转速度越低,则企业总资产的经营效率越低,单位资产实现销售收入的能力也越差。

此外,在分析时应注意,如果在某一期间企业的总资产周转率突然上升,而企业的销售水平与以往持平,则有可能是企业在本期间大量报废规定资产造成的,这并不能说明企业的资产利用率提高。在分析时,也应将该指标与企业所处的行业平均水平及企业以前年度的历史水平进行比较,发现与同类企业间的差距,促进企业挖掘潜力、积极创收、提高产品的市场占有率及提高资产的利用效率。

【例 4-3】 新华制药 2018 年期初和期末的相关资产运营能力指标如表 4-4 所示。

表 4-4　新华制药 2018 年期初和期末的资产运营能力指标

指标	期初	期末
应收账款周转率	13.77	15.91
存货周转率	5.10	4.38
流动资产周转率	2.43	2.39
固定资产周转率	2.11	2.18
总资产周转率	0.90	0.93

从表 4-4 的指标可以看出,该公司 2018 年固定资产周转率和总资产周转率比上年都有不同程度的提高,说明企业资产的总体配置和利用更为合理和有效,尤其是固定资产运用效率较为良好和稳定。但流动资产周转率出现一定程度的下滑,主要是其中的存货周转率下降较多(下降了 0.72),存货周转期达到 83 天,原因是企业存货从 2017 年的 713 210 692.52 元增加到 2018 年的 951 723 324.21 元,增加了 33.44%,而同期的应收账款却只增加了 9.47%(从 2017 年的 312 616 985.27 元增加到 2018 年的 342 233 818.03 元),从而使应收账款周转率大幅提升了 2.14,应收账款周转期只有 23 天。

目前,企业主要采取市场开发和增加终端销售费的方式提高销量和降低库存,但收效并不明显,而且在扩大营业收入的同时势必带来销售费用的过快增长。企业未来可以在保证应收账款安全的条件下,放宽信用政策,适当增加应收账款的资产配置比例,实现存货到应收账款的有效转化,加快流动资产周转速度。

第五节　盈利能力分析

一、盈利能力分析概述

(一)盈利能力的含义

盈利能力又称企业资金或资本的增值能力,是企业一定时期内获取利润的能力,通常表现为一定时期内企业收益数额的多少及其水平的高低。盈利能力既能反映企业一定时期内的销售水平、获取现金流的水平、控制成本的水平,又能反映企业在一定时期的运营效益、回避风险的水平及未来增长潜能。因此,企业盈利能力的分析十分重要。

(二)盈利能力分析的意义

盈利能力分析就是通过一定的方法,判断企业能获取多少利润的能力。盈利能力分析是从企业利益相关的各个方面了解企业,认识企业和改进企业经营管理的重要手段。企业的盈利能力对企业的利益相关者来说非常重要,但他们所分析的侧重点不同。因此,企业盈利能力分析对不同的报表使用者来说有不同的意义。

1. 有利于投资者进行投资决策

企业投资者进行投资的目的是获取更多的利润,投资者总是将资金投向盈利能力最强的企业。因此,投资者对盈利能力进行分析是为了判断企业获利能力的大小、获利能力的稳定性及未来获利能力变动的趋势。在市场经济条件下,投资者往往认为企业的盈利能力比财务状况、运营能力更重要,所以,投资者很关心企业赚取利润的多少并重视对利润率的分析。企业盈利能力强,投资者的直接利益就会提高,此外还会使股票价格上升,使股票投资者获得资本收益。

2. 有利于债权人衡量资金的安全性

债权人可以通过分析企业的盈利能力来衡量收回本息的安全程度,从而使借贷资金流向具有较高安全性和较高利润率的社会生产部门。对短期债权人来说,其关注的是企业能否在短期内还本付息,因此在分析时侧重于企业在当期的盈利能力。企业当期盈利水平越高,短期债权人的利益就越有保证。对长期债权人来说,其关注的是企业在较长时期内,能否及时、足额地收回本息。因此,在分析时侧重于企业长期盈利水平的高低、盈利的稳定性和持久性,并以此预测在长期借款到期后他们能否及时足额收回本金和利息。

3. 有利于经营者改善经营决策

从经营管理者的角度看,企业从事经营活动的直接目的是最大限度地赚取利润并维持企业持续稳定的经营和发展。持续稳定的经营和发展是获取利润的基础;而最大限度地获取利润又是企业持续稳定发展的目标和保证。对企业经营者来说,进行企业盈利能力分析的意义具体体现在以下两方面:

(1) 利用盈利能力相关指标可以反映和衡量企业经营业绩。企业经营管理者的根本任务,就是通过自己努力使企业赚取更多的利润。各项收益数据反映着企业的盈利能力,也表现了企业经营管理者工作业绩的大小。用已达到的盈利能力指标与标准、基期、同行业平均水平及其他企业相比较,则可以衡量经营管理者工作业绩的优劣。

(2) 通过盈利能力分析发现经营管理中存在的问题。盈利能力是企业各环节经营活动效率的集中表现,企业经营活动的好坏都会通过盈利能力表现出来。通过盈利能力深入分析,可以发现管理中存在的重大问题,进而采取措施解决问题,提高企业的收益水平。

4. 有利于政府部门行使社会管理职能

政府部门行使其管理职能,要有足够的财政收入作为保证。税收是国家财政收入的主要来源,而税收大部分来自企业。企业盈利能力强,就意味着实现的利润多,对政府税收的贡献大。各级政府如能聚集较多的财政收入就能有更多的资金投入到基础设施建设、科技教育、环境保护及其他各项公益事业,更好地行使社会管理职能,为国民经济的良性运转提供必要保障,推动社会向前发展。

5. 有利于企业职工判断职业的稳定性

企业盈利能力的高低直接关系到企业职工的切身利益,职工的福利待遇与企业的经营业绩息息相关,特别是企业的盈利能力。因此,职工需要根据企业的盈利能力来分析职业的稳定性,决定自身的发展道路。而且,当前企业的竞争实际上是人才的竞争,企业具有较强的盈利能力,就能为员工提供较为稳定的就业岗位、较多的深造发展机会、较丰富的薪金及物质待遇,为员工的工作、生活、健康等各方面创造良好的条件,同时也能吸引人才,使他们更努力地为企业工作。

二、企业盈利能力分析

企业盈利能力分析主要是通过研究利润表中有关项目之间的对比关系,以及利润表与资产负债表中相关项目之间的对比关系,来评价企业当期的经营成果和未来盈利能力的发展趋势。盈利能力分析是企业财务分析的重点,其根本目的是通过分析及时发现问题,改善企业的财务结构,提高企业的偿债能力、经营能力,最终提高企业的盈利能力,促进企业持续稳定地发展。在进行企业盈利能力分析时主要从企业经营盈利能力分析、资产盈利能力分析和资本盈利能力分析三方面进行。

（一）经营盈利能力分析

经营盈利能力分析是指对企业生产过程中的产出、耗费和利润之间的比例关系进行分析,来研究和评价企业的获利能力。

1. 营业毛利率

营业毛利率是指一定时期内企业的营业毛利占营业收入的比率,其中营业毛利是营业收入与营业成本的差额。表示每1元营业收入扣除营业成本后,有多少钱可以用于各项期间费用和形成利润。其计算公式为:

$$营业毛利率 = \frac{营业毛利}{营业收入} \times 100\% = \frac{营业收入 - 营业成本}{营业收入} \times 100\%$$

通常,营业毛利率越高,企业的盈利能力越强。毛利率随着行业的不同而高低各异,但是同一行业中的营业毛利率相差不大。一般来说,营业周期短、固定费用低的行业中毛利率水平比较低,如商业零售行业;而营业周期长、固定费用高的行业则要求较高的毛利率,以弥补巨大的固定成本,如工业企业。因此,在分析时应与同行业平均水平及同行业先进企业进行对比,评价企业在行业中所处的位置,从而分析差距及产生的原因,寻找提高盈利能力的途径。

此外,企业对存货的计价方法和固定资产的折旧方法也会影响营业成本的大小,进而影响毛利率。因此,在进行盈利能力分析时也要考虑在内。

【例4-4】 根据表4-2的利润表资料,计算2018年期初和期末的营业毛利率。

$$2018年期初营业毛利率 = \frac{4\ 515\ 716\ 784.19 - 3\ 247\ 615\ 838.86}{4\ 515\ 716\ 784.19} \times 100\% = 28.08\%$$

$$2018年期末营业毛利率 = \frac{5\ 207\ 868\ 838.88 - 3\ 649\ 668\ 414.24}{5\ 207\ 868\ 838.88} \times 100\% = 29.92\%$$

计算表明,新华制药2018年度的营业毛利率提高了1.84个百分点,说明其盈利能力有所改善,这与其有效控制营业成本有关。但从医药行业平均营业毛利率40%左右的水平看,30%左右的营业毛利率并不是一个很高的水平,所以新华制药在改善成本控制的同时,还应该加强产品研发水平,提高产品附加值和市场竞争力。

2. 营业利润率

营业利润率是指企业一定时期内营业利润与营业收入的比率,可以用来评估企业管理层的经营能力,是对企业经营能力的直接评价。其计算公式为:

$$营业利润率 = \frac{营业利润}{营业收入} \times 100\%$$

营业利润率越高,说明企业经营获得的利润越多,企业的竞争力和发展能力越强,进而企业盈利能力越强;反之,盈利能力越弱。营业利润率作为考核企业盈利能力的指标,比营业毛利率更加全面,因为营业利润将期间费用从当期收入中扣除,而期间费用大部分是维持企业一定时期内生产经营所必须发生的费用,只有将其扣除才能更加客观地反映出企业的盈利能力水平。

3. 营业净利率

营业净利率是指企业一定时期内净利润与营业收入的比率,反映每1元销售收入带来的净利润的多少。其计算公式为:

$$营业净利率 = \frac{净利润}{营业收入} \times 100\%$$

营业净利率用来衡量企业营业收入给企业带来利润的能力。该比率越高,说明企业的盈利能力越强;该比率越低,则说明企业的经营管理者未能创造出足够的营业收入或者没有成功地控制成本,企业的盈利能力就越低。在分析时还要注意,净利润中包括投资收益、营业外收入等偶然性收入,如果这些项目在净利润中所占的比重过大或一次性的收入相对于前期突升,这可能是企业盈余调节的结果。此外,营业净利率受行业特点的影响较大。通常,资本密集程度较高的企业营业净利率较高,资本密集程度较低的企业销售净利率较低。因此,在分析时应结合行业的特点进行分析。

【例4-5】 根据表4-2的利润表资料,计算新华制药2018年期初和期末的营业利润率和营业净利率。

$$2018年期初营业利润率 = \frac{281\ 680\ 867.72}{4\ 515\ 716\ 784.19} \times 100\% = 6.24\%$$

$$2018年期初营业净利率 = \frac{221\ 248\ 751.89}{4\ 515\ 716\ 784.19} \times 100\% = 4.90\%$$

$$2018年期末营业利润率 = \frac{337\ 313\ 909.75}{5\ 207\ 868\ 838.88} \times 100\% = 6.48\%$$

$$2018年期末营业净利率 = \frac{274\ 283\ 989.92}{5\ 207\ 868\ 838.88} \times 100\% = 5.27\%$$

计算表明,2018年期末新华制药的营业利润率和营业净利率分别比期初增加了0.24个百分点和0.37个百分点,结合前文利润表趋势分析,企业营业收入增长15.33%分别带来了营业利润和净利润21.22%和23.97%的增长,说明企业无论从利润整体上还是单位营业收入的获利能力上都得到了改善。

4. 成本费用利润率

成本费用利润率是指企业一定时期内的利润总额与成本费用总额的比率,表明企业每1元成本费用可以获得多少利润,体现了经营损耗带来的经营成果。其计算公式为:

$$成本费用利润率 = \frac{利润总额}{成本费用总额} \times 100\%$$

其中　成本费用总额＝营业成本＋税金及附加＋销售费用＋管理费用＋研发费用＋财务费用

　　成本费用利润率是用来衡量企业对费用的控制能力及管理水平，一般情况下该指标越大越好。因为成本费用利润率越大，说明花费同样的成本费用能够获得更多的利润，或者说取得同样的利润花费较小的代价，表明企业的盈利能力越强。通过将该指标与计划或上期相比，可以反映本期成本管理工作的成效情况。

　　【例 4-6】　根据表 4-2，计算新华制药 2018 年期初和期末的成本费用率。

2018 年期初成本费用总额 ＝ 3 247 615 838.86＋60 664 577.84＋509 748 602.14＋223 534 611.29
　　　　　　　　　　　　＋161 173 636.60＋79 745 027.94 ＝ 4 282 482 294.67(元)

$$2018 年期初成本费用利润率 = \frac{268\ 173\ 876.00}{4\ 282\ 482\ 294.67} \times 100\% = 6.26\%$$

2018 年期末成本费用总额 ＝ 3 649 668 414.24＋61 856 930.53＋654 909 174.09＋259 892 339.67
　　　　　　　　　　　　＋186 975 801.38＋34 434 832.48 ＝ 4 847 737 492.39(元)

$$2018 年期末成本费用利润率 = \frac{325\ 075\ 858.17}{4\ 847\ 737\ 492.39} \times 100\% = 6.71\%$$

　　计算表明，2018 年新华制药的成本费用利润率提高了 0.45 个百分点，反映了该公司的利润总额增长速度高于成本费用增长速度，本年的成本管理工作整体上成效良好，盈利能力有一定程度提升。

　　(二)资产盈利能力分析

　　资产盈利能力分析是指企业利用经济资源创造出利润的能力，其衡量指标主要有总资产利润率、总资产报酬率和总资产净利率等。

　　1. 总资产利润率

　　总资产利润率是指企业的利润总额与企业平均资产总额的比率，是一个综合性的效益指标，用于衡量企业全部资产的盈利能力。其计算公式为：

$$总资产利润率 = \frac{利润总额}{平均资产总额} \times 100\%$$

其中　　　　　　　$$平均资产总额 = \frac{期初资产总额 + 期末资产总额}{2}$$

　　总资产利润率越高，说明企业的资产利用效果越好，利用一定数量的资产创造的利润越多，企业的盈利能力越强；否则企业盈利能力越低。通过对该指标的分析，可以了解企业的盈利能力与投入和产出的关系，增强各方面对企业资产经营的关注，促进企业提高单位资产的收益水平。

　　【例 4-7】　根据表 3-1 和表 4-2，计算新华制药 2018 年期初和期末的总资产利润率。已知该公司 2016 年年末总资产为 4 722 785 963.84 元。

$$2018\ 年期初总资产利润率 = \frac{268\ 173\ 876.00}{(4\ 722\ 785\ 963.84 + 5\ 273\ 647\ 124.63) \div 2} \times 100\% = 5.37\%$$

$$2018\ 年期初总资产利润率 = \frac{325\ 075\ 858.17}{(5\ 273\ 647\ 124.63 + 5\ 916\ 156\ 319.63) \div 2} \times 100\% = 5.81\%$$

计算表明,新华制药 2018 年期末的总资产利润率较期初增加了 0.44 个百分点,说明企业利用资产创造利润的能力有一定改善,资产利用效果比较稳定,盈利能力有一定提高。

2. 总资产报酬率

总资产报酬率又称资产所得率,是指企业在一定时期内获得的报酬总额(即息税前利润总额)与资产平均总额的比率。它反映了企业运用资产获得利润的能力和效率,同时也反映了所有资本的回报情况,是评价企业资产运营效益的重要的指标。其计算公式为:

$$总资产报酬率 = \frac{息税前利润总额}{平均资产总额} \times 100\%$$

其中   息税前利润 = 利润总额 + 利息支出 = 净利润 + 所得税 + 利息支出

总资产报酬率越高,表明资产的利用效率越高,投资的盈利能力越强。一般情况下,可以将该指标与市场资本利率进行比较,如果大于市场利率,则表明企业可以获得的回报率高于资金成本,企业可以充分利用财务杠杆,进行债务融资,获得尽可能多的收益。

总资产报酬率反映了企业在未进行任何利润分配之前的资产报酬水平,相对于总资产利润率,分子中包含利息支出的理由有三点:

(1) 从经济学角度来看,利息支出的本质是对纯收入的分配,是企业创造利润的一部分。为了促使企业加强对成本费用的管理、保证利息按期支付,要求将利息费用从利润中扣除作为保障,主要有两种方式:将利息费用化的部分列作财务费用,从营业收入中得到补偿;将利息资本化的部分计入资产成本,以折旧摊销的形式逐期收回。因此,应将利息支出加回到分子中。

(2) 权益融资的成本是股利,股利是以税后利润支付的,其金额包含在利润总额之中;债务性融资的成本是利息支出,在计算利息总额时已将其扣除,为了使分子、分母的计算口径一致,分子中应包括利息支出。

(3) 息税前利润可以避免因资本结构的不同而导致利润不同,能够较好地体现资产的总体增值情况,便于企业间的横向比较,因而这一指标比较常用。

但是,总资产报酬率的不足之处是未能反映最终纯所得,不太符合所有者的需求。

3. 总资产净利率

总资产净利率是指企业的净利润与平均资产总额的比率,它反映了资产利用的综合效果。其计算公式为：

$$总资产净利率 = \frac{净利润}{平均资产总额} \times 100\%$$

总资产净利率越高，表明企业资产利用效果越好，利用资产创造的净利润越多，企业的盈利能力越强，经营管理水平越高。

总资产净利率可以作以下分解：

$$总资产净利率 = \frac{净利润}{营业收入} \times \frac{营业收入}{平均资产总额} \times 100\%$$

$$= 销售净利率 \times 总资产周转率$$

上述关系式中揭示了两条改善总资产净利率的途径：一是提高销售净利率；二是提高总资产周转率。总资产净利率从盈利能力和运营能力两方面反映了企业的经营绩效，是一个较为全面的指标。企业总资产周转速度越快，销售净利率越大，总资产净利率就越大。企业可以通过加强资产管理、提高资产利用率，或加强销售管理、增加营业收入、提高利润水平这两方面入手来提高总资产净利率。

总资产净利率是一个综合指标，企业的资产是由投资人投入或企业举债形成的，净利润的多少与企业资产的多少、资产的结构、经营管理水平有着密切的关系。因此，为了正确评价企业经济效益的高低，挖掘盈利潜力、提高利润水平，可以用本期的指标分别与本企业前期水平、本期计划水平、行业平均水平和行业先进水平相比，分析形成差异的原因。

【例 4-8】 根据表 3-1 和表 4-2，计算新华制药 2018 年期初和期末的总资产报酬率和总资产净利率。

$$2018 年期初总资产报酬率 = \frac{268\ 173\ 876.00 + 59\ 529\ 590.45}{(4\ 722\ 785\ 963.84 + 5\ 273\ 647\ 124.63) \div 2} \times 100\% = 6.56\%$$

$$2018 年期初总资产净利率 = \frac{221\ 248\ 751.89}{(4\ 722\ 785\ 963.84 + 5\ 273\ 647\ 124.63) \div 2} \times 100\% = 4.43\%$$

$$2018 年期末总资产报酬率 = \frac{325\ 075\ 858.17 + 54\ 552\ 277.62}{(5\ 273\ 647\ 124.63 + 5\ 916\ 156\ 319.63) \div 2} \times 100\% = 6.79\%$$

$$2018 年期末总资产净利率 = \frac{274\ 283\ 989.92}{(5\ 273\ 647\ 124.63 + 5\ 916\ 156\ 319.63) \div 2} \times 100\% = 4.90\%$$

计算表明，新华制药 2018 年的总资产报酬率和总资产净利率分别增加了 0.23 个百分点和 0.47 个百分点。由于净利润增长幅度大于息税前利润增长幅度，所以总资产净利率比总资产报酬率增长幅度更大一些。对总资产净利率进行分解可知，营业净利率增加了 0.37 个百分点，总资产周转率增长了 0.03，总资产净利率增长主要来自营业净利率的增长。因此，企业在实现净利增长的同时，加快总资产周转率也是当务之急。

（三）资本盈利能力分析

资本盈利能力分析是指企业的所有者通过投入资本在生产经营过程中取得利润的能力，衡量企业资本盈利能力的主要指标有净资产收益率、资本收益率、每股收益、市盈率等。

1. 净资产收益率

净资产收益率又称股东权益报酬率、净值报酬率、权益报酬率、权益利润率，是指企业一定时期内净利润与平均净资产（所有者权益）之比，反映企业所有者所获投资报酬的大小。其计算公式为：

$$净资产收益率 = \frac{净利润}{平均净资产} \times 100\%$$

其中

$$平均净资产 = \frac{期初净资产 + 期末净资产}{2}$$

净资产收益率是最具综合性的指标。该指标不受行业、公司规模的限制，适用范围较广，从投资者的角度来考核其投资报酬，反映了资本增值能力及投资报酬的实现情况，因此是投资者最关注的指标。该指标越高，说明给投资者带来的收益越高；该指标越低，说明企业自有资本获利能力越弱。

需要说明的是，对于股份公司来说，净资产收益率通常是指普通股股东的权益报酬率，如果公司股份中有优先股，应将这部分剔除。优先股股利是在企业提取任意盈余公积和支付股利之前支付，而且无论公司的收益如何，优先股股利一般是固定不变的。因此，可以说普通股股东才是公司资产的真正所有者和风险主要承担者，所以此时的净资产收益率的计算公式为：

$$净资产收益率 = \frac{净利润 - 优先股股利}{平均股东权益 - 平均优先股股东权益} \times 100\%$$

此外，在对净资产收益率分析时要注意，在相同的总资产报酬率水平下，由于企业采用不同的资本结构形式，会造成不同的净资产收益率。

【例4-9】 根据表3-1和表4-2，计算新华制药2018年期初和期末的净资产收益率。已知该公司2016年年末的净资产为2 079 307 425.65元。

$$2018年期初净资产收益率 = \frac{221\ 248\ 751.89}{(2\ 079\ 307\ 425.65 + 2\ 579\ 453\ 380.81) \div 2} \times 100\% = 9.50\%$$

$$2018年期末净资产收益率 = \frac{274\ 283\ 989.92}{(2\ 579\ 453\ 380.81 + 2\ 796\ 553\ 032.08) \div 2} \times 100\% = 10.20\%$$

计算表明，新华制药2018年的净资产收益率提高了0.7个百分点，说明企业的自有资金收益水平有所上升，从企业所在医药行业看，9%~10%的净资产收益率基本处于中游水平。

2. 资本收益率

资本收益率又称资本利润率,是指企业在一定时期内的净利润(即税后利润)与平均资本的比率。其计算公式为:

$$资本收益率 = \frac{净利润}{平均资本} \times 100\%$$

其中

$$平均资本 = \frac{股本年初数 + 资本公积年初数 + 股本年末数 + 资本公积年末数}{2}$$

资本收益率越高,说明企业自有投资的经济效益越好,投资者风险越少,投资回报好并且值得继续投资,对股份公司来说,就意味着股票升值。因此,它是投资者和潜在投资者进行投资决策的重要依据。

【例 4-10】 根据表 3-1 和表 4-2,计算新华制药 2018 年期初和期末的资本收益率。已知新华制药 2016 年年末的实收资本为 457 312 830.00 元,资本公积为 513 092 452.66 元。

$$
\begin{aligned}
2018 \text{ 年期初平均资本} &= (457\ 312\ 830.00 + 513\ 092\ 452.66 + 478\ 353\ 421.00 \\
&\quad + 728\ 450\ 324.94) \div 2 = 1\ 088\ 604\ 514.30 (\text{元}) \\
2018 \text{ 年期末平均资本} &= (478\ 353\ 421.00 + 728\ 450\ 324.94 + 621\ 859\ 447.00 \\
&\quad + 622\ 815\ 654.30) \div 2 = 1\ 225\ 739\ 423.62 (\text{元}) \\
2018 \text{ 年期初资本收益率} &= \frac{221\ 248\ 751.89}{1\ 088\ 604\ 514.30} \times 100\% = 20.32\% \\
2018 \text{ 年期末资本收益率} &= \frac{274\ 283\ 989.92}{1\ 225\ 739\ 423.62} \times 100\% = 20.38\%
\end{aligned}
$$

计算表明,新华制药 2018 年的资本收益率比上年增加了 0.06 个百分点,说明企业的自有资金效益比较稳定,有利于投资者的利益,有一定的投资价值。

3. 每股收益

每股收益又称每股利润、每股盈余,是企业当期的净收益扣除优先股股利后与流通在外的普通股加权平均股数的比率,表示股东每持 1 股所享有的企业利润或承担的亏损。它不仅能反映企业盈利能力的大小,而且与股票的价格和股利发放率有密切的关系,是衡量上市公司获利能力的重要财务指标。该指标具有引导投资、增加市场评价功能、简化财务指标体系的作用。每股收益分为基本每股收益和稀释每股收益。

(1)基本每股收益。

基本每股收益只考虑当期实际发行在外的普通股股份,按照归属于普通股股东的当期净利润,除以发行在外的普通股加权平均数计算确定。其计算公式为:

$$基本每股收益 = \frac{当期归属于普通股股东的净利润}{当期发行在外的普通股加权平均数}$$

$$当期发行在外的普通股加权平均数 = 期初发行在外的普通股股数 + 当期新发行普通股股数 \times \frac{已发行时间}{报告期时间}$$

$$- 当期回购普通股股数 \times \frac{已回购时间}{报告期时间}$$

其中,已发行时间、报告期时间和已回购时间一般按照天数计算;在不影响计算结果合理性的前提下,也可以采用简化的计算方法。

(2) 稀释每股收益。

稀释每股收益是以基本每股收益为基础,假设企业所有发行在外的稀释性潜在普通股均已转换为普通股,从而分别调整归属于普通股股东的当期净利润及发行在外的普通股加权平均股数计算而得的每股收益。稀释性潜在普通股是指假设当期转换为普通股会减少每股收益的潜在普通股,主要包括可转换公司债券、认股权证、股票期权等。对于亏损企业而言,稀释性潜在普通股假设当期转换为普通股,将会增加每股亏损的金额。因此,在计算稀释每股收益时只考虑稀释性潜在普通股的影响,而不考虑不具有稀释性的潜在普通股。稀释每股收益避免了基本每股收益虚增可能带来的信息误导,是一个更可比、更有用的财务指标。

计算稀释每股收益时,应当根据下列事项对归属于普通股股东的当期净利润进行调整:当期已确认为费用的稀释性潜在普通股的利息;稀释性潜在普通股转换时将产生的收益或费用。上述调整应当考虑相关的所得税影响。

当期发行在外的普通股加权平均数应当为计算基本每股收益时普通股的加权平均数与假定稀释性潜在普通股转换为已发行普通股而增加的普通股股数的加权平均数之和。

计算稀释性潜在普通股转换为已发行普通股的加权平均数时,以前期间发行的稀释性潜在普通股,应当假设在当期期初转换;当期发行的稀释性潜在普通股,应当假设在发行日转换。

认股权证和股票期权等的行权价格低于当期普通股平均市场价格时,应当考虑其稀释性。计算稀释每股收益时,增加的普通股股数按下列公式计算:

$$增加的普通股股数 = 拟行权时转换的普通股股数 - \frac{拟行权时转换的普通股股数 \times 行权价格}{当期普通股平均市场价格}$$

企业承诺将回购其股份的合同中规定的回购价格高于当期普通股平均市场价格时,应当考虑其稀释性。计算稀释每股收益时,增加的普通股股数按下列公式计算:

$$增加的普通股股数 = \frac{承诺回购的普通股股数 \times 回购价格}{当期普通股平均市场价格} - 承诺回购的普通股股数$$

稀释性潜在普通股应当按照其稀释程度从大到小的顺序计入稀释每股收益,直至稀释每股收益达到最小值。

每股收益越大,表明上市公司盈利能力越强,股东投资的效益越好,每一股份所得的利润越多;反之则越差。但并非每股收益越高,公司的股票市价必然就高,因为当企业以很高的负债比率和较大的财务风险换取较高的每股收益时,在股利发放后,公司的股价不但不会上涨,反而有可能下降。因此,只有当公司每股收益上升而财务风险并无明显增长时,该股票价格才有良好的市场表现。

【例 4-11】 新华制药 2017 年年初总股本为 457 312 830 股,公司截至 2017 年 9 月 21 日止向 2 名特定投资者非公开发行人民币股票 21 040 591 股,年末总股本为 478 353 421 股。2018 年 7 月 27 日又以上年年末公司总股本 478 353 421 股为基数,以资本公积向全体股东每 10 股转增 3 股,增加股本 143 506 026 股。结合表 4-2 资料,计算新华制药 2017 年和 2018 年的每股收益。

2017 年报告期时间为 365 天,当期发行新股的已发行时间为 101 天(9 月 21 日至 12 月 31 日),则

$$2017 年度发行在外的普通股加权平均数 = 457\ 312\ 830 + 21\ 040\ 591 \times \frac{101}{365} = 463\ 135\ 021(股)$$

$$2017 年报告期的当年基本每股收益 = \frac{209\ 591\ 907.23}{463\ 135\ 021} = 0.45(元 / 股)$$

由于 2018 年公司实施转增资本方案,2018 年报告期对上年基本每股收益调整如下:

$$2017 年度发行在外的普通股加权平均数 = 463\ 135\ 021 + 463\ 135\ 021 \times \frac{3}{10} = 602\ 075\ 527(股)$$

$$2018 年报告期的上年基本每股收益 = \frac{209\ 591\ 907.23}{602\ 075\ 527} = 0.35(元 / 股)$$

$$2018 年度发行在外的普通股加权平均数 = 478\ 353\ 421 + 478\ 353\ 421 \times \frac{3}{10} = 621\ 859\ 447(股)$$

$$2018 年报告期的当年基本每股收益 = \frac{250\ 833\ 425.15}{621\ 859\ 447} = 0.40(元 / 股)$$

由于新华制药不存在稀释性潜在普通股,因此其稀释性每股收益等于基本每股收益。与行业平均每股收益 0.6 元左右水平相比,新华制药处于行业中下游位置。

4. 市盈率

市盈率是指一定时期内普通股的每股市价与每股收益的比率,反映了投资人对每元净利润所愿支付的价格,可以用来估计股票的投资报酬率和风险。其计算公式为:

$$市盈率 = \frac{普通股每股市价}{普通股每股收益}$$

一般来说,该指标越低,表明股票的投资价值风险越小,取得同样的盈利额所需的投资额越小,投资价值就越大。但是也不能一概而论,有时市盈率越低,表明公司前景欠佳,缺乏对投资者的吸引力,投资者不愿承担加大风险,以至于股票价格居高不上;高市盈率,则说明公司发展前景良好,投资者普遍持乐观态度,愿意承担较大的风险。然而,当公司的总资产报酬率很低时,每股收益可能接近于零,此时的市盈率很高,但是这并不意味着该公司具有良好的发展前景和盈余质量。此外,当资本市场不健全、交易失常或有操纵市场的现象时,股票价格可能与公司盈利水平脱节,从而造成市盈率虚高的假象,使得市盈率难以真正达到评价企业盈利能力的目的。因此,以市盈率评价企业盈利能力主要看其变动的原因及趋势,并结合其他指标综合考虑。

在对市盈率进行分析时,要注意以下几点:

(1)影响市盈率变动的因素之一是股价的升降,而影响股价升降的原因除了企业经营成果和发展前景外,还受整个经济环境、政府宏观政策、行业发展前景及意外因素(如战争、灾害等)的制约。因此,必须对整个形势作全面的了解和分析,才能对市盈率的升降作出正确的评价。

(2)市盈率的高低与行业发展有密切的关系。由于各个行业的发展阶段不同,其市盈率也会有所区别。充满扩张机会的新兴产业市盈率普遍较高,而成熟产业市盈率较低。因此,市盈率不能用于不同行业之间的比较。此外,市盈率高低受净利润的影响,而净利润又受可选择的会计政策的影响,从而使得公司之间的比较受到限制。

(3)计算市盈率时,如果分母采用稀释每股收益,那么计算出来的市盈率会较高,此时计算的是保守的市盈率。

【例4-12】 新华制药2018年12月28日的年末收盘价为每股5.45元,计算其市盈率。

$$2018年年末市盈率 = \frac{5.45}{0.40} = 13.63$$

新华制药2018年年末的市盈率不是太高,但要作出准确合理的判断,还应综合考虑其股价升降、行业平均水平等元素。

5. 每股净资产

每股净资产,是期末净资产与期末普通股股数的比值,反映公司每一股普通股所能分摊的账面净资产的多少,是公司真正财务实力的表现。其计算公式为:

$$每股净资产 = \frac{期末净资产总额}{期末普通股股数}$$

每股净资产反映了每股股票所代表的公司净资产价值。公司净资产的多少主要是由公司经营状况决定的,公司经营状况越好,其资产增值越快,股票净值就越高,因此股东所拥有的权益也就越多。可以认为,股票净值是支撑股票市场价格的重要基础。每股净资产越高,表明每股股票所代表的财务越雄厚,公司创造利润的能力和抵御外来因素影响的能力越强。但是,该指标的缺陷在于净资产是按照历史成本为基础计算的。如果公司经营已久,又未定期进行资产评估,那么其账面价值必然与实际的市场价值有较大差距,而股票市场的表现及价值评估主要倾向于现实价值,用这种历史成本计量的指标作为对现实的评价往往不会十分正确。

【例 4-13】 根据表 3-1,计算新华制药 2018 年期初和期末的每股净资产。

$$2018 年期初每股净资产 = \frac{2\ 579\ 453\ 380.81}{478\ 353\ 421.00} = 5.39(元 / 股)$$

$$2018 年期末每股净资产 = \frac{2\ 796\ 553\ 032.08}{621\ 859\ 447.00} = 4.50(元 / 股)$$

计算表明,新华制药的每股净资产下降了 0.89 元,主要原因是 2018 年该公司资本公积转股增加了 143 506 026 股。

6. 市净率

市净率是指每股市价与每股净资产的比值,反映股票的市价是公司净资产的多少倍,用于衡量市场对公司资产质量的评价。其计算公式为:

$$市净率 = \frac{每股市价}{每股净资产}$$

市净率可用于投资分析,每股净资产是股票的账面价值,它是用成本计量的;每股市价是这些资产现在的价值,它是证券市场上交易的结果。投资者认为,市价高于账面价值时,企业的资产质量较好,具有发展潜力;反之,则资产质量较差,没有发展前景。优质股票的市价都超出每股净资产很多,一般来说市净率达到 3 时可以树立较好的公司形象。市价低于每股净资产的股票,就像售价低于成本的商品一样,属于"亏损"产品,其价值只能依赖于公司今后是否有转机,或者经过资产重组能否提高盈利能力,否则投资者将处于很大的投资风险当中。

【例 4-14】 新华制药 2018 年 12 月 28 日的年末收盘价为每股 5.45 元,计算其市净率。

根据[例 4-13]计算结果可知,新华制药的年末每股净资产为 5.45 元/股,则

$$市净率 = \frac{5.45}{4.50} = 1.21$$

从新华制药的市净率看,有一定投资价值,但公司股票质量一般,发展潜力有待进一步挖掘。

第六节 影响盈利能力的其他因素

盈利能力受到各方面因素的影响,诸如经营能力、成本水平、财务状况及风险等,这些因素对盈利能力有利有弊。分析和研究这些因素的影响对准确评价企业的盈利能力是非常重要的。除了前文所述的影响企业盈利能力的因素外,会对盈利能力产生影响的因素还包括以下几方面。

一、经营能力

经营能力决定企业的盈利能力,具体表现在:企业经营能力越强,其资产在一定期间内的周转次数越多,资产的盈利机会就越多。因此,在资产每次周转的盈利水平一定的情况下,周转次数增多必然使该期间的利润额增加,进而使得据以计算的利润率指标相对较高,即反映出来的盈利能力较强;反之,若企业的经营能力差,意味着其资产周转缓慢,盈利机会少。在此情况下,企业的利润水平及据以计算的盈利能力指标会相对较低,即反映出来的盈利能力不佳。

二、成本水平

企业成本水平对盈利能力产生反方向的影响,在企业经营能力一定的情况下,其成本水平越高,企业的盈利能力越差,抵御市场风险能力越弱,则市场竞争能力就越差;反之,当企业的经营能力一定时,成本水平越低,则获利空间越大,企业抵御市场风险的能力和市场竞争能力就越强。因此,企业的利润率越高,从某一侧面表明企业对成本费用的控制能力和管理水平就越高,即说明企业为取得收益而付出的代价越小,企业盈利能力越强。

三、财务状况及风险

一个企业财务状况的稳定性及风险的高低对其盈利能力有着极其重要的影响。

首先,财务状况稳定性取决于资本结构,而资本结构对盈利能力有着重要影响。资本结构是风险和收益在融资环节相权衡的结果,它对企业经营具有重要的影响。由于长期负债的利息在税前列支,而且具有相对的固定性,因此,它不仅影响着税前、税后利润额,还发挥着财务杠杆的作用,即长期资本报酬率高于长期负债利息率时,净资本报酬率随着负债率的增加而增加;反之,如果长期资本报酬率低于长期负债利息率,则净资本报酬率随着负债率的增加而减少,甚至由正值变为负值,长期资本报酬率越低,则净资本报酬率随着负债率的增加将越来越低。因此,不难看出,资本结构的变化使企业股东权益报酬率发生变化,它属于一种典型的理财收益。同时,它也反映了与高财务风险相关的盈利能力的易变性。因此,欲增强企业的盈利能力,既要尽可能减少资本占用,又要妥善安排资本结构。

其次,各项资产的平均占用额对盈利能力也有影响。各项资产的平均占用额是相应的资产报酬率的负影响因素,即在息税前利润一定的情况下,各项资产的平均占用额越大,相应的资产报酬率越低,说明企业的盈利能力越弱。资产是盈利的物质基础,没有资产的运动,盈利就无从谈起。无论是资产占用数额的大小还是资产占用的结构状况,均会对企业经营产生重要的影响。它不仅影响着收益,还影响着企业的经营风险、资产的流动性及其弹性,因而影响企业的盈利能力。

此外,经营杠杆也是企业盈利能力的影响因素之一。在存在固定成本的情况下,利润的变动率必然大于产销量的变动率,这种现象即为经营杠杆。经营杠杆对盈利能力的影响主要是因为,经营杠杆是营业利润变动相对于产销量变动的倍数。因此,当其他因素不变时,经营杠杆系数越大,意味着营业利润波动也越大,产销量增加时,营业利润将以更大的倍数增加;产销量减少时,营业利润也将以更大的幅度减少。这表示在企业盈利能力增强的同时,往往也意味着企业经营风险的增大。所以,一方面可以通过分析经营杠杆来探求增加营业利润及提高盈利能力的途径;另一方面还可以通过分析经营杠杆来探求降低经营风险的途径。

推荐读物

[1] 马丁·弗里德森,费尔南多·阿尔瓦雷斯.财务报表分析[M].4版.刘婷,译.北京:中国人民大学出版社,2016:39-62.

[2] 查尔斯·H.吉布森.财务报告与分析[M].10版.胡玉明,译.大连:东北财经大学出版社,2009:87-103.

思考与案例讨论

1. 利润表有哪些方面的作用?

2. 简述利润表质量分析的主要内容。

3. 企业利润质量恶化的主要表现形式有哪些?

4. 简述利润表水平分析和垂直分析的主要内容。

5. 为什么要进行资产运营能力分析?其主要评价指标有哪些?各有何关系?

6. 为什么要进行盈利能力分析?影响企业盈利能力的主要因素有哪些?

7. 如何理解营业毛利率和营业净利率之间的关系?

8. 为什么说净资产收益率是最具综合性的指标?它与总资产净利率和资产周转率之间有何关系?

9. 什么是市盈率和市净率?如何理解它们的水平高低?

10. 结合本章引导案例,查阅并分析中国重汽2011年利润表。你认为其利润下滑的主要原因是什么？

11. 阅读福耀玻璃年报相关内容（见书后附录），并回答以下问题：

    （1）试对该公司的利润表作水平和垂直分析。

    （2）计算该公司的资产运营能力相关指标并作出评价。

    （3）计算该公司的盈利能力相关指标并作出评价。

第五章 现金流量表分析

学习目标

通过本章学习,了解现金流量表的作用,认识现金流量表与资产负债表和利润表的内在联系;熟悉现金流量表质量分析和结构分析的基本内容,理解和把握经营活动、投资活动和筹资活动三项现金流量之间的相互关系;重点掌握各项现金流量比率的计算与分析;了解影响现金流量的其他因素;学会利用本表并结合资产负债表和利润表,综合评价企业经营活动能力和利润质量。

引导案例[①]

因集团改制、白酒涨价等题材,沱牌舍得(600702)一直颇受市场关注。近日,该公司发布 2011 年中期报告,从业绩数据来看,公司上半年的营销改革初见成效,业绩明显改善,但公司经营活动产生的现金流量净额急剧下降,为一3.19 亿元,去年同期则为一6 012 万元,同比下降 431%。

对此,沱牌舍得的解释是,报告期内购买商品支付现金增加所致。数据显示,报告期内该公司购买商品、接受劳务支付的现金为 7.59 亿元,比上年同期的 3.38 亿元增加约 125%。与此同时,该公司的货币资金余额也快速下降,由年初的6.03 亿元下降至 3.44 亿元。

从资金的使用情况来看,该公司上半年产生的现金流基本用于存货投资、归

---

① 资料来源:摘自 2011 年 8 月 16 日《证券时报网》。

还短期借款和支付应付票据，但存货本期增加仅 1.53 亿元，而筹资活动产生的现金流量净额为 7 199 万元，那么导致该公司经营活动产生的现金流净额快速下降的原因何在？沱牌舍得本期购买商品增加的巨额现金流出源于何处？

有券商分析师研究后表示，沱牌舍得上半年经营性净现金流为－3.19 亿元，主要是应付票据减少 3.77 亿元，同时存货增加 1.52 亿元所致。该分析师表示，存货持续增加符合市场预期，但公司结算应付票据较多，在白酒行业中比较罕见。

数据显示，沱牌舍得 2008 年、2009 年的应付票据余额分别为 3.86 亿元和 3.66 亿元，但 2010 年飙升至 5.91 亿元，而今年上半年该公司的应付票据余额已经下降到 2.14 亿元，主要是本期兑付到期银行承兑汇票所致。

经历多年的沉寂后，沱牌舍得自 2010 年开始逐步进行营销和机制改革，逐步梳理出"舍得"和"沱牌"两大品牌体系，今年上半年该公司吞之乎、舍得、沱牌天曲、陶醉和沱牌特曲等高中档产品销售取得较好的成绩，战略转型被市场认为初见成效。

不过，也有分析师表示，虽然公司白酒主业盈利能力明显好转，但其对上半年的业绩成长贡献不大。公司货币资金和预收账款均在下降，二季度公司预收账款相比一季度减少 7 400 万元，同比下滑约 9％，经营活动产生的现金净流量已连续两个季度为负，这表明该公司白酒主业产生现金流的能力仍存在风险。在品牌架构未丰满完善前，该公司销售渠道及对销售费用的过度投入也可能导致经营效益下降的风险。

重要概念

现金流量（cash flows）

现金等价物（cash equivalents）

经营活动（operating activities）

投资活动（investment activities）

筹资活动（financial activities）

现金流动负债比（ratio of cash to current debts）

现金债务总额比（ratio of cash to total debts）

销售现金比率（ratio of cash to sales）

盈利现金比率（cash earnings ratio）

全部资产现金回收率（recovery ratio of cash to total assets）

第一节　现金流量表概述

一、现金流量表的含义

现金流量表是反映企业在一定会计期间的主要经营活动、投资活动和筹资活动的主要报表之一，通过现金流量表分析，分析者能够合理地推断和评价企业的上述活动。现金流量表是以收付实现制为基础，以企业的现金流量为线索，反映企业一定会计期间内现金及现金等价物流入和流出信息的动态报表。

现金流量表中的现金是一个广义的概念，包括现金和现金等价物。现金是指企业的库存现金以及可以随时用于支付的存款。不能随时用于支付的定期存款不作为现金流量表中现金列报，但提前通知银行即可支取的定期存款属于现金流量表中现金的范围。现金等价物是指企业持有的期限短、流动性高、易于转化为已知金额现金、价值变动风险很小的短期投资。现金等价物虽然不是现金，但是变现能力强，支付能力与现金差别不大，因此可以视为现金。现金等价物通常包括企业购买的、持有时间在3个月内的短期债券投资。例如，企业于2012年7月1日购买的2007年9月1日发行的期限为5年的国债，购买时还有2个月到期，则这项投资可以视为现金等价物。权益性投资变现的金额通常不确定，因而不属于现金等价物。

现金流量是指企业现金和现金等价物的流入和流出。企业现金与现金等价物之间的相互转换，如银行存款转化为现金、用现金购买3个月内到期的短期国债等不属于现金流量。

在现行的现金流量表中，根据经济业务的性质，通常将现金流量分为经营活动现金流量、投资活动现金流量和筹资活动现金流量三个部分，并分别以现金流入量、现金流出量和净现金流量列示。我国现行企业会计准则规定，现金流量表不再分为现金流量表主表和现金流量表补充资料，财务报表中只包含原现金流量表主表，其编制按照经营活动、投资活动和筹资活动的现金流量分别归集流入量、流出量和净流量，最后得出企业净现金流量。现金流量表补充资料及其他相关内容在财务报表附注中披露，具体内容参见第七章。

二、现金流量表与资产负债表、利润表的内在关系

现金流量表与资产负债表、利润表的项目之间存在着一定的勾稽关系，这正体现了会计报表之间严密的逻辑关系。公司在一定时期内创造的净现金流量是经营活动、投资活动和筹资活动净现金流量的总和，在会计报表中，体现为资产负债表期末"货币资金"（包括现金等价物）与期初"货币资金"的差额与现金流量表中"现金及现

金等价物净增加额"的金额一致。净利润与经营活动现金流量的关系为：

净利润＝经营活动损益＋非经营活动损益

＝经营活动现金收入(利得)＋经营活动非现金收入(利得)－经营活动现金费用(损失)

－经营活动非现金费用(损失)＋非经营活动损益

＝经营利润形成的现金流量＋经营活动非现金收入(利得)

－经营活动非现金费用(损失)＋非经营活动损益

所以

经营活动现金流量＝经营利润形成的现金流量＋不计入经营利润的经营活动现金流量

＝净利润－经营活动非现金收入(利得)＋经营活动非现金费用(损失)

－非经营活动损益＋不计入经营利润的经营活动现金流量

经营活动非现金费用主要包括资产减值准备、固定资产折旧、无形资产摊销、长期待摊费用摊销、处置和报废长期资产损失、公允价值变动损失、存货的减少、经营性应付项目的增加等。非经营活动损益包括财务费用、投资损益及递延所得税资产减少(或递延所得税负债增加)。经营活动非现金收入(利得)和不计入经营利润的经营活动现金流量主要指经营性应收项目的增加和减少,如应收账款、应收票据的增减等。

三、现金流量表的作用

现金流量表可以提供以下信息。

1. 提供企业价值和未来发展能力的信息

对企业价值进行评估是投资者进行投资决策的首要问题,企业的价值决定于未来的现金净流量,现金流量表直观地提供了企业当前的现金流量信息,投资者根据企业当前现金流量可以对未来现金流量和潜在发展能力进行合理预期。

2. 提供企业财务状况的信息

企业的经营是一个资产往复循环、持续流动的过程,现金流动是连接这一循环过程的纽带,如果现金流动遇到障碍,如货款无法收回,则企业的经营活动就无法顺利进入下一个生产经营循环。根据现金流量规模可以合理地推断企业的生产经营活动情况。

3. 提供企业支付能力和偿债能力的信息

现金流量规模是反映企业偿债能力和支付能力的最直观、最可靠的信息,因为现金是企业偿还短期债务和长期债务最直接的资产。

以收付实现制为基础编制的现金流量表,被称为"利润的试金石"。如果企业净利润的"含金量"太低,即企业本期的净利润没有收到相应的现金,那么这种收益是值得推敲的:一是如果销售是真实的,但没有收回相应的现金,则存在现金回收的风险或"过度销售"问题;二是销售可能是虚假的,所以没有现金收回。对于上市公司而言,这两个问题都是值得关注的。尤其值得注意的是,现金流量表也有可能造假,即虚构销售收入和利润的企业,往往也会虚增经营活动的现金流量,以使利润显得可信并有现金支撑,同时虚增投资活动的现金流出,以给虚构的现金找到出口。

第二节 现金流量表质量分析

熟悉现金流量表的结构与各构成项目的内容是现金流量表分析的基础,也是通过现金流量表深入理解和推断企业经营活动的前提。现金流量表每个部分又包含很多具体项目,这些项目的内容综合反映了分析期内企业的生产经营、投资与筹资活动各个方面的具体信息,因此熟悉现金流量表的构成和各个项目的基本含义是现金流量表分析的重要内容和进一步的分析基础。

一、现金流量表项目分析

（一）经营活动产生的现金流量

1. 销售商品、提供劳务收到的现金

该项目反映企业本期销售商品、提供劳务收到的现金,以及前期销售商品、提供劳务本期收到的现金(包括销售收入和应向购买者收取的增值税销项税额)和本期预收的款项,减去本期销售本期退回的商品和前期销售本期退回的商品支付的现金。本期企业销售材料和代购代销业务收到的现金,也在该项目反映。其计算公式为:

销售商品、提供劳务收到的现金＝主营业务收入＋其他业务收入(包括租金收入)
－应收账款、应收票据、其他应收款的净增加额＋预收账款净增加额
＋本期收回的已核销的坏账－财务费用中的票据贴现
－以非现金资产清偿债务而减少的应收账款和应收票据
＋应付销售退回款的净增加额

该项目是企业最重要的现金来源,通常构成了经营活动现金流入的绝大部分。将该项目与企业的营业收入总额对比,可以判断企业的销售收现率情况,但应当结合企业的销售政策分析,不能贸然下结论。

2. 收到的税费返还

该项目反映企业收到返还的增值税、营业税、所得税、消费税、关税和教育费附加返还款等各项税费。

该项目的金额通常不大,外贸出口企业、国家政策扶持领域的企业或地方政府扶

持的上市公司才会较多涉及。在分析该项目时要注意其与营业收入的配比，因为大多数的税费返还都与企业的收入有关，若配比情况的差异较大，说明企业可能存在虚构收入的情况。

3. 收到其他与经营活动有关的现金

该项目反映企业收到的罚款收入、经营租赁收到的租金等其他与经营活动有关的现金流入。该项目不具有稳定性，一般金额不应过大。

4. 购买商品、接受劳务支付的现金

该项目反映企业本期购买商品、接受劳务实际支付的现金（包括增值税进项税款），以及本期支付前期购买商品、接受劳务的未付款项和本期预付款项，减去本期发生的购货退回收到的现金。其计算公式为：

$$\begin{aligned}\text{购买商品、接受}\atop\text{劳务支付的现金} =\ & \text{主营业务成本}+\text{其他业务成本}+\text{存货净增加额}\\
& +\text{应付账款、应付票据净减少额}+\text{预付账款净增加额}\\
& -\text{因计算应付工资、应付福利费、计提折旧等原因而引起的存货增加}\\
& -\text{本期以非现金资产清偿债务减少的应付账款、应付票据}\\
& +\text{应收购货退回款}+\text{特殊原因引起的存货的非正常减少}\\
& -\text{特殊原因引起的应付账款、应付票据的非正常减少}\end{aligned}$$

该项目是经营活动现金流出的绝大部分，应当与销售商品、提供劳务收到的现金配比，并且应小于后者。将其与企业营业成本比较，可以判断企业的购买商品付现率，由此可以了解企业的资金紧张程度或者企业的商业信用情况。

5. 支付给职工以及为职工支付的现金

该项目反映企业实际支付给职工的现金以及为职工支付的现金，包括实际支付的各种形式的报酬以及其他相关支出，如支付给职工的工资、奖金、各种津贴和补贴等，以及为职工支付的其他费用，不包括支付给在建工程人员的工资。支付的在建工程人员的工资，在"购建固定资产、无形资产和其他长期资产所支付的现金"项目中反映。

企业为职工支付的医疗、养老、失业、工伤、生育等社会保险基金、补充养老保险、住房公积金，企业为职工交纳的商业保险金，因解除与职工劳动关系给予的补偿，现金结算的股份支付，以及企业支付给职工或为职工支付的其他福利费用等，根据职工的工作成果归属和服务对象，分别在"购建固定资产、无形资产和其他长期资产所支付的现金"项目和"支付给职工以及为职工支付的现金"项目中反映。

分析该项目时，应将其与职工人数配比，分析人均工资水平是否正常，判断企业是否存在为了操纵利润而对人工费用造假的行为。另外，还应与企业的历史水平、行业平均水平比较，判断该项目变化是否正常。

6. 支付的各项税费

该项目反映企业按规定支付的各项税费，包括本期发生并支付的税费，以及本期支付以前各期发生的税费和预交的税金,如支付的增值税、所得税、教育费附加、印花税、房产税、土地增值税、车船税等。

该项目应当与企业的生产经营规模相匹配,还应与利润表中的税金及附加和所得税项目进行对比。

7. 支付其他与经营活动有关的现金

该项目反映企业除上述各项目外,支付的其他与经营活动有关的现金,如罚款支出、支付的差旅费、业务招待费、保险费、经营租赁支付的现金等。其他与经营活动有关的现金一般不稳定、金额不大,如果金额较大的,应单列项目反映。

(二)投资活动产生的现金流量

1. 收回投资收到的现金

该项目反映企业出售、转让或到期收回除现金等价物以外的交易性金融资产、持有至到期投资、可供出售金融资产、长期股权投资等收到的现金,以及债权性投资收回的本金。债权性投资收回的利息、收回的非现金资产不在该项目反映。债权性投资收回的利息,在"取得投资收益所收到的现金"项目中反映。处置子公司及其他营业单位收到的现金净额单设项目反映。

一般情况下,该项目的金额较小或者没有数额。若该项目金额较大,说明企业存在重大资产转移行为,分析时应当将其与财务报表附注披露的相关信息进行对比,考察投资账面价值与收回现金的差额的合理性。

2. 取得投资收益收到的现金

该项目反映企业权益性投资分得的现金股利和债权性投资取得的现金利息收入。股票股利不产生现金流量,不在该项目中反映;归属于现金等价物范围的债权性投资利息收入也不在该项目中反映。

该项目的金额反映企业进入了投资回收期,分析该项目可以了解企业投资回报率的水平。考察该项目时应当注意两个问题:一是与利润表的投资收益配比,是否具有与企业投资意图相符的收现率;二是注意投资收益的时间差,该项目中可能包含以前年度已分配、当年才收到的现金。

3. 处置固定资产、无形资产和其他长期资产收回的现金净额

该项目反映企业出售固定资产、无形资产和其他长期资产(如投资性房地产)所取得的现金,减去为处置资产支付的有关税费后的净额。

值得注意的是,该项目以处置资产的金额列示,没有区分现金流入和现金流出。一般情况下,该项目的金额不大,若存在较大金额,说明企业存在重大资产转移行为,在分析时需要与财务报表附注中的相关信息结合。如果该项目与"购建固定资产、无形资产和其他长期资产支付的现金"项目的金额均较大,可能说明企业正在进行资产、产品结构的调整。如果该项目与"偿还债务支付的现金"项目的金额均较大,可能

说明企业面临严重的债务危机，只能依靠出售资产来偿还债务、维持经营。

4. 处置子公司及其他营业单位收到的现金净额

该项目反映企业处置子公司及其他营业单位所取得的现金减去相关处置费用后的净额。

该项目的金额一般为零，如有金额，则说明企业当期处置了子公司或其他营业单位。这往往意味着企业的战略结构发生了改变，或者企业可能面临债务危机，出售子公司以获得现金。在分析时，一定要结合企业的财务报表附注和重大事项公告，查明具体原因，作出合理评价。

5. 购建固定资产、无形资产和其他长期资产支付的现金

该项目反映企业购买、建造固定资产，取得无形资产和其他长期资产（如投资性房地产）支付的现金，包括购买机器设备所支付的现金、建造工程支付的现金、支付在建工程人员的工资等现金支出。为购建固定资产、无形资产和其他长期资产而发生的借款利息资本化部分，以及融资租入固定资产所支付的租赁费，不在本项目反映（分别在"分配股利、利润或偿付利息支付的现金"项目和"支付其他与筹资活动有关的现金"项目中反映）。

分析该项目的合理性时，应当结合企业的生产规模、企业生命周期、企业融资活动现金流入和行业特点来分析。特别应当注意的是，当该项目金额小于处置固定资产、无形资产和其他长期资产的现金流入时，意味着企业可能缩小了生产规模，或意图退出该行业。此时，应进一步分析具体原因，是由于企业自身经验问题还是行业衰退的因素，以便合理预测企业未来发展。

6. 投资支付的现金

该项目反映企业权益性投资和债权性投资所支付的现金，包括企业取得的除现金等价物以外的交易性金融资产、持有至到期投资、可供出售金融资产而支付的现金，以及支付的佣金、手续费等交易费用。

该项目反映了企业参与资本市场的程度，以及投资能力的强弱。对该项目分析应重点关注投资是否符合企业的战略目标。

7. 取得子公司及其他营业单位支付的现金净额

该项目反映企业取得子公司及其他营业单位的购买中以现金支付的部分，减去子公司或其他营业单位持有的现金和现金等价物后的净额。如为负数，应在"收到其他与投资活动有关的现金"项目中反映。

该项目反映了企业的扩张程度和扩张方式。取得子公司及其他营业单位的支付方式有多种，如股权交换、转移非现金资产、现金支付等。若该项目存在较大金额，一方面说明企业正在扩张；另一方面应当关注支付大量现金对企业当前和未来的影响，是否会造成资金紧张。

8. 收到其他与投资活动有关的现金、支付其他与投资活动有关的现金

企业购买股票和债券实际支付的价款中包含的已宣告但尚未领取的现金股利或已到付息期但尚未领取的债券利息,应在"支付其他与投资活动有关的现金"项目中反映;收回购买股票和债券时支付的已宣告但尚未领取的现金股利或已到付息期但尚未领取的债券利息,应在"收到其他与投资活动有关的现金"项目中反映。

这两个项目的金额一般较小,若存在较大金额,应当进一步分析具体内容及其合理性。

（三）筹资活动产生的现金流量

1. 吸收投资收到的现金

该项目反映企业以股权方式筹集资金实际收到的款项净额（发行收入减去支付的佣金等发行费用后的净额）。以发行股票等方式筹集资金而由企业直接支付的审计、咨询等费用,在"支付其他与筹资活动有关的现金"项目中反映。

分析该项目时,应关注现金流入的性质是来自债权人还是投资人。

2. 取得借款收到的现金

该项目反映企业借入各种短期、长期款项收到的现金,以及发行债券实际收到的款项净额（发行收入减去直接支付的佣金等发行费用）。

考察该项目时,应当剔除企业之间的拆借资金,这样才能真实反映企业的商业信用和通过银行筹资的能力。将该项目与短期借款、长期借款比较分析,可以考察企业从金融机构筹资的合理性、稳定性和风险性。另外,还可以将该项目与购建固定资产、无形资产和其他长期资产所支付的现金相匹配,若企业购建固定资产发生的现金流出与借款合同规定的时间和额度相匹配,则说明企业对借款合同的执行情况良好;反之,可能会对企业近期的偿债能力产生负面影响。

3. 收到其他与筹资活动有关的现金

该项目反映企业除上述项目外,收到的其他与筹资活动有关的现金。该项目金额一般较小,若存在较大金额,应当进一步分析具体内容及其合理性。

4. 偿还债务所支付的现金

该项目反映企业以现金方式偿还的债务本金,包括归还金融企业的借款本金、偿付企业到期的债券本金等。企业偿还的借款利息、债券利息,在"分配股利、利润或偿付利息所支付的现金"项目中反映。

在分析该项目时,应当结合企业生产规模、企业生命周期、企业的历史情况以及行业特点,将该项目与举债收到的现金配比,以反映企业的资金周转是否是良性循环,衡量企业的经营状况和财务风险程度。

5. 分配股利、利润或偿付利息支付的现金

该项目反映企业实际支付的现金股利、支付给其他投资单位的利润或用现金支

付的借款利息、债券利息,包括不同用途和借款渠道的借款利息,如在建工程、研发支出、财务费用等,均在该项目中反映。

该项目代表了企业当前的支付能力,反映了企业的现金是否充足。对支付能力作出评价时,应当结合企业的规模、负债水平和当期的利润水平。

6. 支付其他与筹资活动有关的现金

该项目反映企业除上述项目外,支付的其他与筹资活动有关的现金,如发行股票、债券时直接支付的审计、咨询等费用,融资租赁各期支付的现金、以分期付款方式构建固定资产、无形资产等各期支付的现金等。

该项目金额一般较小,若金额较大,应当进一步分析具体内容及其合理性。

二、现金流量质量分析

现金流量质量是指企业的现金流量按照企业的预期目标运转的质量。现金流量质量分析主要是指分析企业各种活动引起的现金流量变化,以及各种活动产生的现金流量占企业现金总流量的比重。

现金流量表中的“现金流量净增加额”项目反映了企业当期期末与期初的现金流量变化净额。无论是企业的总现金流量净额,还是经营活动、筹资活动、投资活动各自的现金流量净额,这种变化不外乎三种情况:一是现金流量净增加额小于零,说明期末的现金流量小于期初现金流量;二是现金流量净增加额等于零,说明期末现金流量等于期初现金流量;三是现金流量净增加额大于零,说明期末现金流量大于期初现金流量。需要注意的是,不论出现何种结果,都不能根据结果简单地判断企业财务状况的好坏。这是因为对现金流量变化过程的分析比现金流量变化结果的分析更有意义,变化的结果并不足以说明企业的财务状况,变化的原因才能够说明更多的问题。在进行现金流量质量分析时,要分清楚哪些是计划或预算中已经安排的,哪些是由于偶发因素导致的,并对实际情况与计划的差异进行分析。总的来说,现金流量质量分析主要从以下方面入手。

(一)经营活动现金流量质量分析

对经营活动现金流量进行质量分析主要考虑以下几种情况。

1. 经营活动现金流量净额小于零

在这种情况下,说明企业正常经营活动产生的现金流入量不足以弥补经营活动引起的现金流出量。在企业从事生产经营活动的初期,出现这种情况可能是正常的,因为在企业成长初期,各个环节都处于磨合状态,材料的消耗量较高,人力资源和设备的利用率较低,开拓市场的费用较高,从而可能导致企业的经营活动现金流量入不敷出。

但是,如果企业已进入较为稳定的经营发展阶段,仍出现这种情况,则说明企业

的财务状况面临一定问题。这是由于为了弥补经营活动现金流入不足以支付的差额,企业必须利用其他来源的资金来解决这一问题,主要包括:消耗企业现存的货币积累,占用原本可以用来投资的现金,进行额外的贷款融资,拖延债务的支付。无论是哪种方式,都会对企业的成长产生不利影响,因此,这样的经营活动产生的现金流是质量不高的。

2. 经营活动现金流量净额等于零

在这种情况下,企业正常经营活动带来的现金流入量,正好能够支付经营活动引起的现金流出量。此时,企业正常经营活动无需额外补充资金,但是经营活动也无法为企业的筹资活动、投资活动贡献现金。

然而,在权责发生制下,企业消耗的成本中有相当一部分是按照企业会计准则确认的非现金消耗性成本,如固定资产折旧、无形资产摊销、长期待摊费用的摊销、预提费用等。这些成本虽然在当期没有发生现金流出,但是属于初始现金投资按照一定方法在当期的分摊。如果企业在生产经营过程中,持续出现经营活动现金流量净额等于零的情况,说明经营活动产生的现金流入不足以补充非现金消耗性成本的耗费,无法收回初始投资,也不能维持企业经营活动的货币"简单再生产",这样的现金流量质量也是不高的。

3. 经营活动现金流量净额大于零,但不足以弥补当期非现金消耗性成本

在这种情况下,说明企业正常经营活动现金流入量在支付完当期经营活动的现金流出量后,还能够弥补一部分当期的非现金消耗性成本,但是并不能完全弥补,这就意味着企业在收回初始投资上仍有一定困难。虽然这种现金流量的质量高于前两种情况,但是仍然无法支持企业经营活动的货币"简单再生产",也无法帮助企业扩大再生产。因此,若企业在经营期间持续出现这种情况,对于企业经营活动现金流量的质量也不能给予较高评价。

4. 经营活动现金流量净额大于零,并恰好能够弥补当期非现金消耗性成本

在这种情况下,说明企业正常经营活动的现金流入量不仅可以支付经营活动引起的现金性支付,也可以弥补当期全部的非现金消耗性成本,意味着企业当期现金消耗性成本的支付和初始投资的收回都具有现金保障,企业在经营活动现金流方面的压力已很小。但是,此时经营活动的现金流入仅足以支持企业的成本消耗,没有多余的资金投入到其他活动中,难以为企业扩大再生产提供现金。因此,虽然这种现金流量的质量有所提升,但是企业若计划扩大规模,则需要依赖于经营活动现金流量的继续扩大。

5. 经营活动现金流量净额大于零,并在弥补当期非现金消耗性成本后仍有剩余

在这种情况下,企业正常经营活动的现金流入量不仅可以支付企业当期的现金消耗性成本和非现金消耗性成本,还有剩余的部分,可以用来支付现金股利、投入到

新的投资项目中等。其中,剩余现金是否足够支付现金股利,还取决于企业当期的股利分配政策,因此在分析企业经营活动现金流量的质量时,还应结合企业的股利分配政策。这种情况下的经营活动现金流在支持自身成本耗用的同时,还能够为企业的其他活动贡献现金,是较高质量的现金流量。这也提醒我们,经营活动现金流量仅大于零是不够的,在分析其质量时应特别注意。

（二）投资活动现金流量质量分析

投资活动现金流量质量分析,主要关注投资活动的现金流出量与企业发展战略之间的契合程度和投资效益。企业进行投资活动的目的主要有三种:一是利用企业的闲置资金进行投资,以获得较高的投资收益;二是为企业的正常生产经营活动奠定基础,如购建固定资产、无形资产或其他长期资产;三是为企业扩大规模或对外扩张等发展性需要进行权益性投资或债权性投资。其中,第一种目的与企业的短期计划有关,后两种目的均与企业的长期计划有关。结合企业投资活动现金流量,可以分为以下两种情况分析。

1. 投资活动现金流量净额小于零

投资活动的现金流量净额小于零,说明企业的投资活动带来的现金流入量小于其引起的现金流出量,入不敷出,意味着企业从投资活动中获得的收益小于为投资活动投入的成本,这一差额需要企业利用其他来源的资金进行弥补,如经营活动的现金、企业现存的货币积累、举新债等。

在这种情况下,要结合企业的长期及短期计划来分析。如果较大规模的投资活动是符合企业长期或短期计划的,虽然此时投资活动现金流量净额小于零,但是说明企业正在扩张和发展,是一种积极的信号,尤其是对于处于成长扩张期的企业来说,这样的投资活动现金流量是较常见的。如果企业的长期和短期计划中均未安排大规模投资,但是出现了投资活动现金流量净额为负的情况,值得关注企业投资项目的盈利及质量问题。

2. 投资活动现金流量净额大于零

投资活动现金流量净额大于零,说明企业投资活动收回的现金大于投入的现金。出现这种情况的原因通常有两个:一是企业在当期的投资回收活动规模大于投资支出的规模;二是企业由于经营活动或者筹资需求急需资金而不得不把手中的投资项目变现。因此,出现这种情况时,需要对投资活动现金流量变化的具体原因进行分析。

（三）筹资活动现金流量质量分析

对筹资活动现金流量进行质量分析,主要关注其与经营活动、投资活动的现金流量之和的匹配程度,可以分为以下两种情况进行分析。

1. 筹资活动现金流量净额小于零

企业的筹资活动现金流量净额小于零,说明企业当期在发行债券或贷款、吸收权益性投资方面收到的现金小于企业筹资活动的现金支出,包括偿还债务本息、分配股利、融资租赁支付的现金等。出现这种情况,一般是由于企业在当期集中偿还了债务、支付了筹资费用或者支付了融资租赁的费用等,或者是因为企业的经营活动和投资活动现金流量良好,足以完成上述各项支付。筹资活动现金流量净额小于零,说明企业对债务的偿还有较强的保障,但是也说明了企业可能没有在投资和扩张方面进行计划。

2. 筹资活动现金流量净额大于零

筹资活动现金流量净额大于零,说明企业当期在发行债券或贷款、吸收权益性投资方面收到的现金大于企业筹资活动的现金支出。出现这种情况,可能是因为企业处于发展阶段,经营活动带来的现金流量不足以支持企业的发展需求,需要通过筹资活动来弥补资金缺口,尤其是对于成长期的企业来说,这是较为正常的现象;但是,也有可能因为企业的经营管理不善,资金链紧张,为了维持生产经营而不得不举新债来弥补资金。因此,当筹资活动现金流量净额大于零时,要分析企业的筹资活动是否已纳入企业的发展规划,是否与企业的成长阶段相适应,关注筹资的原因是发展需要还是不得已的筹资行为。

【例 5-1】 根据表 5-1 新华制药 2016 年至 2018 年的现金流量资料,对其进行现金流量质量分析。

表 5-1　新华制药 2016—2018 年现金流量资料

单位:元

项目	2016 年	2017 年	2018 年
经营活动现金流量	439 348 332.79	389 971 809.35	344 609 119.10
投资活动现金流量	−243 293 081.46	−168 536 521.43	−398 349 604.91
筹资活动现金流量	−75 024 883.14	−25 231 920.91	44 529 213.04
现金及现金等价物净增加额	126 453 772.62	189 769 995.04	−3 404 359.72

由表 5-1 可以看到,企业连续 3 年的经营活动现金流量净额均为正值,说明企业经营活动获取现金的能力较强,但从发展趋势上看存在着明显的下滑趋势,投资活动现金流量净额连续 3 年均为负值,除了 2017 年比上年略有减少外,总体上投资现金净流出处于增长态势,2018 年投资活动现金净流出比 2016 年增加了 60% 多,主要是企业购建固定资产、无形资产和其他长期资产支付的现金增加所致,说明企业投资扩张的速度在加快。筹资活动现金流量净额 2016 年前两年都是负值,2018 年转为正值,筹资活动的目的主要是维持企业经营活动现金流量与投资活动现金流量之间的平衡。2016 年和 2017 年的经营活动现金净流入相对于投资活动现金净流出较多,除了满足当期投资活动的现金需求外,剩余资金可以用于偿还债务、分配股利和支付利

息等需要,但2018年由于投资活动现金净流出增速较快,当年的经营活动现金净流出无法满足快速增长的投资现金需求,企业只能通过新增债务和大量消耗货币存量的方式解决,所以造成了当年现金及现金等价物净增加额为负的局面。

总之,由于企业2016年和2017年经营活动获取现金能力较强,加之投资活动现金需求小,筹资活动压力不大,这两年的现金及现金等价物净增加额表现为正向增加,现金流量状况良好;而2018年在经营活动现金流量欠佳的情况下仍大举进行投资活动,不仅消耗了大量现金,也形成了较大的筹资压力,加之还有相对于现金存量78%的1年内到期的长期负债需要偿还(见[例3-5]),所以2019年企业的现金流量状况面临着较大考验。

第三节　现金流量表结构分析

现金流量表结构分析是通过计算企业各项现金流入量占现金总流入量的比重,以及各项现金流出量占现金总流出量的比重,揭示企业经营活动、投资活动和筹资活动的特点及对现金净流量的影响方向和程度。结构分析通常以现金流量表为基础,采用垂直分析法编制结构分析表,用于揭示现金流入量和现金流出量的结构情况,从而抓住现金流量管理的重点。

一、现金流入结构分析

现金流入结构是指企业的经营活动、投资活动和筹资活动产生的三类现金流入在全部现金流入中的构成和比重,以及这三类活动的各个项目产生的现金流入在本类现金流入量中所占的比重。因此,现金流入结构分析可分为总流入结构分析和内部流入结构分析。其计算公式为:

$$现金总流入结构比率 = \frac{各类活动现金流入量}{总现金流入量} \times 100\%$$

$$现金流入内部结构比率 = \frac{某单项活动现金流入量}{某类活动现金流入量} \times 100\%$$

通常情况下,经营状况良好的企业的现金流入结构特征表现为,经营活动现金流入量占总现金流入量比重较大,特别是销售商品、提供劳务收到的现金占比较大。这样的企业财务风险较低,现金流入结构较为合理。当然,由于行业差异较大,还应根据所处行业进行具体分析。

二、现金流出结构分析

与现金流入结构类似,现金流出结构是指经营活动、投资活动和筹资活动产生的三类现金流出在全部现金流出中的构成和比重,以及这三类活动的各个项目产生的现金流出在本类中现金流出量所占的比重。现金流出结构分析也可以相应地分为现金总流出结构分析和内部流出结构分析。其计算公式为:

$$现金总流出结构比率 = \frac{各类活动现金流出量}{总现金流出量} \times 100\%$$

$$现金流出内部结构比率 = \frac{某单项活动现金流出量}{某类活动现金流出量} \times 100\%$$

在现金流出结构中,经营活动现金流出量一般在总现金流出量中占较大比重,同时具有一定的稳定性,各期之间的变化幅度不大。投资活动和筹资活动的现金流出量则因企业不同的财务策略而不同,其流出量的变化有时会较大,具有偶发性。因此,对企业现金流出结构进行分析时,应当结合企业不同时期的发展情况和战略,不能一概而论。

【例 5-2】 根据表 5-2 新华制药 2018 年的现金流量表,对其进行现金流量结构分析。

表 5-2　新华制药 2018 年现金流量表

单位:元

项　目	本期金额	上期金额
一、经营活动产生的现金流量:		
销售商品、提供劳务收到的现金	4 296 748 872.69	3 401 120 836.45
收到的税费返还	61 248 092.68	31 560 233.33
收到其他与经营活动有关的现金	83 532 125.92	54 867 116.88
经营活动现金流入小计	4 441 529 091.29	3 487 548 186.66
购买商品、接受劳务支付的现金	2 419 948 141.54	1 712 691 930.56
支付给职工以及为职工支付的现金	698 692 802.04	603 150 166.06
支付的各项税费	241 666 826.54	252 508 163.15
支付其他与经营活动有关的现金	736 612 202.07	529 226 117.54
经营活动现金流出小计	4 096 919 972.19	3 097 576 377.31
经营活动产生的现金流量净额	344 609 119.10	389 971 809.35
二、投资活动产生的现金流量:		
收回投资收到的现金		3 200 000.00
取得投资收益收到的现金	7 154 674.51	6 026 908.54

（续表）

项 目	本期金额	上期金额
处置固定资产、无形资产和其他长期资产收回的现金净额	6 510 606.86	53 344 614.64
处置子公司及其他营业单位收到的现金净额		
收到其他与投资活动有关的现金		30 000 000.00
投资活动现金流入小计	13 665 281.37	92 571 523.18
购建固定资产、无形资产和其他长期资产支付的现金	385 986 362.20	261 108 044.61
投资支付的现金	19 628 524.08	
取得子公司及其他营业单位支付的现金净额		
支付其他与投资活动有关的现金	6 400 000.00	
投资活动现金流出小计	412 014 886.28	261 108 044.61
投资活动产生的现金流量净额	−398 349 604.91	−168 536 521.43
三、筹资活动产生的现金流量：		
吸收投资收到的现金	46 942 796.00	223 398 463.28
其中：子公司吸收少数股东投资收到的现金	46 942 796.00	
取得借款所收到的现金	462 143 436.60	1 354 000 000.00
发行债券收到的现金		
收到其他与筹资活动有关的现金	70 000 000.00	99 404 097.89
筹资活动现金流入小计	579 086 232.60	1 676 802 561.17
偿还债务所支付的现金	267 837 507.11	1 551 500 000.00
分配股利、利润或偿付利息所支付的现金	103 810 433.23	57 358 926.58
其中：子公司支付给少数股东的股利、利润	14 017 261.46	2 945 025.08
支付其他与筹资活动有关的现金	162 909 079.22	93 175 555.50
筹资活动现金流出小计	534 557 019.56	1 702 034 482.08
筹资活动产生的现金流量净额	44 529 213.04	−25 231 920.91
四、汇率变动对现金及现金等价物的影响	5 806 913.05	−6 433 371.97
五、现金及现金等价物净增加额	−3 404 359.72	189 769 995.04
加：期初现金及现金等价物余额	682 862 651.75	493 092 656.71
六、期末现金及现金等价物余额	679 458 292.03	682 862 651.75

分析结果如表 5-3 所示。

表 5-3　新华制药 2018 年现金流量表结构分析

单位:元

项　　目	本期金额	流入结构	流出结构	内部结构
一、经营活动产生的现金流量:				
销售商品、提供劳务收到的现金	4 296 748 872.69			96.74%
收到的税费返还	61 248 092.68			1.38%
收到其他与经营活动有关的现金	83 532 125.92			1.88%
经营活动现金流入小计	4 441 529 091.29	88.23%		100.00%
购买商品、接受劳务支付的现金	2 419 948 141.54			59.07%
支付给职工以及为职工支付的现金	698 692 802.04			17.05%
支付的各项税费	241 666 826.54			5.90%
支付其他与经营活动有关的现金	736 612 202.07			17.98%
经营活动现金流出小计	4 096 919 972.19		81.23%	100.00%
经营活动产生的现金流量净额	344 609 119.10			
二、投资活动产生的现金流量:				
收回投资收到的现金				0.00%
取得投资收益收到的现金	7 154 674.51			52.36%
处置固定资产、无形资产和其他长期资产收回的现金净额	6 510 606.86			47.64%
处置子公司及其他营业单位收到的现金净额				0.00%
收到其他与投资活动有关的现金				0.00%
投资活动现金流入小计	13 665 281.37	0.27%		100.00%
购建固定资产、无形资产和其他长期资产支付的现金	385 986 362.20			93.68%
投资支付的现金	19 628 524.08			4.76%
取得子公司及其他营业单位支付的现金净额				0.00%
支付其他与投资活动有关的现金	6 400 000.00			1.55%
投资活动现金流出小计	412 014 886.28		8.17%	100.00%
投资活动产生的现金流量净额	(398 349 604.91)			
三、筹资活动产生的现金流量:				

（续表）

项　目	本期金额	流入结构	流出结构	内部结构
吸收投资收到的现金	46 942 796.00			8.11%
其中:子公司吸收少数股东投资收到的现金	46 942 796.00			8.11%
取得借款所收到的现金	462 143 436.60			79.81%
发行债券收到的现金				0.00%
收到其他与筹资活动有关的现金	70 000 000.00			12.09%
筹资活动现金流入小计	579 086 232.60	11.50%		100.00%
偿还债务所支付的现金	267 837 507.11			50.10%
分配股利、利润或偿付利息所支付的现金	103 810 433.23			19.42%
其中:子公司支付给少数股东的股利、利润	14 017 261.46			2.62%
支付其他与筹资活动有关的现金	162 909 079.22			30.48%
筹资活动现金流出小计	534 557 019.56		10.60%	100.00%
筹资活动产生的现金流量净额	44 529 213.04			
现金流入总额	5 034 280 605.26	100.00%		
现金流出总额	5 043 491 878.03		100.00%	
四、汇率变动对现金及现金等价物的影响	5 806 913.05			
五、现金及现金等价物净增加额	(3 404 359.72)			

首先,从总流入结构来分析,经营活动产生的现金流入、投资活动产生的现金流入和筹资活动产生的现金流入分别占了 88.23%、0.27% 和 11.50%(如图 5-1 所示)。可见企业的现金流入量主要是由经营活动和筹资活动产生的,而且该年度的经营活动现金流入量占有绝对的优势地位,筹资活动的现金流入贡献仅占一小部分,说明该企业现金流入来源结构较为合理。通过内部流入结构分析,经营活动中的现金流入中有 96.74% 是销售商品和提供劳务所得;投资活动中的现金流入中取得投资收益收到的现金占 52.36%,处置固定资产、无形资产和其他长期资产收回的现金占

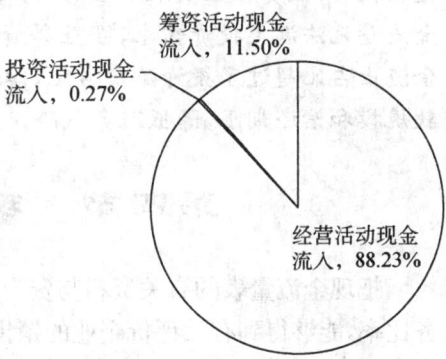

图 5-1　现金流入结构分析图

47.64％；筹资活动中有近80％的现金流入来自取得借款收到的现金。从新华制药的现金流入内部结构看基本正常，但投资活动中处置固定资产、无形资产和其他长期资产收回的现金占比较大，具有偶然性，而投资收益收到的现金较少，说明企业对外投资质量较差且效益一般（从[例4-1]的投资收益占营业收入比重也能有所反映）。

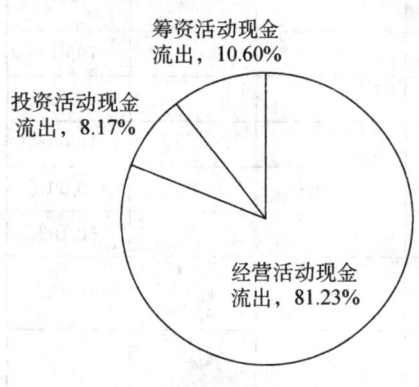

图 5-2　现金流出结构分析图

其次，从总流出结构分析，经营活动产生的现金流出占81.23％，投资活动产生的现金流出占8.17％，筹资活动产生的现金流出占10.60％（如图5-2所示），经营活动和筹资活动的现金流出与前述的流入结构相类似，但投资活动现金流出占比有显著提高，几乎与筹资活动平分秋色，说明投资活动在企业现金流出中占有比较重要的地位，与上例的分析结果吻合。从内部结构来看，经营活动中购买商品和接受劳务支付的现金只占59.07％，其他35％是支付给职工的和支付其他与经营活动有关的现金，这一点与[例4-2]和[例4-3]对于销售费用的分析一致，企业在销售人员薪酬和市场开发及终端销售费上支付了大量现金；投资活动中购建固定资产、无形资产和其他长期资产支付的现金占了93.68％；筹资活动中偿还债务占50.10％，分配股利和支付利息占了近20％，其他与筹资活动有关的现金支出占了30.48％。

由上述现金流量结构分析可知，新华制药的经营活动现金流量状况基本正常，对于销售费用支出方面应该有一定的控制措施，提高使用效益；投资活动的现金流出增速较快，而投资收益效果不理想，需要控制投资节奏，提高投资效率；由于经营活动现金流量无法满足投资需求，企业筹资活动主要围绕投资活动展开，2018年的筹资现金流出占比超过了投资流出占比，偿还借款本息压力较大，企业需要关注和规划好借款规模和偿还期限，降低财务风险。

第四节　现金流量比率分析

把现金流量表的有关资料与资产负债表、利润表的相关数据结合起来，计算一些财务比率，能够得到有效评价企业的销售收入质量、偿债能力、资产运行效率等决策有用的信息，能够帮助财务信息使用者进一步判断企业的财务状况、经营成果和现金流量等。

一、反映偿债能力的现金流量比率

正常经营情况下，企业当期经营活动获得的现金，首先要满足生产经营活动中的基本生产经营支出,如购买原材料与商品、支付职工工资、交纳税费,然后才用于偿还债务,所以真正能用于偿还债务的是净现金流量。因此,现金净流量和债务的比较可以更好地反映企业偿还债务的能力,这可以通过现金流动负债比、现金债务总额比和现金到期债务比来反映。这些比率越高,企业承担债务的能力越强。

1. 现金流动负债比

现金流动负债比是指年度经营活动产生的现金净流量与流动负债的比值,反映单位流动负债的现金保障水平。其计算公式为:

$$现金流动负债比 = \frac{经营活动产生的现金净流量}{流动负债}$$

该项比率与反映企业短期偿债能力的流动比率有关。该指标数值越高,现金流入对当期债务清偿的保障越强,表明企业的流动性越好;反之,则表明企业的流动性较差。

2. 现金债务总额比

现金债务总额比又称债务保障率,是以年度经营活动所产生的现金净流量与全部债务总额相比较,表明企业现金流量对其全部债务偿还的满足程度,反映每单位债务的现金净流量水平,体现了每单位债务的现金保障程度。其计算公式为:

$$现金债务总额比 = \frac{经营活动产生的现金净流量}{负债总额}$$

该数值越高,表明债务的现金保障越好,它也是债权人关心的一种现金流量分析指标。

【例5-3】 根据表3-1和表5-2,计算新华制药2018年的现金流动负债比和现金债务总额比。

$$现金流动负债比 = \frac{344\ 609\ 119.10}{2\ 349\ 165\ 435.74} = 0.15$$

$$现金债务总额比 = \frac{344\ 609\ 119.10}{3\ 119\ 603\ 287.55} = 0.11$$

计算表明,新华制药的现金流动负债比和现金债务总额比均在0.10左右,说明企业经营活动现金净流量仅能偿付当年15%的流动负债和11%的总负债,需要进一步动用存量资金或借新债来进行偿付,企业经营活动现金流量对债务的保障程度较低,同时也面临着较高的财务风险,债权人的利益受到一定威胁。

二、反映盈利能力的现金流量比率

1. 销售现金比率

销售现金比率是指年度经营活动产生的现金净流量与当期营业收入的比值。该

指标与应收应付账款周转率相联系,反映每元销售收入产生的现金净流入。其计算公式为:

$$销售现金比率 = \frac{经营活动产生的现金净流量}{营业收入}$$

这一指标表明企业通过销售获取现金的能力和对营运资本的管理能力。获取现金的能力通常指经营现金净流入与投入资源的比值。投入资源可以是销售收入、总资产、净营运资金、净资产或普通股股数等。运用这些指标分析通常要进行同行业的比较。

2. 盈利现金比率

盈利现金比率是指经营活动现金净流量与净利润的比率,用来衡量每1元净利润中有多少是经营活动创造的切实可用的现金,反映单位净利润的现金净流入,是反映净利润质量的主要指标。其计算公式为:

$$盈利现金比率 = \frac{经营活动产生的现金净流量}{净利润}$$

盈利现金比率是从企业现金流动的动态角度对企业盈利的质量进行评价。当企业的净利润大于零,盈利现金比率小于1时,说明本期净利润中一部分是未实现的现金收入,此时即使盈利,也有可能发生现金短缺。一般地,该指标越大,企业的盈利能力越强,盈利质量也越高。

【例5-4】 根据表4-2和表5-2,计算新华制药2018年的销售现金比率和盈利现金比率。

$$销售现金比率 = \frac{344\ 609\ 119.10}{5\ 207\ 868\ 838.88} = 0.07$$

$$盈利现金比率 = \frac{344\ 609\ 119.10}{274\ 283\ 989.92} = 1.26$$

计算表明,新华制药每1元营业收入中,有0.07元是经营活动创造的现金流量,说明企业营业收入的现金质量较低。盈利现金比率为1.26,说明企业盈利质量基本正常,维持在可以接受的水平,还有很大的提升空间。

3. 全部资产现金回收率

全部资产现金回收率又称资产的经营现金流量回报率,是指年度经营活动产生的现金净流量与资产总额的比值。该指标与总资产报酬率(ROA)相联系,反映每单位资产产生的现金净流入,反映企业运用全部资产获取现金的能力。其计算公式为:

$$全部资产现金回收率 = \frac{经营活动产生的现金净流量}{资产总额}$$

该指标比值越大,说明资产利用效果越好,利用资产创造的现金流入越多,整个企业获取现金能力越强,经营管理水平越高;反之,则经营管理水平越低,经营者有待提高管理水平,进而提高企业的经济效益。

【例 5-5】　根据表 3-1 和表 5-2,计算新华制药 2018 年的全部资产现金回收率。

$$全部资产现金回收率 = \frac{344\ 609\ 119.10}{5\ 916\ 156\ 319.63} = 0.06$$

计算表明,该公司每 1 元的资产能够产生 0.06 元的经营现金流量,说明企业资产管理水平较低,企业获取现金的能力也较弱。需要注意的是,该指标还应当与行业平均水平或同行业竞争对手进行比较,以确定企业在行业中的具体地位。

第五节　影响现金流量的其他因素

在企业的经营过程中,各种各样的因素都会影响企业现金流量,在分析现金流量时应当关注这些因素。企业现金流量的变化是由企业经营活动、筹资活动和投资活动的现金流量变化汇集而成的,因此,在分析影响企业现金流量的因素时,也应分别从这三个方面进行分析。

一、影响经营活动现金流量的因素

影响企业经营活动现金流量的因素主要有行业特点、企业发展阶段、关联交易、异常运作、营销策略、收付异常、错编或编错等。

1. 行业特点

由于各行业的特点不同,行业中的商业惯例有所差别,导致不同行业的现金流入流出模式不同。比如,零售业基本都是现金销售,房地产业大多采用预收款项的方式销售,有的行业则采用赊销方式销售。这样,不同的行业特点导致了不同的经营活动现金流量模式。

2. 企业发展阶段

企业处于不同的发展阶段,其经营活动现金流量的特征也不同。例如,在企业发展的初期,为了促进企业发展,快速占领市场,增强企业的实力,企业通常会在研发、市场开拓等方面加大现金投入。而处于成熟期的企业就会呈现其他特征。因此,企业的发展阶段也是影响经营活动现金流量的因素。

3. 关联交易

关联交易是企业进行现金流量流向操纵和盈余管理的常见手段。当企业的关联交易经常发生时,关联交易就成为影响企业经营活动现金流量的重要因素。

4. 异常运作

当出现企业的经营资金被关联方占用的情况时,即使有质量再高的经营活动现金流,也难以抵挡关联方巨额占用对经营活动现金流量的不利影响。

5. 营销策略

营销策略不同,意味着销售政策不同,企业可以根据自身情况决定赊销还是预收货款。即使在同一行业中,企业采取的营销策略不同,其经营活动现金流量也不同。比如,在市场中占有优势的企业一般会采用预收货款的方式销售,其现金流量较为充沛;而在市场中处于劣势的企业通常采用赊销的方式,其现金流量可能会较为紧张。

6. 收付异常

企业收付款项的过程是影响企业经营活动现金流量最直接的因素,因此,当企业由于种种原因出现收付异常时,会引起经营活动现金流量的显著变化。

7. 错编或编错

错编是指企业在编制现金流量表时,为了误导报表使用者而故意混淆一些项目的行为。比如,把关联方占用资金的现金流出归类于"购买商品"活动,而不是"其他"活动。编错是指由于财务人员的业务能力问题,使得现金流量表出现编制错误。这两类错误都会影响企业的经营活动现金流。

二、影响筹资活动现金流量的因素

影响企业筹资活动现金流量的因素主要有企业理财能力、融资环境和银行承兑汇票结算等。

1. 企业理财能力

筹资活动现金流量与企业的理财能力密切相关。理财能力强的企业能够合理安排企业的现金,通常将现金流量余额维持在较低的水平上,很少会出现不当融资的行为。

2. 融资环境

除了企业的理财能力,融资环境也是影响筹资活动现金流量的重要因素。企业所处的融资环境不同,其筹资活动现金流量往往呈现不同特征。比如,对于已经上市的企业,证券市场会显著影响其筹资活动现金流量。

3. 银行承兑汇票结算

当企业采用银行承兑汇票结算时,如果企业需要向银行支付承兑保证金,那么企业有可能因此增加贷款。

三、影响投资活动现金流量的因素

影响企业投资活动现金流量的因素主要有企业扩张程度、获取投资收益、压缩规模和处置不良资产等。

1. 企业扩张程度

企业的扩张程度会影响企业的投资活动现金流量。这是由于在企业加速扩张时,投资活动引起的现金流出量通常很大,企业投资活动现金流量净额一般会小于零。

2. 获取投资收益

当企业获得投资收益时,如收到利息收入、现金股利等,会增加企业投资活动现金流入量,从而影响企业的投资活动现金流量净额。

3. 压缩规模和处置不良资产

当企业压缩生产经营规模和处置不良资产时,会获得处置收入,从而导致投资活动现金流入量增加。

推荐读物

［1］马丁·弗里德森,费尔南多·阿尔瓦雷斯.财务报表分析［M］.4版.刘婷,译.北京:中国人民大学出版社,2016:63-85.

［2］查尔斯·H.吉布森.财务报告与分析［M］.10版.胡玉明,译.大连:东北财经大学出版社,2009:227-243.

思考与案例讨论

1. 现金流量表有哪些方面的作用? 它与资产负债表和利润表关系如何?

2. 简述现金流量表质量分析的主要内容。

3. 如何通过经营活动、投资活动和筹资活动的现金流量净额大小来判断企业的财务现状和发展前景?

4. 现金流量表结构分析中应注意哪些方面的问题?

5. 为什么企业的偿债能力和盈利能力分析还要借助于现金流量比率分析?

6. 影响企业现金流量的主要因素有哪些?

7. 结合本章引导案例,查阅并分析沱牌舍得2011年现金流量表。你认为其经营活动产生的现金流量净额下降的原因是什么? 试对其现金流量表结构进行分析?

8. 阅读福耀玻璃年报相关内容(见书后附录),并回答以下问题:

(1) 该公司现金流量表各主要项目的质量如何? 结构是否合理?

(2) 计算该公司的现金流量相关比率。

(3) 该公司在现金流量方面有何问题? 试作出解释和评价。

第六章　所有者权益变动表分析

学习目标

通过本章学习,了解所有者权益变动表的作用及其与资产负债表、利润表等相关内容的勾稽关系;熟悉所有者权益变动表质量分析的基本内容;掌握所有者权益变动表的垂直分析和水平分析方法;重点掌握各项资本保值增值能力评价指标的计算与分析;学会利用所有者权益变动表分析评价企业的资本结构、财务状况和盈利能力。

引导案例①

2016 年 9 月 19 日,伊利股份公告披露,9 月 14 日,阳光产险增持伊利股份无限售条件流通股 566.79 万股,占伊利股份总股本的 0.09%,增持均价为 16.10 元。由于阳光保险集团已持有伊利股份 2.98 亿股,占其总股本的 4.91%,其中,阳光人寿持有 4.17%,阳光产险持有 0.73%。增持后,阳光保险集团合计持有伊利股份 3.03 亿股股份。至此,阳光保险集团通过旗下阳光人寿和阳光财险,已合计有伊利股份超过 5%,由此触发举牌。

阳光保险集团在信息披露报告中明确指出,"支持伊利股份现有股权结构,不主动谋求成为伊利股份第一大股东"和"在未来 12 个月内不再增持伊利股份"。而阳光保险集团人士告诉财新网记者,在举牌伊利股份后,第一时间即告知了伊利方面。

但阳光保险集团的承诺和监管方面的支持并未打消伊利顾虑。接近伊利人士告诉财新网记者,在 2015 年年报中,阳光保险集团就已出现在伊利股东前十行

---

① 资料来源:摘自 2006 年 9 月 19 日《财新网》(有删节)。

列,但那时候,伊利以为其只是一家简单的财务投资公司,加上在 2016 年第一季度季报、中报中,阳光保险集团的持股变化不大,故没有引起伊利注意。

伊利目前股权分散,伊利董事长兼总裁、党委书记潘刚等管理层一直试图增持。根据 2016 年中报,呼和浩特国资主体呼和浩特投资有限责任公司持股比例最高,占8.79%,其后依次为中国香港中央结算有限公司占 6.22%,潘刚持 3.89%,中国证券金融股份有限公司 3.06%,阳光保险集团此时持股比例为 1.80%,排名第五。9 月14 日之后,阳光保险集团增持至 5%,持股比例超过伊利掌门人潘刚。

目前乳业企业股价见好,伊利乳业营收超 300 亿元,净利润同比增长两成,液态乳及乳制品制造业发展良好。根据市场调研机构 AC 尼尔森数据显示,报告期内,在国内乳制品整体市场,伊利零售额市占份额为 20.1%,居市场第一。其中,伊利常温液态奶零售额市占份额为 30.9%,位居细分市场第一。2016 年 7 月,荷兰合作银行(Rabobank Nether Iands)公布了 2016 年全球乳业前 20 的名单,中国乳企伊利、蒙牛分别排名第 8 位和第 11 位。

根据财报,上半年伊利投资性现金流、筹资性现金流为负,经营性现金流同比增长 23.06%至 75.02 亿元,合计现金流为−19.86 亿元,同比大幅下降 797.82%。上半年,伊利股份资产总计 346.54 亿元,同比下降 11.64%;负债合计 140.79 亿元,同比下降 30.39%,所有者权益合计同比上升 8.34%至 205.75 亿元。

伊利方面对于阳光保险集团举牌的另一担忧来自此前阳光保险集团举牌另一家上市饮料企业承德露露(000848. SZ)。此后的承德露露表明了对奶粉市场的重视。"此番阳光保险又举牌伊利,恐怕不是单纯的资本操作。"上述接近伊利人士对财新记者表示。

目前,阳光保险集团持有、控制境内外 5%以上股份的上市公司还有 6 家,分别是:通过阳光人寿分别持有凤竹纺织(600493. SH),中青旅(600138. SH),胜利股份(000407. SZ),福寿园(01448. HK)5.00%、7.46%、5.56%、7.22%的股份,通过阳光人寿和阳光产险共同持有京投发展(600683. SH),承德露露(000848. SZ)5.35%和 8.43%的股份。

重要概念

实收资本(股本)(paid-in capital)
资本公积(capital surplus)
盈余公积(earned surplus)
未分配利润(undistributed profit)
资本保值增值率(capital maintenance and appreciation rate)
资本积累率(capital accumulation rate)

第一节 所有者权益变动表概述

一、所有者权益变动表内容及格式

所有者权益变动表是反映构成所有者权益各组成部分在当期的增减变动情况的报表。所有者权益变动表列示的内容包括当期损益、直接计入所有者权益的利得和损失、与所有者的资本交易导致的所有者权益变动等项目。所有者权益变动表不仅能够反映所有者权益总量的变化,并且能够反映所有者权益结构性变动的信息。另外,所有者权益变动表还可以区分正常生产经营活动导致的所有者权益变化与非正常生产经营导致的所有者权益变化,以及当期对所有者分配利润的情况。所有者权益变动表能够让财务报表使用者了解所有者权益变动的根源。

2007 年以前,企业所有者权益变动情况是以资产负债表附表形式予以体现的。新企业会计准则颁布后,要求上市公司于 2007 年正式对外呈报所有者权益变动表,所有者权益变动表成为与资产负债表、利润表和现金流量表并列披露的第四张财务报表。所有者权益变动表地位的上升体现了一种近似的全面收益观。

所有者权益变动表与其他财务报表之间的关系如图 6-1 所示。

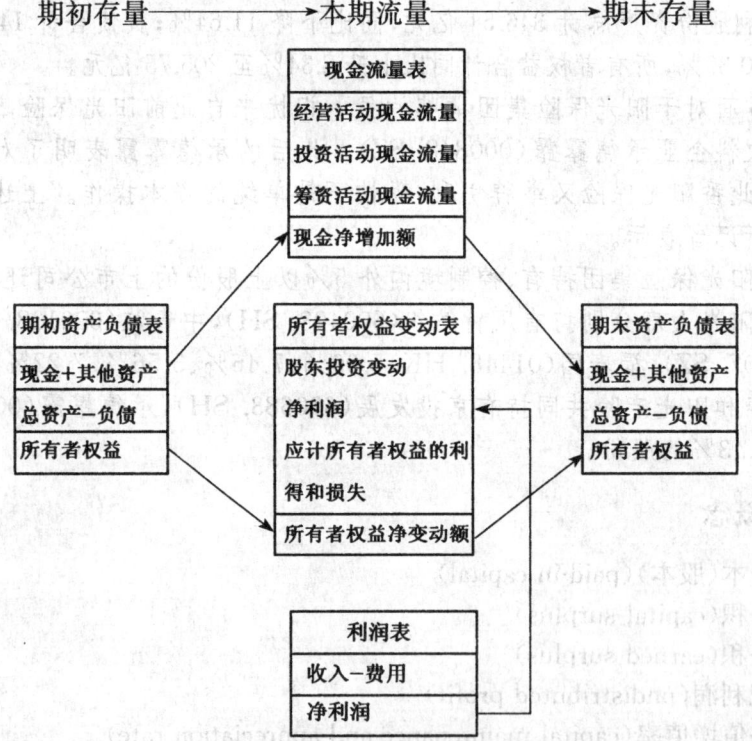

图 6-1 所有者权益变动表与其他财务报表之间的关系

新企业会计准则对所有者权益变动表的格式也作出了详细规定。所有者权益变动表采用了矩阵式的格式,一方面按照所有者权益的组成部分(如股本、资本公积、盈余公积、未分配利润等)及其金额列示事项或交易对所有者权益的影响;另一方面按照导致所有者权益变化的事项或交易列示,从所有者权益变动的来源对当期所有者权益变动情况进行反映。同时,企业还要提供比较数据,将所有者权益变动表各项目分为"本年金额"和"上年金额"两栏填列,以便财务报表使用者进行对比。所有者权益变动表的具体格式参见表 2-4。

二、所有者权益变动表的作用

我国新企业会计准则要求编制所有者权益变动表,这是财务制度革新里程中重要的一步,体现了我国会计准则与国际会计准则的趋同性,也体现了所有者权益的重要性。

随着资本市场的发展,投资者越来越重视自己的利益,并希望能够掌握管理者对自己资产的经营情况。而所有者权益变动表就是向投资者反映其权益的增减变动,并评估管理者"受托责任"履行效果的报表。

所有者权益变动表的作用主要体现在:

(1) 它把权益的增加分成了最终属于所有者权益变动的净利润和与经营无关,直接计入所有者权益的利得和损失两部分,后者是以往财务报告中没有披露的权益增加,体现了综合收益的理念。

(2) 它全面体现了各项交易和事项导致的所有者权益增减变动的来源和去向,以及所有者权益各组成部分增减变动的结构性信息,有利于报表使用者全面了解所有者权益项目的变化情况,反映所有者权益变动的原因和结果。

(3) 它是连接资产负债表和利润表的桥梁,一方面展示了资产负债表中所有者权益变动的原因和具体内容;另一方面又是对利润表的补充,这就把绕过利润表而直接在资产负债表中列示的项目和内容充分地披露出来,报表使用者可以了解资产和权益的保全和增值情况。

(4) 它涵盖了新准则实施之前编制的利润分配表的全部内容,而且更加丰富。以前的财务报表需要通过"利润分配表"来单独说明净利润及其分配情况。而引入所有者权益变动表后,利润分配作为所有者权益的组成部分,不需要单独列示,直接通过权益的变动就知道利润的来源和去向,从而有助于观察利润分配的情况和结果,并对其利润分配政策予以评价和考察。同时,所有者权益变动表涵盖了比利润分配表更为丰富的信息。

(5) 它可以反映会计政策变更的合理性,反映会计差错更正的幅度,具体报告由于会计政策变更和会计差错更正对所有者权益的影响数额。

（6）它可以反映由于股权分置、股东分配政策、再筹资方案等财务政策对所有者权益的影响。

第二节 所有者权益变动表质量分析

所谓所有者权益变动表质量，是指报表使用者通过该表获取的信息对其判断目标企业所有者权益状况及作出经济决策的影响有多大。所有者权益变动表质量主要取决于两个方面：一方面是企业编制的所有者权益变动表的准确性以及真实性，如果存在不实表述或误导性列报，使用者可能会因此作出错误决断，那么就很难说这是一份高质量的所有者权益变动表；另一方面是对于如实反映企业状况的所有者权益变动表各个重要项目是否配置得当，是否能够很好地支撑企业发展。

一、所有者权益变动表真实性分析

所有者权益变动表是否真实可信，需要联系整个公司的经营状况、财务状况及其在资本市场披露的公告和信息等来看。比如，对于已发布资本公积转增资本的公告的公司，就要看它是否在财务报表中体现这一业务，是否在所有者权益变动表中如实反映了这一变动情况；同样，如果企业所有者权益变动表中显示其有大额的资本公积转增资本，那么我们就要找相关的辅助证据，其是否已在资本市场上发布公告并对该信息作出披露。同时，还应该利用财务报表之间的勾稽关系对所有者权益变动表的真实性进行检查。应该说对所有者权益变动表真实性进行分析并不容易，这需要掌握很多企业信息，涉及范围较为广泛，且没有固定的判断程序可以遵循。

二、所有者权益变动表的重要项目分析

（一）横向项目分析

1. 股本变动情况分析

股本是股东实际投入公司的资本，可以反映公司经营规模。股本增加的渠道很多，包括资本公积转增资本、盈余公积转增资本、利润分配转增资本和发行新股等。相比之下，前三种都会稀释股票的价格，而发行新股既能增加注册资本和股东权益，又能增加公司的现金资产。需要注意的是，发行新股难度较大，受到的约束条件较多，并且增加的资产质量可能影响资本市场上股价的反应，资产质量较好的企业增加股本对提升公司股票的流动性有积极影响，即如果增加的资产为盈利前景较好的资产，股价可能会提升；反之，如果增加的资产为盈利前景不被看好的资产，可能会导致股价下跌。

2. 资本公积变动情况分析

资本公积的来源主要包括以下五个方面：资本溢价或股本溢价、资产评估增值、

非现金资产股权投资、权益法核算股权投资产生的资本公积、外币资本折算差额。具体解释如下：

（1）资本溢价或股本溢价是指溢价发行股票时，收入中超出股票面值部分的溢价收入应计入资本公积。

（2）企业在清产核资、股份制改革以及其他国有资产产权变动时，一般应当按照评估确认的价值调整资产的账面价值。除清产核资评估外，其他资产评估净增值扣除未来应交所得税后的差额，均计入资本公积。

（3）企业接受非现金资产投资时，若评估确认的资产价值大于投出资产账面净值，应当将评估增加值扣除未来应交纳的所得税后的部分计入资本公积。

（4）当企业采用权益法核算长期股权投资时，被投资单位的所有者权益的变动也要相应调整投资单位股权投资账面价值，增加或减少资本公积。

（5）企业接受外币投资时，应同时增加资产和实收资本，而外币投资的折算差额应计入资本公积。

另外，资本公积转增资本则会造成资本公积减少。在分析企业资本公积的变动时，应当结合其他资料具体分析造成其变动的原因，并分析其对企业的影响。

【例 6-1】　新华制药 2018 年年报显示，公司资本公积年初余额为 728 450 324.94 元，并发生以下有关事项，计算该公司股本和资本公积的期末余额。

（1）根据公司于 2018 年 6 月 29 日召开的 2017 年度周年股东大会审议通过 2017 年度利润分配方案，以公司股本 478 353 421 股（其中 A 股 328 353 421 股，H 股 150 000 000 股）为基数，以资本公积向全体股东每 10 股转增 3 股。上述利润分配方案已于 2018 年 7 月 27 日实施完毕，本分配方案实施后，增加股本 143 506 026 股。

（2）本年度有偿受让华鲁控股集团有限公司持有的山东淄博新达制药有限公司 40% 股权，减少资本公积 26 888 350.37 元。

（3）按照公司股权激励方案，计提等待期权益工具对价增加资本公积 69 705.73 元。

（4）中央预算内拨款转入资本公积 64 690 000.00 元。

股本年末余额 = 478 353 421.00 + 143 506 026.00 = 621 859 447.00（元）

资本公积本年变动额 = −143 506 026.00 − 26 888 350.37 + 69 705.73 + 64 690 000.00
$$= -105\,634\,670.64（元）$$

资本公积年末余额 = 资本公积年初余额 + 资本公积本年变动额
$$= 728\,450\,324.94 - 105\,634\,670.64 = 622\,815\,654.30（元）$$

3. 其他综合收益变动情况分析

其他综合收益是指企业根据企业会计准则财务报表列报规定未在当期损益中确

认的各项利得和损失。其他综合收益项目应当根据企业会计准则的规定分为下列两类列报：

（1）以后会计期间不能重分类进损益的其他综合收益项目，主要包括重新计量设定受益计划净负债或净资产导致的变动、按照权益法核算的在被投资单位以后会计期间不能重分类进损益的其他综合收益中所享有的份额等。

（2）以后会计期间在满足规定条件时将重分类进损益的其他综合收益项目，主要包括按照权益法核算的在被投资单位以后会计期间在满足规定条件时将重分类进损益的其他综合收益中所享有的份额、可供出售金融资产公允价值变动形成的利得或损失、持有至到期投资重分类为可供出售金融资产形成的利得或损失、现金流量套期工具产生的利得或损失中属于有效套期的部分、外币财务报表折算差额等。

【例6-2】 新华制药2018年年报显示，该公司其他综合收益期初余额（归属于母公司股东权益）共计199 385 406.07元，由不能重分类进损益的其他综合收益和将重分类进损益的其他综合收益两部分构成。

其中，不能重分类进损益的其他综合收益期初余额为201 378 526.90元，是由其他权益工具投资公允价值变动导致的，其本期所得税后发生额为−58 141 754.40元，则该项目期末余额为143 236 772.50元；将重分类进损益的其他综合收益期初余额为−1 993 120.83元，是由外币财务报表折算差额导致的，其本期发生额为1 401 419.37元，则该项目期末余额为−591 701.46元。

因此，该公司其他综合收益期末余额（归属于母公司股东权益）共计142 645 071.04元（143 236 772.50−591 701.46），比期初下降了28.46%，主要是其持有的交通银行股份有限公司和中国太平洋保险（集团）股份有限公司股权公允价值变动引起的。

4. 盈余公积变动情况分析

盈余公积的来源分为两类：一是法定盈余公积，按照税后利润的10%提取，法定盈余公积累计额已达注册资本的50%时可以不再提取；二是任意盈余公积，计提比例由企业自己决定。盈余公积的用途包括三个：弥补亏损、转增资本和分配股利。

在分析盈余公积的变动情况时，应当从来源和使用两个方面进行分析：一方面应关注当期的计提比例和增加幅度，由于盈余公积与税后利润直接相关，在计提比例不变的情况下，盈余公积的增长幅度也间接反映了企业当期的盈利情况；另一方面若出现了盈余公积减少的情况，应当具体分析盈余公积用于何种用途，是由何种事项引起的。

5. 未分配利润的分析

未分配利润反映利润积累情况或累计未弥补亏损。未分配利润在以后年度可以继续分配，在未分配之前属于所有者权益的组成部分。从数量上来看，未分配利润是期初未分配利润加上本期实现的净利润,减去提取的各种盈余公积和分配的利润后的余额。未分配利润有两层含义:一是留待以后年度处理的利润;二是未指明特定用途的利润。相对于所有者权益的其他部分来说,企业对于未分配利润的使用有较大的自主权。未分配利润反映了企业自成立以来利润的累积情况,是企业经营成果的累积体现。

【例6-3】　新华制药2018年年报显示,2018年归属于母公司所有者的净利润为250 833 425.15元,公司盈余公积年初余额为235 509 229.07元,未分配利润年初余额为838 325 395.51元,并发生以下有关事项:

(1) 母公司本年实现净利润207 990 505.30元,提取盈余公积(按照本期净利润的10%提取)20 799 050.53元。同时,根据于2018年6月29日召开的股东大会决议案通过的公司2017年度权益分配方案,向全体股东每10股派发现金红利0.50元(含税),合计派发现金红利23 917 671.05元。

(2) 执行新企业会计准则调减盈余公积10 577.86元,调减未分配利润811 655.15元。

(3) 公司清算淄博新华—中西制药有限责任公司致盈余公积本年减少187 652.06元,未分配利润本年增加187 652.06元。

计算新华制药2018年的盈余公积年末余额和未分配利润年末余额。

盈余公积本年变动额 $= 207\ 990\ 505.30 \times 10\% - 10\ 577.86 - 187\ 652.06$
$$= 20\ 600\ 820.61(元)$$

盈余公积年末余额 $=$ 盈余公积年初余额 $+$ 盈余公积本年变动额
$$= 235\ 509\ 229.07 + 20\ 600\ 820.61 = 256\ 110\ 049.68(元)$$

未分配利润本年变动额 $= 250\ 833\ 425.15 - 207\ 990\ 505.30 \times 10\% - 23\ 917\ 671.05 - 811\ 655.15 + 187\ 652.06$
$$= 205\ 492\ 700.48(元)$$

未分配利润年末余额 $=$ 未分配利润年初余额 $+$ 未分配利润本年变动额
$$= 838\ 325\ 395.51 + 205\ 492\ 700.48 = 1\ 043\ 818\ 095.99(元)$$

(二)纵向项目分析

1. 上年年末余额和本年年初余额

通常情况下,资产负债表的本年年初余额等于上年年末余额,很多财务报表使用者一般也认为两者就是相等的。但是,在所有者权益变动表上,显示了两者是不一致的,本年年初余额是上年年末余额,加减因会计政策变更和会计差错更正所引起的所有者权益项目增减数后的余额,即对所有者权益年初余额的修正。当国家会计制度改革或企业会计政策变更时,可能需要对上年年末余额进行调整,使得本年金额与上年金额具有可比性。最重要的两类调整就是会计政策变更和前期差错变更。

（1）会计政策变更分析。会计政策一般应该保持一致性和连贯性，但是如果国家法律、法规、会计制度要求变更或者变更后的会计信息更加可靠、可用，则可以根据相关要求变更。对于会计政策变更的累积影响数的分析，主要目的在于合理区分属于会计政策变更和不属于会计政策变更的业务或事项。

不属于会计政策变更的业务或事项具体包括：当期发生的交易或事项与以前相比具有本质差别而采用新的会计政策；对初次发生的，或不重要的交易或事项采用新的会计政策。

对会计政策变更分析时，应当结合财务报表附注中关于会计政策变更的性质、内容和原因进行分析；同时，关注当期和前期受到会计政策变更影响的项目的名称和调整金额。更重要的是，应当关注会计政策变更对当期和未来期间的影响数及其对企业经营成果的影响。

【例6-4】 新华制药2018年年报显示，2017年3月31日，财政部以财会〔2017〕7号、8号、9号修订了《企业会计准则第22号——金融工具确认和计量》《企业会计准则第23号——金融资产转移》《企业会计准则第24号——套期会计》；2017年5月2日，财政部修订了《企业会计准则第37号——金融工具列报》，均自2018年1月1日起实施。该集团在编制2018年度财务报表时，执行了相关企业会计准则，并按照有关的衔接规定进行了处理。金融工具原账面价值和在该准则施行日的新账面价值之间的差额，本集团于2018年1月1日将因追溯调整产生的累积影响数调整了年初留存收益。受此影响，新华制药2018年（合并）所有者权益变动表中的盈余公积调减10 577.86元，未分配利润调减811 655.15元，少数股东权益调减14 384.26元，股东权益合计调减836 617.27元。

（2）前期差错更正分析。前期差错更正分析的主要目的在于及时发现与更正前期差错，合理判断和区分相关业务是属于会计政策变更还是属于会计差错更正类别，以达到信息的准确性。

会计差错发生的原因归纳为三类：会计政策使用上的差错、会计估计上的差错和其他差错。会计差错可以分为重大差错和非重大差错。本期发现与以前期间相关的重大会计差错时，如果影响损益，应按其对损益的影响数调整发现当期的期初留存收益，会计报表其他相关项目的期初数也应一并调整；如不影响损益，应调整会计报表相关项目的期初数。

对前期差错更正进行分析时，应当结合财务报表附注中披露的前期差错性质和原因进行分析，注意受到前期差错更正影响的项目名称和金额，以及更正对当期财务结果的影响。

【例 6-5】 广州白云山制药股份有限公司（以下简称"白云山 A"，证券代码：000522）于 2006 年 10 月 13 日发布关于会计差错更正的公告，公告中包括三部分差错更正：

(1) 关于 2005 年度企业所得税差错更正。

(2) 关于补交 2002 年至 2003 年企业所得税差错更正。

(3) 关于 2005 年度会计核算差错更正。

根据《企业会计准则》的相关规定，该公司在编制 2006 年度财务报表时，采用追溯重述法对以下重要的前期会计差错进行了更正，如表 6-1 所示。

表 6-1   白云山 A 2006 年会计差错更正   单位:元

项 目	对留存收益年初数的影响
2005 年度企业所得税差错	1 299 697.90
2002—2003 年企业所得税差错	−34 715 513.48
其他会计核算差错	−3 516 060.05
合 计	−36 931 875.63

2. 本年增减变动金额

本年增减变动金额包括六个方面：综合收益总额、所有者（股东）投入和减少资本、利润分配、所有者（股东）权益内部结转、专项储备和其他。其中，本年增减变动金额项下的综合收益总额与利润中的"综合收益总额"一致，表示企业本年度产生的综合收益对所有者权益的贡献。相关内容如下：

(1) 综合收益总额。综合收益总额项目反映企业当年的综合收益总额，应根据当年利润表中净利润和其他综合收益的税后净额项目填列，并对应列在所有者权益变动表"其他综合收益"和"未分配利润"栏。其中，其他综合收益是指企业根据企业会计准则财务报表列报规定未在当期损益中确认的各项利得和损失。

(2) 所有者（股东）投入和减少资本。所有者投入和减少资本项目反映企业当年所有者投入的资本和减少的资本，包括所有者投入的普通股、其他权益工具持有者投入资本、股份支付计入所有者权益的金额以及其他等项。

其中的所有者投入资本项目，反映企业接受投资者投入形成的实收资本（或股本）和资本公积，应根据实收资本、资本公积等科目的发生额分析填列，并对应列在所有者权益变动表"实收资本"和"资本公积"栏。股份支付记入所有者权益的金额项目，反映企业处于等待期中的权益结算的股份支付当年计入资本公积的金额，应根据资本公积科目所属的其他资本公积二级科目的发生额分析填列，并对应列在所有者权益变动表"资本公积"栏。

而企业资本减少是指资本过剩，或者发生重大亏损需要减少实收资本的情况。若出现此类情况，应当分析具体原因，如果系因为重大亏损而减少实收资本，则说明企业的经营面临着较大的困难。

（3）利润分配。利润分配项目包括提取盈余公积、对所有者（或股东）的分配以及其他等项，反映当年对所有者（或股东）分配的利润（或股利）金额和按照规定提取的盈余公积金额，并对应列在所有者权益变动表"未分配利润"和"盈余公积"栏。

其中的提取盈余公积项目，反映企业按照规定提取的盈余公积，应根据盈余公积和利润分配科目的发生额分析填列。对所有者（或股东）的分配项目，反映对所有者（或股东）分配的利润（或股利）金额，应根据利润分配科目的发生额分析填列。

在分析时，应关注利润分配的形式。若分配现金股利，会减少未分配利润；若分配股票股利，不仅会减少未分配利润，还会增加股本。

（4）所有者（股东）权益内部结转。所有者股东权益内部结转项目，反映不影响当年所有者权益总额的所有者权益各组成部分之间当年的增减变动，包括资本公积转增资本（或股本）、盈余公积转增资本（或股本）、盈余公积弥补亏损等。所有者权益的内部结转只会改变所有者权益的结构，不会改变所有者权益的总额。

其中，资本公积转增资本（或股本）项目，反映企业以资本公积转增资本或股本的金额，应根据实收资本、资本公积等科目的发生额分析填列；盈余公积转增资本（或股本）项目，反映企业以盈余公积转增资本或股本的金额，应根据实收资本、盈余公积等科目的发生额分析填列；盈余公积弥补亏损项目，反映企业以盈余公积弥补亏损的金额，应根据盈余公积、利润分配等科目的发生额分析填列。

第三节　所有者权益变动表结构分析

一、所有者权益变动表的水平分析

所有者权益变动表的水平分析是将所有者权益各个项目的本期数与基准（或上期数）进行对比，揭示公司当期所有者权益各个项目的水平及其变动情况，解释公司净资产的变动原因，借以进行相关决策的过程。在对所有者权益变动表进行水平分析时，应当结合资产负债表、利润表以及年报披露的其他信息，寻找导致所有者权益各项目变动的原因和性质，并重点分析其对企业当期和未来各期的影响。

【例6-6】　下面以新华制药为例，对其2018年度（合并）所有者权益变动表进行水平分析。2018年所有者权益变动表如表6-2所示。

表6-2　新华制药2018年所有者权益变动表

编制单位：山东新华制药股份有限公司　　2018年度　　单位：元

项　目	本年金额							
	归属于母公司股东权益						少数股东权益	股东权益合计
	股本	资本公积	其他综合收益	专项储备	盈余公积	未分配利润		
一、上年末余额	478 353 421.00	728 450 324.94	199 385 406.07		235 509 229.07	838 325 395.51	99 429 604.22	2 579 453 380.81
加：会计政策变更					-10 577.86	-811 655.15	-14 384.26	-836 617.27
前期差错更正								
同一控制下企业合并								
其他								
二、本年初余额	478 353 421.00	728 450 324.94	199 385 406.07		235 498 651.21	837 513 740.36	99 415 219.96	2 578 616 763.54
三、本年增减变动金额（减少以"-"号填列）	143 506 026.00	-105 634 670.64	-56 740 335.03		20 611 398.47	206 304 355.63	9 889 494.11	217 936 268.54
（一）综合收益总额			-56 740 335.03			250 833 425.15	23 806 602.30	217 899 692.42
（二）股东投入和减少资本		-26 818 644.64			-187 652.06	187 652.06	100 153.26	-26 718 491.38
1. 股东投入的普通股								
2. 其他权益工具持有者投入的资本							46 942 796.00	46 942 796.00
3. 股份支付计入股东权益的金额								
4. 其他					-187 652.06	187 652.06	-46 842 642.74	-73 661 287.38
（三）利润分配					20 799 050.53	-44 716 721.58	-14 017 261.45	-37 934 932.50

（续表）

项 目	本年金额						少数股东权益	股东权益合计
	归属于母公司股东权益							
	股本	资本公积	其他综合收益	专项储备	盈余公积	未分配利润		
1. 提取盈余公积					20 799 050.53	−20 799 050.53		
2. 提取一般风险准备								
3. 对股东的分配						−23 917 671.05	−14 017 261.45	−37 934 932.50
4. 其他								
（四）股东权益内部结转	143 506 026.00	−143 506 026.00						
1. 资本公积转增股本	143 506 026.00	−143 506 026.00						
2. 盈余公积转增股本								
3. 盈余公积弥补亏损								
4. 设定受益计划变动额结转留存收益								
5. 其他综合收益结转留存收益								
6. 其他								
（五）专项储备				14 829 890.58				14 829 890.58
1. 本年提取				14 829 890.58				14 829 890.58
2. 本年使用								
（六）其他	64 690 000.00							64 690 000.00
四、本年年末余额	621 859 447.00	622 815 654.30	142 645 071.04		256 110 049.68	1 043 818 095.99	109 304 714.07	2 796 553 032.08

项　目	上年金额							
	归属于母公司股东权益						少数股东权益	股东权益合计
	股本	资本公积	其他综合收益	专项储备	盈余公积	未分配利润		
一、上年末余额	457 312 830.00	513 092 452.66	139 421 221.69		221 217 539.36	657 375 780.62	90 887 601.32	2 079 307 425.65
加：会计政策变更								
前期差错更正								
同一控制下企业合并								
其他								
二、本年初余额	457 312 830.00	513 092 452.66	139 421 221.69		221 217 539.36	657 375 780.62	90 887 601.32	2 079 307 425.65
三、本年增减变动金额（减少以"—"号填列）	21 040 591.00	215 357 872.28	59 964 184.38		14 291 689.71	180 949 614.89	8 542 002.90	500 145 955.16
（一）综合收益总额			59 964 184.38			209 591 907.23	11 487 027.98	281 043 119.59
（二）股东投入和减少资本	21 040 591.00	202 357 872.28						223 398 463.28
1. 股东投入的普通股	21 040 591.00	202 357 872.28						223 398 463.28
2. 其他权益工具持有者投入资本								
3. 股份支付计入股东权益的金额								
4. 其他								
（三）利润分配					14 291 689.71	-28 642 292.34	-2 945 025.08	-17 295 627.71
1. 提取盈余公积					14 291 689.71	-14 291 689.71		

（续表）

项目	上年金额							
	归属于母公司股东权益						少数股东权益	股东权益合计
	股本	资本公积	其他综合收益	专项储备	盈余公积	未分配利润		
2. 提取一般风险准备								
3. 对股东的分配						-14 350 602.63	-2 945 025.08	-17 295 627.71
4. 其他								
(四) 股东权益内部结转								
1. 资本公积转增股本								
2. 盈余公积转增股本								
3. 盈余公积弥补亏损								
4. 设定受益计划变动额结转留存收益								
5. 其他综合收益结转留存收益								
6. 其他								
(五) 专项储备								
1. 本年提取				13 913 749.64				13 913 749.64
2. 本年使用				13 913 749.64				13 913 749.64
(六) 其他		13 000 000.00						13 000 000.00
四、本年末余额	478 353 421.00	728 450 324.94	199 385 406.07		235 509 229.07	838 325 395.51	99 429 604.22	2 579 453 380.81

1. 实收资本变动水平分析

股本变动的方式很多，一般来说如果是以增资扩股，或者定向增发的方式增加股本，往往是利好消息。因为公司的股本增加了，虽然以当前利润来计算的每股收益减少了，但公司获得了更多的优质资产，今后盈利的前景也更加看好了，所以股价不但不下跌，反而很可能上涨。如果是配送股票，那么对公司来说仅仅是股本增加了，资产质量并无变化，所以每股收益的减少必然体现在股价上，造成股价下跌（即"除权"）。但这时股票变多了，价格下降了，流通性增强，意味着更多的人有机会以较低的价格买入公司股票。所以，如果公司本身资产质量较好的话，股价会慢慢回升，也就是"填权"。

新华制药 2018 年实收资本增加了 143 506 026 股，增长幅度为 30%。其财务报告显示，实收资本增加原因是公司于 2018 年 6 月 29 日召开的 2017 年度周年股东大会审议通过 2017 年度利润分配方案，以资本公积向全体股东每 10 股转增 3 股。但是这属于所有者权益内部结转，只改变了所有者权益的结构，并没有增加所有者权益。

2. 资本公积变动水平分析

由表 6-2 可知，新华制药 2018 年度资本公积较上年度下降了 14.5%，资本公积的变动主要由三部分构成：

（1）股东投入和减少资本。根据其财务报表附注披露，该项变动原因是本年度有偿受让华鲁控股集团有限公司持有的山东淄博新达制药有限公司 40% 股权而减少资本公积 26 888 350.37 元，以及计提等待期权益工具对价而增加资本公积 69 705.73 元，两项合计资本公积净减少 26 818 644.64 元。

（2）资本公积转增股本。该项变动原因是执行 2017 年度以资本公积转增股本的利润分配方案，资本公积减少 143 506 026.00 元。当期由于以资本公积转增资本的方式注入大量资本，导致资本公积较上年减少，表明其正在扩大经营规模，加大资产投入量。

（3）其他。该项变动原因是中央预算内拨款转入资本公积 64 690 000.00 元。

3. 其他综合收益变动水平分析

由表 6-2 可知，新华制药 2018 年度其他综合收益减少了 28.46%，主要原因是其他权益工具投资公允价值变动减少了 58 141 754.40 元。另外增加的 1 401 419.37 元是外币财务报表折算差额带来的（参见表 4-2）。

4. 盈余公积变动水平分析

盈余公积是从企业税后利润中提取的积累资金。作为企业利润分配的一项内容，盈余公积的提取比例在一定程度上反映了企业的分配政策和再筹资政策。

新华制药 2018 年度盈余公积增加了 8.79%，主要原因是母公司以本年实现利润提取了 10％的法定盈余公积 20 799 050.53 元。年末累计盈余公积 256 110 049.68 元,占当年实收资本的 41.18％,说明该公司有一定的利润积累能力和再筹资能力。

5. 未分配利润变动水平分析

新华制药 2018 年的未分配利润较上年增长了 24.51％,累计未分配利润达到 1 043 818 095.99 元,这表明该公司资产质量比较好,继续再分配的能力强,有维持较高派送的条件和可能。

但是,有些情况下有的公司不但未分配利润没有增长,反而为负值,这就表示公司亏损,如果累积未分配利润长期为负,则表示该公司严重亏损,可能经营等方面已经出现问题。此时,应当关注企业的经营状况,找出导致亏损的原因或事项,以便进行合理决策。

6. 少数股东权益变动水平分析

由表 6-2 可知,少数股东权益有三个方面的变动原因:一是归属于少数股东的综合收益增加 23 806 602.30 元;二是少数股东资本投入净增加 100 153.26 元;三是向少数股东分配利润减少 14 017 261.45 元。另外因执行新金融工具准则追溯调整产生的累积影响致少数股东权益减少 14 384.26 元。总体上少数股东权益比上年提高 9.93％,主要是由综合收益增加和利润分配带来的。

7. 所有者权益变动水平分析

新华制药 2018 年的所有者权益合计数较上年增长了 8.42％,主要原因是盈余公积和未分配利润的增加。所有者权益的增加表明该公司净资产增长,公司资产规模扩大,抵抗风险能力增强,为公司进一步发展奠定坚实的物质基础。

二、所有者权益变动表的垂直分析

所有者权益变动表的垂直分析是将所有者权益的各个子项目变动占所有者权益变动的比重予以计算,并进行分析评价,揭示公司当期所有者权益各个项目的比重及其变动情况,解释公司净资产构成的变动原因,借以进行相关决策的过程。

1. 股本变动与所有者权益变动比

股本变动一般是因为直接注资增加股本,或其他项目转增股本导致的股本变化,但还不能仅从股本变动占所有者权益变动比重的数值大小上判断优劣,因为不同原因导致的股本增加,结果不尽相同。如果是增资扩股,股本和所有者权益数值必然同时增大,同时股本溢价计入资本公积,资本公积项目也同时增大,如果企业价值被市场看好,可能股本溢价比增加的股本还多,此时股本变动比率比资本公积变动比率要小很多;如果是资本公积转增资本,必然是资本公积减少,股本增加,且变动数额相等,两项变动后的所有者权益数额没有变化。盈余公积转增资本的道理与资本公积相同。

2. 资本公积变动与所有者权益变动比

溢价形成的资本公积变动在所有者权益变动中所占比重越大越好，因为这说明企业的价值被市场充分肯定，市场前景较好。

3. 盈余公积变动与所有者权益变动比

一般来说，提取盈余公积造成的盈余公积变动占所有者权益变动比值越大越好，说明企业积累增加，再分红或再转增资本能力强。但是也不尽然，当公司盈余公积已经接近50％时，可能提取盈余公积趋减，不能简单得出企业利润积累能力不强的结论。

4. 未分配利润变动与所有者权益变动比

未分配利润变动占所有者权益变动比例大，说明企业积累多，继续发展能力强；但是如果企业经营不善，未分配利润为负值，会减少所有者权益的数额，这时应当关注企业未分配利润为负的原因，是因为创业初期的资金流出比资金流入多，还是企业自身经营存在问题。

【例6-7】 根据表6-2，对新华制药2018年的所有者权益变动表进行垂直分析。分析结果如表6-3所示。

表6-3　新华制药2018年所有者权益变动表垂直分析

项目	变动金额（元）	比例
股本变动	143 506 026.00	65.85％
资本公积变动	−105 634 670.64	−48.47％
其他综合收益变动	−56 740 335.03	−26.04％
盈余公积变动	20 611 398.47	9.46％
未分配利润变动	206 304 355.63	94.66％
少数股东权益变动	9 889 494.11	4.54％
股东权益合计变动	217 936 268.54	100.00％

根据分析结果可知，新华制药2018年所有者权益合计变动中，占比重最大的是未分配利润的变动额，占到94.66％；其次是股本变动额，占65.85％；再次是盈余公积，占9.46％；少数股东权益占4.54％；由于2018年该公司资本公积转增资本，导致资本公积减少；其他综合收益也呈现26.04％的占比减少。从垂直分析的结果来看，所有者权益变动的绝大部分来自未分配利润的增加，说明该公司利润积累能力强，继续发展的势头较好，盈余公积的增加也显示该公司在再分红或再转增资本方面有一定潜力。

第四节　保值增值能力分析

一、保值增值概述

资产保值增值是指企业在考核期内,期末所有者权益大于或等于期初所有者权益。而保值和增值是两个有联系又互相区别的概念。资产保值是指保持和保证原有的价值。资产增值是指在保持和保证原有价值的基础上又有新的价值增加。可以说保值是基础,增值是目标。

对投资者来说,投入资本的保值应当是其投资的基本目标,进行投资至少应保证资本不会缩水。在此基础上,投资者更加重要的目标是追求资本的增值,只有资本增值才能带来投资收益,才能实现投资者的目的。因此,企业只有实现保值增值才能维护股东的基本权益。另外,企业资产的保值增值也是维持其自身持续发展的必要条件,只有这样企业才能不断发展壮大。

二、反映企业资产保值增值能力的主要指标

企业资产的保值增值能力是以企业实现的利润和净资产的增减变化为依据的。因为股权交易只是实现了资产的重新组合,并为资产的增值创造可能,而净资产的变化可以如实反映所有者权益变动情况。具体指标包括资本保值增值率、资本积累率和权益资本经济附加价值等。

1. 资本保值增值率

资本保值增值率是指企业本年年末所有者权益扣除客观增减因素后同年初所有者权益的比率。该指标表示企业当年资本在企业自身的努力下的实际增减变动情况,反映了投资者投入企业资本的保全性和增长性。该指标越高,表明企业的资本保全状况越好,所有者权益增长越快,债权人的债务越有保障,企业发展后劲越强。其计算公式为:

$$资本保值增值率 = \frac{年初所有者权益 + 本年利润}{年初所有者权益} \times 100\%$$

或

$$资本保值增值率 = \frac{扣除客观因素后的年末所有者权益}{年初所有者权益} \times 100\%$$

值得注意的是,所有者权益由实收资本、资本公积、盈余公积和未分配利润构成,四个项目中任何一项发生变动都将引起所有者权益总额的变动。至少有两种情形并不反映真正意义的资本保值增值:

(1) 本期投资者追加投资,使企业的实收资本增加,还可能产生资本溢价、资本

折算差额,从而引起资本公积变动。

(2) 本期接受外来捐赠、资产评估增值导致资本公积增加。

况且,本期资本的增值不仅表现为期末账面结存的盈余公积和未分配利润的增加,还应包括本期企业向投资者分配的利润,而分配了的利润不再包括在期末所有者权益中。所以不能简单地将期末所有者权益的增长理解为资本增值,期末所有者权益未减少理解为资本保值。

2. 资本积累率

资本积累率即股东权益增长率,是指企业本年所有者权益增长额同年初所有者权益的比率。资本积累率表示企业当年资本的积累能力,是评价企业发展潜力的重要指标。

所有者权益增长率是指企业新增所有者权益与原有所有者权益的比值。其计算公式为:

$$资本积累率 = \frac{本年所有者权益增值额}{年初所有者权益} \times 100\%$$

或

$$资本积累率 = \frac{本年归属于母公司所有者权益增值额}{年初归属于母公司所有者权益} \times 100\%$$

资本积累率是企业当年所有者权益总的增长率,反映了企业所有者权益在当年的变动水平,体现了企业资本的积累情况,是企业发展强盛的标志,也是企业扩大再生产的源泉,展示了企业的发展潜力。该指标反映了投资者投入企业资本的保全性和增长性。该指标越高,表明企业的资本积累越多,企业资本保全性越强,应付风险、持续发展的能力越大。该指标如为负值,表明企业资本受到侵蚀,所有者利益受到损害,应予充分重视。

【例 6-8】 根据表 6-2,计算新华制药 2017 年和 2018 年的资本保值增值率和资本积累率。

$$2017 年资本保值增值率 = \frac{2\ 079\ 307\ 425.65 + 281\ 043\ 119.59}{2\ 079\ 307\ 425.65} \times 100\% = 113.52\%$$

$$2017 年资本积累率 = \frac{2\ 579\ 453\ 380.81 - 2\ 079\ 307\ 425.65}{2\ 079\ 307\ 425.65} \times 100\% = 24.05\%$$

$$2018 年资本保值增值率 = \frac{2\ 579\ 453\ 380.81 + 217\ 899\ 692.42}{2\ 579\ 453\ 380.81} \times 100\% = 108.45\%$$

$$2018 年资本积累率 = \frac{2\ 796\ 553\ 032.08 - 2\ 579\ 453\ 380.81}{2\ 579\ 453\ 380.81} \times 100\% = 8.42\%$$

计算结果表明,新华制药 2017 年和 2018 年的资本保值增值率均大于 100%,实现了资本增值的目标,2018 年的资本保值增值率比上年略有下降(下降了 5.07%);2018 年的资本积累率较上年下降幅度较大(下降了 15.64%),主要原因是 2017 年非公开发行股票,不过也有部分原因是 2018 年资本保值增值率下降,需要引起一定的关注。从总体上看,新华制药在实现资本增值和股东利润分配的基础上,保持了良好的资本积累比例,为公司未来的可持续发展提供了保障。

3. 权益资本经济附加值

权益资本经济附加值又称经济增加值,这是一个我们不经常用到的指标和概念。所谓权益资本经济附加值,即考虑了所得税影响和扣除资本成本后的企业利润指标。以 EVA 表示权益资本经济附加值,其计算公式为:

$$EVA = 税后利润 + 利息 \times (1 - 所得税率) - 资本成本费用$$

其中

$$税后利润 = 营业利润 - 所得税额$$

$$资本成本费用 = 总资本 \times 综合资本成本率$$

$$总资本 = 权益资本(所有者权益) + 负债资本(企业负债)$$

$$\frac{综合资本}{成本率} = \frac{权益资本}{成本率} \times \frac{权益资本}{结构} + \frac{税前负债资本}{成本率} \times \frac{负债资本}{结构}$$

当 $EVA < 0$ 时,表明企业当年的资本在运营中流失,至少丧失了权益资本的时间价值或者说存入银行的机会利息收益;当 $EVA = 0$ 时,企业虽有税后利润,但无附加价值,说明企业当年事实上只是"保本";当 $EVA > 0$ 时,企业不仅有税后利润,而且抵减资金时间价值之外还有"剩余",并排除了潜亏的隐患。

因此,只有当 $EVA > 0$ 时,企业投资才能算是增值。EVA 是绝对数,在不同的企业中,由于资本总额不同,比较其经济效益和经营管理水平时可用单位资本 EVA 值或单位权益资本 EVA 值来判断。

权益资本经济附加值能够真正体现企业经营期间(每一会计期间)是否保值增值,该指标弥补了传统核算中的缺陷,从税后利润中扣除资本费用,真正反映了生产经营盈利和新增加的经济价值,能够全面、准确评价企业经济效益的核算效果,并为企业资产保值增值提供了客观衡量标准。

由于各国(地区)的会计制度和资本市场现状存在差异,经济附加值的计算方法也不尽相同。主要的困难在于:一是在计算税后净利润和投入资本总额时需要对某些会计报表科目的处理方法进行调整,以消除根据会计准则编制的财务报表对企业真实情况的扭曲;二是资本成本的确定需要参考资本市场的历史数据。

推荐读物

[1] 卡伦·P·舍尼贝克,马克·P·霍尔兹曼.财务报表分析与解读[M].6 版.韩沚清,付莉,译.北京:电子工业出版社,2014:75-85.

[2] 斯蒂芬·H.佩因曼,林小驰,王立彦.财务报表分析与证券定价[M].3 版.北京:北京大学出版社,2013:256-279.

思考与案例讨论

1. 所有者权益变动表有哪些方面的作用？它与资产负债表、利润表和现金流量表关系如何？

2. 简述所有者权益变动表横向项目和纵向项目分析的主要内容。

3. 所有者权益变动表结构分析中应注意哪些方面的问题？

4. 什么是资本保值增值率？如何理解保值增值的内涵？

5. 阅读福耀玻璃年报相关内容(见书后附录)，并结合本章引导案例回答以下问题：

(1) 试对该公司所有者权益变动表作横向项目和纵向项目分析。

(2) 计算该公司的资本保值、增值相关指标。

(3) 该公司股权结构方面有何问题？试作出解释和评价。

第七章 财务报表附注分析

学习目标

通过本章学习,了解财务报表附注的作用,熟悉财务报表附注的基本内容;掌握会计政策、会计估计变更和前期差错更正披露以及资产负债表日后事项披露的内容及其分析;重点掌握关联方披露和现金流量表附注的内容及其分析方法;学会利用财务报表附注全面准确地解读财务报表相关信息。

引导案例①

本刊曾在今年第 4 期《被实际控制人"利用"的东方金钰》一文中,针对东方金钰的关联公司泰丽宫无偿占用上市公司品牌的问题进行了详细报道,刊发后引起了市场极大关注。东方金钰证券部人士曾致电本刊,解释为"实际控制人已经在四季度对外转让了泰丽宫的股权,不再构成上市公司的关联方",但从事后来看这显然是谎言,因为在东方金钰年报中,泰丽宫仍然是重要的关联方,与上市公司保持着"实际控制人附属企业"的关联关系。

而且在年报的"关联交易"部分披露,2011 年,东方金钰与泰丽宫之间并未发生购销业务,但是该公司 2011 年半年报中却披露,上半年向泰丽宫销售商品发生额为 57.88 万元,难道 2011 年上半年不属于全年的核算范畴?究竟是年报中说了谎,还是半年报中存在虚假披露?

① 资料来源:摘自 2012 年 5 月 2 日《证券时报网》(略改动)。

此外,东方金钰年报中细项财务数据披露则更是光怪离奇,甚至不排除财务舞弊的嫌疑。先说明一点的是,存在于东方金钰往来款中的数据矛盾不会来自该公司合并范围的变更,至少在2010年年末、2011年半年报和2011年报的合并范围未发生过变化。

离奇增加的应收账款

东方金钰年报披露,截至2011年年末,应收账款第二大客户为自然人郑耿坚,对其应收余额1626.9万元,账龄为"1~2年"。这意味着对自然人郑耿坚的这笔欠款账龄已经超过1年,应当体现在2011年半年报中,且金额不会少于1626.9万元。

但是在东方金钰2011年半年报中,应收账款前五大客户名单中并未见郑耿坚,且应收账款余额第五名涉及金额已降至142.97万元。如果半年报披露信息是正确的,年报中出现的1626.9万元1年以上应收账款又是从哪里冒出来的?

1500万元巨款不翼而飞?

在东方金钰2010年报中,其他应收款第一大客户为"深圳市行行行实业有限公司",涉及余额为1412.18万元,而在2011年报中已经从其他应收款主要客户名单中消失,这应当对应着这笔款绝大部分已经收回,同时应当体现在现金流量表"收到其他与经营活动有关的现金"项目当中。

但事实上根据现金流量表附注披露,当期"收到其他与经营活动有关的现金"项目发生额构成中并未包含有"深圳市行行行实业有限公司"。尽管其中包含有"其他"项目,但是涉及金额显然无法与应收回的1412.18万元同日而语,那么东方金钰应收"深圳市行行行实业有限公司"将近1500万元的欠款不翼而飞了吗?

隐瞒关联方债务?

其他应付款也存在类似的矛盾,而且这一次问题则是出在了关联方"云南兴龙实业有限公司"身上。2011年年末余额为549.67万元,而上年年末对其其他应付款余额为3956.14万元,这意味着2011年度关联方非经营性欠款余额净减少了3406.47万元,同样应当体现在现金流量方面。

但是根据现金流量表附注的信息披露,针对该客户2011年"支付其他与经营活动有关的现金"发生额为2875.67万元,同时"收到其他与经营活动有关的现金"没有发生额,由此计算当年对云南兴龙的其他应付款余额应当净减少2875.67万元,与连续两年年报中其他应收款余额变化明显不符。这也意味着东方金钰不仅在其他应付往来款余额的信息披露存在重大错报,而且还涉嫌隐瞒关联方债务余额。

事实上,在东方金钰的经营中还有太多的谜团尚未解开。例如,针对长期借款的披露:"公司全资子公司深圳市东方金钰珠宝实业有限公司向中国建设银行深圳分行贷款3亿元,担保情况如下:瑞丽姐告金龙房地产开发有限公司用其所拥有的土地使用权瑞国用(2010)第1~50号提供抵押;深圳市东方金钰珠宝实业有限公司的翡翠存货22 897件价值不低于12亿元提供质押;本公司、云南兴龙珠宝有限公司、云南兴龙实业有限公司、公司董事长赵兴龙、赵宁提供连带责任保证。"

针对这笔金额仅3亿元的贷款,却需要提供账面价值12亿元的翡翠原料作为质押,是否意味着在金融机构眼里,这些翡翠原料的实际价值严重名不副实?仅质押存货还不够,还要提供土地使用权抵押,并由股东作出连带责任保证,是否说明东方金钰在银行眼里信誉不佳?将12亿元翡翠原料选择"质押"的方式换成"长期"借款,是否意味着东方金钰已经预期这部分存货在未来很长时间里难以出售?

重要概念

财务报表附注(notes to financial statements)

关联方披露(related party disclosure)

会计政策(accounting policies)

会计估计(accounting estimates)

差错更正(error correction)

资产负债表日后事项(events after the balance sheet date)

第一节　财务报表附注概述

一、财务报表附注的主要内容

财务报表附注是对资产负债表、利润表、现金流量表和所有者权益变动表等报表中列示项目的文字描述或明细资料,以及对未能在这些报表中列示项目的说明等。财务报表中各项目通常以加总的数字数据列示,而数据背后的业务、明细以及非数字信息无法完全地体现出来。从这一角度来说,财务报表不能很好地满足使用者的信息需求,这就需要在报表之外有一个补充说明,来阐述报表没有充分表达的信息,解释重要项目数据的来源,这个补充说明就是附注。就像《易经》难懂一样,我们在后面加上注解,以便我们理解。附注是财务报表的重要组成部分,一般应当按照如下顺序披露有关内容。

1. 公司的基本情况

企业应当在这一部分说明企业注册地、组织形式和总部地址;企业的业务性质和主要经营活动;母公司以及集团最终母公司的名称;财务报告的批准报出者和财务报告批准报出日;以及按照有关法律、行政法规等规定,企业所有者或其他方面有权对报出的财务报告进行修改的事实等情况。

2. 财务报表的编制基础

企业应当披露是在何种基础上编制的财务报表。一般情况下,是以持续经营为基础编制财务报表。

在编制财务报表时,企业应当对持续经营的能力进行估计。如果已决定进行清算或停止营业,或者已确定在下一个会计期间将被迫进行清算或停止营业,则不应再以持续经营为基础编制财务报表。如果财务报表不是以持续经营为基础编制的,则企业应当在财务报表附注中首先对此予以披露,并进一步披露财务报表的编制基础,以及企业未能以持续经营为基础编制会计报表的原因。

3. 遵循会计准则的声明

企业应当声明编制的财务报表符合《企业会计准则》的要求,真实、完整地反映了自身的财务状况、经营成果和现金流量等有关信息。

4. 重要会计政策和会计估计

(1) 重要会计政策的说明。企业应当披露采用的重要会计政策,并结合企业的具体实际披露其重要会计政策的确定依据和财务报表项目的计量基础。其中,会计政策的确定依据主要是指企业在运用会计政策过程中所做的重要判断,这些判断对在报表中确认的项目金额具有重要影响。比如,企业如何判断持有的金融资产是持有至到期的投资而不是交易性投资,企业如何判断与租赁资产相关的所有风险和报酬已转移给企业从而符合融资租赁的标准,投资性房地产的判断标准是什么等。财务报表项目的计量基础包括历史成本、重置成本、可变现净值、现值和公允价值等会计计量属性,如存货是按成本还是按可变现净值计量等。

(2) 重要会计估计的说明。企业应当披露重要会计估计,并结合企业的具体实际披露其会计估计所采用的关键假设和不确定因素。重要会计估计的说明,包括可能导致下一个会计期间内资产、负债账面价值重大调整的会计估计的确定依据等。例如,固定资产可收回金额的计算需要根据其公允价值减去处置费用后的净额与预计未来现金流量的现值两者之间的较高者确定,在计算资产预计未来现金流量的现值时需要对未来现金流量进行预测,并选择适当的折现率,企业应当在附注中披露未来现金流量预测所采用的假设及其依据、所选择的折现率的合理性等。又如,对于正在进行中的诉讼提取准备,企业应当披露最佳估计数的确定依据等。

5. 会计政策和会计估计变更以及差错更正的说明

企业应当说明会计政策和会计估计变更的批准程序,变更的内容、原因及其影响金额。如果累计影响金额无法合理确定,还应披露无法合理确定的原因。

对于会计差错更正,应当逐笔披露重大会计差错更正的内容、原因及金额。

6. 报表重要项目的说明

企业应当按照资产负债表、利润表、现金流量表、所有者权益变动表及其项目列示的顺序,采用文字和数字描述相结合的方式披露报表重要项目的说明。报表重要项目的明细金额合计,应当与报表项目金额相衔接。

企业还应当在附注中披露如下信息:

(1)费用按照性质分类的利润表补充资料,可将费用分为耗用的原材料、职工薪酬费用、折旧费用、摊销费用等。

(2)关于其他综合收益各项目的信息,包括其他综合收益各项目及其所得税影响、其他综合收益各项目原计入其他综合收益当期转出计入当期损益的金额;其他综合收益各项目的期初和期末余额及其调节情况。

(3)在资产负债表日后、财务报告批准报出日前提议或宣布发放的股利总额和每股股利金额(或向投资者分配的利润总额)。

(4)终止经营的收入、费用、利润总额、所得税费用和净利润,以及归属于母公司所有者的终止经营利润。

7. 其他需要说明的重要事项

其他需要说明的重要事项包括或有和承诺事项、资产负债表日后非调整事项、关联方关系及其交易等需要说明的事项等,以及有助于财务报告使用者评价企业管理资本的目标、政策及程序的信息。

二、财务报表附注的优点和局限性

(一)财务报表附注的优点

1. 财务报表附注拓展了财务信息的内容

财务报表附注打破了四张主表内容必须符合会计要素定义的约束,打破了会计信息必须同时满足"相关性"和"可靠性"的限制。财务报表具有一个规范的模式,所有的交易和事项都必须按一定的方法以数字的形式列示出来。而财务报表附注的形式更加灵活,给了企业展示自己的空间,可以通过多种表达方法来传达会计数据无法表达的信息。

2. 财务报表附注突破了提供信息必须使用货币计量的局限性

财务报表中的项目是固定的,能够列示的项目必须是可以用货币计量的,无法用货币计量的项目就不能在财务报表中体现。而财务报表附注很好地突破了这一限制。

3. 财务报表附注能够增强会计信息的可理解性

财务报表附注作为对财务报表的补充,能更好地诠释"财务报告是为其使用者提供有助于经济决策的信息"的本质。

4. 财务报表附注能够提高会计信息的可比性

例如,通过披露会计政策变更的原因、性质和影响,有利于财务报表使用者对同行业企业的经营业绩进行比较,增强了不同企业之间会计信息的可比性。

（二）财务报表附注的局限性

虽然财务报表附注具有以上多方面优点,但是,就我国目前编制的财务报表附注来看,其仍然存在很多问题,主要表现在以下几个方面。

1. 财务报表附注信息披露没有规范性要求和原则性限制

财务报表附注作用的有效发挥,依赖于其信息的充分披露。然而,就我国目前情况来看,很多重要信息在财务报表附注中并没有体现,有的企业甚至故意避重就轻,尽量避免披露过多的信息。因此,财务报表使用者很难获得充分的信息,无法了解企业的真实状况,不利于投资者的经济决策。

2. 财务报表附注内容滞后

由于企业管理层有意或无意的行为,财务报表附注披露的信息往往是滞后的。特别是或有事项、担保事项等可能影响财务报表使用者对企业评价的信息,企业会有意拖延披露,这实际上是一种对财务报表使用者的欺骗行为。

3. 财务报表附注较易掺杂虚假信息

财务报表附注不具有固定的格式,如果管理层有意在附注中披露虚假信息,企业外部人很难识别,从而容易被误导而出现危害自身利益的错误决策。

三、财务报表附注分析的主要内容

（一）宏观经济环境分析

通过财务报表附注中阐述的企业经营环境和背景,从中洞悉宏观经济环境,进行经济周期变动分析、经济指标变动分析等,也可以根据宏观形势来判断企业的生存环境,并对未来作合理预期。

（二）宏观经济政策分析

通过财务报表附注中对执行财政政策的表述,进行财政政策变动分析、货币金融政策变动分析。例如,2006 年新企业会计准则的颁布实施,基本上在各个企业财务报表附注中均有体现。

（三）行业分析

企业对自身行业的描述和说明,有助于报表使用者对行业的市场类型、行业的生命周期、行业变动的影响因素有更深的了解,从而能够对企业在整个行业中的位置作出清晰的定位和判断。

(四)企业分析

财务报表附注可以帮助报表使用者了解目标企业的经营管理、技术开发、产品市场、发展前景,以便作出准确的投资决策。

(五)财务报表附注中重要项目分析

一般来说,财务报表分析应该全方面审查、立体式审核,但是基于成本效益原则以及重要性原则,我们通常重点分析财务报表中的重要项目。因为一方面有些项目虽然是报表中必不可少的部分,但是财务准则赋予它的选择性和灵活性很低,不大容易出问题;另一方面这些项目的数据很直观,可能没有太多复杂的内容构成,如货币资金等。所以这里选择几个财务报表重要项目加以着重分析,包括应收账款、存货、应付职工薪酬、营业外收入等。

1. 应收账款

应收账款是企业因销售产品、材料、提供劳务等经济活动而应向购货方、接受劳务的单位或个人收取的款项。形成应收账款的直接原因就是赊账销售。因为应收账款与企业实现的销售收入与企业现金流等密切相关,是企业运营的重要分析指标。

应收账款数额大小不是主要问题,对于信用好的客户,可能数额较大但其回收周期短而风险小,但是对于信用差的客户,可能一笔应收账款就是一笔坏账,所以企业应注意客户分类管理。我们在关注企业应收账款时也要利用好财务报表附注,因为里面有大量的细节信息,包括每一个客户应履行付款的金额,每一笔账款分别对应的赊账时间,是否进行相应坏账准备处理,有无其他风险说明等。

另外,对于应收账款的分析还应注意以下问题:

(1)是否存在"虚假销售"问题,即通过虚构收入交易,一面增加应收账款,一面增加收入。要想知道企业是否有虚假销售的嫌疑,要联系利润表中"营业收入"、现金流量表的"销售商品、提供劳务收到的现金"以及资产负债表中的"应收账款"等项目综合分析,看销售现金比率是否异常等来判断销售收入的质量。

(2)利用"坏账准备"调节操控利润。由于应收账款提取坏账准备存在很大的操作空间,很多企业利用这个自由选择权来调节、增加自身利益。举例来说,公司面临亏损,它就会倾向于选择较低的计提比例。又如,在利润丰厚的年度大幅计提坏账准备,在经营不好的年份冲回坏账准备,从而将坏账准备作为利润的调节器。

2. 存货

对存货进行分析时,应当既从存货绝对额的变化进行分析,也应当从存货结构的变化进行分析。存货结构变化是指存货各个组成项目占存货总额比例的变化,通过存货结构变化分析能够比存货绝对值分析获得更多的信息,包括各项目占存货比例大小变化、逐年增减变动幅度等。

通过对存货的分析,能够观察出企业目前的经营状况以及战略方向。例如,如果企业的产成品所占比重较大,而原材料的比重减少,说明企业的产品可能出现积压情况,生产减缓;如果企业的产成品比重下降,原材料比重上升,可能说明企业的产品适销对路,并且企业打算扩大生产规模。在分析时,要结合企业披露的其他有关信息综合分析。

【例7-1】 根据表7-1新华制药2016年至2018年存货明细表,对其进行存货分析。

表7-1 新华制药 2016—2018 年存货明细表　　　　单位:元

项目	2016 年	2017 年	2018 年
原材料	64 373 698.00	91 549 121.72	83 468 227.04
在产品	106 017 664.27	116 378 913.89	142 459 611.41
库存商品	298 917 559.87	398 526 137.61	578 646 414.64
开发成本	76 271 249.69	91 816 382.90	130 379 645.39
低值易耗品	12 067 265.42	13 100 439.91	14 929 729.24
特准储备物资	1 839 696.49	1 839 696.49	1 839 696.49
合计	559 487 133.74	713 210 692.52	951 723 324.21

首先,进行绝对额变动分析如表7-2所示。

表7-2 存货绝对额变动分析表

项目	2017 年		2018 年	
	变动金额(元)	变动幅度	变动金额(元)	变动幅度
原材料	27 175 423.72	42.22%	−8 080 894.68	−8.83%
在产品	10 361 249.62	9.77%	26 080 697.52	22.41%
库存商品	99 608 577.74	33.32%	180 120 277.03	45.20%
开发成本	15 545 133.21	20.38%	38 563 262.49	42.00%
低值易耗品	1 033 174.49	8.56%	1 829 289.33	13.96%
特准储备物资	0.00	0.00%	0.00	0.00%
合计	153 723 558.78	27.48%	238 512 631.69	33.44%

从表7-2可以看出,2017年存货总额比上年上升了27.48%,其中原材料、库存商品和开发成本分别增加了42.22%、33.32和20.38%%,是导致存货增加的三大主要原因。根据2017年年报披露,存货上升的主要原因是本年度为应对冬季错峰生产不确定性因素而备货,部分产成品及原材料上升较大所致。2018年存货总额比2017年又上升了33.44%,其中原材料下降了8.83%,库存商品、开发成本和在产品分别增加了45.20%、42.00%和22.41%,是导致存货增加的三大主要原因。根据2018年年报披露,存货上升的主要原因是本年度为应对冬季生产不确定性因素而备货,部分产成品上升较大。

其次,对存货进行结构分析如表7-3所示。

表7-3 存货结构分析表

项目	2016年	2017年	2018年
原材料	11.51%	12.84%	8.77%
在产品	18.95%	16.32%	14.97%
库存商品	53.43%	55.88%	60.80%
开发成本	13.63%	12.87%	13.70%
低值易耗品	2.16%	1.84%	1.57%
特准储备物资	0.33%	0.26%	0.19%
合计	100.00%	100.00%	100.00%

由表7-3可知,库存商品一直占据公司存货的一半以上,而且呈现逐年上升态势,2018年达到了60.80%,可见存货周转率下降的主要原因是产成品积压导致的(见[例4-4])。原材料和在产品的占比大致呈现缓慢下降的趋势,尤其是2018年原材料占比下降幅度较大。开发成本占比基本稳定在13%左右的水平,低值易耗品和特准储备物资占比都很小。

综上所述,新华制药存货逐年上升态势明显,库存商品成为其存货管理的重点。尽管公司加大了原材料采购成本和库存量等控制措施,其库存商品仍然增速较快,影响了公司整体的存货周转率。公司应该在应对冬季生产不确定性因素而备货的前提下,做好市场需求预测,有效控制库存商品占比,同时在加大营销力度的同时,采取更为灵活的信用政策,降低库存商品比重,提高存货管理效率。

3. 应付职工薪酬

应付职工薪酬是指企业为获得职工提供的服务而给予各种形式的报酬以及其他相关支出,主要包括短期薪酬、离职后福利中的设定提存计划负债、其他长期职工福利中的符合设定提存计划条件的负债以及辞退福利中将于资产负债表日后 12 个月内支付的部分。其中的短期薪酬包括应当支付给职工的工资、奖金、津贴和补贴及其期末应付未付金额;应当为职工缴纳的医疗保险费、工伤保险费和生育保险费等社会保险费及其期末应付未付金额;应当为职工缴存的住房公积金及其期末应付未付金额;为职工提供的非货币性福利;依据短期利润分享计划提供的职工薪酬金额;其他短期薪酬。

对应付职工薪酬的分析,应检查应付职工薪酬的总体合理性:分析比较近期各年度和本年度各个月份工资变动情况,判断其变动有无异常;将本年度产品生产成本中直接人工费用与前期比较,查明其异常波动原因;将本年度管理费用中人工费用与前期比较,如有变动应取得管理当局有关员工工薪变动的决议;检查应付职工薪酬的发生额与费用的勾稽关系是否无误。

【例 7-2】 根据表 7-4 新华制药 2016 年至 2018 年应付职工薪酬余额及增减变动,对其进行职工薪酬分析。

表 7-4　新华制药应付职工薪酬余额及增减变动情况　单位:元

项目	年初余额	本年增加	本年减少	年末余额
2016 年	30 882 312.65	577 916 301.66	542 720 026.49	66 078 587.82
2017 年	66 078 587.82	605 532 321.97	603 150 166.06	68 460 743.73
2018 年	68 460 743.73	703 688 705.11	698 692 802.04	73 456 646.80

表 7-5　应付职工薪酬水平分析表

项目	2017 年		2018 年	
	变动金额(元)	变动幅度	变动金额(元)	变动幅度
期初余额	35 196 275.17	113.97%	2 382 155.91	3.61%
本期增加	27 616 020.31	4.78%	98 156 383.14	16.21%
本期减少	60 430 139.57	11.13%	95 542 635.98	15.84%
期末余额	2 382 155.91	3.61%	4 995 903.07	7.30%

从表 7-4 和表 7-5 可以看出,新华制药在 3 年时间里,应付职工薪酬计提(本期增加)从 5.8 亿元增加到 7 亿元,支付现金薪酬(本期减少)也从 5.4 亿元增加到近 7亿元。2017 年应付职工薪酬(本期增加)比上年多计提 4.78%,实际现金薪酬(本期减少)比上年多支付 11.13%;2018 年应付职工薪酬(本期增加)比上年多计提16.21%,实际现金薪酬(本期减少)比上年多支付 15.84%。2017 年期初余额比上年

增加 113.97%,主要原因是 2016 年应付职工薪酬计提数超出实际支付数过多导致的。其他年度的期初余额和期末余额变动幅度都不大。公司年报附注披露,2016 年至 2018 年的集团员工分别有 6 346 人、6 384 人和 6 357 人,公司人均薪酬支付额分别是 85 521.59 元、94 478.41 元和 109 909.20 元,年均增速为 14% 左右。

表 7-6 和表 7-7 显示了新华制药同期的公司营业收入、净利润及经营活动现金净流量变动情况。

表 7-6　公司营业收入、净利润及经营活动现金净流量　　单位:元

项目	2016 年	2017 年	2018 年
营业收入	4 014 963 065.74	4 515 716 784.19	5 207 868 838.88
净利润	133 047 273.87	221 248 751.89	274 283 989.92
经营活动现金净流量	439 348 332.79	389 971 809.35	344 609 119.10

表 7-7　公司营业收入、净利润及经营活动现金净流量水平分析

项目	2017 年		2018 年	
	变动金额	变动幅度	变动金额	变动幅度
营业收入	500 753 718.45	12.47%	692 152 054.69	15.33%
净利润	88 201 478.02	66.29%	53 035 238.03	23.97%
经营活动现金净流量	−49 376 523.44	−11.24%	−45 362 690.25	−11.63%

从表 7-6 和表 7-7 可以看出,公司净利润和经营活动现金流量的变化与职工薪酬变化相关性不强,2017 年净利润增长了 66.29%,而职工薪酬计提只增长了 4.78%,2018 年净利润增长了 23.97%,职工薪酬计提也只增长了 16.21%;2017 年和 2018 年职工薪酬支付分别增长了 11.13% 和 15.84%,但经营活动现金流量都是负增长。职工薪酬增长率落后于净利润增长率,但高于经营活动现金流量增长率。进一步分析看到,不论从职工薪酬计提还是人均薪酬支付来看,公司职工薪酬增长情况与公司营业收入增长较为匹配,增长率总体在 14%~16% 的区间内,比较符合多数医药行业薪酬与销售相关联的激励机制。但这种激励机制往往容易偏离利润目标,有时也会影响企业的现金流量获取能力。

有关该公司应付职工薪酬增长的具体原因,还需要考察其应付职工薪酬、销售及管理费用明细表的结构和现金流量表中支付给职工以及为职工支付的现金等情况,以判断其职工薪酬计提和支付的合理性以及是否存在盈余管理。

4. 营业外收入

营业外收入是指与企业生产经营活动没有直接关系的各种收入。营业外收入并

不是由企业经营资金耗费所产生的,不需要企业付出代价,实际上是一种纯收入,不可能也不需要与有关费用配比。营业外收入主要包括企业发生的除营业利润以外的收益,主要包括债务重组利得、与企业日常活动无关的政府补助、盘盈利得、捐赠利得(企业接受股东或股东的子公司直接或间接的捐赠,经济实质属于股东对企业的资本性投入的除外)等。

有些企业营业外收入奇高,就要引起关注。当然不能说营业外收入多就说明企业有问题,只能说如果一个企业利润大部分是由营业外利润构成,而主营业务利润很低,可能其经营情况和业绩值得关注,或者分析其营业外收入构成是否存在问题等。例如,有的企业就利用应税销售收入转换为营业外收入的手段,规避流转税。

【例 7-3】 对新华制药 2016 年至 2018 年的营业外收入明细表(如表 7-8 所示)进行分析。

表 7-8　营业外收入明细表　　　　　　　　　单位:元

项目	2016 年	2017 年	2018 年
政府补助	19 010 196.17	6 603 263.75	830 200.00
其他	2 517 128.77	4 317 352.20	1 827 176.13
合计	21 527 324.94	10 920 615.95	2 657 376.13

从表 7-3 可以看出,该公司营业外收入总额基本保持在 2000 万元以内,且呈下降趋势,2018 年仅有 200 多万元。从营业外收入构成来看,主要来自政府补助,前两年占比分别为 88% 和 60%,但 2018 年占比仅为 31%,金额只有 83 万元。原因主要是 2017 年政府补助准则修订后,与企业日常经营活动相关的政府补助计入了其他收益(参见[例 4-2])。按照新华制药年度报表附注披露,上述营业外收入均计入当年的非经常性损益。

总之,营业外收入值得关注,通过该项目可以评价企业收入质量,分析企业是否存在盈余迹象等,是财务报表分析的重点项目。

第二节　关联方披露及其分析

关联方关系及其交易是财务报表附注中必须披露的信息。《企业会计制度》针对关联方关系及其交易的披露,规定了关联方关系及其交易在财务会计报告中披露的原则及方法,它提出了关联方关系的判断标准、关联方交易的类型、信息披露应包含的内容等,有助于会计信息使用者了解真实的财务状况和经营成果。

一、关联方关系及其交易的相关概念

1. 关联方

在财务和经营决策中,如果一方有能力控制另一方或对另一方施加重大影响,则它们视为关联方。关联方以各方之间的影响为前提,这种影响包括控制或被控制、共同控制或被共同控制、施加重大影响或被施加重大影响,即建立控制、共同控制和施加重大影响是关联方存在的主要特征。

控制是指有权决定一个企业的财务和经营政策,并能据以从该企业的经营活动中获取利益。

共同控制是指按照合同约定对某项经济活动所共有的控制,仅在与该项经济活动相关的重要财务和经营决策需要分享控制权的投资方一致同意时存在。

重大影响是指对一个企业的财务和经营政策有参与决策的权力,但并不能够控制或者与其他方一起共同控制这些政策的制定。

构成企业关联方的各方包括以下几类:

(1) 该企业的母公司。

(2) 该企业的子公司。

(3) 与该企业受同一母公司控制的其他企业。

(4) 对该企业实施共同控制的投资方。

(5) 对该企业施加重大影响的投资方。

(6) 该企业的合营企业。

(7) 该企业的联营企业。

(8) 该企业的主要投资者个人及与其关系密切的家庭成员。主要投资者个人是指能够控制、共同控制一个企业或者对一个企业施加重大影响的个人投资者。

(9) 该企业或其母公司的关键管理人员及与其关系密切的家庭成员。关键管理人员是指有权力并负责计划、指挥和控制企业活动的人员。与主要投资者个人或关键管理人员关系密切的家庭成员是指在处理与企业的交易时可能影响该个人或受该个人影响的家庭成员。

(10) 该企业主要投资者个人、关键管理人员或与其关系密切的家庭成员控制、共同控制或施加重大影响的其他企业。

但是,需要注意的是,仅与企业存在下列关系的各方,不构成企业的关联方:

(1) 与该企业发生日常往来的资金提供者、公用事业部门、政府部门和机构。

(2) 与该企业发生大量交易而存在经济依存关系的单个客户、供应商、特许商、经销商或代理商。

(3) 与该企业共同控制合营企业的合营者。

（4）仅仅同受国家控制而不存在其他关联方关系的企业，不构成关联方。

2. 关联方交易

关联方交易是指关联方之间转移资源、劳务或义务的行为，而不论是否收取价款。

关联方交易的类型通常包括下列几类：购买或销售商品，购买或销售商品以外的其他资产，提供或接受劳务，担保，提供资金（贷款或股权投资），租赁，代理，研究与开发项目的转移，许可协议，代表企业或由企业代表另一方进行债务结算，关键管理人员薪酬。

二、关联方交易的披露

（一）企业会计准则对关联方交易披露的规定

我国《企业会计准则第 36 号——关联方披露》规定，企业无论是否发生关联方交易，均应当在附注中披露与母公司和子公司有关的下列信息。

1. 母公司和子公司的名称

如果母公司不是该企业最终控制方的，还应当披露最终控制方名称。

如果母公司和最终控制方均不对外提供财务报表的，还应当披露母公司之上与其最相近的对外提供财务报表的母公司名称。

2. 母公司和子公司的业务性质、注册地、注册资本（或实收资本、股本）及其变化

3. 母公司对该企业或者该企业对子公司的持股比例和表决权比例

当企业与关联方发生关联方交易时，应当在附注中披露该关联方关系的性质、交易类型及交易要素。交易要素至少应当包括：

（1）交易的金额。

（2）未结算项目的金额、条款和条件，以及有关提供或取得担保的信息。

（3）未结算应收项目的坏账准备金额。

（4）定价政策。

企业在财务报表附注中披露关联方交易时，应当分别关联方以及交易类型予以披露。类型相似的关联方交易，在不影响财务报表阅读者正确理解关联方交易对财务报表影响的情况下，可以合并披露。并且，会计准则明确规定，企业只有在提供确凿证据的情况下，才能披露关联方交易是公平交易。

（二）新企业会计准则规定的变化

2006 年的新企业会计准则更加强调重视关联方的披露，对关联方披露加以规范和完善，主要区别在于以下几方面。

1. 相关定义变化

（1）共同控制是指按合同约定对某项经济活动所共有的控制，仅在与该项经济活动相关的重要财务和生产经营决策需要分享控制权的投资方一致同意时存在。相

比原准则,本准则的定义更明确。

(2)重大影响是指对一个企业的财务和经营政策有参与决策的权力,而并不能够控制或者与其他方一起共同控制这些政策的制定,但未对重大影响的方式作出规定。原准则规定,重大影响是指对一个企业的财务和经营政策有参与决策的权力,但并不决定这些政策,参与决策的途径主要包括在董事会或类似的权力机构中派有代表、参与政策的制定过程、互相交换管理人员或使其他企业依赖于本企业的技术资料等。

2. 扩展了关联方的外延

比如,间接地对企业实施共同控制或施加重大影响的各方属于关联方;母公司的关键管理人员或与其关系密切的家庭成员属于关联方;受主要投资者个人、关键管理人员或与其关系密切的家庭成员直接或间接地控制、共同控制、重大影响的其他企业属于关联方。

3. 明确仅同受国家控制的企业不构成关联方关系

新准则规定,国家控制的企业间不因仅同受国家控制而成为关联方,但企业间存在准则规定的关联方关系时,彼此应视为关联方。原准则对此未明确规定。

4. 扩展了信息披露内容

新准则规定,关联方交易应当分别关联方以及交易类型予以披露。关联方交易披露的内容分为两类,即必须披露的内容和发生关联交易时才需披露的内容。

三、对关联方关系及其交易的分析

目前,关联方交易及其信息披露引起了越来越多的关注,这是因为存在关联方关系时,关联方之间的交易可能不是建立在公开交易基础上的。关联方之间进行交易时,不存在竞争性的、自由市场交易的条件,而且交易双方的关系常常以一种微妙的方式影响交易。甚至在某些情况下,关联方之间通过虚假交易可以达到粉饰经营业绩的目的。通过内部的串通和操纵完成的关联方交易,可以达到避税、虚增利润等目的。这样的交易并不是企业正常交易的结果,会扭曲企业正常的经营业绩。因此,为了减少此类关联方交易,需要在财务报表附注中对其进行信息披露,以使财务报表使用者了解关联方交易对企业经营成果的影响。

一部分关联方交易是建立在正常交易的基础上的,但是即使关联方交易是在公平交易基础上进行的,重要关联方交易的披露也是有用的,因为它提供了未来可能再发生,而且很可能以不同形式发生的交易类型的信息。财务报表使用者在对企业进行财务分析时,有必要考虑关联方交易的影响,以便作出正确决策。

【例7-4】 对新华制药2018年关联方交易进行分析。

该公司2018年报表附注披露显示,本公司控股股东为山东新华医药集团有限责任公司(以下简称新华集团),新华集团成立于1995年6月15日,属国有全资公司,注册资本为人民币 29 850.47 万元，其经营范围为：投资于建筑工程设计、房地产开发、餐饮；包装装潢、化工机械设备、仪器、仪表的制造、销售；化工产品（除化学危险品）销售；经营进出口业务（资质证范围内经营）。新华集团的控股股东为华鲁控股集团有限公司（以下简称华鲁控股），成立于 2005 年 1 月 28 日，注册资本人民币 30 亿元，属国有全资公司，经营范围为：以自有资金对化工、医药和环保行业（产业）投资；管理运营、咨询。其间接持

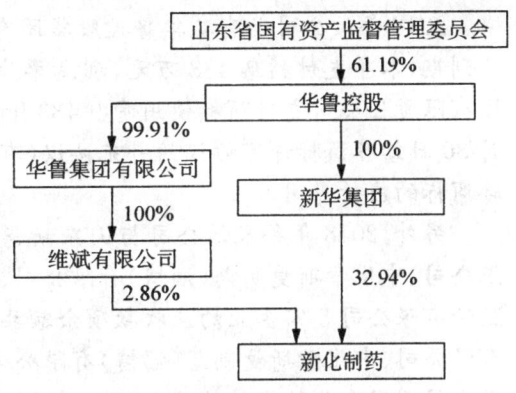

图 7-1　新华制药与实际控制人之间的产权关系

有山东华鲁恒升化工股份有限公司 32.39% 股份。新华制药与实际控制人之间的产权关系和控制关系如图 7-1 所示。

报表附注显示，该公司有 10 家全资子公司，2 家控股子公司。当年与本集团发生关联方交易，或前期与本集团发生关联方交易形成余额的其他合营或联营企业有 5 家（其中，受同一控股股东控制的企业 2 家，母公司之参股公司 1 家，子公司参股股东 1 家，最终控制人之子公司 1 家）。

2018 年与山东新华万博化工有限公司、中化帝斯曼制药（淄博）有限公司和山东华鲁恒升化工股份有限公司 3 家企业发生购买商品、接受劳务（采购化工原料和制剂原料）的关联交易共计 265 974 685.47 元，交易额比上年增长了 67.77%，占其当年营业成本和净利润的比例分别是 7.29% 和 96.97%。其中与山东华鲁恒升化工股份有限公司发生的关联交易额达到 187 900 824.62 元，占关联方购买总交易额的 70.65%。

2018 年与山东新华万博化工有限公司、中化帝斯曼制药（淄博）有限公司和美国百利高国际公司 3 家企业发生销售商品、提供劳务（销售动力、提供劳务及销售原料药）的关联交易共计 225 556 283.18 元，交易额比上年增长了 37.60%，占其当年营业收入和净利润的比例分别是 4.33% 和 82.23%。其中与美国百利高国际公司发生的关联交易额达到 211 394 420.14 元，占关联方销售总交易额的 93.72%。

按照新华制药报表附注披露，本公司与控股公司及其附属公司发生持续性关联交易内容为本公司向其采购化工原料、向其销售水电气及副产品，均按市场价格或协议价格定价，交易价格公允，不存在损害中小股东利益的情形，且履行了本公司内部的关联交易审批程序和所需的公告程序。但是从上述其与关联方的购销业务分析来看，该公司存在购销关联方集中和购销金额与净利润占比极高的现象。该公司是否存在盈余管理以及对其未来利润是否产生重大影响，应该引起投资者的高度关注。

2018年该公司尚有从华鲁控股集团有限公司拆入资金1亿元,2020年11月30日到期,本年支付利息438万元,利息率为4.38%。此外,该公司向山东新华医药集团有限责任公司支付商标使用费9 433 962.00元,系该公司与新华集团于2017年10月30日续签商标许可协议的补充协议(有效期至2020年12月31日)中使用"新华"牌商标的应付费用。

另外,2018年年末该公司与山东新华工贸股份有限公司、山东新华万博化工有限公司、中化帝斯曼制药(淄博)有限公司、美国百利高国际公司和山东华鲁恒升化工股份有限公司5家企业的应收款项余额共计23 938 215.72元;与山东新华万博化工有限公司、中化帝斯曼制药(淄博)有限公司、美国百利高国际公司和华鲁控股集团有限公司4家企业的应付款项余额共计14 199 223.19元。上述两项占该公司应收和应付款项总额的比例不大。

总之,新华制药2018年报表附注披露的关联方交易信息基本符合准则要求,公司关联方借款和占款等投融资情况基本正常,但其与关联方企业的购销活动存在较为显著的事项,对其未来购销业务及利润真实性是否构成影响,需要更多的细节披露以做进一步分析判断。

第三节　会计政策、会计估计变更和前期差错更正披露与分析

一、会计政策变更

1. 会计政策的概念及内容

会计政策是指企业在会计核算时所遵循的具体原则以及企业所采纳的具体会计处理方法。其中,具体原则是指企业按照《企业会计准则》和统一会计制度规定的原则所制定的、适合于本企业的会计制度中所采用的会计原则;具体会计处理方法是指企业在会计核算中对于诸多可选择的会计处理方法中所选择的、适合于本企业的会计处理方法。例如,谨慎原则是《企业会计准则》所规定的会计核算的一般原则之一,企业在具体运用谨慎原则时,如对短期投资采用成本与市价孰低法的情况下,是按投资总体计提短期投资跌价准备,还是按投资类别或单项投资计提,属具体的会计处理方法,可由企业根据自身情况加以选择。具体原则和具体会计处理方法也是指导企业进行会计核算的基础。

每个企业涉及的会计政策不一定完全相同。我国《企业会计准则》规定了主要的会计政策,包括以下内容:

(1) 综合性会计政策。综合性会计政策包括合并政策(包括企业合并和合并会计报表)、外币业务(包括外币业务处理及外币报表的折算)、估价政策、租赁、税收、利

息、长期工程合同、结账后事项等。

（2）资产项目。资产项目包括应收款项、存货计价、投资、固定资产计价及折旧、无形资产计价及摊销、递延资产的处理等。

（3）负债项目。负债项目包括应付项目、或有事项和承诺事项、退休金等。

（4）损益项目。损益项目包括收入确认、修理和更新支出、财产处理损益、非常损益等。

（5）其他。一般认为研究与开发、衍生金融工具、费用分配方法、成本计算方法等也是构成企业会计政策的重要方面。

2. 会计政策变更的概念

会计政策变更是指企业对相同的交易或事项由原来采用的会计政策改用另一会计政策的行为。比较常见的会计政策变更有：企业在对被投资单位的股权投资在成本法和权益法核算之间的变更，坏账损失的核算在直接转销法和备抵法之间的变更，外币折算在现行汇率法和时态法或其他方法之间的变更等。

我国企业会计准则规定，企业选用的会计政策不得随意变更，只有在符合下列条件之一时，企业可以变更会计政策：

（1）法律、行政法规或国家统一的会计制度等要求变更。当法律、行政法规以及国家统一的会计制度的规定要求企业采用新的会计政策时，企业应按规定改变原会计政策，采用新的会计政策。

（2）会计政策的变更能够提供更可靠、更相关的会计信息。由于经济环境、客观情况的改变，企业原来采用的会计政策所提供的会计信息可能已经不能恰当地反映企业的财务状况、经营成果和现金流量等情况。在这种情况下，企业应改变原有会计政策，按新的、适宜的会计政策进行核算，以对外提供更可靠、更相关的会计信息。因满足这一条件变更会计政策时，企业必须有充分、合理的证据表明其变更的合理性，并说明变更会计政策后，能够提供关于企业财务状况、经营成果和现金流量等更可靠、更相关会计信息的理由。

需要注意的是，以下情况不属于会计政策变更：本期发生的交易或者事项与以前相比具有本质差别而采用新的会计政策；对初次发生的或不重要的交易或者事项采用新的会计政策。

3. 会计政策变更对财务分析的影响

会计政策变更的目的是保证会计信息的可比性，使财务报表使用者在比较不同期间的财务报表时，能正确判断企业的财务状况、经营成果和现金流量。随意地变更会计政策必然会造成会计信息的混乱，因此，我国企业会计准则详细规定了允许会计政策变更的条件。

在上述条件（1）的情况下，企业是被动地变更会计政策，这种情况不会成为企业会计政策变更的经常性原因。而在条件（2）的情况下，是以企业的主观判断为依据，会计政策的变更究竟能否提供更加可靠、相关的会计信息，企业外部人员往往难以判断。在很多情况下，企业也有可能出于别的目的而进行会计政策变更，如采用更有利于提高业绩的政策等。财务报表使用者应当对这种情况有所警惕。

另外，无论何种原因导致企业变更了会计政策，都会使企业不同期间的财务报表失去可比性。财务报表使用者在对不同会计年度的财务报表进行分析时，应当对会计政策变更造成的会计信息不可比性予以关注。

二、会计估计变更

1. 会计估计的概念

会计估计指企业对其结果不确定的交易或事项以最近可利用的信息为基础所作的判断。企业为了定期、及时地提供有用的会计信息，将企业延续不断的营业活动人为地划分为各个阶段，如年度、季度、月度等，并在权责发生制的基础上对企业的财务状况和经营成果进行定期确认和计量。在确认、计量过程中，当记入的交易或事项涉及未来事项不确定性时，如关于未来事项是否发生的不确定性以及关于未来事项的影响或时间的不确定性，必须予以估计入账。

常见的会计估计包括坏账、存货跌价损失、固定资产的使用寿命和净残值、无形资产的受益期、收入确认中的估计等。

2. 会计估计变更的原因

会计估计变更是指由于资产和负债的当前状况及预期未来经济利益和义务发生了变化，从而对资产或负债的账面价值或资产的定期消耗金额进行的重估和调整。

会计估计变更的原因一般包括：

（1）赖以进行估计的基础发生了变化。企业进行会计估计，总是依赖于一定的基础，如果其所依赖的基础发生了变化，则会计估计也应当作出改变。例如，企业某项无形资产的摊销年限原定为 10 年，以后发生的情况表明，该资产的收益年限已不足 10 年，则应适当调减摊销年限。

（2）取得了新的信息，积累了更多的经验。

3. 会计估计变更对财务分析的影响

会计估计变更同样也是依据企业的主观判断进行的，并且与会计政策变更相类似地，会计估计变更在很多情况下也是出于其他的目的。会计估计变更是企业进行盈余管理的常用手段之一，因此，财务报表使用者应当对这种可能性保持警觉。同样地，会计估计变更也会造成不同期间的会计信息失去可比性，财务报表使用者在对企业进行财务分析时，应当将会计估计变更造成的影响剔除。

三、前期差错更正

1. 前期差错的概念

前期差错是指当期发现的、发生在以前会计期间的会计差错。前期差错可以分为重要的前期差错和非重要的前期差错。其中,重要的前期差错是指足以影响财务报表使用者对企业财务状况、经营成果和现金流量作出正确判断的前期差错。非重要的前期差错是指不足以影响财务报表使用者对企业财务状况、经营成果和现金流量作出正确判断的前期差错,或者说,是除重要的前期差错以外的前期差错。

2. 前期差错产生的原因

前期差错产生的原因是由于没有运用或错误运用下列两种信息,而对前期财务报表造成省略或错报:

(1) 编报前期财务报表时预期能够取得并加以考虑的可靠信息。

(2) 前期财务报告批准报出时能够取得的可靠信息。

前期差错通常包括计算错误、应用会计政策错误、疏忽或曲解事实以及舞弊产生的影响以及存货、固定资产盘盈等。具体来说,没有运用或错误运用上述两种信息而形成前期差错的情形主要有:

(1) 计算以及账户分类错误。

(2) 采用法律、行政法规或者国家统一的会计制度等不允许的会计政策。

(3) 对事实的疏忽或曲解以及舞弊。

(4) 在期末对应计项目与递延项目未予调整。

(5) 漏记已完成的交易。

(6) 资本性支出与收益性支出划分差错等。

3. 前期差错更正对财务分析的影响

在企业的经营过程和财务实践中,出现差错是难以避免的。财务报表使用者应当关注造成差错的原因、差错性质和影响金额,以及更正的处理是否正确。同时应该注意的是,如果很多企业披露的前期差错更正对企业利润的影响呈现方向一致性的特征,那么,财务报表使用者就应当对这种差错产生的真实原因进行分析。

【例 7-5】　研究发现,从 2003 年开始,上海陆家嘴金融贸易区开发股份有限公司(以下简称"陆家嘴",证券代码:600663)一直在通过会计政策和会计估计变更隐藏其真实利润,由于真实利润远远超出账面利润,陆家嘴手中持有大量的现金。2005 年,公司实现净利润 5.70 亿元,与 2002 年相比只增长了 11.27%。与之相反的是,陆家嘴的货币资金却与日俱增,2005 年年末达到 42.39 亿元,比 2002 年年底增长了 1.54 倍。2006 年 9 月 30 日,公司的货币资金达到 54.93 亿元,占总资产的比例高达 44.15%。

陆家嘴在 2005 年年报中披露了一项会计估计变更称:公司办公所在地上海市浦

东大道 981 号办公楼属临时建筑,公司曾向有关政府部门申请延长建筑的有效使用期,政府部门答复建筑的有效使用期不能延长,如遇规划实施时,此建筑应立即无条件拆除,变更前公司对此房产按 30 年直线法折旧,考虑到浦东新区新一轮开发建设的快速启动与滨江两岸规划的实施进度,从谨慎性原则出发,公司拟变更此项资产的折旧年限,在 2005—2009 年 5 年间,将资产净值扣除必要残值后全部折旧完毕,如将来有证据表明此资产的实际可使用年限低于 5 年,则根据实际情况再相应缩短折旧年限。这一会计估计的变更减少本年度合并报表净利润 910.94 万元。

第四节　资产负债表日后事项披露及分析

一、资产负债表日后事项的概念及分类

(一)资产负债表日后事项的概念

资产负债表日后事项是指资产负债表日至财务报告批准报出日之间发生的有利或不利事项。财务报告批准报出日是指董事会或类似机构批准财务报告报出的日期。资产负债表日后事项所涵盖的期间是资产负债表日后至财务报告批准报出日之间。

(二)资产负债表日后事项的分类

资产负债表日后事项包括资产负债表日后调整事项和资产负债表日后非调整事项。

1. 资产负债表日后调整事项

资产负债表日后调整事项是指对资产负债表日已经存在的情况提供了新的或进一步证据的事项。

资产负债表日后调整事项通常包括下列各项:

(1) 资产负债表日后诉讼案件结案,法院判决证实了企业在资产负债表日已经存在现时义务,需要调整原先确认的与该诉讼案件相关的预计负债,或确认一项新负债。

(2) 资产负债表日后取得确凿证据,表明某项资产在资产负债表日发生了减值或者需要调整该项资产原先确认的减值金额。

(3) 资产负债表日后进一步确定了资产负债表日前购入资产的成本或售出资产的收入。

(4) 资产负债表日后发现了财务报表舞弊或差错。

企业发生资产负债表日后调整事项应当调整资产负债表日的财务报表。

2. 资产负债表日后非调整事项

资产负债表日后非调整事项是指表明资产负债表日后发生的情况的事项。资产

负债表日后非调整事项通常包括下列各项：

(1) 资产负债表日后发生重大诉讼、仲裁、承诺。

(2) 资产负债表日后资产价格、税收政策、外汇汇率发生重大变化。

(3) 资产负债表日后因自然灾害导致资产发生重大损失。

(4) 资产负债表日后发行股票和债券以及其他巨额举债。

(5) 资产负债表日后资本公积转增资本。

(6) 资产负债表日后发生巨额亏损。

(7) 资产负债表日后发生企业合并或处置子公司。

企业发生资产负债表日后非调整事项不应当调整资产负债表日的财务报表,但是需要在财务报表附注中予以披露。

二、对资产负债表日后事项的分析

在对资产负债表日后事项进行分析时,首先要判断其是调整事项还是非调整事项。判断资产负债表日后事项属于调整事项还是非调整事项,需要依靠财务人员的职业判断。首先,看该事项在资产负债表日是否已存在或发生。调整事项在资产负债表日已存在,其起点在资产负债表日或日前,而非调整事项是资产负债表日不存在或未发生的事项,其起点在资产负债表日后,只影响企业下一年度的财务报表中的有关数据。其次,看该事项是否重大。调整事项不一定是重大的交易或事项,但都应该如实调整反映,而非调整事项一定是重大的,才需要以报表附注形式披露。

如果是调整事项,需要观察企业调整的科目和金额是否正确,以及是否进行了充分的披露;如果是非调整事项,观察企业的披露是否恰当。另外,还要考虑资产负债表日后事项对报告期以及以后各期的影响。

【例7-6】 B建材公司2009年应收账款上显示有一笔应收A公司的货款300万元,该笔货款是A公司2009年8月向B公司购买建筑材料未支付款项。直至2009年11月,A公司财务状况不佳,到年末仍未偿付,B公司就按应收账款的5%提取了坏账准备。2010年2月,B公司收到通知,A公司破产,无法偿还所欠货款。

当我们看到这一披露时,首先应该判断该资产负债表日后事项是属于调整事项还是非调整事项。我们可以了解到,A公司的破产不是一朝一夕的事,其濒临破产可能已经很久了,实际上在B公司的资产负债表日,A公司已经无力偿还所欠货款,其后的破产只是间接证实了A公司的货款在资产负债表日已经是收不回来的。所以,B公司应将此事项作为调整事项,调整2009年度的会计报表。这样下一步我们就要看其是否就此事项在报表中作了调整,调整的科目及金额是否真实、准确。

【例7-7】 新华制药在2018年度报告中披露的资产负债表日后事项如下:

根据于2019年3月22日召开的董事会会议决议案,董事会提议本公司向全体股东每 10 股派发现金红利 1.00 元(含税),送红股 0 股(含税),不以公积金转增股本,该提议须经周年股东大会批准。

资产负债表日后,企业制订利润分配方案,拟分配或经审议批准宣告发放的福利或利润,以及资产负债表日后资本公积转增股本,均属于非调整事项。因此,新华制药不需要调整财务报表,仅需要在财务报告中进行适当的披露。

第五节　现金流量表附注分析

现金流量表附注适用于一般企业、商业银行、保险公司、证券公司等各类企业,是对现金流量各个重要项目的详细补充。通过对现金流量表附注进行深入分析,能够从中挖掘出更多信息,有助于进一步了解企业的现金流动状况、现金流量变化的驱动因素,使财务信息使用者能够更有效地进行预测和决策。

一、现金流量表附注的内容与结构

我国企业会计准则规定,在现金流量表附注中披露现金流量表补充资料、当期取得或处置子公司及其他营业单位的有关信息、现金和现金等价物三方面内容。

1. 现金流量表补充资料

现金流量表补充资料的编制格式是以净利润为起点,通过调整不涉及现金流量变化的项目将净利润调整为经营活动净现金流量,包括将净利润调节为经营活动现金流量、不涉及现金收支的重大投资和筹资活动、现金及现金等价物净变动情况等项目。现金流量表补充资料采用间接法编制,格式如表 7-9 所示。

表 7-9　现金流量表补充资料

补　充　资　料	本期金额	上期金额
1. 将净利润调节为经营活动现金流量:		
净利润		
加:资产减值准备		
固定资产折旧、油气资产折耗、生产性生物资产折旧		
无形资产摊销		
长期待摊费用摊销		
处置固定资产、无形资产和其他长期资产的损失(收益以"一"号填列)		
固定资产报废损失(收益以"一"号填列)		
公允价值变动损失(收益以"一"号填列)		

（续表）

补　充　资　料	本期金额	上期金额
财务费用(收益以"－"号填列)		
投资损失(收益以"－"号填列)		
递延所得税资产减少(增加以"－"号填列)		
递延所得税负债增加(减少以"－"号填列)		
存货的减少(增加以"－"号填列)		
经营性应收项目的减少(增加以"－"号填列)		
经营性应付项目的增加(减少以"－"号填列)		
其他		
经营活动产生的现金流量净额		
2. 不涉及现金收支的重大投资和筹资活动：		
债务转为资本		
一年内到期的可转换公司债券		
融资租入固定资产		
3. 现金及现金等价物净变动情况：		
现金的期末余额		
减：现金的期初余额		
加：现金等价物的期末余额		
减：现金等价物的期初余额		
现金及现金等价物净增加额		

2. 当期取得或处置子公司及其他营业单位的有关信息

取得或处置子公司及其他营业单位是企业的重大投资活动,通常与企业的长期发展战略有着密切联系,因此,分析该方面有关信息有助于了解企业的战略发展动向,获得更多有用的信息。我国企业会计准则要求在现金流量表附注中专门披露当期取得或处置子公司及其他营业单位的价格、现金流量及取得或处置子公司净资产方面的信息。具体披露格式如表 7-10 所示。

表 7-10　当期取得或处置子公司及其他营业单位的有关信息

项　　目	金　额
一、取得子公司及其他营业单位的有关信息：	
1. 取得子公司及其他营业单位的价格	

（续表）

项　目	金　额
2. 取得子公司及其他营业单位支付的现金和现金等价物	
减：子公司及其他营业单位持有的现金和现金等价物	
3. 取得子公司及其他营业单位支付的现金净额	
4. 取得子公司的净资产	
流动资产	
非流动资产	
流动负债	
非流动负债	
二、处置子公司及其他营业单位的有关信息：	
1. 处置子公司及其他营业单位的价格	
2. 处置子公司及其他营业单位收到的现金和现金等价物	
减：子公司及其他营业单位持有的现金和现金等价物	
3. 处置子公司及其他营业单位收到的现金净额	
4. 处置子公司的净资产	
流动资产	
非流动资产	
流动负债	
非流动负债	

3. 现金和现金等价物

我国企业会计准则规定，在现金流量表附注中披露现金及现金等价物在期末的具体存在形式，披露时需提供 2 年的比较数据。具体披露格式如表 7-11 所示。

表 7-11　现金和现金等价物

项　目	本期金额	上期金额
一、现金		
其中：库存现金		
可随时用于支付的银行存款		
可随时用于支付的其他货币资金		
可用于支付的存放中央银行款项		
存放同业款项		
拆放同业款项		

（续表）

项　　　目	本期金额	上期金额
二、现金等价物		
其中：三个月内到期的债券投资		
三、期末现金及现金等价物余额		
其中：母公司或集团内子公司使用受限制的现金和现金等价物		

二、现金流量表附注的解读与分析

现金流量表附注中的每一个项目都有特定的含义。其中，当期取得或处置子公司及其他营业单位的有关信息以及现金和现金等价物两项内容较为简单，根据字面意思即可直观地了解每一项目的内容，并可以根据相关资料分析填列，而现金流量表补充资料的有关项目较难理解，且该部分能够提供较为重要的信息，因此以下重点分析该部分内容。

（一）将净利润调节为经营活动现金流量

该项目直接揭示了企业的净利润与经营活动现金流量之间的区别以及产生这种区别的原因，是现金流量表补充资料中较为重要的项目之一。将净利润调节为经营活动现金流量需要进行两步转换：第一步，将净利润中包含的投资活动和筹资活动的损益调整出去；第二步，将权责发生制转换为收付实现制。主要调整四大类项目：①实际没有支付现金的费用。②实际没有收到现金的收益。③不属于经营活动的损益。④经营性应收应付项目的增减变动。

1. 资产减值准备

资产减值准备项目是指当期计提扣除、转回的减值准备，包括坏账准备、存货跌价准备、短期投资跌价准备、投资性房地产减值准备、长期股权投资减值准备、持有至到期投资减值准备、固定资产减值准备、在建工程减值准备、工程物资减值准备、生物性资产减值准备、无形资产减值准备、商誉减值准备等。企业当期计提和按规定转回的各项资产减值准备，计算净利润时作为减除项目，但并没有发生现实的现金流出，因此在将净利润调节为经营活动现金流量时需要加回。

2. 固定资产折旧、油气资产折耗、生产性生物资产折旧

将净利润调整为经营活动现金流量时，折旧的处理与资产减值准备的处理类似。这里的折旧仅指影响当前净利润的折旧，主要包括企业计提的固定资产折旧中包含在管理费用、制造费用或销售费用中的折旧。计入管理费用和销售费用中的折旧，在计算净利润时作为期间费用扣除，但没有发生现金流出，因此需要加回。计入制造费用的折旧分为两种情况：一是已经变现的部分，年末通过销售成本予以扣除，但没有

发生现金流出,因此需要加回;二是没有变现的部分,既不涉及现金收支,也不影响企业当期净利润,但是在调节存货时,该部分折旧已经扣除,在此处将净利润调节为经营活动现金流量时,也需要予以加回。对于当期计提并计入无形资产或研发支出的折旧部分,如果不影响当期净利润,则不需作如上处理。同理,企业计提的油气资产折耗、生产性生物资产折旧处理比照固定资产折旧处理。

3. 无形资产摊销和长期待摊费用摊销

企业对使用寿命有限的无形资产和长期待摊费用进行摊销时,摊销额计入管理费用、制造费用或销售费用。计入管理费用、销售费用和计入制造费用中的已变现部分,计算净利润使已经扣除,但没有发生现金流出,所以在将净利润调节为经营活动现金流量时,需要加回。该项目要结合"累计摊销""长期待摊费用"账户的贷方发生额进行分析。

4. 处置固定资产、无形资产和其他长期资产的损失(减:收益)

企业处置固定资产、无形资产和其他长期资产发生的损益,属于投资活动产生的损益,不属于经营活动产生的损益,所以,在将净利润调节为经营活动现金流量时,需要剔除。如为损失,应当加回;如为收益,应当扣除。该项目要结合"营业外收入""营业外支出"等账户的有关明细账户进行分析填列。

5. 固定资产报废损失

企业发生的固定资产报废损益,属于投资活动产生的损益,不属于经营活动产生的损益,所以,在将净利润调节为经营活动现金流量时,需要剔除。如为净损失,应当加回;如为净收益,应当扣除。该项目可结合"营业外支出""营业外收入"等账户所属有关明细账户进行分析。

6. 公允价值变动损失

公允价值变动损失反映企业交易性金融资产、投资性房地产等公允价值变动形成的应计入当期损益的利得或损失,并不影响企业当期的现金流量。因此,应当从净利润中剔除。在将净利润调节为经营活动现金流量时,如为持有损失,应当加回;如为持有利得,应当扣除。

7. 财务费用

企业发生的财务费用中不属于经营活动的部分(如投资活动或筹资活动中发生的支付现金的财务费用),应当在将净利润调节为经营活动现金流量时加回;如为收益,应当扣除。本项目要结合"财务费用"账户的本期借方发生额进行分析。

8. 投资损失(减:收益)

企业发生的投资损益,属于投资活动产生的损益,不属于经营活动产生的损益,因此在将净利润调节为经营活动现金流量时,需要剔除。如为净损失,应当加回;如为净收益,应当扣除。

9. 递延所得税资产减少(减:增加)

递延所得税资产减少使计入所得税费用的金额大于当期应交的所得税金额,其差额没有发生现金流出,但在计算净利润时已经扣除,在将净利润调节为经营活动现金流量时,应当加回;递延所得税资产增加使计入所得税费用的金额小于当期应交的所得税金额,两者之间的差额并没有发生现金流入,但在计算净利润时已经包括在内,在将净利润调节为经营活动现金流量时,应当扣除。

10. 递延所得税负债增加(减:减少)

递延所得税负债增加使计入所得税费用的金额大于当期应交的所得税金额,其差额没有发生现金流出,因此在将净利润调节为经营活动现金流量时,应当加回;递延所得税负债减少使计入当期所得税费用的金额小于当期应交的所得税金额,其差额也没有发生现金流入,但在计算净利润时已经包括在内,在将净利润调节为经营活动现金流量时,应当扣除。

11. 存货的减少(减:增加)

期末存货比期初存货减少,说明本期生产经营过程耗用的存货有一部分是期初的存货,耗用这部分存货并没有发生现金流出,但在计算净利润时已经扣除,在将净利润调节为经营活动现金流量时,应当加回。期末存货比期初存货增加,说明购入的存货除耗用外,还有剩余存货,这部分存货在计算净利润时虽没有包括,但也发生了现金流出,在将净利润调节为经营活动现金流量时,需要扣除。

12. 经营性应收项目的减少(减:增加)

经营性应收项目包括应收票据、应收账款、预付账款、长期应收款和其他应收款中与经营活动有关的部分,以及应收的增值税销项税额等。经营性应收项目期末余额小于经营性应收项目期初余额,说明本期收回的现金大于利润表中所确认的销售收入或收回的现金中包含以前年度的应收项目。所以,在将净利润调节为经营活动现金流量时,需要加回。经营性应收项目期末余额大于经营性应收项目期初余额,说明本期销售收入中部分没有收回现金,由于计算净利润时这部分销售收入已包括,在将净利润调节为经营活动现金流量时,需要扣减。

13. 经营性应付项目的增加(减:减少)

经营性应付项目包括应付票据、应付账款、预收账款、应付职工薪酬、应交税费、应付利息、长期应付款、其他应付款中与经营活动有关的部分,以及应付的增值税进项税额等。经营性应付项目期末余额大于经营性应付项目期初余额,说明本期购入的存货中有部分没有支付现金,但在计算净利润时已经包括在销售成本中,在将净利润调节为经营活动现金流量时,需要加回;经营性应付项目期末余额小于经营性应付项目期初余额,说明本期支付的现金大于确认的销货成本,在将净利润调节为经营活动产生的现金流量时,需要扣除。

在分析将净利润调节为经营活动现金流量时需要关注以下两点：

（1）对某些项目的分析需要结合会计报表附注中的会计政策来衡量。例如，若会计政策披露中企业的无形资产大部分属于使用寿命不确定的无形资产，对其不进行摊销，但是现金流量表补充资料中却存在大额的无形资产摊销调整，则说明表中的数据存在问题，需要进一步调查原因。

（2）注意某些项目与资产负债表、利润表相应项目的对应关系。比如，计提的资产减值准备的金额应当与利润表中的资产减值损失一致。

（二）不涉及现金收支的重大投资和筹资活动披露与分析

企业经营中通常会进行一些不涉及现金收支的重大投资和筹资活动，从而在一定期间内影响企业资产或负债，并对以后各期的现金流量有重大影响，如企业融资租赁设备，当期并不支付设备款及租金，以"长期应付款"计入长期负债并在以后各期支付现金。为反映这类事项，《企业会计准则第 31 号——现金流量表》规定，企业应当在附注中披露不涉及当期现金收支但影响企业财务状况或在未来可能影响企业现金流量的重大投资和筹资活动，主要包括以下内容。

1. 债务转为资本

该项目反映企业本期转为资本的债务金额。债务转为资本意味着本期不需为偿债支付现金，同时会对企业未来的资本结构和生产经营产生影响。

2. 一年内到期的可转换公司债券

该项目反映企业一年内到期的可转换公司债券的本息。若可转换债券转为资本，则无需偿还债务；若可转换债券转换失败，企业则会发生大额的偿债支出。

3. 融资租入固定资产

该项目反映企业本期融资租入的固定资产的最低租赁付款额扣除应分期计入利息费用的未确认融资费用后的净额。该项目说明企业拥有较多的融资渠道，也意味着企业在未来几年每年都要发生固定的现金流出。

不涉及现金收支的重大投资和筹资活动，虽然不会引起现金流量的变化，但是能够反映企业目前面临的现金周转困难或者未来的现金需求。具体情况需要结合企业的其他财务指标、财务报表和当期的现金流量变化来综合分析。

【例 7-8】 新华制药 2018 年的现金流量表补充资料如表 7-12 所示。

表 7-12　新华制药 2018 年现金流量表补充资料

单位：元

项目	本年发生额	上年发生额
1. 将净利润调节为经营活动现金流量：		
净利润	274 283 989.92	221 248 751.89
加：资产减值准备	39 555 210.79	−2 272 228.00

（续表）

项目	本年发生额	上年发生额
信用减值损失	394 417.80	
固定资产折旧	293 232 607.10	272 406 696.07
无形资产摊销	9 100 081.85	11 056 896.77
处置固定资产、无形资产和其他长期资产的损失（收益以"一"填列）	−3 931 363.18	−46 047 264.22
固定资产报废损失（收益以"一"号填列）	4 465 640.57	15 648 760.45
公允价值变动损益（收益以"一"号填列）		
财务费用（收益以"一"填列）	51 211 081.67	67 010 285.76
投资损失（收益以"一"填列）	−7 120 624.26	−6 026 908.54
递延所得税资产的减少（增加以"一"填列）	−953 381.52	2 147 742.59
递延所得税负债的增加（减少以"一"填列）	24 083 793.35	7 537 838.33
存货的减少（增加以"一"填列）	−263 366 877.05	−153 723 558.78
经营性应收项目的减少（增加以"一"填列）	−406 140 493.15	−146 122 528.51
经营性应付项目的增加（减少以"一"填列）	329 725 329.48	147 107 325.54
其他	69 705.73	
经营活动产生的现金流量净额	344 609 119.10	389 971 809.35
2. 不涉及现金收支的重大投资和筹资活动：		
债务转为资本		
一年内到期的可转换公司债		
融资租入固定资产	147 541 721.65	131 163 395.54
3. 现金及现金等价物净变动情况：		
现金的期末余额	679 458 292.03	682 862 651.75
减：现金的期初余额	682 862 651.75	493 092 656.71
加：现金等价物的期末余额		
减：现金等价物的期初余额		
现金及现金等价物净增加额	−3 404 359.72	189 769 995.04

　　结合新华制药 2018 年资产负债表（如表 3-1 所示）和新华制药 2018 年利润表（如表 4-2 所示），可知表 7-12 中的净利润、资产减值准备、信用减值损失、公允价值

变动损失、投资损失等项目与利润表中的相应项目数据一致,递延所得税资产的减少、递延所得税负债的增加、存货的减少等项目与资产负债表中的相应数据吻合。最终调整得到的经营活动产生的现金流量净额也与现金流量表中的数据一致。

以无形资产摊销为例,新华制药在其2018年财务报表附注中披露的信息如表7-13所示。

表7-13　新华制药2018年无形资产情况表　　　　单位:元

项目	土地使用权	软件使用权	非专利技术	其他	合计
一、账面原值					
1. 年初余额	390 874 466.89	9 566 960.47	23 496 005.93	2 613 680.00	426 551 113.29
2. 本年增加金额	16 494 056.00	1 746 484.75			18 240 540.75
(1)购置	16 494 056.00	1 746 484.75			18 240 540.75
3. 本年减少金额					
4. 年末余额	407 368 522.89	11 313 445.22	23 496 005.93	2 613 680.00	444 791 654.04
二、累计摊销					
1. 年初余额	69 530 793.51	7 347 155.07	23 496 005.93	2 613 680.00	102 987 634.51
2. 本年增加金额	8 427 306.83	672 775.02			9 100 081.85
(1)计提	8 427 306.83	672 775.02			9 100 081.85
3. 本年减少金额					
4. 年末余额	77 958 100.34	8 019 930.09	23 496 005.93	2 613 680.00	112 087 716.36
三、减值准备					
四、账面价值					
1. 年末账面价值	329 410 422.55	3 293 515.13			332 703 937.68
2. 年初账面价值	321 343 673.38	2 219 805.40			323 563 478.78

经过对比可发现,现金流量表补充资料中的无形资产摊销金额与附注中的详细信息一致。不同报表之间的数据互相印证,反映了报表的逻辑勾稽关系,也说明新华制药的会计信息可靠性较好。而像财务费用这样的项目,需要根据企业当期的借方发生额分析填列,以进行调整,这时就需要更多的信息来分析。

根据表7-12,新华制药2018年发生的不涉及现金收支的重大投资和筹资活动有融资租入固定资产(见表7-14),其中1年以内的最低租赁付款额80 637 247.96元列入了1年内到期的非流动负债,1至3年的最低租赁付款额66 904 473.69元列入了长期应付款,与资产负债表相关附注披露的相应数据一致,此处不再赘述。

表 7-14　新华制药 2018 年融资租入固定资产情况表　　单位:元

剩余租赁期	年末余额	年初余额
1 年以内	80 637 247.96	83 621 673.88
1 至 2 年	41 283 348.71	39 677 609.62
2 至 3 年	25 621 124.98	7 864 112.04
合计	147 541 721.65	131 163 395.54

推荐读物

[1] 马丁·弗里德森,费尔南多·阿尔瓦雷斯.财务报表分析[M].4 版.刘婷,译.北京:中国人民大学出版社,2016:89-129.

[2] 斯蒂芬·H.佩因曼,林小驰,王立彦.财务报表分析与证券定价[M].3 版.北京:北京大学出版社,2013:576-608.

思考与案例讨论

1. 利用财务报表附注可以得到哪些方面的信息?

2. 简述财务报表附注分析的主要内容。

3. 什么是关联方和关联方交易?简述关联方交易披露的主要内容。

4. 关联方交易分析应注意哪些方面的问题?

5. 简述会计政策变更和会计估计变更的合法性和合理性。

6. 简述调整事项和非调整事项的区别。

7. 简述现金流量表附注的主要内容和结构。

8. 经营活动现金流量与净利润差异的具体原因是什么?

9. 结合本章引导案例,查阅并分析东方金钰 2011 年财务报表附注。你认为该公司在关联交易披露上还存在哪些问题?

10. 阅读福耀玻璃年报相关内容(见书后附录),并回答以下问题:

(1) 试对该公司应收账款、存货、应付职工薪酬和营业务收支等报表附注项目进行分析。

(2) 试对该公司关联方交易披露内容进行分析。

(3) 试对该公司经营活动现金流量与净利润差异原因进行分析。

(4) 通过阅读报表附注,你对该公司偿债能力、盈利能力、现金流量和股权结构等方面有哪些更深入的理解?

第八章 合并财务报表和分部报告

学 习 目 标

通过本章学习,了解企业合并及合并报表的概念、作用和特点;理解和掌握合并报表的合并范围和合并理论;重点掌握合并财务报表的结构分析和比率分析方法;认识合并报表的局限性;了解分部报告的概念;熟悉报告分部的确认和分部报告的披露内容;重点掌握分部报告的分析方法;学会利用合并报表和分部报告信息全面客观地评价企业的财务状况和经营成果。

引 导 案 例[①]

通过收购一家子公司就会让自身业绩发生翻天覆地的变化吗? 可以做到,2009 年登陆深圳中小板的超华科技(002288)就向市场展现了这种神奇魔力。

超华科技自 2009 年 9 月上市以来,业绩乏善可陈,2009 年、2010 年的同比增速分别为 5.71%和—35.15%。但在去年 6 月成功收购广州三祥多层电路有限公司(以下简称"广州三祥")55%股权、广州三祥又设立全资子公司三祥电路有限公司(以下简称"三祥电路")后,公司业绩开始爆发。去年,超华科技实现营业收入(本案例中简称"营收")4.17 亿元,同比增 99.8%;实现净利 3 307 万元,同比增

---

① 资料来源:摘自 2012 年 3 月 15 日《每日经济新闻》(有删节)。

57.58%,均创出上市以来最佳成绩。

不过,《每日经济新闻》记者在仔细查阅年报后,发现三大怪状:对于持股55%的孙公司,超华科技却将其海外(本文特指中国内地以外的地区,以下类同)营收100%并入年报,但合并净利润时却是按照55%权益;去年业绩贡献最大"功臣"广州三祥,收购前盈利能力平平,但收购后业绩突然爆发;此外,在去年四季度PCB(印制电路板)行业的淡季,超华科技营收却大增78%,与同行明显背离。

如果母公司控制子公司55%股权,各项指标会按照55%这一统一的比例合并报表,这一基本会计方法在超华科技2011年年报里却未能得到遵循,公司控制广州三祥55%的股权,却将其旗下100%的海外收入合并进财务报表,但在合并净利润时,却又是按照55%计算,前后不一致。

超华科技2011年报显示,公司去年来自海外的主营业务收入为3 971.53万元,其中,中国香港地区贡献营收1 278.81万元,国外市场贡献营收2 692.72万元。超华科技董秘王勇强告诉《每日经济新闻》,公司的海外收入几乎全部来自两家公司:一是全资子公司超华科技股份(香港)有限公司(以下简称超华香港),其去年的营收为553.35万元;二是孙公司三祥电路,去年实现营收3 365.9万元,两者相加为3 919.25万元。

不过,《每日经济新闻》发现,三祥电路是广州三祥2011年7月26日成立的全资子公司,广州三祥持有其100%股权,同时,作为控股股东,超华科技持有广州三祥55%股权,由此,超华科技对孙公司三祥电路的控制权也只有55%,为何在合并报表中,超华科技却将三祥电路营业收入全部计入?

作为某知名会计师事务所高级审计师,韩先生对此也表示不理解。他称,合并财务报表时,若公司将控股子公司全部收入纳入报表,同理,净利润也应该这样处理,否则就前后矛盾。

将广州三祥旗下海外营收100%并入上市公司后,超华科技2011年的主营收入为4.17亿元。事实上,若按照55%的比例计算,超华科技2011年的海外营收应为2 404.6万元,主营收入下降为4.01亿元。由此导致公司年报一系列数据的改变,营收增长幅度不应该是99.81%,而是91.87%。因为三祥电路的主要产品是印制电路板(PCB),所以超华科技该产品的营收也相应下降。

对比可知,超华科技去年第四季度增长78%的营收,令人惊叹。尽管营收增长,但净利润却没有增加。超华科技去年第四季度单季完成净利润1 694.48万元,比前三季度的总和还多,不过其中绝大部分为广州三祥所贡献,如果剔除掉广州三祥所贡献的部分,超华科技去年四季度的净利润不足 400 万元,相比 2010 年第四季度业绩 307.95 万元,同比增长幅度不到 30%。

子公司一个季度的收益几乎撑起了超华科技 2011 年全年业绩的小半壁江山,令人咂舌。而在超华科技收购之前,广州三祥 1 年只有几百万盈利,净利率还不到 8%。

重要概念

企业集团(enterprise group)
吸收合并(merger consolidation)
控股合并(holding consolidation)
横向合并(horizontal integration)
纵向合并(vertical integration)
合并财务报表(consolidated financial statements)
少数股东权益(minority equity)
分部报告(segment reporting)

第一节 合并财务报表概述

一、企业合并的概念

我国的《企业会计准则第 20 号——企业合并》指出:"企业合并,是指将两个或者两个以上单独的企业合并形成一个报告主体的交易或事项。"

企业合并最主要的原因是为了创造协同优势。其最普遍的动机是实现快速增长,获得规模经济。另外,企业合并可以通过收购竞争对手减少行业内的竞争,也可以帮助企业分散经营风险。企业合并按照不同标准可以分为不同的类别。

1. 按法律形式分类

企业合并按法律形式分为吸收合并、创立合并和控股合并。

(1) 吸收合并又称兼并,即一个企业通过发行股票、支付现金或发行债券等方式取得其他一家或两家以上企业,合并成一家企业的合并。吸收合并之后,只有合并方仍保留原有的法人地位,被合并企业失去其原来的法人资格,作为合并企业的一部分从事生产经营活动。

（2）创立合并又称新设合并，是指两个或两个以上企业组成一个新的企业的合并。创立合并之后，原有各企业均丧失法人地位，而由新成立的企业统一进行生产经营活动。

（3）控股合并又称取得控股权，是指一个企业（合并方）通过企业合并交易或事项取得对另一家企业（被合并方）的控制性股权，使被合并企业称为合并方的附属企业，但仍然以独立的法人地位从事其生产经营活动的合并。

2. 按合并涉及的行业分类

企业合并按合并涉及的行业分为横向合并、纵向合并和混合合并。

（1）横向合并是指一个企业与从事同类生产经营活动的其他企业之间的合并。横向合并的目的主要是消除同行业的竞争，扩大市场份额及增加行业垄断。

（2）纵向合并是指生产过程或者经营环节前后密切相关的企业之间的合并，它实质上是生产同一产品的不同生产阶段的企业之间的合并。纵向合并的主要目的是扩大生产经营规模，加强各生产环节间的配合，加速生产流程，缩短生产周期。

（3）混合合并是指生产经营活动没有关联的企业之间的合并。混合合并的主要目的是实现产品多元化，分散投资风险，提高企业对经营环境变化的适应能力。

在吸收合并和创立合并下，合并后只形成一家企业，作为一个法人实体或会计主体进行核算。而在控股合并下，形成了母子公司，两者都具有独立的法人资格，会计核算也相互独立。但是，由于母公司掌握了对子公司的控制权，母子公司实际上是一个经济主体，因此有必要把母子公司的会计报表联合起来，编制一套反映母子公司整体情况的财务报表，由此产生了合并财务报表。

二、合并财务报表的理论

1. 母公司理论

母公司理论是站在母公司股东的角度来分析母公司与其子公司之间的控股关系的合并理论。它将合并财务报表视为母公司本身财务报表的扩展，从母公司角度来考虑合并财务报表的合并范围和方法。母公司理论强调的是母公司股东的利益，按照这种理论编制的合并财务报表主要为母公司的股东和债权人服务。这一理论忽视了少数股东的权益，通常将其视为普通负债；将应属于少数股东的净收益视为费用，从合并后的净利润中扣除；将内部销售收入中抵销相对于少数股东的部分视为已实现的销售收入；合并财务报表产生的商誉归母公司股东享有。

在母公司理论下，确定合并财务报表的合并范围时通常以法定控制权为基础，即以持有多数股权或表决权，或者以一家企业处于另一家企业法定支配下的控制协议来确定是否将某一被投资企业纳入合并范围。美国和英国的合并财务报表实务以及国际会计准则委员会制定的有关合并财务报表的准则,采用的主要是母公司理论。

2. 实体理论

实体理论是将合并财务报表视为企业集团各成员构成的经济联合体的财务报表,合并财务报表是为整个经济联合体服务的,从经济联合体的角度来考虑合并财务报表的合并范围和合并方法。在该理论指导下,强调对企业集团中拥有多数股权的股东和拥有少数股权的股东应当同等对待,少数股东享受的权益也视为股东权益的一部分,纳入合并后的资产负债表的所有者权益中,对于少数股东享有的净收益也视为合并后经济实体的净收益,合并财务报表产生的商誉归属于全体股东。

按照实体理论编制的合并财务报表能够有效地满足企业集团内部管理人员对财务报表的需求,并能够满足对企业集团生产经营活动管理的需要。我国 2006 年发布的《企业会计准则第 33 号——合并财务报表》在一定程度上采用了实体理论。

3. 所有权理论

所有权理论又称业主权理论,是指在编制合并财务报表时既不强调集团各成员企业组成的经济联合体,也不强调企业集团中的法定控制关系,而是强调制表企业对纳入合并范围的企业所拥有的对另一企业的财务决策和经济活动具有重大影响的所有权。在这种理论下,要将制表企业拥有所有权的企业的资产、负债、费用和利润,均按母公司持有股权的份额记入合并财务报表之中。可见,所有权理论是一种着眼于母公司在子公司中持有的所有权的合并理论。

需要注意的是,在编制合并财务报表时,有时并不是单纯地依照某一种合并理论,而是将上述三种理论结合运用。

三、合并财务报表的相关概念

(一)合并财务报表

我国《企业会计准则第 33 号——合并财务报表》(2014 年修订)中指出:"合并财务报表,是指反映母公司和其全部子公司形成的企业集团整体财务状况、经营成果和现金流量的财务报表。"这里所说的母公司是指控制一个或一个以上主体(含企业、被投资单位中可分割的部分,以及企业所控制的结构化主体等)的主体;子公司是指被母公司控制的主体。这里所说的控制,是指投资方拥有对被投资方的权力,通过参与被投资方的相关活动而享有可变回报,并且有能力运用对被投资方的权力影响其回报金额。此处所称的相关活动,是指对被投资方的回报产生重大影响的活动。被投资方的相关活动应当根据具体情况进行判断,通常包括商品或劳务的销售和购买、金融资产的管理、资产的购买和处置、研究与开发活动以及融资活动等。

根据我国企业会计准则的规定,合并财务报表至少应当包括:合并资产负债表、合并利润表、合并现金流量表、合并所有者权益(股东权益)变动表和合并财务报表附注。

（二）合并范围

合并范围是指在母公司编制的合并财务报表中所涉及的公司范围。合并财务报表的合并范围应当以控制为基础加以确定。我国企业会计准则规定，在以控制为基础确定合并范围时，应当强调实质重于形式的原则，综合考虑所有相关事实和因素进行判断。

1．合并范围的确定原则

投资方应当在综合考虑所有相关事实和情况的基础上对是否控制被投资方进行判断。一旦相关事实和情况的变化导致对控制定义所涉及的相关要素发生变化的，投资方应当进行重新评估。相关事实和情况主要包括：

（1）被投资方的设立目的。

（2）被投资方的相关活动以及如何对相关活动作出决策。

（3）投资方享有的权利是否使其目前有能力主导被投资方的相关活动。

（4）投资方是否通过参与被投资方的相关活动而享有可变回报。

（5）投资方是否有能力运用对被投资方的权力影响其回报金额。

（6）投资方与其他方的关系。

2．合并范围的具体内容

具体的合并报表范围包括：

（1）除母公司不能控制被投资单位的之外，母公司直接或通过子公司间接拥有被投资单位半数以上的表决权，表明母公司能够控制被投资单位，应当将该被投资单位认定为子公司，纳入合并财务报表的合并范围。

（2）除母公司不能控制被投资单位的之外，母公司拥有被投资单位半数或以下的表决权，满足与被投资单位其他投资者之间协议拥有被投资单位半数以上的表决权的、根据公司章程或协议，有权决定被投资单位的财务和经营政策的、有权任免被投资单位的董事会或类似机构的多数成员的、被投资单位的董事会或类似机构占多数表决权等条件之一的，视为母公司能够控制被投资单位。

（3）在确定能否控制被投资单位时，应当考虑企业和其他企业持有的被投资单位的当期可转换的可转换公司债券、当期可执行的认股权证等潜在表决权因素。

（4）母公司应当将其全部子公司，无论是小规模的子公司还是经营业务性质特殊的子公司，均纳入合并财务报表的合并范围。

3．投资性主体的豁免

母公司应当将其全部子公司(包括母公司所控制的被投资单位可分割部分、结构化主体)纳入合并范围。一个投资性主体的母公司如果其本身不是投资性主体，则应当将其控制的全部主体,包括投资性主体以及通过投资性主体间接控制的主体,纳入合并财务报表范围。但是,如果母公司是投资性主体,则只应将那些为投资性主体的投资活动提供相关服务的子公司纳入合并范围,其他子公司不应予以合并,母公司对其他子公司的投资应当按照公允价值计量且其变动计入当期损益。

当母公司同时满足以下三个条件时,该母公司属于投资性主体:

(1)该公司是以向投资方提供投资管理服务为目的的,从一个或多个投资者处获取资金。

(2)该公司的唯一经营目的,是通过资本增值、投资收益或两者兼有而让投资者获得回报。

(3)该公司按照公允价值对几乎所有投资的业绩进行计量和评价。

当母公司由非投资性主体转变为投资性主体时,除仅将为其投资活动提供相关服务的子公司纳入合并财务报表范围编制合并财务报表外,企业自转变日起对其他子公司不再予以合并,其会计处理参照部分处置子公司股权但不丧失控制权的处理原则。

当母公司由投资性主体转变为非投资性主体时,应将原未纳入合并财务报表范围的子公司于转变日纳入合并财务报表范围,原未纳入合并财务报表范围的子公司在转变日的公允价值视同为购买的交易对价,按照非同一控制下企业合并的会计处理方法进行会计处理。

(三)合并财务报表的作用和特点

1. 合并财务报表的作用

合并财务报表的作用表现在两个方面:

第一,对外提供反映由母子公司组成的企业集团整体财务状况和经营成果的会计信息。母子公司均是独立的法人实体,需要各自编制个别财务报表,但是投资者无法从这些个别财务报表中了解整个企业集团的财务信息,因此就需要编制集团的合并财务报表来反映集团的财务状况、经营成果和现金流量等。

第二,避免企业集团利用内部控股关系操纵会计报表。随着企业集团的发展,不可避免地出现了集团中利用关联方交易或内部转移价格等手段来粉饰报表的问题。在编制合并财务报表时,需要将内部交易抵销,因此合并财务报表可以客观地反映集团的经营状况,有利于防止粉饰财务报表的现象。

2. 合并财务报表的特点

合并财务报表主要具有以下特点:

第一,合并财务报表反映的是母公司和子公司所组成的会计主体,反映的对象是经济意义上的会计主体而不是法律意义上的主体。

第二,并不是企业集团中所有的企业都必须编制合并报表,也不是社会上所有的企业都需要编制合并报表,合并财务报表仅需要由母公司编制。

第三,编制的基础是个别财务报表,不需要单独设置会计账簿。

第四,合并财务报表的编制过程不是对个别财务报表数据简单地加总,而是必须在抵销内部会计事项对个别报表的影响后进行编制。与汇总会计报表不同,合并财务报表的编制有其独特的方法。

第二节 合并财务报表的编制

一、合并财务报表编制的一般程序

合并财务报表的编制是一项极为复杂的工作,不仅涉及本企业会计业务和财务报表,而且还涉及纳入合并范围的子公司的会计业务和财务报表。为了使合并财务报表的编制工作有条不紊,必须按照一定的程序有步骤地进行。合并财务报表编制程序大致如下:

第一,设置合并工作底稿。合并工作底稿的作用是为合并财务报表的编制提供基础。在合并工作底稿中,对母公司和纳入合并范围的子公司的个别财务报表各项目的数额进行汇总和抵销处理,最终计算得出合并财务报表各项目的合并数。

第二,将母公司、纳入合并范围的子公司个别资产负债表、利润表及所有者权益变动表各项目的数据录入合并工作底稿,并在合并工作底稿中对母公司和子公司个别财务报表各项目的数据进行加总,计算得出个别资产负债表、个别利润表及个别所有者权益变动表各项目合计数额。

第三,编制调整分录与抵销分录,将母公司与子公司、子公司相互之间发生的经济业务对个别财务报表有关项目的影响进行调整抵销处理。编制调整分录与抵销分录,进行调整抵销处理是合并财务报表编制的关键和主要内容,其目的在于将因会计政策及计量基础的差异而对个别财务报表的影响进行调整,以及将个别财务报表各项目的加总数据中重复的元素等予以抵销。

第四,计算合并财务报表各项目的合并数额。即在母公司和纳入合并范围的子公司个别财务报表各项目加总数额的基础上,分别计算财务报表中的资产项目、负债项目、所有者权益项目、收入项目和费用项目的合并数。其计算方法如下:

(1) 资产类项目,其合并数根据该项目加总的数额,加上该项目调整分录与抵销分录的借方发生额,减去该项目调整分录与抵销分录的贷方发生额计算确定。

(2) 负债类项目和所有者权益类项目,其合并数根据该项目加总的数额,减去该项目调整分录与抵销分录的借方发生额,加上该项目调整分录与抵销分录的贷方发生额计算确定。

(3) 有关收益类项目,其合并数根据该项目加总的数额,减去该项目调整分录与抵销分录的借方发生额,加上该项目调整分录与抵销分录的贷方发生额计算确定。

(4) 有关成本费用类项目和有关利润分配的项目,其合并数根据该项目加总的数额,加上该项目调整分录与抵销分录的借方发生额,减去该项目调整分录与抵销分录的贷方发生额计算确定。

第五,填列合并财务报表。即根据合并工作底稿中计算出的资产、负债、所有者权益、收入、成本费用类各项目的合并数,填列正式的合并财务报表。

二、合并资产负债表的编制

合并资产负债表是以母公司和纳入合并范围的子公司的个别资产负债表为基础编制的。个别资产负债表则是以单个企业为会计主体进行会计核算的结果,它从母公司本身或从子公司本身的角度对自身的财务状况进行反映。对于企业集团内部发生的经济业务,从发生内部经济业务的企业来看,发生经济业务的两方都在其个别资产负债表中进行了反映。

例如,集团内部母公司与子公司之间发生的赊购赊销业务,对于赊销企业来说,一方面,确认营业收入、结转营业成本、计算营业利润,并在其个别资产负债表中反映为应收账款;而对于赊购企业来说,在内部购入的存货未实现对外销售的情况下,则在其个别资产负债表中反映为存货和应付账款。在这种情况下,资产、负债和所有者权益类各项目的加总数额中,必然包含有重复计算的因素。作为反映企业集团整体财务状况的合并资产负债表,必须将这些重复计算的因素予以扣除,对这些重复的因素进行抵销处理。这些需要扣除的重复因素,就是合并财务报表编制时需要进行抵销处理的项目。

编制合并资产负债表时,需要进行抵销处理的主要有如下项目:

(1) 母公司对子公司股权投资项目与子公司所有者权益(或股东权益)项目。

(2) 母公司与子公司、子公司相互之间未结算的内部债权债务项目。

(3) 存货项目,即内部购进存货价值中包含的未实现内部销售损益。

(4) 固定资产项目(包括固定资产原价和累计折旧项目),即内部购进固定资产价值中包含的未实现内部销售损益。

(5) 无形资产项目,即内部购进无形资产价值包含的未实现内部销售损益。

三、合并利润表和合并所有者权益变动表的编制

合并利润表和合并所有者权益变动表是以母公司和纳入合并范围的子公司的个别利润表和个别所有者权益变动表为基础编制的。利润表和所有者权益变动表作为以单个企业为会计主体进行会计核算的结果,它从母公司本身或从子公司本身反映一定会计期间经营成果的形成及其分配情况。在以其个别利润表及个别所有者权益

变动表为基础计算的收益和费用等项目的加总数额中,也必然包含有重复计算的因素。在编制合并利润表和合并所有者权益变动表时,也需要将这些重复的因素予以扣除。

编制合并利润表和合并所有者权益变动表时,需要进行抵销处理的主要有如下项目:

(1) 内部销售收入和内部销售成本项目。

(2) 内部投资收益项目,包括内部利息收入与利息支出项目、内部股权投资收益项目。

(3) 资产减值损失项目,即与内部交易相关的内部应收账款、存货、固定资产、无形资产等项目的资产减值损失。

(4) 纳入合并范围的子公司利润分配项目。

四、合并现金流量表的编制

合并现金流量表是综合反映母公司及其子公司组成的企业集团,在一定会计期间现金流入、现金流出数量以及其增减变动情况的财务报表。合并现金流量表以母公司和子公司的现金流量表为基础,在抵销母公司与子公司、子公司相互之间发生内部交易对合并现金流量表的影响后,由母公司编制。

在以母公司和子公司个别现金流量表为基础编制合并现金流量表时,需要进行抵销的内容主要有。

(1) 母公司与子公司、子公司相互之间当期以现金投资或收购股权增加的投资所产生的现金流量。

(2) 母公司与子公司、子公司相互之间当期取得投资收益收到的现金分配股利、利润或偿付利息支付的现金。

(3) 母公司与子公司、子公司相互之间以现金结算债权债务所产生的现金流量。

(4) 母公司与子公司、子公司相互之间当期销售商品所产生的现金流量。

(5) 母公司与子公司、子公司相互之间处置固定资产无形资产和其他长期资产收回的现金净额与购建固定资产、无形资产和其他长期资产支付的现金。

(6) 母公司与子公司、子公司相互之间当期发生的其他内部交易所产生的现金流量。

第三节 合并财务报表的分析

一、合并财务报表的分析内容

合并财务报表的分析就是根据合并财务报表中所列示的各项数据间的经济关

系,有目的地进行分析和考察,对企业集团的资产状况、经营成果和现金流量作出正确的评价,帮助合并财务报表使用者和其他利益相关者进行经济决策。

合并财务报表的内容复杂,编制方法比较特殊,在分析合并财务报表时,不仅要对合并财务报表的主表内容进行分析,而且还要将合并财务报表与母公司、子公司的个别财务报表结合起来进行比较分析。这样才能准确理解合并财务报表的全部意义,使合并财务报表的分析更为有效。

二、合并财务报表主表结构分析

1. 合并资产负债表结构分析

合并资产负债表的结构分析是以合并资产负债表的总资产作为分母,各项资产、负债和所有者权益项目为分子,将合并资产负债表中的每一项目表示为合并总资产的一个百分比。合并资产负债表的结构分析可以揭示资产、负债和所有者权益的组成情况,如流动资产中现金、应收账款、存货各自所占的比重。通过结构变动可以看出各项资产所占比例的变动情况,有助于分析企业对资产运营、资本安排的战略变动。

【例8-1】 根据表8-1新华制药2018年合并和母公司资产负债表结构分析表,对其进行比较分析。

表8-1 新华制药2018年合并及母公司资产负债表结构分析表

项目	合并报表	母公司报表	项目	合并报表	母公司报表
流动资产:			流动负债:		
货币资金	13.16%	9.64%	短期借款	3.97%	4.51%
应收票据及应收账款	8.09%	6.73%	应付票据及应付账款	15.04%	14.01%
其中:应收票据	2.30%	0.30%	预收款项		
应收账款	5.78%	6.43%	合同负债	3.86%	0.82%
预付款项	0.54%	0.39%	应付职工薪酬	1.24%	1.30%
其他应收款	0.59%	8.71%	应交税费	0.40%	0.19%
其中:应收利息			其他应付款	4.83%	4.68%
应收股利		0.36%	其中:应付利息	0.05%	0.06%
存货	16.09%	10.09%	应付股利	0.09%	0.10%
一年内到期的非流动资产			一年内到期的非流动负债	10.25%	11.65%
其他流动资产	1.25%	1.01%	其他流动负债	0.29%	0.33%

（续表）

项目	合并报表	母公司报表	项目	合并报表	母公司报表
流动资产合计	39.71%	36.57%	流动负债合计	39.89%	37.49%
非流动资产：			非流动负债：		
债权投资			长期借款	8.83%	10.03%
其他债权投资			长期应付款	1.25%	1.42%
长期股权投资	0.33%	11.46%	递延收益	2.17%	2.46%
其他权益工具投资	3.21%	3.64%	递延所得税负债	0.52%	0.52%
其他非流动金融资产			其他非流动负债	0.06%	0.07%
投资性房地产	1.17%	1.93%	非流动负债合计	12.84%	14.50%
固定资产	44.47%	39.07%	负债合计	52.73%	51.99%
在建工程	4.28%	3.76%	股东权益：		
无形资产	5.62%	3.45%	股本	10.51%	11.94%
开发支出			资本公积	10.53%	12.76%
商誉			其他综合收益	2.41%	2.75%
递延所得税资产	0.38%		盈余公积	4.33%	4.80%
其他非流动资产	0.83%	0.12%	未分配利润	17.64%	15.77%
非流动资产合计	60.29%	63.43%	归属于母公司股东权益合计	45.42%	
			少数股东权益	1.85%	
			股东权益合计	47.27%	48.01%
资产总计	100.00%	100.00%	负债和股东权益总计	100.00%	100.00%

　　从表 8-1 可以看出,新华制药集团公司及其母公司总资产中的流动资产占比都在 40% 以内,而流动资产主要由货币资金、存货、应收票据及应收账款等构成,其中存货占比最高。总体上母公司和集团公司在资产配置和经营模式上比较一致,但母公司流动资产占比明显低于集团公司,主要体现在货币资金、应收票据及应收账款和存货等主要项目占比较低,这也反映出下属子公司更多从事生产经营活动,而母公司更多从事生产经营活动以外的投融资活动。根据这一结构可以初步判断新华制药集团公司及其母公司虽然保持了一定的资产流动性,但相对水平不高,尤其是存货量过大,进一步的判断还需要结合流动性比率进行具体分析。非流动资产方面,母公司占比明显高于集团公司,但内部结构有所不同,集团公司的非流动资产主要是固定资产

投资,占总资产的 44.47%,在建工程和无形资产占了 9.90%,长期股权投资仅占 0.33%;而母公司的固定资产占总资产的 39.07%,长期股权投资占了 11.46%,在建工程和无形资产占 7.21%。可见母公司相比于整个集团公司,除了从事生产经营活动外,还兼顾着集团外部投资的战略性需要。集团公司和母公司在无形资产上占比不多,反映出其长期资产的内在质量较高。

从负债结构看,新华制药集团公司和母公司总负债率都在 52% 左右,其中流动负债占总资产的比重分别是 39.89% 和 37.49%,与流动资产的占比相当,流动比率不高。从流动负债内部构成看,集团公司和母公司的短期借款占比不大,占比较大的是应付票据及应付账款和 1 年内到期的非流动负债,而且集团公司和母公司在这两个项目上的差距不大,说明集团公司和母公司在短期融资方式上都倾向于使用供应商的商业信用融资,这一方面反映出与供应商具有良好的购销关系,对供应渠道的控制能力较强,商业信用利用效率高,同时也反映出企业在有效降低融资成本和采购成本方面具有较强的优势。但相对较高的流动负债比例会给企业带来较大的偿还压力,尤其是 1 年内到期的非流动负债集中偿还的情况应该引起足够的重视。从非流动负债方面看,集团公司和母公司也具有相似性,主要是长期借款占了较大比例,母公司占比略高于集团公司,说明母公司在借入银行长期款项方面具备更好的信用能力,母公司在集团公司中担负着长期资金筹措和资金配置的职能。

集团公司及其母公司在所有者权益占比上相差不大,都在 48% 左右,区别主要体现在资本公积和未分配利润两个项目上。集团公司资本公积占比小,未分配利润占比大;而母公司相反。这一方面说明集团子公司未分配利润较多,利润累积丰富,为以后的发展和分红提供了良好的基础;另一方面说明母公司维持了正常的分红政策(年报披露的近 3 年的股利支付率在 10%~12%),同时其资本公积较为丰厚,为以后的股本扩张奠定了良好的基础。

通过对比分析新华制药合并资产负债表和母公司资产负债表可以看出,集团公司及其母公司资产负债结构基本正常,作为母公司的上市公司在资产流动性、资源配置、对外投资、融资结构和利润分配与积累等方面能够较为有效地利用集团协同优势,为其未来发展提供全局性的保障。但是集团整体负债率偏高,资产流动性一般,融资结构偏保守,长期债务的期限结构也有待进一步优化。

需要注意的是,以上的报表结构分析还应注意结合各项财务比率分析,如果多种方法得出的结论趋于一致,则表明分析结果较为客观和准确。

2. 合并利润表结构分析

合并利润表的结构分析是以合并营业收入作为共同分母,将利润表的每一项表示为合并营业收入的百分比,便于展示集团公司各类收入、成本、费用的相对比重和重要性。可以通过纵向比较分析合并财务报表主营业务收入增长性和利润增长性的大小,分析企业集团在成本控制上是否取得一定的成效。

对合并利润表的结构分析还可以同行业均值进行比较,或者与行业中的优秀企业进行比较,从而认识本企业在行业中的优势和劣势。

3. 合并现金流量表结构分析

合并现金流量表的结构分析包括合并现金流入结构分析和合并现金流出结构分析。通过计算企业各项现金流入量占现金总流入量的比重,以及各项现金流出量占现金总流出量的比重,揭示企业经营活动、投资活动和筹资活动的特点及对现金净流量的影响方向和程度,从而抓住现金流量管理的重点。结构分析通常以直接法编制的现金流量表为基础。

在正常情况下,企业由经营活动产生的现金是获得资金进行资本扩张和债务偿还等活动的最佳途径。然而,企业可能由于季节性原因或其他因素影响,在经营周期的某个时期依靠外部资金来源,在分析时应当关注企业集团非正常地大量利用外部资金的情况。企业集团现金流出增加的主要原因是进行资本扩张、新增厂房设备等活动,分析现金流出结构时应当考虑企业集团现金流出的必要性。

三、合并财务报表主表比率分析

1. 企业集团盈利能力分析

反映企业集团盈利能力的指标有销售毛利率、销售利润率、净利率、资产收益率、权益净利率等。需要注意的是,这些指标的计算公式与个别财务报表相似,但是其反映的内容是不同的。以销售利润率为例,由于在合并财务报表中,母公司与子公司之间的内部往来必须予以抵销,这样就剔除了企业集团内部交易重复计算的因素。与个别财务报表相比,合并财务报表更能真实地反映企业集团的经营成果和盈利能力。

2. 企业集团营运能力分析

营运能力指企业集团管理层有效利用资产的能力,它在一定程度上反映了企业集团的经营管理水平。反映营运能力的指标主要有:应收账款周转率、存货周转率、固定资产周转率、总资产周转率等。

分析合并财务报表的营运能力时,要区别不同的情况。若母公司和子公司从事的经营活动性质相同或相似,那么合并财务报表的营运能力指标仍能够反映企业集团的情况;但是,若母公司和子公司从事的经营活动性质有差异,其营运能力也就不同,因此以合并财务报表为基础计算的各项比率就不能准确反映整个企业集团的真实营运能力。比如,母公司的主营业务是商品销售,而子公司可能从事房地产业,这种情况下,以合并财务报表为基础计算的存货周转率就不能反映整个集团的存货周转率。

3. 企业集团偿债能力分析

偿债能力衡量企业集团偿还各种债务的能力,反映偿债能力的指标主要有流动比率、速动比率、资产负债率、利息保障倍数等。

依据合并财务报表主表分析企业集团的偿债能力时,需要注意所计算的指标反映的是企业集团的偿债能力,而不是母公司或子公司个别的偿债能力,并不能为母公司和子公司各自的债权人服务。因为母公司债权人的偿还要求只能从母公司的资产中得到满足,而不能向子公司索取;对于子公司来说也是一样。

4. 企业集团成长能力分析

企业集团的成长能力是指其未来的发展潜力和发展速度。反映成长能力的指标主要有资产增长率、资本增长率、销售增长率、净利润增长率等。

基于合并财务报表对企业集团的成长能力进行分析时,需要具体问题具体分析。例如,当依据合并财务报表计算出的资产增长率大于 0 时,说明企业集团在本期的规模有所扩大,但是其扩大规模的方式是多种多样的,包括投资者增加投入、集团盈利增加、扩大举债等方式,因此要结合资产的增减变化进行具体分析。

在分析销售增长率时,要比较分析不同期间的合并利润表。只有当企业集团的销售增长率持续增加时,才能说明企业集团产品的市场占有率在不断上升,企业集团的发展趋势良好。

四、合并财务报表附注的分析

1. 合并范围分析

通过阅读合并财务报表的附注,根据企业会计准则的规定分析企业集团的合并范围,确定可以纳入合并范围的子公司和不可以纳入合并范围的子公司。通过分析可以看出企业集团是否在实务中将应纳入合并范围的子公司未纳入合并范围,或将不应纳入合并范围的子公司纳入合并范围。同时,还应当关注合并范围的变化对集团产生的影响。

【例 8-2】 阅读新华制药 2018 年年度财务报告中的附注部分,分析企业集团的合并范围、纳入合并财务报表的子公司是否符合准则规定。

新华制药 2018 年财务报告附注第二部分"合并财务报表范围"中指出"本集团合并财务报表范围包括山东新华医药贸易有限公司、新华制药(寿光)有限公司、山东淄博新达制药有限公司等 12 家公司。与上年相比,本年因经营期限到期清算减少淄博新华—中西制药有限责任公司 1 家控股子公司。"

附注第七部分为"合并范围的变化",其中"其他原因的合并范围变动"中对"2018年 5 月 21 日,经淄博新华—中西制药有限责任公司董事会审议通过实施清算分配,清算完成后公司终止经营,不再纳入资产负债表合并范围"做了进一步说明。

附注第八部分为"在其他主体中的权益",对企业集团的构成、重要的非全资子公司、重要非全资子公司的主要财务信息、在子公司所有者权益份额发生变化的情况、在子公司所有者权益份额发生变化对权益的影响以及不重要的联营企业的汇总财务信息等方面都做了详细说明。

通过分析可以看出,新华制药的合并范围符合准则规定,且已经按照规定将应纳入合并范围的子公司纳入合并范围,未将不应纳入合并范围的子公司纳入合并范围。

2. 合并财务报表项目分析

合并财务报表项目分析是指通过合并财务报告附注中披露的相关信息,具体分析合并资产的质量、营业收入的来源、成本费用的构成等问题。

合并财务报表项目分析应与合并财务报表结构分析相结合,通过阅读合并财务报告附注中有关各个报表项目的信息,结合结构分析中各项目的比重、变动等信息,对企业财务状况、经营成果结构变动的原因有进一步的了解。

3. 或有事项分析

常见的或有事主要包括:未决诉讼或仲裁、债务担保、产品质量保证(含产品安全保证)、承诺、亏损合同、重组义务、环境污染整治等事项。或有事项一经确认,将会对企业集团的财务状况和经营成果造成较大影响。因此,在分析合并财务报表附注时,应当仔细阅读附注中有关或有事项的披露信息,并对已披露的或有事项进行分析,如分析或有事项的确认、计量是否符合规定,相关的披露是否准确、恰当,分析或有事项可能对企业集团产生的财务影响。

五、合并财务报表的局限性

合并财务报表不同于个别财务报表,能够为财务信息使用者提供关于企业集团整体的信息。但是,合并财务报表也存在其自身的特殊性和天然的局限性,在提供会计信息的相关性和有用性方面都不及个别财务报表。具体来说,合并财务报表的局限性主要表现在以下几个方面。

1. 不能反映各成员企业的财务状况和经营成果

首先,合并财务报表能够反映集团公司整体的财务状况和经营成果,但不能反映企业集团内各法律主体的经营状况和财务状况。合并财务报表的数据是母公司和各个子公司的合并数,是各成员企业财务状况和经营成果经过内部交易抵销处理后得到的合计数额,从这一数额中并不能得到有关各成员企业的个别财务信息。

其次,合并财务报表并不能反映各成员企业的各项经营管理能力。以偿债能力为例,合并财务报表中企业集团的流动比率和速动比率都超过了行业标准,从财务分析的角度来看企业集团的短期偿债能力较强。但是,在企业集团中可能存在一些重要的子公司,而其流动比率和速动比率都低于正常水平,短期偿债能力存在问题。报表使用者并不能通过阅读合并财务报表获取这一信息,因此合并财务报表不能反映各成员企业的偿债能力。

报表使用者在了解企业集团的财务状况和经营成果时,应考虑到合并财务报表的这一局限性,除了阅读合并财务报表外,还应根据重要性原则,阅读企业集团的母公司及其他重要子公司的个别财务报表,以获知企业集团真实的财务状况和经营成果。

2. 不能反映企业集团的风险水平

由于企业集团存在内部融资活动,合并财务报表并不能真实地反映企业集团所面临的风险水平。企业集团主要通过以下三种方式进行内部融资:一是子公司向金融机构举债,母公司作为担保方;二是母公司从金融机构举债后再转贷给子公司;三是企业集团建立集团内部的财务中心或结算中心,在各成员企业之间调剂企业集团内部资金的余缺。在第一种内部融资方式下,当子公司到期不能还本付息时,母公司必须履行其担保责任,以其资产为子公司偿还债务,实际上使得整个企业集团为少数股东承担了一部分债务以及因此而带来的财务风险。但如果子公司是直接向银行等金融机构融资,企业集团为此而承担的债务只包括其持股比例与贷款金额的乘积部分。显然就这两种融资方式而言,企业集团所承担的财务风险前者是大于后者的,但是仅通过分析合并财务报表并不能得出这一结论,因为在这两种融资方式下编制的合并财务报表所反映的企业集团偿债风险是一样的。

3. 合并财务报表提供的会计信息质量问题

企业集团为了分散其经营风险会采取多元化经营战略,这为整个企业集团提供真实相关的会计信息带来了困难。企业集团中的成员企业分布在多个行业、多个地区甚至多个国家,行业差异、地区差异和货币差异都会影响合并财务报表提供的会计信息的质量。首先,由于不同行业的会计制度不同、不同行业之间会计科目及会计政策的不一致,给企业集团编制合并财务报表带来不便。在统一了各个成员企业的会计制度、会计科目和会计政策后编制出的合并财务报表,其会计信息与各成员企业个别财务报表会计信息之间的可比性会受到影响。其次,合并财务报表将不同地区、不同行业的个别财务报表加以合并,使得不同地区、行业的企业之间经营能力、风险水平的差异性被掩盖,特别是各个行业的财务指标衡量标准不同,个别财务报表合并后,使得合并财务报表提供的会计信息的相关性大大减弱。最后,跨国公司的合并财务报表上,其金额是按选定的某一汇率对不同国家的货币折合的结果。编制时采用的折算方法受外汇汇率、利率、各国经济政策等多种因素的影响。即使是集团的各子公司采用相同的折算方法,各国货币购买力水平不同也制约着合并财务报表会计信息的真实性。

第四节　分部报告及其分析

一、分部报告概述

1. 分部报告的概念

随着经济的迅速发展,市场竞争越来越激烈,企业面临着不断增大的市场风险。企业为了分散风险,很大一部分采取了多元化战略,企业集团的经营范围和经营规模也随之变得越来越大,集团内的成员企业分布在不同行业、不同地区、不同国家。企业集团编制的合并财务报表只能提供各个企业合并后的数据,报表使用者很难通过合并报表了解企业集团财务状况、经营成果变动的具体原因。因此,投资者对企业集团的分部报告越来越关注。

分部报告是跨行业、跨地区经营的企业编报的,反映企业集团在各行业、各地区收入、成本、费用、利润、资产、负债等信息的财务报告。分部报告是资产负债表和利润表两张主要财务报表的一个综合附表,目的是让报表使用者在主要报表的基础上进一步了解企业在各行业、各地区分部的规模、利润情况以及发展趋势等信息,使他们能够对企业作出更准确的判断。

2. 报告分部的确认

分部报告的基础和前提是划分和确认企业的报告分部。我国《企业会计准则第35号——分部报告》规定,企业在披露分部信息时,应当区分业务分部和地区分部,企业应当以业务分部或地区分部为基础确定报告分部。

报告分部可以分为业务分部和地区分部两种。根据《企业会计准则》的规定,业务分部是指企业内可区分的、能够提供单项或一组相关产品或劳务的组成部分,该组成部分承担了不同于其他组成部分的风险和报酬。企业可以将某一个业务部门确定为业务分部,也可以将若干个业务部门组成一个业务分部,也可以将生产一种产品(或劳务)或一组产品(或劳务)的部门作为一个业务分部。

地区分部是指企业内可区分的、能够在一个特定的经济环境内提供产品或劳务的组成部分,该组成部分承担了不同于在其他经济环境内提供产品或劳务的组成部分的风险和报酬。这一地区区域可以是一个国家(或地区),也可以是多个具有相同或类似的风险和报酬率的国家(或地区),可以是某个国家内的行政区域,也可以是多个国家的区域组合。

业务分部或地区分部的大部分收入是对外交易收入,且满足下列条件之一的,应当将其确定为报告分部:

(1) 该分部的分部收入占所有分部收入合计的 10% 或者以上。

（2）该分部的分部利润（亏损）的绝对额，占所有盈利分部利润合计额或者所有亏损分部亏损合计额的绝对额两者中较大者的 10%或者以上。

（3）该分部的分部资产占所有分部资产合计额的 10%或者以上。

业务分部或地区分部不能满足《企业会计准则》上述规定条件的，可以按照下列规定处理：

（1）不考虑该分部的规模，直接将其指定为报告分部。

（2）不将该分部直接指定为报告分部的，可将该分部与一个或一个以上类似的、未满足条件的其他分部合并为一个报告分部。

（3）不将该分部指定为报告分部且不与其他分部合并的，应当在披露分部信息时，将其作为其他项目单独披露。

报告分部的数量通常不应超过 10 个，超过的报告分部需要按其经济特征的相似性进行合并。

3. 分部报告的信息披露

我国《企业会计准则》规定，企业应当考虑影响风险和报酬的主要因素来确定分部报告的信息披露，区分主要报告形式和次要报告形式披露分部信息。风险和报酬主要受产品和劳务差异影响的，应当以业务分部信息为主；风险和报酬主要受不同的国家或地区经营活动影响的，应当以地区分部信息为主；风险和报酬同时较大地受产品和劳务的差异以及经营活动所在国家或地区差异影响的，应当以业务分部信息为主。

企业应当在主要的分部信息中披露分部收入、分部费用、分部利润（亏损）、分部资产和分部负债等。

（1）分部收入是指可归属于分部的对外交易收入和对其他分部交易收入。

（2）分部费用是指可归属于分部的对外交易费用和对其他分部交易费用。

（3）分部利润（亏损）是指分部收入减去分部费用后的余额。在合并利润表中，分部利润（亏损）应当在调整少数股东损益前确定。

（4）分部资产是指分部经营活动使用的可归属于该分部的资产，不包括递延所得税资产。

（5）分部负债是指分部经营活动形成的可归属于该分部的负债，不包括递延所得税负债。

此外，企业还应当披露分部之间交易的转移价格的确定基础及变更情况。在分部会计政策与企业集团不一致的情况下，企业还应当披露分部采用的会计政策。分部会计政策变更影响重大的，应当按照《企业会计准则第 28 号——会计政策、会计估计变更和差错更正》进行披露，并提供相关比较数据。最后，企业在披露分部信息时，应当提供前期比较数据。

二、分部报告的分析

在分析分部报告之前,首先要明确企业对分部的划分和确认是否符合准则的规定。如果企业没有依据其实际情况按照规定确认分部,就要质疑企业分部报告信息的可信性。

在企业分部确认合理、分部报告项目的确认计量恰当的基础上,报表使用者可以用比率分析法、趋势分析法、比较分析法来分析分部报告。但是不能单纯地对分部报告进行分析,还应当结合企业集团的管理战略、行业地理环境、经济政策等因素,将分部报告分析与企业集团的财务状况分析相结合。

1. 个别报告分部的基本分析

通过比率分析计算各个报告分部的盈利能力、偿债能力、营运能力和增长能力,初步了解对报告分部个别的经营能力。

可以使用趋势分析法来计算各个报告分部的销售水平、盈利水平和增长率水平的变化趋势,分析和预测各个分部的发展方向和发展实力。一般来说,销售收入、经营利润和总资产规模不断增加的分部,其发展前景和获利能力较好。而那些销售收入、经营利润和总资产规模出现负增长的分部,即使不马上关闭、停业,也应当减少对其的资源投入。

个别报告分部的基本分析可以参考企业财务报表的财务分析方法。

【例8-3】 新华制药属于医药制造业,本集团主营业务为从事开发、制造和销售化学原料药、制剂及化工产品;主要产品为"新华牌"解热镇痛类药物、心脑血管类、抗感染类及中枢神经类等药物。其营业收入分产品情况及营业收入分产品增长情况如表8-2和图8-1所示。

表8-2 营业收入分产品情况 单位:万元

产品分部	2016 年	2017 年	2018 年
解热镇痛类等原料药	177 029.60	196 451.81	231 941.67
片剂、针剂、胶囊剂等制剂	174 761.09	198 218.95	221 307.84
医药中间体及其他	49 705.62	56 900.92	67 537.38

从表8-2和图8-1可以看出,公司按照产品类别分成(解热镇痛类等)原料药、(片剂、针剂、胶囊剂等)制剂、医药中间体及其他,其中医药中间体及其他类的营业收入占比在12%左右,原料药和制剂各自占到43%左右。从营业收入增长情况看,三个产品类别近3年都实现10%以上的增速,其中原料药和制剂增速对总营业收入增长的贡献最大。

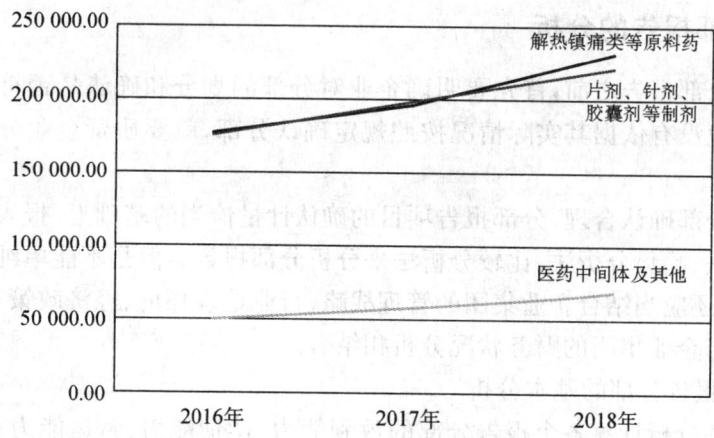

图 8-1　营业收入分产品增长情况

表 8-3　营业收入分地区情况

单位:万元

地区分部	2016 年	2017 年	2018 年
中国(含香港地区)	259 859.31	306 877.66	343 135.91
美洲	69 124.26	67 493.81	83 555.00
欧洲	30 512.84	33 142.74	35 919.52
其他	41 999.90	44 057.47	58 176.46

　　从表 8-3 可以看出,公司产品主要集中在国内市场,各年占比都在 60% 以上,美洲市场占 15% 左右,欧洲市场占比 7% 左右,产品地区分布比较稳定。从各年增长情况看,国内市场增长连续性较好,2017 年比上年增长 18%,2018 年比上年增长 12%;欧洲市场也实现稳定增长,都在 8% 左右;美洲市场虽然经历了 2017 年的明显下降,但 2018 年增长了 24%。

　　总之,新华制药国内市场是目前最大的产品目标市场,市场需求也较为稳定,海外市场由于公司加大营销力度,增速显著。企业需要进一步做好国际市场环境的预测和判断,维护好营销渠道,保证企业盈利的稳定增长。

　　2. 报告分部之间的比较分析

　　在个别报告分部分析的基础上,比较各个报告分部之间销售水平、盈利水平和成长水平的高低。

　　通过对比,报告使用者可以判断出企业的各个报告分部中,哪些分部的综合实力较强、发展潜力较大,哪些分部的实力较弱、发展前景较差。还能在此基础上分析出企业涉及的广大经营范围中,哪个行业的发展较快、处于成长阶段,哪个行业的发展较慢、处于衰退阶段;哪个行业或地区的营运能力较强、管理水平较高,哪个行业或地区的盈利能力较强、获取的利润较大。作为报告使用者之一的企业管理者,可以通过这样的对比分析对企业的业务结构和地区分布进行适当的调整,提高企业整体的经营能力。投资者则可以看出企业对其分部的规划、管理能力,对企业有进一步的了解。

【例8-4】 以新华制药2017年和2018年年报中披露的信息为基础,比较分析公司内两个分部的盈利能力。

表8-4 毛利率分产品情况

单位:万元

产品分部	2017年			2018年		
	营业收入	营业成本	毛利率	营业收入	营业成本	毛利率
解热镇痛类等原料药	196 451.81	139 662.26	28.91%	231 941.67	157 775.89	31.98%
片剂、针剂、胶囊剂等制剂	198 218.95	138 180.75	30.29%	221 307.84	150 732.48	31.89%
医药中间体及其他	56 900.92	46 918.57	17.54%	67 537.38	56 458.47	16.40%
合计	451 571.68	324 761.58	28.08%	520 786.88	364 966.84	29.92%

由于财务报告有关分部报告的信息披露有限,在这里使用毛利率衡量分部业务的盈利能力。

通过考察毛利率可以比较直观地看出三个产品分部业务的盈利能力差异。从表8-4可以看出,营业收入占比较高的原料药和制剂的毛利率都在30%左右,医药中间体及其他的毛利率在17%左右,附加值较低。原料药2018年毛利率比上年提高了3.07%,制剂提高了1.60%,医药中间体及其他下降了1.14%,但总体毛利率还是提高了1.84%。

表8-5 毛利率分地区情况

单位:万元

地区分部	2017年			2018年		
	营业收入	营业成本	毛利率	营业收入	营业成本	毛利率
中国	306 877.66	208 028.95	32.21%	343 135.91	240 119.11	30.02%
美洲	67 493.81	55 270.57	18.11%	83 555.00	59 581.16	28.69%
欧洲	33 142.74	26 693.72	19.46%	35 919.52	26 132.51	27.25%
其他	44 057.47	34 768.34	21.08%	58 176.46	39 134.05	32.73%
合计	451 571.68	324 761.58	28.08%	520 786.88	364 966.84	29.92%

通过考察地区分部可以看出(见表8-5),国内市场分部的毛利率最高,都在30%

左右,海外市场毛利率普遍低于国内市场。但从毛利率的变化来看,国内市场毛利率
2018 年比上年下降了 2.19%,海外市场毛利率却普遍上升,其中美洲市场上升了
10.58%,欧洲市场上升了 7.79%,其他地区也上升了 11.65%。公司在国内市场毛利
率明显下降的情况下,借助海外市场毛利率的上升,使总体毛利率仍然上升了
1.84%,结合[例 8-3]的分析可以看出,新华制药通过积极开拓海外市场取得了比较
显著的成效。

3. 报告分部与企业集团之间的比较分析

在个别分部报告的基础上,比较分析各个报告分部与企业集团的盈利能力、增长
能力,比较各个报告分部的销售收入、经营利润和资产规模占企业集团总数额的
比重。

比较分析报告分部和企业集团的盈利能力、增长率水平,有助于报表使用者明确
企业集团盈利变动、增长率变动的原因,因为企业由各个分部组成,分部的盈利和增
长率必然影响到整个企业集团。投资者可以据此判断企业集团的增长率变动主要是
由哪些分部引起的,这些分部的发展前景和盈利能力怎么样,是否存在潜在的风险,
进而对整个企业的成长能力有更准确的理解。同理,投资者可以分析每一报告分部
的经营成果对企业集团盈利水平的影响程度,判断报告分部对企业集团的重要性,清
楚地了解企业的盈利主要来自哪些方面,企业盈利水平的提高或降低是由哪些分部
引起的。投资者应重点关注盈利水平较高和亏损较大的分部,因为它们是企业在未
来发展中成功或失败的重要影响因素。

比较各个报告分部的销售收入、经营利润和资产规模占企业集团总数额的比重,
所占比重较大的分部往往是企业较为重视的对象,代表着企业未来的主要发展方向。
结合上文提到的对个别报告分部的趋势分析法,报表使用者可以通过分析企业重点
分部的发展前景,判断整个企业的发展趋势和发展能力,为报表使用者制定决策提供
帮助。

推荐读物

[1] K·R·苏布拉马尼亚姆.财务报表分析[M].11 版.宋小明,谢盛纹,译.北京:中国人民大学出
版社,2015:231-333.

[2] 查尔斯·H.吉布森.财务报告与分析[M].10 版.胡玉明,译.大连:东北财经大学出版社,2009:
188-206.

思考与案例讨论

1. 什么是企业合并? 简述企业合并的类型与原因。

2. 简述合并财务报表的合并范围及其作用。

3. 合并财务报表结构分析应注意哪些方面的问题？

4. 合并财务报表比率分析应注意哪些方面的问题？

5. 合并财务报表附注分析应注意哪些方面的问题？

6. 什么是分部报告？如何确认报告分部？

7. 分部报告分析应注意哪些方面的问题？

8. 结合本章引导案例，查阅超华科技合并利润表和母公司利润表，并对其进行结构和比率分析。

9. 阅读福耀玻璃年报相关内容(见书后附录)，并回答以下问题：

(1) 试对该公司合并资产负债表、利润表和现金流量表及其母公司相关报表作结构分析和比率分析，并作出评价。

(2) 根据(1)分析中发现的主要问题，对合并报表附注和母公司报表附注作辅助性分析。

(3) 试对该公司分部报告的财务状况和经营成果进行分析。

第九章 企业可持续发展能力分析

学 习 目 标

通过本章学习,了解企业可持续发展能力的内涵;熟悉影响企业可持续发展能力的主要因素;掌握行业分析和竞争战略分析的主要方法;重点掌握企业可持续发展能力指标的计算与分析;学会利用行业和竞争战略分析工具评价企业可持续发展能力。

引 导 案 例[①]

证监会网站 2 月 15 日晚间预披露了合肥美亚光电技术股份有限公司(下称"美亚光电")首次公开发行股票的招股说明书(申报稿)。公司系以光机电一体化技术研发为核心,专业从事光电检测与分级专用设备及其应用软件研发、生产和销售的高新技术企业,本次拟发行 5 000 万股,发行后总股本 2 亿股,拟于深交所中小板上市。

《经济导报》财经研究员查阅美亚光电拟招股书发现,美亚光电最近几年的经营业绩并不稳定,公司预披露的财务信息显示,公司成长性扑朔迷离,涉嫌调节利润,业绩或面临变脸;同时,公司有三成的利润来自税收优惠和政府补贴,独立性及可持续盈利能力存疑。

---

① 资料来源:摘自 2012 年 2 月 22 日《经济导报》(有删节)。

拟招股书显示,美亚光电 2008 年到 2011 年 1~9 月实现的营业收入分别为 2.62 亿元、3.31 亿元、3.35 亿元、3.56 亿元。公司营业收入近年来一直增长缓慢,近乎原地踏步。2009 年同比增长 26.34%,2010 年同比仅增长 1.21%,2011 年前三季度的营业收入较 2010 年全年增长 6.27%,预计 2011 年全年公司的经营业绩较 2010 年依然难有大的增长。

　　不过相反的是,虽然公司营业收入增长缓慢,但是对应的净利润却实现了逐年快速增长。2008 年、2009 年、2010 年、2011 年前三季度公司实现净利润分别为 7 138 万元、9 575 万元、1.50 亿元、8 948 万元。净利润 2009 年同比增长 34.14%,2010 年同比增长 36.33%。

　　拟招股书显示,公司净利润快速增长的原因主要有两点:一是 2010 年营业成本同比下降 17%,2011 年与 2010 年基本持平;二是 2010 年度,公司综合毛利率由 2009 年的 43.78% 上升到了 2010 年的 52.56%,2011 年度为 51.61%。

　　但值得注意的是,2009 年到 2011 年前三季度,公司应收账款及其周转率的变化幅度十分巨大。2008 年到 2011 年 1~9 月,公司应收账款分别为 4 万元、227 万元、723 万元、1 452 万元,2009 年同比增长 5 575%,2010 年同比增长 219%,2011 年光前三季度的应收账款就较 2010 年全年增长了 101%。公司的应收账款可谓逐年暴增,而应收账款周转率却是逐年暴跌。2008 年到 2011 年 1~9 月,公司的应收账款周转率分别为 424.04 次/年、271.45 次/年、66.90 次/年、30.91 次/年。查阅美亚光电现金流量表,公司 2009 年到 2011 年 1~9 月的销售商品、提供劳务收到的现金分别为 3.86 亿元、4.05 亿元、3.89 亿元,基本保持平衡,波动不大。

　　拟招股书显示,美亚光电 2008 年被评为安徽省高新技术企业,认定有效期为 3 年,从 2008 年开始享受按 15% 的税率征收企业所得税的税收优惠政策;同时,公司 2008 年度和 2010 年度被列为国家规划布局内重点软件企业,根据规定企业所得税税率减按 10% 征收。此外,公司销售自行开发生产的软件产品,享受软件增值税优惠政策,对实际税负超过 3% 的部分即征即退,所退税款不予征收企业所得税。

　　2008 年到 2011 年 1~9 月,公司接受的政府补助分别为 274.94 万元、959.54 万元、2 947.39 万元、131.17 万元,享受的税收优惠总额分别为 2 388.44 万元、2 595.16 万元、4 274.94 万元、1 248.10 万元。

　　2008 年到 2011 年 1~9 月享受的税收优惠和财政补贴总额占当年利润总额的比重分别为 34.39%、32.29%、43.98%、12.86%。公司对于税收和财政补贴存在较大的依赖。2011年1~9月公司税收优惠额及政府补贴较少,主要系相关政策到期后,新的操作办法未于报告期内出台所致。

不过,不管是税收优惠还是政府补助,两项营业外收入均在2010年达到最大。虽然公司的高新技术企业资质已经复审通过,今后还能享受该项所得税优惠,但是政府补助对于企业来说却是个不确定的东西,不具有可持续性。今后如果前述税收优惠和财政补贴政策在未来发生重大变化或公司享受优惠政策的条件发生重大变化,将会对公司盈利能力及财务状况产生一定的影响。

重要概念

可持续发展能力(sustainable development ability)
行业生命周期(industry life cycle)
波特五力模型(Michael Porter's five forces model)
SWOT分析(SWOT analysis)
股东权益增长率(stockholder's equity growth rate)
资产增长率(total assets growth rate)
销售收入增长率(sales growth rate)
净利润增长率(net profit growth rate)

第一节 企业可持续发展能力概述

一、企业可持续发展能力的内涵

生存、发展与盈利是一个企业的渐进式目标,企业在追求持续发展的过程中既要考虑利润增长和市场占有,又要考虑持续的盈利增长,同时还要建立并维持良好的社会公共关系。发展是生存之本,也是利润之源。中共十六大提出可持续发展观后,可持续发展就更为人们所重视。当然,可持续发展不仅是政府的责任,作为微观经济主体的企业也承担着不可推卸的责任。企业要在实现自身可持续发展的同时也要为社会的可持续发展作出应有的贡献,如在技术应用、新品开发、产品质量、资源再利用、污染治理等方面。

由于企业所处的行业不同,生产的产品不同,行业生命周期不同,所以可持续发展的含义在每个行业会有差异。比如,一些企业一直保持运营,但没有发展前景;一些企业成立后高速发展,但由于战略失误又迅速倒闭的也不在少数。显然,这些都不是理性投资者追求的可持续发展。

从财务学角度来看,企业可持续发展能力是企业提高盈利能力的前提,也是实现企业价值最大化的、吸引投资者的基本保证。即企业的发展必须有可持续性这一关键特征。

从管理学角度来看,发展过快或发展过慢都是不利的。快速发展使一个企业的资源变得紧缺,导致企业高负债,最终可能导致破产,快速发展的企业可能通过了市场的考验,但因为管理人才的短缺而致使企业倒闭;而那些发展过慢的企业往往成为并购的对象。研究表明,因发展过快而破产的企业与因发展过慢而倒闭的企业在数量上基本上一样多。

综上所述,研究企业的可持续发展能力不仅要从经济视角进行分析,也要从管理学角度进行深入探讨。企业可持续发展能力(sustainable development ability),是企业在追求自我生存和永续发展的过程中,既要考虑企业经营目标的实现和企业市场地位的提高,又要保持企业在已领先的竞争领域和未来扩张的经营环境中,通过完善内部各要素系统,并兼顾与企业经营活动相关的社会、经济、环境目标,可持续地满足各利益相关者的需要,始终保持持续的盈利增长和发展能力。

二、企业可持续发展能力分析的目的

企业价值在很大程度上取决于企业未来的获利能力,以及企业未来的资产、销售、利润及权益的增长能力,而不是企业目前或过去的盈利情况;无论提高企业的盈利能力、筹资能力还是资本利用效率,都是为了企业将来的盈利目的,都是为了提高企业的可持续发展能力。企业的可持续发展能力是企业营运能力、盈利能力及偿债能力的综合体现。因此,要分析一个企业的发展能力,不仅要从静态的角度分析企业的经营能力,更要从动态的角度去分析和预测企业未来发展能力。

企业能否可持续增长对经营者、投资者、债权人及各利益相关者都至关重要。对经营者来说,要经营好一家公司,不能只看企业目前的经营业绩,更重要的是要放眼未来,关注企业未来的发展趋势和可持续发展能力。对于投资者而言,企业是否能够可持续发展,不仅关系到投资者的投资回报率,而且也关系到这个企业是否具有投资价值。对债权人来说,企业能否可持续发展,关系到债权人投入的本金及利息能否按时收回,与债权人的根本利益密切相关。

由于对企业可持续发展能力有这么重要的现实意义,因而有必要对其进行具体并深入的分析。对企业可持续发展能力的分析,主要体现在以下四个方面。

1. 分析影响企业可持续发展的因素

通过可持续发展能力指标分析、衡量和评价企业的实际成长能力,能够得到影响企业可持续发展能力的因素。其分析指标主要包括资产增长率、销售收入增长率、利润增长率、所有者权益增长率等。用计算得到的可持续发展能力指标分别进行横向和纵向比较,即同本企业以前年度的各类指标和预期的指标进行比较,和同行业中其他企业的指标分别进行比较,从而找出自己的优势与不足,正确判断企业发展趋势。

2. 分析企业负债变化的趋势

分析企业负债的变化趋势,其最终目的是分析企业的再融资能力。一个企业在成长的过程中,难免会遇到资金紧缺并需要进行融资的情况,此时企业的偿债能力、负债比率和可持续发展能力是投资者关注的重要方面。合理的债务管理并有效地运用财务杠杆能够使企业和债务人达到双赢。

3. 正确预测企业未来发展速度和企业对策

正如前面所说,企业发展过快或过慢对企业都不利,因此保持企业以平稳的速度增长也尤为重要,这就需要准确预测企业未来发展的速度,并以此作出相应的对策,使得企业能够可持续发展,使企业价值实现最大化。因此,通过分析企业可持续发展能力的各项指标,正确预测企业未来发展速度,根据指标相应调整企业的经营策略和财务策略,才能保持企业以适宜的速度可持续发展。

4. 分析企业的资源情况

通过对企业可持续发展能力的分析,可以推断出企业资源未来的变化趋势,主要包括未来的盈利能力、变现能力、资产更新、技术先进性、未来需要追加投入金额等情况。

三、影响企业可持续发展能力的主要因素

企业价值增长率是衡量企业可持续发展的核心指标,可以从企业价值增长率的影响因素来分析。影响企业价值增长率的因素主要包括以下几个方面。

1. 营业收入

企业收入的主要来源是营业收入,而营业收入是影响企业价值变化的关键因素。只有营业收入持续稳定地增长,才能为企业不断发展提供充足的资金,企业才能实现可持续发展。因此,企业的可持续发展能力和营业收入密切相关。当经营成本及其他因素不变时,两者呈正相关关系。

2. 资产规模

企业拥有资产是企业经营的前提,同时也是企业取得收入的基本保证。在资产周转率不变的情况下,资产规模与收入之间呈正相关关系。

3. 净利润

净利润反映的是企业一段时间内的经营成果。在收入一定的情况下,费用与净利润之间存在着负相关关系。所以,只有尽可能地降低费用才能提高净利润。净利

润的增加一方面显示了企业出色的盈利能力,能够吸引更多的投资者,为企业的可持续发展提供资金支持;另一方面净利润形成留存收益,可以保证企业的扩大再生产,这也是企业价值增长的源泉。

4. 财务杠杆系数

财务杠杆效应的存在,使一些企业偏好债务筹资。虽然利用财务杠杆可以增强企业的借贷能力,满足企业发展所需的资金,充实企业的现金流,但是过度地利用财务杠杆,就会出现负面效应,企业再融资风险加大,筹资成本增加等。因此,应当适度地利用财务杠杆。

5. 股利分配

企业所有者从企业获得利益有两种渠道:一是资本利得;二是股利分配。即使一个企业具有很强的盈利能力,若利润都用于股利派发而不用于留存收益,不重视企业的资本积累,企业的价值增长速度也不会很快。因此,企业应选择合适的股利分配政策,既要重视股东需求,也要留存部分利润进行累积,这样才能满足企业可持续发展的需要。

在其他因素不变的情况下,改善上述因素中的任何一种都可以提高企业价值的增长速度,从而提高企业的可持续发展能力。当然,为达到更好的效果,企业应该同时协调各方面影响因素,从而实现持续增长的目标。

第二节　行业分析

任何一个企业的发展必然会受到其所处行业的影响,同时也受其所处宏观经济环境的束缚与影响。一个企业的正常发展,肯定不会脱离其行业的发展总趋势,因此,进行行业分析具有其重要的现实意义。通过进行行业分析,可以准确了解到企业在行业中的地位以及总体发展趋势,从而提高决策的准确性。

对一个企业进行行业分析时,首先要判断企业所处的行业,应根据企业的报表及附注,分析企业的主营业务并确定其类别。需要说明的是,行业划分得越细,分析的结果就越准确,如对酒类行业进行行业分析,若将酒划分为白酒、红酒、啤酒、保健酒等,其分析结果就会有很大差异,准确度也会更高。其次,还要关注企业的主营业务变化,有时一个企业在不同时期会经营不同的业务,要具体情况具体分析。不可否认的是,越来越多的企业进行多元化经营,涉及多个行业,这就会给行业划分带来了困难。这种情况下,首先就是找出其主营业务收入的主要来源,再确定其所属行业;若主营业务由多个份额相差无几的业务组成,就要分别对待,把它们归属于不同的行业。

一、行业的市场类型分析

根据某一行业现有的企业数量、产品性质、企业控制价格的能力、新企业进入该行业的难易程度等因素的状况,行业的市场类型可分为完全竞争、垄断竞争、寡头垄断和完全垄断四种,竞争程度依次递减。

1. 完全竞争

完全竞争型市场是指竞争不受任何干扰和阻碍的市场结构。但是,在现实中,完全竞争是四种市场类型中最少见的,一般情况下,初级产品的市场较接近于完全竞争。完全竞争型市场具有四个特点:

(1) 产品都是同质的、无差别的。

(2) 生产厂商众多,没有任何一个企业能影响产品的价格,企业永远是价格的接受者而不是制定者,企业的盈利基本由市场对产品的需求决定。

(3) 各种生产要素可完全流动,生产者可自由进入或退出这个市场。

(4) 市场信息对买卖双方都是通畅的,生产者和消费者均非常了解市场情况。

行业内的竞争程度越大,企业倒闭或破产的可能性越大,对该行业进行投资的风险也就越大,企业的可持续发展能力也将经受考验。

2. 垄断竞争

垄断竞争是一种介于完全竞争和完全垄断之间的市场类型,在这种市场中,既存在着激烈的竞争,又具有垄断的因素。垄断竞争型市场具有四个特点:

(1) 产品同类而不同质,即产品之间存在着一定差异,这是垄断竞争与完全竞争的主要区别。

(2) 由于产品差异性的存在,生产者可以树立自己的产品形象和信誉,从而对产品价格有一定的影响能力。

(3) 生产厂商众多,各种生产要素可以流动。

(4) 市场信息对买卖双方基本是通畅的。

制成品(纺织、服装等轻工业产品)等的市场类型一般属于垄断竞争。在这类市场当中,企业在控制成本的前提下,不断地推陈出新,通过追求异质化的产品和服务来满足消费者的需要,成为其可持续发展的关键所在。

3. 寡头垄断

寡头垄断是一种由少数卖方(寡头)主导市场的市场状态,同时包含了垄断因素和竞争因素,而更接近于完全垄断的一种市场结构。寡头垄断的形成原因一般是由产品的生产与技术特点所决定的,生产高度集中的行业往往是寡头垄断行业,如汽车、钢铁、石油等行业。寡头垄断型市场具有四个特点:

(1) 少数几个企业在市场中占有很大的份额,这些企业具有相当强的垄断势力。

（2）产品可以是同质的，也可以是有差别的，前者有时被称为纯粹寡头垄断，后者被称为有差别的寡头垄断。

（3）寡头垄断市场中的企业相互依存，由于厂商数目少且占据市场份额大，一个厂商的行为会影响对手的行为，进而影响整个市场，因此企业间是相互依赖的关系。

（4）寡头垄断的市场存在明显的进入壁垒。

在寡头垄断市场当中，企业只要处理好与其他寡头企业之间的竞争与合作关系，控制好自身的成本并不断进行技术更新，就能获得可持续发展的能力。

4. 完全垄断

完全垄断是指整个行业的市场供给完全由独家企业所控制的状态。在目前的现实生活中没有真正的垄断型市场，某些公共事业单位接近于垄断。完全垄断可以分为两种类型：一是政府完全垄断，如邮政业务、铁路国有化条件下的铁路运输业务；二是私人完全垄断，如根据政府授予的特许专营或根据专利生产的独家经营，以及由于资本雄厚、技术先进而建立的排他性私人垄断经营。完全垄断型市场具有以下特点：

（1）市场被一家企业控制，其他企业不可以或不可能进入该行业。

（2）产品没有或者很少有相近的替代品。

（3）垄断者能够根据市场的供需情况制定理想的价格和产量，从而获取最大利润。

（4）垄断者在制定产品的价格与生产数量方面的自由性是有限度的，要受到反垄断法和政府管治的约束。

在完全垄断市场当中，只要企业赖以生存的体制和法律法规不变，市场需求和企业经营稳定，便有了可持续发展的保证。

二、行业生命周期分析

行业的生命周期指行业从出现到完全退出社会经济活动所经历的时间。行业的生命发展周期主要包括四个发展阶段：导入期、成长期、成熟期和衰退期（如图 9-1 所示）。

处于不同生命周期阶段的企业，具有不同的可持续发展能力，因此应关注企业所处行业的生命周期阶段。识别行业生命周期阶段的主要指标有市场增长率、需求增长率、产品品种、竞争者数量、进入壁垒及退出壁垒、技术变革、用户购买行为等。下面分别

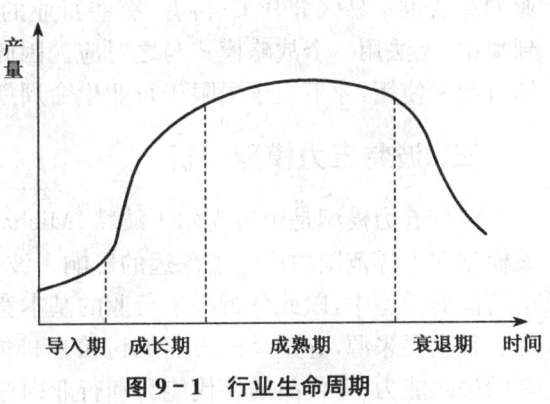

图 9-1　行业生命周期

介绍生命周期各阶段的特征。

1. 导入期

这一时期的产品设计尚未成熟,行业利润率较低,市场增长率较高,需求增长较快,技术变动较大,并且此时技术上有很大的不确定性。行业中的企业主要致力于开辟新用户、占领市场,在产品、市场、服务等策略上有很大的余地。企业对行业特点、行业竞争状况、用户特点等方面的信息掌握不多,行业进入壁垒较低。

2. 成长期

这一时期的市场增长率很高,需求高速增长,技术渐趋定型,行业特点、行业竞争状况及用户特点已比较明朗,企业进入壁垒提高,产品品种及竞争者数量增多。

3. 成熟期

这一时期的市场增长率不高,需求增长率不高,技术上已经成熟,行业特点、行业竞争状况及用户特点非常清楚和稳定,买方市场形成,行业盈利能力下降,新产品和产品的新用途开发更为困难,行业进入壁垒很高。

4. 衰退期

这一时期的行业生产能力会出现过剩现象,技术被模仿后出现的替代产品充斥市场,市场增长率严重下降,需求下降,产品品种及竞争者数目减少。在衰退阶段,除非出现新产品或者进行行业结构调整,否则整个行业都面临威胁。

通过进行行业生命周期分析,分析该行业的发展趋势及前景,有助于对企业可持续发展能力进行合理分析,准确判断企业的发展趋势。

行业生命周期在运用上有一定局限性。行业生命周期曲线忽略了具体的产品型号、质量、规格等差异,仅仅从整个行业的角度考虑问题;生命周期曲线是一条经过抽象化的典型曲线,各行业按照实际销售量绘制出的曲线远不是这样光滑规则的。因此,有时要确定行业发展处于哪一阶段是困难的,识别不当容易导致战略上的失误。而影响销售量变化的因素很多,相互的关系复杂,整个经济中的周期性变化与某个行业的演变也不易区分开来;再者,有些行业的演变是由集中到分散,有的行业由分散到集中,无法用一个战略模式与之对应。因此,应将行业生命周期分析法与其他方法结合起来使用,才不至于局限于行业生命周期分析的片面性。

三、波特五力模型分析

波特五力模型是由迈克尔·波特(Michael Porter)于 20 世纪 80 年代初提出的,该模型在世界范围内产生了深远的影响。波特五力模型将大量不同的因素汇集到一个简便的模型中,以此分析一个行业的基本竞争状况,模型中的五个要素确定了竞争的五种主要来源,分别是供应商的讨价还价能力、购买者的讨价还价能力、潜在竞争者的进入能力、替代品的替代能力和行业内竞争者现在的竞争能力(如图 9-2 所示)。

这一模型不仅可以用于企业的战略制定,同时也可以用于对企业所处行业进行分析。

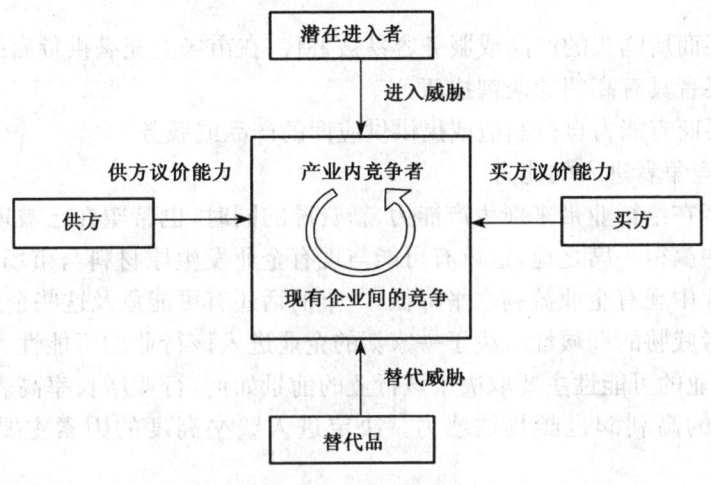

图 9-2　波特五力模型

1. 供应商的讨价还价能力

供应商影响行业竞争的主要方式是提高价格(以此榨取买方的盈利),或者降低所提供产品或服务的质量。供应商能否轻易地提价或降质,取决于供应商的议价能力。许多因素会提高供应商在行业中的议价能力,从而加剧行业竞争、降低企业在行业中的盈利能力,这些因素包括:

(1)供应商所处行业的集中化程度。行业内供应商越集中,供应商的议价能力就越强。

(2)供应商产品的标准化程度。若每个供应商提供的产品或服务都一样或相差不大,替代性较强,则供应商的议价能力就弱。

(3)供应商提供的产品对行业生产的重要性。供应商提供的产品或服务越重要,其议价能力就越强。

(4)单个供应商的供应量。单个供应商对企业的供应量越大,往往对企业的影响与制约程度就越大,其议价能力也就越强。

2. 购买者的讨价还价能力

与供应商一样,购买者也能够对行业的竞争情况产生影响。购买者有时强行压低价格、要求更高的质量或更多的服务,为达到这一点,他们可能不购买商品,或者使生产者互相竞争。一般来说,满足以下条件的购买者可能具有较强的讨价还价力量:

(1)购买者的总数较少,而每个购买者的购买量较大,占了卖方销售量的很大比例。

(2)卖方由大量的规模相对较小的企业所组成。

（3）购买者所购买的产品不具重要性，且产品缺少唯一性，即对该行业的产品可买可不买。

（4）购买商所购买的产品或服务容易被替代，在市场上充满供货商的竞争者。

（5）购买者具有高超的谈判技巧。

（6）购买商有能力自行制造或提供供应商的产品或服务。

3. 潜在竞争者进入的能力

新进入者在给行业带来新生产能力、新资源的同时，也希望在已被现有企业瓜分完毕的市场中赢得一席之地，这就有可能与现有企业发生原材料与市场份额的竞争，最终导致行业中现有企业盈利水平降低，严重的话还有可能危及这些企业的生存。

新进入者威胁的严峻性取决于一家新的企业进入该行业的可能性、进入壁垒等。其中，进入行业的可能性主要取决于该行业的前景如何，行业增长率高表明未来的盈利高，而眼前的高利润也颇具诱惑力。决定进入壁垒高度的因素主要有以下几个方面：

（1）规模经济。规模经济的作用迫使新进入者以较大的生产规模进入行业，并冒着被现有企业强烈反对的风险，或者也可以选择以较小的规模进入，长期忍受产品成本高的劣势。

（2）客户忠诚度。在客户忠诚度高的市场，新进入者很难在行业内建立品牌知名度并瓜分市场份额。

（3）资本金投入。有些行业（如高科技行业）要求早期投入巨额资金来建立公司并进行研究开发，因而早期大量投入资金的风险就会阻碍新公司进入该行业。

（4）政府政策。政府可能通过限制营业执照的发放和限制外资等各种方式来限制企业进入某行业。

（5）现有产品的成本优势。当现有公司对市场非常了解、拥有主要客户的信任、与销售商建立良好的供销关系、独占最优惠资源、占据市场有利位置、获得政府补贴时，新进入者不论具有多大的规模效应，也很难在市场上立足。

4. 替代品的替代能力

当一个行业存在许多替代产品或替代服务时，其竞争程度加剧，如电视机、冰箱、空调等家电产品的价格大战，原因就是替代品过多。替代产品可以通过不同方式来影响一个行业的盈利情况，如设置价格上限、改变需求量和迫使企业投入更多的资金并提高服务质量。替代品价格越低、质量越好、用户转换成本越低，其所能产生的竞争压力就强。决定替代品压力大小的因素主要有：

（1）替代品的盈利能力。

（2）替代品生产企业的经营策略。

（3）购买者的转换成本。

5. 行业内现有竞争者的竞争能力

大部分行业中,企业之间的利益都是紧密联系在一起的。作为企业整体战略一部分的竞争战略,其目标都在于使自己的企业获得相对于竞争对手的优势。所以,在实施中就必然会产生冲突与对抗的现象,这些冲突与对抗就构成了现有企业之间的竞争。竞争也会使企业看到其进行改善的机会,以增强自身的竞争力。行业内现有竞争者的竞争强度取决于下列因素:

(1) 竞争者的数量。市场中的竞争者越多,就必定会有企业为了自身的利益而打破本行业约定俗称的一致行动的限制,作出排斥其他企业的竞争行为,如国内的食品行业。相反,若竞争者较少或者集中程度高,那么竞争度较低。像百事可乐和可口可乐,共同占据着市场大部分份额,两家就会心照不宣地进行合作而不是恶性竞争、进行价格战,从而达到双赢。

(2) 行业增长速度。如果行业发展过慢,而新进入者为了寻求发展,需要从其他竞争者那里争取市场份额,竞争程度就会增强,并且现有企业间争夺市场份额的斗争也越激烈。相反,若行业发展迅速,现有的企业就不会为自身发展而相互争夺市场份额。

(3) 行业的固定成本。若行业的固定成本较高,企业就会为了寻求降低单位产品的固定成本而增加产量,甚至不惜降低售价,结果使得行业内竞争加剧。

(4) 购买者的转换成本。若产品缺乏差异性或具有标准化,购买商可轻易地更换供应商,则行业内竞争就会激烈。

(5) 退出壁垒。较高的退出壁垒使得现有供应商难以退出某个行业,这一障碍会令同行业的竞争激烈化。企业为了充分发挥自身的生产能力,只能进行价格战。若退出壁垒较低,则竞争将减弱。

总之,五力模型可以用来识别行业内影响企业的关键因素,从而确定可获得的机会和应该考虑的威胁。在一个理想化的市场中,供应商及客户的议价能力低、无替代产品、进入壁垒高、竞争者之间的竞争程度弱,可以形成较高的行业盈利能力。但是,这种理想市场并不存在,而且行业的高盈利能力并不意味着行业中所有的企业都会拥有相似的盈利能力。企业只有在综合考虑和评估行业盈利能力之后,才能评估企业的盈利能力,最终正确预测企业可持续发展的能力。

四、行业地位分析

对一个企业进行行业地位分析的目的是找出公司在其所处行业中的竞争地位,了解企业的发展状况,进而对其进行财务状况分析,正确预测企业的发展趋势并及时采取恰当的对策。一个企业的行业地位主要体现在以下四个方面。

1. 市场占有率和市场覆盖率

一个企业的市场竞争能力最终体现在市场的占有程度上,而市场占有率和市场覆盖率则是最直观、最有力的指标,能够反映出一个企业的市场竞争能力。

市场占有率又称市场份额,是指一个企业的销售量在市场同类产品中所占的比重,直接反映了企业所提供的商品和劳务对消费者和用户的满足程度,表明企业的商品在市场上所处的地位,也体现了企业对市场的控制能力。

在计算市场占有率时,根据不同市场范围有四种测算方法:一是总体市场份额,即一个企业的销售量(额)在整个行业中所占的比重;二是目标市场份额,指一个企业的销售量(额)在其目标市场,即它所服务的市场中所占的比重;三是相对于3个最大竞争者的市场份额,是指一个企业的销售量和市场上最大的3个竞争者的销售总量之比;四是相对于最大竞争者的市场份额,是指一个企业的销售量与市场上最大竞争者的销售量之比。市场占有率越高,表明企业经营、竞争能力越强。

市场覆盖率是指企业产品在一定市场范围内占有区域的多少。其计算公式为:

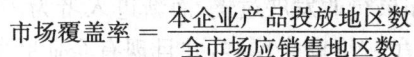

$$市场覆盖率 = \frac{本企业产品投放地区数}{全市场应销售地区数}$$

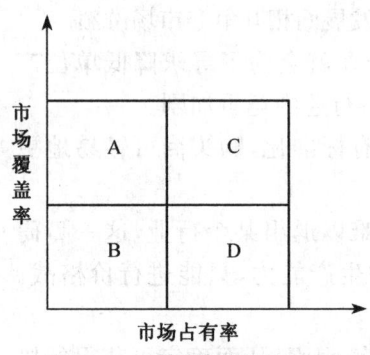

图 9-3 市场占有率和市场
覆盖率组合

由上述两个指标可组成如图 9-3 所示的四种组合。

(1) 区域 A 表示市场份额低但市场覆盖率较高的情况。这表明企业的销售网络比较强大,分布在多个地区,但产品的竞争能力不强。这时企业策略的重点就应当放在提高市场占有率上,如提高产品知名度、提高质量等。

(2) 区域 B 表示市场覆盖率和市场占有率都比较低的情况。在这种情况下,企业前景不容乐观,这时,企业高管就应另行打算,如退出此行业。

(3) 区域 C 表示市场占有率和市场覆盖率都比较高的情况。这种情况下的企业属于明星企业,表明企业的竞争能力很强,发展前景良好,企业现在需要做的就是保持现有的成绩,并推陈出新,创造更好的业绩。

(4) 区域 D 表示市场份额比较高而覆盖率较低的情况。这表明企业在某个区域竞争能力较强,而在较大的范围内则不占优势,一般属于地方性企业,如果经营得当,企业仍然具有一定的潜力。

2. 技术领先度

在技术高速发展的信息社会,技术在企业的发展过程中占据着越来越重要的地位。在技术上的领先度,尤其是在行业核心技术上的领先度决定了企业在行业中的地位。如今,不管是在传统的工业企业还是新兴的高科技产业,技术上的领先和创新都是其价值增长的主要驱动因素,现代社会已经成为技术竞争的社会。

3. 生产规模

一般而言,处于行业领先地位的企业生产规模比较大,但是生产规模较大的企业并不一定处于行业领先地位。生产规模并不代表一切,生产规模的扩大可能会产生积极的规模效应、降低成本,但也可能会造成产品积压、管理上的混乱及管理费用剧增等问题。因此,需谨慎对待,不能盲目扩张。

4. 管理团队

人力资源作为企业的一项无形资产,在企业中占有举足轻重的地位。一个良好的管理团队对企业的发展起着不可替代的作用。优秀的管理团队往往意味着管理水平的提升、生产效率的提高、成本费用的降低。评价一个管理团队的优劣,一般从以下两个方面考虑:

(1)管理团队的专业能力。一个优秀的管理团队应该是各种专业人才的组合,如生产、销售、营运、财务、法律等方面的精英的汇集。只有这样,企业进行战略决策时才能综合利用各专业知识,作出比较科学合理的决策。

(2)管理团队的团队合作意识。即使企业拥有各专业的精英,若他们没有团队合作意识、以自我为中心,也不能称得上团队。一个优秀的管理团队,应该是善于沟通的、关系融洽的、相互合作的、充满活力的。需要指出的是,沟通并不限于企业内部,还包括和顾客、供应商、政府等方面的沟通。

总之,在对企业行业地位进行分析时,可以进一步分析企业的竞争力和风险,以及应采取的策略,这对之后进行具体的财务分析具有一定的指导和帮助作用,并有利于企业的可持续发展。

五、政策分析

相关政策对一个行业的发展有重大影响力,这里所说的政策主要是指政府、法律政策。政策主要会影响行业的经营环境,进而影响行业总体业绩,从而影响整个行业的发展趋势及前景。若一个企业处于法律或政府鼓励的行业,就可能享受很多优惠政策,如税收减免、风险津贴、绿色贷款通道等,对企业来说也是一种盈利。相反,若处在法律、政府限制的行业,企业的发展前景就不容乐观。

第三节　竞争战略分析

一个企业的竞争能力能否得到正常地或者最大限度地发挥,关键取决于企业竞争战略的正确与否;一个企业能否可持续发展,与企业的竞争战略密切相关。企业的竞争战略是指企业根据市场的发展、竞争对手的情况和企业自身情况制定的经营方针和发展方向。前面的行业分析为我们指明了如何进入行业以及如何在行业中保持竞争优势,而企业竞争战略分析的关键就是利用行业分析的结果,正确选择企业的竞争策略,从而使企业保持良好的盈利能力及持久的竞争力。分析企业的竞争战略就需要联系本企业的经济效益,并与主要竞争对手比较,清晰地了解企业现在的竞争策略存在哪些问题或潜力,找出优势与不足,并根据市场形势和国家政策等宏观环境,确定企业的发展方向,提出企业的长期目标及竞争策略。对企业进行竞争战略分析,主要是从企业内部资源、企业能力与核心竞争力这三个方面来进行分析。

一、企业内部资源分析

企业资源是指企业所拥有或控制的有效因素的总和。企业的持续竞争优势是由资源禀赋决定的。企业资源主要包括三种:有形资源、无形资源和组织资源。有形资源指可见的、能用货币资金计量的资源;无形资源指企业经过长期积累的、没有实物形态的、甚至无法用货币精确计量的资源,如商誉、专利、技术、企业文化、人力资源、组织经验等;组织资源是指企业协调和配置各项资源的能力。

企业的内部资源条件决定了其是否能够有效利用外部环境所提供的机会,并消除潜在威胁,从而获得持久的竞争优势,保证企业的可持续发展。在进行企业竞争战略分析时,应当全面分析企业内部资源的构成、数量和特点,保证分析结果的准确性及实用性。企业资源分析一般通过资源审计进行,资源审计可以从以下五方面进行分析。

1. 实物资源

实物资源包括企业已经拥有的资源,以及企业容易获取的资源。实物资源的审计需要分析其使用的成本效益,可以通过每单位资产的利润这一指标进行衡量。

2. 无形资源

无形资源包括专利、商标以及其他知识产权,还包括关系性资源,如企业与政府或媒体的关系、企业与顾客的关系、企业与其他利益相关者的关系等,都属于企业的无形资源。

3. 人力资源

对企业人力资源的分析主要包括以下方面:员工人数、员工技术基础、员工对企业的认知、劳动力结构、劳动力与资本的结合程度、人力资本的知识等。

4. 技术资源

成功的技术资源能够为企业带来产品和服务的创新,提高企业的生产能力,进而为企业带来丰厚的收益。然而,技术资源通常比较复杂,需要较大的资金投入。因此,有必要对企业现有的技术资源进行分析。

5. 财务资源

财务资源是指企业所拥有的资本以及企业在筹集和使用资本的过程中所形成的独有的财务专用性资产,包括财务分析与决策工具、健全的财务关系网络、企业独特的财务管理体制以及拥有企业独特财务技能的财务人员等。因此,应当对财务资源进行分析。

二、企业能力分析

企业能力是指在竞争性的市场中一个企业所具有的能够比其他企业更有效地向市场提供产品和服务,并获得盈利和自身发展的综合素质。企业能力源于企业对有形资源、无形资源和组织资源的整合,是企业各种资源综合利用的结果。企业能力主要由研发能力、营销能力、财务能力、管理能力等组成。

1. 研发能力

现在企业间的竞争已经成为科技创新的竞争,研发能力已经成为保持企业竞争活力的关键因素。企业的研发活动能加速产品的更新换代,不断提高产品质量,降低产品成本,更好地满足消费者的需求。比如,苹果公司就是这方面的佼佼者,通过大力推进研发,运用高科技,使其处于行业领先地位。

2. 营销能力

企业的市场营销能力是指企业在商品市场中所具备的经营销售能力。企业要想拥有良好的发展前景,就必须占据一定的市场份额,吸引更多的客户。而企业的这一目标正是通过市场营销来实现的。企业市场营销的能力对于企业战略目标的实现具有非常重要的作用,而企业的营销能力主要可以分为产品竞争能力、销售活动能力、营销策划能力、新产品开发能力和市场决策能力五种。这几种能力自成系统又相互联系、相互影响,共同决定着企业经营成果的优劣,时刻影响着企业的兴衰。企业的营销能力如果停滞或下降,就会直接影响到企业的生存和发展。只有提高企业的营销能力,才能及时把握商机、抢占市场,高速有效地为企业做宣传和推广,以此提高企业的综合竞争力。

3. 财务能力

财务能力是企业施加于财务可控资源的作用力,主要包括两个方面:一是企业筹集资金的能力;二是企业使用和管理所筹集资金的能力。对筹集资金的能力可以通过流动比率、资产负债率、利息保障倍数等指标来评价;对使用和管理筹集资金的能力可以通过销售利润率、资产周转率、投资报酬率等指标来评价。

4. 管理能力

对企业管理能力的分析,主要从以下几个方面进行分析。

第一,分析企业的管理风格及经营理念。经营理念是企业发展过程中一贯坚持的一种核心思想,是公司员工坚守的基本信条,也是企业制定战略目标及实施战术的前提条件和基本依据。分析公司的管理风格可以不必通过了解现有的财务指标即可预测公司是否具有可持续发展的能力,而分析公司的经营理念则可据以判断公司管理层制定何种公司发展战略。

第二，分析管理者的素质和技能。管理人员的素质是决定企业能否取得成功的一个重要因素。从某种程度上来说，是否有卓越的企业管理人员和管理人员集团，直接决定着企业的经营成败。所以，现代企业管理职能客观上要求企业管理人员具有相应的良好素质；管理者应该具有的技能主要包括技术技能、人际关系技能和概念技能。

第三，分析管理职能。管理职能主要包括决策、计划、组织、领导、激励、创新、控制这几种职能。

三、核心竞争力分析

核心竞争力是指能够为企业带来相对于竞争对手的竞争优势的资源和能力。判断某项能力是否是一个企业的核心竞争能力，要看其是否同时满足以下三个条件：第一，它对企业是具有价值的；第二，它与企业的竞争对手相比具有优势；第三，它很难被模仿或复制。

战略分析的一个重点就是识别哪些资源可以形成企业的核心竞争力。一般而言，能够形成企业核心竞争力的资源主要包括以下五种：

（1）建立竞争优势的资源。建立竞争优势的资源是指能够帮助企业利用外部环境中的机会，降低潜在威胁并建立竞争优势的资源，如地理位置等。

（2）稀缺资源。企业所拥有的资源越稀缺，越能够满足顾客独特的需求，从而有可能在行业中占据不可替代的地位，成为企业的核心竞争力。

（3）不可被模仿的资源。若一个企业的资源很容易被模仿，那这种资源所创造的价值就没有多大的竞争力，企业难以据此获得持久的竞争优势；相反，若企业的资源越难被模仿，其竞争力就强。

（4）不可替代资源。如果企业所拥有的资源很容易被替代，即使那种资源有多么难以模仿，也不能成为企业的核心竞争力。

（5）持久的资源。一般来说，资源贬值速度越慢，就越有可能成为企业核心竞争力。有形资源通常都有一定的损耗期，而无形资源和组织资源的损耗期往往很难确定。

总之，企业只有综合运用那些能够建立竞争优势的、稀缺的、不可被模仿的、不可替代的、持久的资源，即将注意力集中在那些能够建立企业核心竞争力的资源上，才能形成自己的核心竞争力，才能在激烈的竞争中立于不败之地，持久地获取有利的竞争地位。

四、SWOT分析

1. SWOT分析的概念及要素

SWOT分析方法是一种企业内部分析方法，即根据企业自身的既定内在条件进行分析,找出企业的优势、劣势及外部环境的机会、威胁之所在。其中,S 代表优势(strength),W 代表弱势(weakness),O 代表机会(opportunity),T 代表威胁(threat),SWOT 即为其缩写。优势、劣势、机会、威胁是 SWOT 分析的四个要素,其中,优势、劣势是内部因素,机会、威胁是外部因素。

(1)优势是指能为企业带来重要竞争优势的积极因素或独特能力。主要包括企业规模、企业结构、财务资源、管理方面的专业技能、目前的市场地位、人员配置、企业形象、企业声誉等。

(2)劣势是指限制企业发展且有待改正的消极方面。例如,现金流缺乏、当期的能力或资源不足、大量的客户投诉、优秀人才短缺、高额的沉没成本、不良的企业形象等。

(3)机会是指随着企业外部环境的改变而产生的有利于企业的机会。例如,新市场的出现、不断改善的经济环境、有利的政策法规的出台、主要竞争对手的破产等。

(4)威胁是指随着企业外部环境的改变而产生的不利于企业的机会。例如,政治或经济环境的变化、不利的法律规定的出台、社会条件的改变、消费者意识的变化等。

2. SWOT 分析方法及战略组合

优势和劣势分析主要是着眼于企业自身的实力及其与竞争对手的比较,而机会和威胁分析将注意力放在外部环境的变化及对企业的可能影响上。在分析时,应把所有的内部因素集中在一起,然后用外部的力量来对这些因素进行评估。

具体操作上,将企业的优势、劣势、机会、威胁同列在一张图表中进行对比分析,这样可以一目了然。其格式如表 9-1 所示。

表 9-1　SWOT 分析格式

内部能力 外部因素	优势 1. 2. …	劣势 1. 2. …
机会 1. 2. …	SO	WO
威胁 1. 2. …	ST	WT

如表 9-1 所示,将企业的优势、劣势、机会、威胁填列到分析表格中后,就产生了四种不同类型的战略组合:优势——机会(SO)战略组合、劣势——机会(WO)组合战略、优势——威胁(ST)战略组合和劣势——威胁(WT)战略组合。

(1)优势——机会(SO)战略组合是一种发展企业内部优势并利用外部机会的战略,是一种理想的战略模式。当企业具有特定方面的优势,而外部环境又为发挥这种优势提供有利机会时,可以采取该战略。

(2)劣势——机会(WO)战略组合是利用外部机会来弥补内部弱点,是企业改变劣势而获取优势的战略。市场存在外部机会,但由于企业存在一些内部弱点而妨碍其利用机会,可采取措施先克服这些弱点。通过克服这些弱点,企业可能进一步利用各种外部机会,降低成本,取得成本优势,最终赢得竞争优势。

(3)优势——威胁(ST)战略组合是指企业利用自身优势,回避或减轻外部威胁所造成的影响。

(4)劣势——威胁(WT)战略组合是一种旨在减少内部弱点,回避外部环境威胁的防御性技术。当企业存在内忧外患时,往往面临生存危机,降低成本也许成为改变劣势的主要措施。

SWOT 分析的目的在于明确企业在市场中所处的地位。通过进行 SWOT 分析,企业能够确定自己在市场中的地位,从而形成一个有益的平台,有利于企业选择最好的战略以实现企业长远目标。

【例 9-1】 以下摘自新华制药 2018 年年报的《董事长报告》和《董事会报告》(部分),对公司业务、核心竞争力和未来发展进行了分析。

(一)业务回顾

2018 年本集团继续实施创新驱动、国际化引领的发展战略,积极推进大制剂发展战略;注重产品结构调整,进一步夯实基础管理工作,强化生命线工程建设;努力克服市场竞争等诸多不利因素影响,抢抓发展机遇,公司经营业绩创历史最好水平。

1. 加大市场开拓力度,各业务板块取得全面发展

公司克服各种制约因素影响,发挥综合优势,科学稳态组织原料药生产,保证市场需求,原料药销售额同比增长 18.07%,其中特色原料药销量实现快速增长。出口创汇实现 2.61 亿美元,同比增长 25.46%。

加大制剂产品市场推广力度,重点抓好舒泰得等六大制剂新产品销售,实施一品一策,制剂新产品销售额同比增长 40.4%。

积极推进国际化发展战略。新华百利高 50 亿片固体制剂项目已经开始产品转移,一批重点国际合作项目正在加快落地。年内取得美国 FDA 的 ANDA 注册号 3 个,本公司布洛芬片获准进入美国市场。

以电商创新园为依托,不断开拓新领域,实现了 B2C、B2B、B2B2C、新零售、健康

城市、电商孵化等多业态共同发展,电商实现销售收入同比增长 2.93 倍。

2. 狠抓科研工作,科技进步成效明显

加大研发投入,积极推进仿制药一致性评价工作,有 10 个品种 14 个规格通过临床 BE,6 个品种、8 个文号已申报至 CDE 并获受理,3 个产品完成了国家药监局现场核查。10 个原料药再研究提交了登记备案,启动了 5 个注射剂再评价。4 个原料药产品通过技术审评,获得直接上市使用资格。咖啡因绿色合成技术获山东省科技进步二等奖及石化行业科技进步二等奖。全年获得授权专利 6 项,申请专利 23 项。公司顺利通过高新技术企业复审,再次通过国家企业技术中心认定。

3. 狠抓重点项目建设,夯实发展基础

现代医药国际合作中心一期已经通过 GMP 认证,准备启用。现代医药国际合作中心二期工程 11 月份完成主体封顶,进入净化装修阶段。继续实施连续化、自动化、智能化改造,全年完成 15 个重点项目,进一步提高了公司生产自动化水平,生产效率大幅提高。

4. 苦练内功,强化基础管理

继续加大生命线工程投入,加强基础管理,全年没有发生较大及以上安全事故,实现了环保达标排放。完成重点安措项目 20 项,本公司编写的医药行业双重预防体系实施指南被山东省质监局发布为地方标准。完成环措项目 32 项,本公司被国家工信部评为国家第三批绿色工厂,能源在线监测系统项目被评为国家能源资源计量服务示范项目。全年万元产值能耗同比降低 5.3%,实现能源节约人民币 2 100 万元。8 个产品获得兽药 GMP 证书和生产许可证。全年通过各种官方检查和外商审计 169 次,完成 16 个产品 50 个国家的 DMF 注册,5 个产品获得国际注册号。

5. 完善激励机制,加大人才队伍建设

在 2017 年完成第一期员工持股计划基础上,2018 年完成 A 股股票股权激励计划。全年新增千人计划专家工作站专家 2 名,新增泰山产业领军人才 2 名,1 人被评为全国技术能手,1 人被评为齐鲁首席技师,1 人被评为山东省突出贡献技师。公司被批准为国家千人计划工作站、山东省齐鲁首席技师特色工作站,被评为山东省校企合作(产教融合)示范单位。

(二) 核心竞争力

公司拥有规模发展优势,是亚洲主要的解热镇痛类药物生产出口基地。

公司拥有基础管理优势,先后通过了 ISO9001、ISO14001、ISO10012、ISO22000 体系认证。

公司具备国际化发展优势,有 14 个产品通过美国 FDA 检查,10 个产品取得欧洲 COS 证书,产品出口到全球 50 多个国家和地区。公司为全国首批 15 家实施制剂国际化战略先导企业之一。

公司拥有技术创新优势,现为高新技术企业、国家火炬计划重点高新技术企业、国家火炬计划生物医药产业基地骨干企业,拥有国家级企业技术中心,建有企业博士后科研工作站,与 50 多家科研机构及高等院校有着广泛合作。

(三)未来展望

随着经济社会发展,人口老龄化、城市化趋势明显,公众健康意识、国家医保覆盖及支付能力进一步增强,医药需求将保持持续增长。各级政府将医养健康和生物医药作为重点培育的新兴产业,医药产业发展环境良好。市场监管力度加大,安全、环保、质量要求趋严,仿制药一致性评价推进及"两票制"实施,为综合实力强、管理规范的企业提供了更多发展机遇。随着本公司员工持股计划、股权激励等方案相继实施,全员凝聚力、向心力进一步增强。

同时,当前不确定因素仍然较多,本集团发展也面临诸多困难。国家一系列医疗改革政策的推出,催生出诸多不确定性因素。国际上,贸易保护主义抬头,非关税贸易壁垒增多,对新药开发及对外出口都造成了较大影响。安全、环保、质量监管力度加大,原料药生产组织难度增加。

第四节 企业可持续发展能力指标分析

一、股东权益增长率分析

1. 股东权益增长率的内涵与计算

股东权益增长率是本期股东权益增加额与股东权益期初余额之比,也叫作资本积累率。其计算公式为:

$$股东权益增长率 = \frac{期末股东权益 - 期初股东权益}{期初股东权益} \times 100\%$$

股东权益增长率越高,表明企业本期股东权益增加得越多;反之,股东权益增长率越低,表明企业本年度股东权益增加得越少。

2. 股东权益增长率的分析

由于股东权益的变动主要受经营活动产生的净利润、股东对企业新增加的投资和支付股东股利这三个方面影响,而股东当年对企业新增加的投资扣除当年发放股东股利后的余额就是融资活动产生的净股东支付。因此,股东权益增长率的公式还可以表示为:

$$股东权益增长率 = \frac{净利润 + 股东净支付}{期初股东权益} \times 100\% = 净资产收益率 + 股东净投资率$$

该公式将股东权益增长率分解为净资产收益率和股东净投资率两个因素,说明企业股东权益增长率受两方面的影响,即企业运用股东投入的资本创造收益的能力,以及企业利用股东新投资的程度。提高这两个方面都能够提高企业的股东权益增长率,但是一般情况下,股东权益的增长主要依赖于企业运用股东投入资本创造收益的能力。

为正确判断和预测企业股东权益规模的发展趋势和发展水平,应将企业不同时期的股东权益增长率加以比较。在一个持续性发展的企业中,股东权益增长率应该是稳定增长的。若一个企业的股东权益增长率时增时减,则表明此企业发展不稳定,企业可持续发展能力较弱。单纯分析企业某时期的股东权益增长率会比较片面,应进行纵向比较,才能够正确地分析和评价企业的可持续发展能力。

【例9-2】 新华制药2015—2018年年报显示,公司各年年末股东权益总额、净利润、股东权益增长率、净资产收益率及股东净投资率数据如表9-2所示。试分析该企业的股东权益可持续发展能力。

表9-2 新华制药股东权益等相关数据

项目	2015 年	2016 年	2017 年	2018 年
股东权益总额(元)	1 984 082 318.40	2 079 307 425.65	2 579 453 380.81	2 796 553 032.08
净利润(元)	94 008 750.57	133 047 273.87	221 248 751.89	274 283 989.92
股东权益增长率		4.80%	24.05%	8.42%
净资产收益率		6.55%	9.50%	10.20%
股东净投资率		−1.75%	14.56%	−1.79%

从表9-2可以看出,新华制药自2016年起,股东权益逐年增加,增长幅度分别为4.80%、24.05%和8.42%,其中2017年的增长幅度最大,2016年和2018年增长率都在10%以下。公司2017年年报显示,该年度向2名特定投资者非公开发行股票,其中增加股本为21 040 591.00元,增加资本公积为202 357 872.28元,扣除上述因素后,该年股东权益总额实际增加13.31%。总体上看增速不太理想,而且稳定性较差。净资产收益率方面,从2016年的6.55%持续增长到2018年的10.20%,可以看出企业的净资产收益率一直保持着较为稳定的增长态势。

二、资产增长率分析

1. 资产增长率的内涵与计算

资产是企业用于取得收入的资源,也是企业偿还债务的保障。资产增长是企业发展的一个重要方面,发展能力强的企业一般能保持资产的稳定增长。资产增长率就是本期资产增加额与资产期初余额之比,反映企业本期资产规模的增长情况。其计算公式为：

$$资产增长率 = \frac{期末资产总额 - 期初资产总额}{期初资产总额} \times 100\%$$

资产增长率是用来考核企业资产投入增长幅度的财务指标。资产增长率为正数，则说明企业本期资产规模增加，而且资产增长率越大，说明资产规模增加幅度越大；资产增长率为负数，则说明企业本期资产规模缩减，资产出现负增长。

2. 资产增长率的分析

在对资产增长率进行具体分析时，应该注意以下几点：

（1）需要正确评价企业资产规模增长。企业资产增长率高并不意味着企业的资产规模增长就一定适当。判断企业的资产增长是否正常，主要看企业销售额增长率和净利润增长率是否都超过资产增长率。若销售额增长率和净利润增长率超过了资产增长率，表明企业资产的增长是正常的，应该继续保持；反之，应采取相应的措施进行调整。

（2）需要正确分析企业资产增长的来源。企业的资产主要来源于股东权益和负债。在其他条件不变的情况下，增加股东权益或增加负债都能使企业资产增加。若一个企业的资产增加主要是由所有者权益的增加引起的，负债只占一小部分，则表明企业发展良好，因为企业资产规模的扩大主要来自企业自身，尤其是净利润的累积，可持续发展能力较强；相反，若大部分都是由于负债引起的，则预示企业经营风险比较大，发展潜力较小，不利于企业可持续发展。

（3）需正确分析企业纵向的资产增长率。为全面认识企业资产规模的增长趋势和增长水平，应将企业不同时期的资产增长率加以比较。在一个持续性发展的企业中，资产增长率应该是稳定增长的。若一个企业的资产增长率时增时减，则表明此企业发展不稳定，企业可持续发展能力较弱。单纯分析企业某时期的资产增长率会比较片面，应进行纵向比较，才能够正确地分析和评价企业的可持续发展能力。

【例 9-3】 新华制药 2015—2018 年年报显示，公司各年年末资产总额、负债总额、资产增长率和负债增长率等数据如表 9-3 所示。试分析该企业的资产可持续发展能力。

表 9-3　新华制药资产总额等相关数据

项目	2015 年	2016 年	2017 年	2018 年
资产总额(元)	4 492 122 436.63	4 722 785 963.84	5 273 647 124.63	5 916 156 319.63
负债总额(元)	2 508 040 118.23	2 643 478 538.19	2 694 193 743.82	3 119 603 287.55
资产增长率		5.13%	11.66%	12.18%
负债增长率		5.40%	1.92%	15.79%

从表 9-3 可以看出,新华制药自 2016 年起,资产总额逐年增加,增长幅度分别为 5.13％、11.66％和 12.18％,同时其负债总额也逐年增加,增长幅度分别为 5.40％、1.92％和 15.79％。结合表 9-2,除了 2017 年,2016 年和 2018 年的负债增长率都超过了股东权益增长率。因此,该公司资产总额的增长来自负债总额的增长贡献较多,来自股东权益总额的增长贡献较少,资产可持续发展能力有待提高。

三、销售收入增长率分析

1. 销售收入增长率的内涵与计算

销售收入增长率表示企业某一段时间内销售收入的变化幅度,反映销售收入的增减变动情况,是评价企业成长状况和发展能力的重要指标,也是预测企业经营业务拓展趋势的重要指标。其计算公式为:

$$销售收入增长率 = \frac{本期销售收入总额 - 上期销售收入总额}{上期销售收入总额} \times 100\%$$

通常销售收入增长率越高,代表公司产品销售量增加,市场占有率扩大,未来成长能力也越乐观,企业市场前景越好。若销售增长率小于零,说明企业的市场已经出现萎缩,前景不容乐观,可能预示着企业的产品进入了衰退期或者出现积压问题等。此时,企业应当及时进行调查,找出问题源头,遏制进一步下降的趋势。

2. 销售收入增长率的分析

利用销售增长率来分析企业在销售方面的发展能力时,应该注意以下几个方面:

(1) 关注销售收入增长的效益性。要判断企业在销售方面是否具有良好的成长性,必须分析销售增长是否具有效益性。一个企业的销售增长率应高于其资产增长率,才能说明企业在销售方面具有良好的成长性,销售收入的增长是有效益性的,同时也反映企业的可持续发展能力较强。

(2) 关注销售收入增长的结构。可以利用某种产品销售增长率指标来观察企业销售收入的结构情况,找到企业销售收入增长的源头,进而可以分析企业的成长性。若通过分析发现企业的销售收入增长率主要是由其他业务的增长组成,而不是由企业主营业务销售额增加引起的,则不能表明企业发展状况良好,相反,企业可能会遇到发展瓶颈。

(3) 关注销售收入增长的稳定程度。要全面、正确地分析并判断一个企业销售收入的增长趋势和增长水平,必须将一个企业不同时期的销售增长率加以比较和分析。单个时期的销售收入增长率可能会受到某些偶然或非正常因素的影响,不能反映出企业实际的销售发展能力,从而不能真实反映企业可持续发展能力。例如,可以结合企业 3 年的移动平均销售收入增长率,来分析企业的销售收入增长是否具有稳定性。

【例 9-4】 新华制药 2015—2018 年年报显示,公司各年的营业收入及营业收入增长率数据如表 9-4 所示。试分析该企业的营业收入可持续发展能力。

表 9-4　新华制药营业收入等相关数据

项目	2015 年	2016 年	2017 年	2018 年
营业收入(元)	3 597 033 209.79	4 014 963 065.74	4 515 716 784.19	5 207 868 838.88
营业收入增加额(元)		417 929 855.95	500 753 718.45	692 152 054.69
营业收入增长率		11.62%	12.47%	15.33%

从表 9-4 可以看出,新华制药自 2016 年起,营业收入逐年增加,增长幅度分别为 11.62%、12.47% 和 15.33%,而且增速也实现了稳定增长,具体增长的原因还要结合市场环境、企业实现增长的手段和所属行业平均增长率等因素进行分析。从总体上看,该企业的营业收入可持续发展能力较好。

四、利润增长率分析

一般来说,利润增长率主要是从营业利润增长率和净利润增长率两个指标来考虑的。

1. 利润增长率内涵和计算

营业利润是企业经常性业务带来的净收益,具有一定的稳定性。营业利润增长率是反映企业经常性业务的利润增长速度的指标。企业销售的扩大,即营业收入的增加,未必带来营业利润的增加,有时甚至是收入越多,利润反而越少。营业利润增长率是本期营业利润增加额与上期营业利润之比。其计算公式为:

$$营业利润增长率 = \frac{本期营业利润 - 上期营业利润}{上期营业利润} \times 100\%$$

营业利润率越大,说明企业营业利润增长得越快,表明企业主营业务突出、业务扩展能力强;反之,说明企业营业利润增长得越慢,反映企业主营业务发展停滞,业务扩展能力弱。

净利润是企业的最终财务成果,净利润增长率是反映企业全部业务的利润增长速度的指标,包括经常性业务和非经常性业务,也体现了所得税的影响。净利润增长率是本期净利润增加额与上期净利润之比。其计算公式为:

$$净利润增长率 = \frac{本期净利润 - 上期净利润}{上期净利润} \times 100\%$$

净利润增长率越大,说明企业收益增长得越快,表明企业经营业绩突出,市场竞争能力越强;相反,则表明企业收益增长得越慢,企业经营业绩不佳,市场竞争能力越弱。

2. 利润增长率分析

（1）要分析营业利润的增长情况,应结合企业的营业收入情况一起分析。如果企业的营业利润增长率高于企业的营业收入增长率,则说明企业的产品正处于成长期,业务不断拓展,企业的营业能力不断增强;反之,则说明企业的盈利能力并不强,企业发展潜力值得怀疑。

（2）要分析净利润的增长情况,应结合企业的销售收入增长情况来分析。如果企业的净利润增长率高于销售收入增长率,则表明企业产品获利能力在不断提高,企业还处于高速成长阶段,具有良好的发展能力;反之,则表明企业成本费用的上升超过了销售的增长,反映出企业的增长能力并不好。

（3）为了更正确地反映企业净利润和营业利润的成长趋势,应将企业连续多期的净利润增长率和营业利润增长率指标进行对比分析,这样可以排除个别时期偶然性或特殊性因素的影响,从而更加全面真实地揭示企业净利润和营业利润的增长情况。

【例 9-5】 新华制药 2015—2018 年年报显示,公司各年营业收入、营业利润、净利润以及增长率数据如表 9-5 所示。试分析该企业的利润可持续发展能力。

表 9-5　新华制药营业利润等相关数据

项目	2015 年	2016 年	2017 年	2018 年
营业收入(元)	3 597 033 209.79	4 014 963 065.74	4 515 716 784.19	5 207 868 838.88
营业利润(元)	92 067 796.20	147 166 513.10	281 680 867.72	337 313 909.75
净利润(元)	94 008 750.57	133 047 273.87	221 248 751.89	274 283 989.92
营业收入增长率		11.62%	12.47%	15.33%
营业利润增长率		59.85%	91.40%	19.75%
净利润增长率		41.53%	66.29%	23.97%

从表 9-5 可以看出,新华制药在保持营业收入可持续增长的同时,基本实现了营业利润和净利润的可持续增长。其中,2016 年和 2017 年的营业利润和净利润增速较快,基本都在 50% 以上,但 2018 年营业利润和净利润增速都下降到了 20% 左右,增速下降较为明显。企业需要深入挖掘利润增长潜力,有效控制相关成本支出,提高未来利润的可持续发展能力。

五、其他可持续发展能力指标分析

（一）人力资源竞争力
人力资源竞争力使用高等人才比率和人力资源稳定率两个指标来衡量。

1. 高等人才比率

高等人才一般是指拥有硕士学历以上的员工。通常情况下,较高学历的员工能给企业的发展带来更多的生产技术、技能和研发知识。该比率越高说明企业人力资源的竞争力越强,企业可持续发展潜力越大。其计算公式为:

$$高等人才比率 = \frac{期初高等人才数 + 期末高等人才数}{期初在册人数 + 期末在册人数} \times 100\%$$

2. 人力资源稳定率

一个企业是否在不断发展,其发展是否稳定,人力资源是一个非常重要的因素,如果企业流失大量人才,必然会阻碍企业的发展。反映企业人力资源稳定率的指标主要是人力资源稳定率和人力资源流动率。其计算公式为:

$$人力资源稳定率 = 1 - 人力资源流失率$$

$$人力资源流失率 = \frac{补充离职人员新招人数}{(期初在册人数 + 期末在册人数) \div 2} \times 100\%$$

如果人力资源稳定率越高,则表明企业发展态势较好,有利于企业长远发展;否则,不利于企业可持续发展。

(二)产品竞争力

产品竞争力是承载企业发展的动力,能够体现企业产品是否具有很强的生命力,主要通过技术投入比率和固定资产成新率来反映。

1. 技术投入比率

现代社会是技术竞争的社会,技术需要研发,并且转化为可用的成果。技术投入比率是当年技术研发费用占主营业务收入的比率,反映企业在技术创新方面的支出。企业只有通过不断地创新,才能保证企业持续发展,因此技术投入比率在一定程度上反映了企业的创新能力和企业可持续发展能力。其计算公式为:

$$技术投入比率 = \frac{当期技术转让费支出 + 当期研发投入}{当期主营业务收入净额} \times 100\%$$

2. 固定资产成新率

固定资产成新率是企业当年平均固定资产净值与平均固定资产原值的比率,该指标反映企业拥有的固定资产的新旧程度。其计算公式为:

$$固定资产成新率 = \frac{期初固定资产净值 + 期末固定资产净值}{期初固定资产原值 + 期末固定资产原值} \times 100\%$$

一般来说,固定资产成新率越高,表明企业的固定资产更新越快,反映了企业注重更换比较先进的设备,对扩大再生产的准备比较充足,发展的可能性比较大,有利于提高企业产品竞争力和可持续发展。

推荐读物

［1］斯蒂芬·H.佩因曼,林小驰,王立彦.财务报表分析与证券定价［M］.3 版.北京:北京大学出版社,2013:381-413.

［2］索弗(Soffer,L.),索弗(Soffer,R.).财务报表分析:估值方法［M］.肖星,胡谨颖,陈晓,译.北京:清华大学出版社,2005:39-57.

思考与案例讨论

1. 简述企业可持续发展能力的内涵及其影响因素。

2. 行业市场类型与企业可持续发展能力的关系如何?

3. 简述行业生命周期分析的主要内容。

4. 如何利用波特五力模型对企业所处行业进行分析?

5. 什么是企业的核心竞争力? 如何识别?

6. 简述 SWOT 分析的概念及其主要内容。

7. 评价企业可持续发展能力主要有哪些方面的指标?

8. 结合本章引导案例,查阅美亚光电的招股说明书,利用其相关数据计算并分析该公司的可持续发展能力评价指标。

9. 阅读福耀玻璃年报相关内容(见书后附录),并回答以下问题:

(1)试利用行业生命周期理论对该公司所处行业进行分析。

(2)试利用波特五力模型对该公司行业竞争力进行分析。你认为该公司在其行业有何竞争优势?

(3)计算该公司的可持续发展能力相关指标并作出评价。

第十章 财务报表分析应用

学 习 目 标

通过本章学习,掌握杜邦分析体系、沃尔比重评价法和综合评分法三种最常用的财务报表综合分析方法;熟悉企业价值评估方法;学会运用各种分析工具对上市公司财务状况、经营成果和现金流量等方面进行全面、综合的分析。

引 导 案 例①

6月21日,中国汽车产业经济研究院在北京发布了《2012年度中国汽车企业投资价值评价报告》(以下简称《报告》)。上海汽车集团股份有限公司和长城汽车股份有限公司分列"汽车企业投资价值总评榜"和"汽车企业投资潜力总评榜"的第一位。

作为我国国民经济的支柱产业,汽车产业在产销量未能大幅度增长的情况下,去年的工业总产值依然同比增长16.8%,总量接近5万亿元。汽车产业具有产业关联度高、规模效益明显的特点,对关联产业同样具有很强的拉动作用。一个汽车产业,往往带动100多个产业的发展。汽车可带动钢铁、机械、橡胶、有色金属、石化、电子、纺织等几十个上游产业特别是加工业的发展,还可以带动保险、金融、销售、租赁、培训、维修、加油站、餐饮等众多下游服务业的发展,对关联产业的促进拉动作用巨大。

汽车类上市公司是我国汽车产业的佼佼者和领导者。它们的发展状况是否

---

① 资料来源:摘自2012年7月30日《黄河新闻网》(有删节)。

健康,对外界判断整个产业的现状与发展前景有着风向标作用。

中国汽车产业经济研究院执行副院长王冀表示,现阶段,中国汽车产业还有很大发展空间,值得真正的战略投资人长期持续投入。不过,目前战略投资人所能够掌握的行业信息渠道和分析深度有限,难以作出准确的判断。他们需要能够化繁为简的,客观、系统的监测工具。

汽车产业如何与其他产业相协调,在一些关键的地方究竟往何处去,在市场低迷的时候该如何引导和支持汽车产业的发展,需要政府作出英明的决策,而这一切需要建立在掌握大量有效数据的基础上。

企业家常常因为专注于实践而迷失方向,或因为预算上的原因而难以支撑一个庞大的研究团队,不了解行业发展的相关信息,无从知道自己与竞争对手的定位,更无法把握外部环境的风云变幻。

为了让投资者、政府公务员、企业经营管理者等可以迅速地掌握汽车类上市公司的总体状况,清楚地了解不同公司之间竞争力的差别,中国汽车产业经济研究院构建了专门的经济学模型,力求对汽车企业进行客观、系统的评价。

根据汽车产业特点,考虑到数据的可获得性和指标间的可比性,以汽车产业上市公司的财务状况、经营管理水平、核心技术优势、市场竞争力、企业家能力等5个一级指标以及21个二级指标所构成的三层次模型构建汽车产业上市公司投资价值指标体系。对于定量指标,参考行业标准值评价,没有行业标准值的,如市场占有率根据实际市场情况打分,市场占有率排名靠前的为优。

该模型综合考虑了企业的规模、效益等绝对值和收益率、增长率等相对值,以及企业文化、管理者素质等软科学因素对结果的影响;以德尔菲法为主确立定性指标的权重,将主观性降到最低。

在此模型基础上,通过应用模糊综合评价法,利用 MATLAB 计算出结果。经过专家的评议,上海汽车以 91.1 分位居"汽车企业投资价值总评榜"第一位,江铃汽车和宇通客车以 85.7 分和 84.5 分别排在第二位和第三位;长城汽车以 86.7 分位居"汽车企业投资潜力总评榜"第一位,宇通客车和江淮汽车以 86.4 分和 85.9 分别排在第二位和第三位。

重要概念

综合评价(comprehensive evaluation)

杜邦分析法(Du Pont analysis)

沃尔分析法(Wole proportion score)

企业价值评估(business valuation)

第一节 财务报表综合分析方法

　　财务报表综合分析是将盈利能力、营运能力、偿债能力、现金能力和发展能力等各方面财务指标作为一个整体,系统、全面、综合地对企业财务状况和经营业绩进行剖析、解读和评价,其目的在于为报表使用者提供客观、及时、全面、准确的财务信息,为信息使用者的决策提供帮助。四大财务报表能够从不同角度反映企业的财务状况、经营成果和现金流量等情况,而单方面的财务指标分析仅能反映某一方面的企业财务问题,还不能直接或全面说明企业的财务状况,特别是不能说明企业经营状况的好坏和经营成果的高低,只有将企业的财务指标与有关的数据进行综合分析比较才能说明企业财务状况所处的地位,因此需要进行财务报表综合分析。

一、杜邦财务分析体系

(一)杜邦财务分析体系的构成

　　杜邦财务分析体系是由美国杜邦公司创造的财务分析方法,以净资产收益率为核心。净资产收益率是所有比率中综合性最强、最具有代表性的一个指标,进而将净资产收益率分解为营业净利率、资产周转率和权益乘数,分解之后可以衡量净资产收益率这一项综合性指标发生升降变化的具体原因,评价公司盈利能力和股东权益回报水平,从财务角度评价企业绩效。

　　杜邦分析体系以净资产收益率为核心,分为三大层次。

　　1. 净资产收益率及其分解

　　其计算公式为:

$$净资产收益率 = \frac{净利润}{净资产} = \frac{净利润}{总资产} \times \frac{总资产}{净资产} = 总资产收益率 \times 权益乘数$$

　　2. 总资产收益率及其分解

　　其计算公式为:

$$总资产收益率 = \frac{净利润}{总资产} = \frac{净利润}{营业收入} \times \frac{营业收入}{总资产} = 营业净利率 \times 总资产周转率$$

　　3. 营业净利率与总资产周转率的分解

　　其计算公式为:

$$营业净利率 = \frac{净利润}{营业收入} = \frac{总收入 - 总成本费用}{营业收入}$$

$$总资产周转率 = \frac{营业收入}{总资产} = \frac{营业收入}{流动资产 + 非流动资产}$$

以上关系可以用图 10-1 进行综合反映。

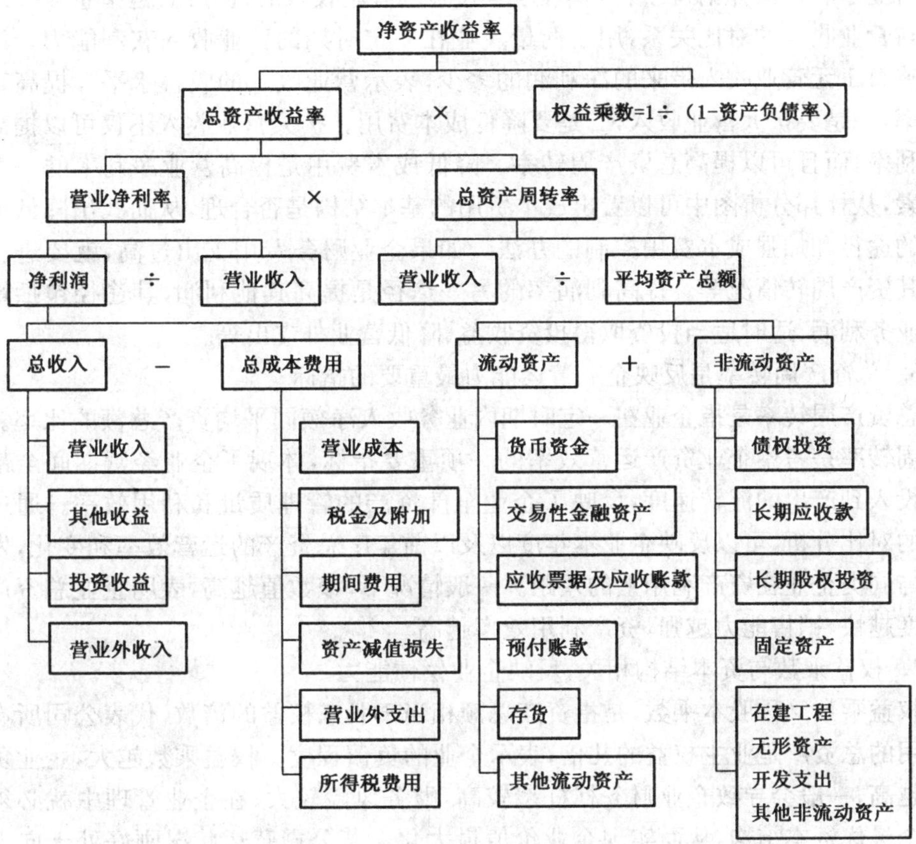

```
                              净资产收益率
                                   │
            ┌──────────────────────┴──────────────────────┐
        总资产收益率          ×          权益乘数=1÷（1-资产负债率）
            │
     ┌──────┴──────┐
  营业净利率    ×    总资产周转率
     │                  │
 ┌───┴───┐          ┌───┴───┐
净利润 ÷ 营业收入   营业收入 ÷ 平均资产总额
 │                  │
 ┌──┴──┐          ┌──┴──┐
总收入 − 总成本费用  流动资产 + 非流动资产
```

总收入	总成本费用	流动资产	非流动资产
营业收入	营业成本	货币资金	债权投资
其他收益	税金及附加	交易性金融资产	长期应收款
投资收益	期间费用	应收票据及应收账款	长期股权投资
营业外收入	资产减值损失	预付账款	固定资产
	营业外支出	存货	在建工程 无形资产 开发支出 其他非流动资产
	所得税费用	其他流动资产	

图 10-1 杜邦财务分析体系结构图

（二）杜邦财务分析体系中各指标分析

1. 净资产收益率是财务分析指标的核心

杜邦财务分析体系以净资产收益率指标为核心。净资产收益率又称股东权益报酬率,是指净利润与平均股东权益的比值,是衡量企业盈利能力的重要指标。该指标越高,说明投资带来的收益越高;净资产收益率越低,说明企业所有者权益的获利能力越弱。该指标体现了自有资本获得净收益的能力,能够说明企业融资、投资、资产营运等各项财务及其管理活动的效率,而不断提高股东权益报酬率是所有者权益最大化的基本保证。所以,这一财务分析指标是企业所有者、经营者都十分关心的。净资产收益率的决定因素主要有三个方面,即营业净利率、总资产周转率和权益乘数,从而综合反映了盈利能力、营运能力和偿债能力。

2. 营业净利率是反映企业盈利能力的重要指标

营业净利率又称销售净利润率,是净利润占营业收入的百分比,是指企业实现净利润与营业收入的对比关系,用于衡量企业在一定时期的营业收入获利能力。该指标反映每1元营业收入带来的净利润的多少,表示营业收入的收益水平。提高营业净利率,一是要扩大营业收入,二是要降低成本费用。扩大营业收入不仅可以提高营业净利率,而且可以提高总资产周转率。降低成本费用是提高营业净利率的一个重要因素,从杜邦分析图中可以看出成本费用的基本结构是否合理,从而找出降低成本费用的途径和加强成本费用控制的办法。如果企业财务费用支出过高,就要进一步分析其资产周转情况等。提高利润率的另一途径是提高其他利润,其途径包括增加其他业务利润、适时适当投资取得投资收益、降低营业外支出等。

3. 总资产周转率是反映企业营运能力最重要的指标

总资产周转率是指企业在一定时期内业务收入净额同平均资产总额的比率。总资产周转率是考察企业资产运营效率的一项重要指标,体现了企业经营期间全部资产从投入到产出的流转速度,反映了企业全部资产的管理质量和利用效率。通过该指标的对比分析,可以反映企业本年度以及以前年度总资产的运营效率和变化,发现企业与同类企业在资产利用上的差距。一般情况下,该数值越高,表明企业总资产周转速度越快,销售能力越强,资产利用效率越高。

4. 权益乘数与资本结构相关,反映企业偿债能力

权益乘数又称股本乘数,是指资产总额相当于股东权益的倍数,代表公司所有可供运用的总资产是业主权益的几倍,表示企业的负债程度。权益乘数越大,企业负债程度越高,一般会导致企业财务杠杆率较高,财务风险较大,在企业管理中就必须寻求一个最优资本结构,从而实现企业价值最大化。若公司营运状况刚好处于向上发展的趋势,较高的权益乘数可以创造更高的公司盈利,提高公司的股东权益报酬率,对公司的股票价值产生正面激励效果。在资产总额不变的条件下,适度负债经营,合理安排资本结构,可以减少所有者权益所占的份额,从而达到提高净资产收益率的目的。

总之,通过杜邦财务分析体系自上而下或自下而上的分析,不仅可以了解企业财务状况的全貌以及各项财务分析指标间的结构关系,而且还可以查明各项主要财务指标增减变动的相互影响及存在的问题,为决策者提高净资产收益率提供了基本思路,包括扩大销售规模、节约成本费用开支、优化资产质量、合理资源配置、加速资金周转、优化资本结构等。

【例10-1】 根据表3-1和4-2的资料,利用杜邦分析法对新华制药2018年的财务数据进行分析。

分析结果见图10-2,括号内数据为2017年的比较数据(单位:亿元)。

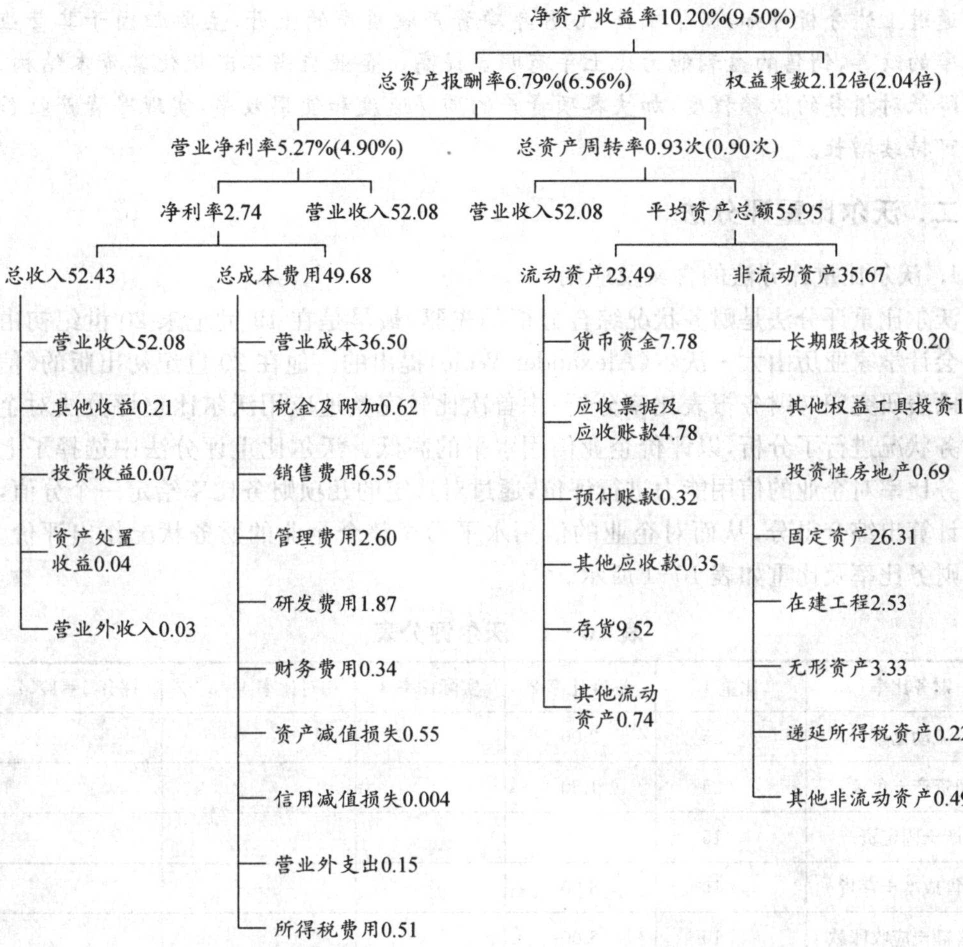

净资产收益率10.20%(9.50%)

总资产报酬率6.79%(6.56%)　　　　权益乘数2.12倍(2.04倍)

营业净利率5.27%(4.90%)　　　　总资产周转率0.93次(0.90次)

净利率2.74　营业收入52.08　　营业收入52.08　平均资产总额55.95

总收入52.43　　　总成本费用49.68　　　流动资产23.49　　非流动资产35.67

营业收入52.08	营业成本36.50	货币资金7.78	长期股权投资0.20
其他收益0.21	税金及附加0.62	应收票据及应收账款4.78	其他权益工具投资1.90
投资收益0.07	销售费用6.55	预付账款0.32	投资性房地产0.69
资产处置收益0.04	管理费用2.60	其他应收款0.35	固定资产26.31
营业外收入0.03	研发费用1.87	存货9.52	在建工程2.53
	财务费用0.34	其他流动资产0.74	无形资产3.33
	资产减值损失0.55		递延所得税资产0.22
	信用减值损失0.004		其他非流动资产0.49
	营业外支出0.15		
	所得税费用0.51		

图 10-2　新华制药 2018 年杜邦分析

从图 10-2 中可以看出,净资产收益率较 2018 年上升了 0.70 个百分点,导致净资产收益率上升的主要原因是总资产报酬率提升了 0.23 个百分点,权益乘数也增加了 0.08 倍。

导致权益乘数增加的原因是资产负债率从年初的 51.09% 上升到期末的 52.73%,上升幅度不大。由于负债水平已经明显高于所在行业 40% 的平均负债率,该公司偿债能力偏弱,其进一步利用财务杠杆提升净资产收益率的潜力不大。

导致总资产报酬率上升的原因是,营业净利率提高了 0.37 个百分点,总资产周转率增加了 0.03 次。营业净利率是反映企业销售盈利能力的指标,它的提高说明企业在营业收入增加的同时,有效地控制了成本费用支出的增长,取得了良好效果。总资产周转率是反映营运能力的财务指标,该年度总资产周转率改善不大,对总资产报酬率的提升没有实质性贡献,需要公司采取有效措施,改善资产利用效率。

通过上述分析可知,新华制药 2018 年净资产收益率的上升,主要归因于其营业净利率的改善,销售的盈利能力比上年有明显提高。企业应当不断优化其资本结构,有效降低对债务的依赖程度,加快各项资产的周转速度和使用效率,实现净资产收益率的可持续增长。

二、沃尔比重评分法

1. 沃尔比重评分法的含义及应用

沃尔比重评分法是财务状况综合分析的先驱,最早是在 19 世纪末 20 世纪初由美国会计学家亚历山大·沃尔(Alexander Wole)提出的。他在 20 世纪初出版的《信用晴雨表研究》和《财务报表比率分析》中首次比较完整地应用沃尔比重评分法对企业财务状况进行了分析,以评价企业信用水平的高低。沃尔比重评分法中选择了七项财务比率对企业的信用能力进行评价,通过对选定的几项财务比率给定一个分值,然后计算出综合得分,从而对企业的信用水平乃至整个企业的财务状况作出评价。具体财务比率及比重如表 10-1 所示。

表 10-1 沃尔评分表

财务比率	比重 1	标准比率 2	实际比率 3	相对比率 4=3÷2	评分 5=1×4
流动比率	25	2.00			
净资产÷负债	25	1.50			
资产÷固定资产	15	2.50			
销售成本÷存货	10	8.00			
销售额÷应收账款	10	6.00			
销售额÷固定资产	10	4.00			
销售额÷净资产	5	3.00			
合计	100				

沃尔比重评分法可以解决企业投资价值分析、企业财务状况综合评价、企业偿债能力评价和客户或其他合作者信用状况评价等问题。需要注意的是,用于不同目的和不同行业的分析时,其指标体系和标准值不尽相同。表 10-2 中列示的指标权重、标准比率仅仅作为举例,实践中具体应用时还应具体问题具体分析。

【例 10-2】 以 X 公司和 Y 公司为例,根据沃尔比重评分法对两公司的财务状况和经营成果进行综合分析和评价。X 公司和 Y 公司 2011 年度的财务指标如表 10-2 所示。

表10-2　X公司和Y公司实际比率表

财务比率	实际比率	
	X公司	Y公司
流动比率	3.34	3.44
净资产÷负债	4.95	3.96
资产÷固定资产	2.48	5.74
销售成本÷存货	2.04	0.41
销售额÷应收账款	12.15	36.06
销售额÷固定资产	1.49	4.75
销售额÷净资产	0.82	1.00

　　现将X公司和Y公司的实际比率放入沃尔评分表,计算出X公司和Y公司的实际分数如表10-3和表10-4所示。

表10-3　X公司沃尔评分表

财务比率	比重1	标准比率2	实际比率3	相对比率4=3÷2	评分5=1×4
流动比率	25	2.00	3.34	1.67	41.75
净资产÷负债	25	1.50	4.95	3.30	82.50
资产÷固定资产	15	2.50	2.48	0.99	14.85
销售成本÷存货	10	8.00	2.04	0.26	2.60
销售额÷应收账款	10	6.00	12.15	2.03	20.30
销售额÷固定资产	10	4.00	1.49	0.37	3.70
销售额÷净资产	5	3.00	0.82	0.27	1.35
合　　计	100				167.50

表10-4　Y公司沃尔评分表

财务比率	比重1	标准比率2	实际比率3	相对比率4=3÷2	评分5=1×4
流动比率	25	2.00	3.34	1.72	43.00
净资产÷负债	25	1.50	3.96	2.64	66.00
资产÷固定资产	15	2.50	5.74	2.30	34.40
销售成本÷存货	10	8.00	0.41	0.05	0.50
销售额÷应收账款	10	6.00	36.06	6.01	60.10
销售额÷固定资产	10	4.00	4.75	1.19	11.90
销售额÷净资产	5	3.00	1.00	0.33	1.67
合　　计	100				217.57

从表 10-3 和表 10-4 中可知,X 公司总得分为 167.05 分,而 Y 公司的总得分为 217.57。按照沃尔比重评分法的原理,得分越高,企业的总价值就越高,企业的财务状况也就越理想。所以 X 公司与 Y 公司的财务状况还是不错的,而且 Y 公司比 X 公司更胜一筹。

2. 沃尔比重评分法的缺陷

沃尔比重评分法从理论上讲有一个明显的问题,就是未能证明为什么要选择这 7 个指标,而不是更多或者更少些,或者选择别的财务比率,并且未能证明每个指标所占比重的合理性。这个问题至今仍然没有得到有效解决。另外,当沃尔比重评分法中某一个指标出现严重异常值时,还会对总评分产生不合逻辑的重大影响。

尽管沃尔比重评分法在理论上和技术上存在诸多问题,但由于其框架简单实用且易于操作和理解,它还是被广泛应用于实践。

三、综合评分法

杜邦分析法是利用几个主要财务比率之间的内在关系来揭示企业财务状况的,该方法对于了解一家企业各方面的因素对企业投资者报酬率的影响程度是很有帮助的。但是在不同企业间进行整体比较和评价时,杜邦分析法就略显不足了,因为不同企业的实际情况各有特点,此长彼短,各有优势,很难作出哪家企业财务状况更优的评价。所以有必要建立一套综合的财务指标体系,结合企业各方面的财务情况对不同企业进行综合评价,因此也就出现了综合评分法。

综合评分法与沃尔比重评分法一样,是在各类财务指标中选择若干具有代表性的指标,依据其在企业经营活动中所起作用的大小,赋予每个指标一个权数,同时根据同行业的平均水平或行业指标确定恰当的记分方法,计算出企业实际财务状况的综合得分,以评价企业财务状况和经营成果的一种方法。但综合评分法在计算企业综合得分时,采取了一系列方法弥补沃尔比重评分法的不足,因此是沃尔比重评分法的改进。

(一)综合评分法的步骤

采用综合评分法评价企业综合财务状况时,一般要遵循如下程序。

1. 选定财务指标,确定相应权数

在综合评分法中通常会选择三大类的指标,并根据其重要性程度确定评分值即其权数:

(1)反映企业盈利能力的指标,主要包括销售利润率、净资产收益率、总资产报酬率等。因为企业以经营活动为主,盈利是企业的客观要求,所以这类指标最为重要,将其评分值定为 50 分。

(2)反映企业偿债能力和营运能力的指标,主要包括流动比率、自有资本比率、存货周转率、应收账款周转率等。这类指标反映企业的稳定性，是企业生存和发展的基本条件，指标重要性程度为"较为重要"，将其评分值定为 30。

（3）反映企业成长性的指标，主要包括销售增长率、总资产增长率、净利润增长率等。这类指标反映企业未来的发展趋势，是保持企业活力的物质基础，指标重要程度为"一般重要"，将其评分值定为 20 分。

以上三类指标的权数是相对而言的，在应用时可以结合实际情况，根据评分对象的不同要求合理制定。比重的合理性能起到导向作用，引导企业努力完成最为重要和较为重要的指标，并兼顾完成其他有关指标。

2. 规定评分值上下限

为了避免个别财务比率的异常值给总分造成不合理的影响，应对各指标的分值确定上下限。一般情况下，上限为正常评分值的 1.5 倍，下限为正常评分值的一半。

3. 确定比较标准

应为各指标确定一个比较指标，以便于评价企业财务状况的优劣，也就是各项财务比率在本企业现实条件下最理想的数值。财务比率的标准值通常可以参照同行业的平均水平，并经过调整后确定。

4. 计算每分比率的差

为了克服沃尔评分法的缺点，综合评分法在给分时不采用"乘"的关系，而采用"加"或"减"的方式来处理。例如，总资产净利率的标准值为 10%，评分标准为 20 分；行业最高比率为 30%，最高评分为 30 分，则每分的财务比率为：

$$(30\% - 10\%) \div (30 \text{ 分} - 20 \text{ 分}) = 2\%$$

代表着总资产净利率每提高 2%，多给 1 分。

5. 计算各项财务比率的实际得分

将各项财务指标实际值与标准值比较，计算其差额，结合每分比率的差，计算出调整分，再用调整分加上基础分，得到实际得分。其计算公式为：

$$差额 = 实际比率 - 标准比率$$
$$调整分 = 差额 \div 每分比率的差$$
$$实际得分 = 基本评分值 + 调整分$$

需要注意的是，每项指标的最高分不得高于得分上限，最低分不得低于得分下限。

所有各项财务比率实际得分的合计数就是企业财务状况的综合得分。企业财务状况的综合得分反映了企业综合财务状况是否良好。如果综合得分接近或者超过 100 分，说明企业的财务状况是良好的，达到了预先确定的标准；综合得分低于 100 的差距越大，说明财务状况越差。

（二）综合评分法的应用

【**例 10-3**】 下面针对某行业制定评分标准，并分析该行业中 X 公司的综合评分。在选择财务比率时，选择了盈利能力、偿债能力、成长能力三类，权数划分为 5：3.2：1.8。盈利能力方面选择了销售净利率、总资产报酬率和所有权益报酬率，并将它们的权数分别定为 20 分、20 分、10 分；偿债能力方面选择流动比率、存货周转率、应收账款周转率和自有资本比率四个指标，并将它们的权数分别定为 8 分、8 分、8 分、8 分；成长能力方面选择销售增长率、净利增长率和总资产增长率三个指标，并将它们的权数分别定为 6 分、6 分、6 分。具体评分标准如表 10-5 所示。

表 10 - 5　综合评分标准

指标	权数	得分上限	得分下限	标准比率	行业最高值	每分比率的差
盈利能力						
销售净利率	20	30	10	15%	55%	4%
总资产报酬率	20	30	10	10%	30%	2%
所有者权益报酬率	10	15	5	15%	35%	4%
偿债能力						
自有资本比率	8	12	4	60%	85%	6.25%
流动比率	8	12	4	150%	350%	50%
存货周转率	8	12	4	200%	1 000%	200%
应收账款周转率	8	12	4	2 000%	5 000%	750%
成长能力						
销售增长率	6	9	3	20%	50%	10%
净利增长率	6	9	3	50%	90%	13.3%
总资产增长率	6	9	3	15%	30%	5%
合计	100	150	50			

注：权数根据指标的重要性确定。

标准比率以每个比率的行业平均水平为基础，通过适当修正得到。

得分上限＝权数×1.5

得分下限＝权数×0.5

每分比率的差＝（行业最高值－标准比率）÷（得分上限－权数）

行业评分标准是以该行业数为基础，剔除了异常数据并进行适当修正后得到的。X 公司 2011 年的实际比率综合评分如表 10-6 所示。

表 10-6　X 公司综合评分法分析表

指　　标	实际比率 (1)	标准比率 (2)	差异(3)= (1)−(2)	每分比率 的差(4)	调整分(5) =(3)÷(4)	权数(6)	得分(7)= (5)+(6)
盈利能力							
总资产报酬率	13.44%	10%	3.44%	2.00	1.72	20	21.72
销售净利率	20.10%	15%	5.10%	4.00	1.28	20	21.28
所有者权益报酬率	16.43%	15%	1.43%	4.00	0.36	10	10.36
偿债能力							
自有资本比率	83.19%	60%	23.19%	6.25	3.71	8	11.71
流动比率	334.00%	150%	184.00%	50.00	3.68	8	11.71
应收账款周转率	1 215.00%	2 000%	−785.00%	750.00	−1.05	8	6.95
存货周转率	204.00%	200%	4.00%	200.00	0.02	8	8.02
成长能力							
销售增长率	−0.93%	20%	−20.93%	10.00	−2.09	6	3.91
净利增长率	25.15%	50%	−24.85%	13.30	−1.87	6	4.13
总资产增长率	11.91%	15%	−3.09%	5.00	−0.62	6	5.38
合计						100	105.14

　　从以上分析可知,X 公司在行业中的综合评分 105.14 分,高于 100 分,说明企业整体的财务状况比较好,在整个行业总处于中上水平。

　　在使用综合评分法时,应当注意使用这一方法的有效性,它有赖于对重要性权数和标准比率的正确确定。但是这两项因素在确定时,往往带有一定的主观性,因此,这两项因素应根据历史经验和现实情况合理地判断确定,只有这样才能得出正确结果。必须指出的是,上述各种分析方法均采用定量分析法。在实际工作中,只有将定量部分按一定权重计分,其余分值用定性方法(如专家调查法)确定,然后汇总。

　　1999 年,我国财政部在原来的基础上颁布了《国有资本金效绩评价操作细则》和《国有资本金效绩评价计分方法》,2002 年,又印发了《企业效绩评价操作细则(修订)》。2006 年,为做好中央企业综合绩效评价工作,根据《中央企业综合绩效评价管理暂行办法》(国资委令第 14 号),进一步制定了《中央企业综合绩效评价实施细则》,(表 10-7 为 2006 年的企业综合绩效评价指标及权重表),评价体系几经修改,指标设计虽然越来越详尽和完善,但也过于繁琐。

表 10 - 7　企业综合绩效评价指标及权重表

评价内容与权数		财务绩效(70%)				管理绩效(30%)	
		基本指标	权数	修正指标	权数	评议指标	权数
盈利能力状况	34	净资产收益率 总资产报酬率	20 14	销售(营业)利润率 盈余现金保障倍数 成本费用利润率 资本收益率	10 9 8 7	战略管理 发展创新 经营决策 风险控制 基础管理 人力资源 行业影响 社会贡献	18 15 16 13 14 8 8 8
资产质量状况	22	总资产周转率 应收账款周转率	10 12	不良资产比率 流动资产周转率 资产现金回收率	9 7 6		
债务风险状况	22	资产负债率 已获利息倍数	12 10	速动比率 现金流动负债比率 带息负债比率 或有负债比率	6 6 5 5		
经营增长状况	22	销售(营业)增长率 资本保值增值率	12 10	销售(营业)利润增长率 总资产增长率 技术投入比率	10 7 5		

第二节　企业财务报表分析案例

一、2011 年度张裕葡萄酿酒有限公司财务分析

（一）公司基本情况介绍

烟台张裕葡萄酿酒股份有限公司(以下简称"张裕股份",证券代码:000869)是由发起人烟台张裕集团有限公司以其拥有的有关经营酒类业务的资产及负债进行合并重组并改制而成的股份有限公司,其前身是张裕酿酒公司,由著名的爱国侨领张弼士在 1892 年创立。公司经由山东省人民政府于 1997 年 4 月 10 日发出的鲁政字〔1997〕119 号文批准改制为股份有限公司,经过 100 多年的发展,张裕已经发展成为中国乃至亚洲最大的葡萄酒生产经营企业。1997 年和 2000 年张裕 B 股和 A 股先后在深圳证券交易所成功发行并上市。

2010 年度,由中国酒类流通协会和中华品牌战略研究院共同主办的,"华樽杯"第二届中国酒类品牌价值评议结果在国家会议中心揭晓,烟台张裕葡萄酿酒股份有限公司在中国酒类企业中名列第 20 位,品牌价值为 57.44 亿元,在中国葡萄酒行业中名列第三位;在山东省酒类企业中名列第二位,在山东省葡萄酒类别中名列第一。

（二）公司经营范围

张裕股份及子公司从事葡萄酒、白兰地、香槟及保健酒的生产和销售。具体包括

葡萄酒、保健酒、蒸馏酒、饮料的生产与销售、农产品的种植,许可范围内的出口业务。张裕股份2011年营业收入构成分析如表10-8所示。

表 10-8 张裕股份 2011 年营业收入构成分析表

项 目	主营收入(元)	所占比重	主营成本(元)	所占比重	毛利率
主营业务收入	5 939 875 597	98.55%	1 396 984 223	97.05%	76.48%
其他业务收入	87 673 615	1.45%	42 432 911	2.95%	51.60%
合计	6 027 549 212	100.00%	1 439 417 134	100.00%	76.12%

其中,主营业务收入是指销售商品的收入,其他业务收入是指提供劳务的收入,销售的商品主要是葡萄酒、白兰地、香槟酒,逾99%的主营业务收入来源于中国境内。由该公司营业收入构成分析表可以看出,该公司主营业务获利空间大,毛利率达到76.48%,并且占到总收入的98%以上;其他业务的比重不足2%,其毛利率相对较小,但仍能达到50%以上。总体来看,张裕股份的主营业务具有较强的盈利能力。

(三)财务报表基本数据分析

1. 张裕股份财务报表基本数据

为了从整体上了解张裕股份近几年的整体财务状况,从资产负债表、利润表和现金流量表中选取了2008年度至2011年度的一些重要数据作为分析对象(如表10-9所示)。

表 10-9 张裕股份财务报表基本数据分析表 单位:元

项 目	2008 年	2009 年	2010 年	2011 年
营业收入	3 453 442 314.00	4 199 403 351.00	4 982 943 397.00	6 027 549 212.00
营业利润	1 176 456 406.00	1 472 056 684.00	1 907 241 238.00	2 517 894 707.00
利润总额	1 183 248 986.00	1 499 254 984.00	1 929 649 598.00	2 539 653 243.00
净利润	894 506 460.00	1 135 985 468.00	1 454 200 234.00	1 907 208 732.00
财务费用	−35 362 131.00	−30 232 166.00	−28 965 166.00	−44 503 581.00
经营活动现金净流量	1 251 046 530.00	1 359 587 515.00	1 289 922 042.00	1 505 722 107.00
现金及现金等价物净增加额	−63 809 909.00	1 205 956 556.00	−999 746 454.00	257 583 049.00
每股收益	1.70	2.14	2.72	3.62
总资产	4 060 932 580.00	5 364 160 798.00	5 983 377 253.00	7 295 944 221.00
流动资产	2 905 661 171.00	3 876 964 578.00	4 030 706 362.00	4 640 546 443.00
其中:货币资金	1 748 573 840.00	2 545 210 286.00	2 489 804 162.00	2 532 967 197.00
应收账款	82 343 029.00	98 022 443.00	100 113 271.00	126 906 526.00
应收票据	13 378 706.00	38 107 831.00	31 447 207.00	56 268 482.00

（续表）

项　目	2008 年	2009 年	2010 年	2011 年
存货	997 942 600.00	1 131 240 892.00	1 294 406 406.00	1 755 964 582.00
固定资产	728 229 135.00	996 792 865.00	1 188 081 245.00	1 609 111 868.00
在建工程	154 490 715.00	109 372 318.00	242 107 575.00	406 353 081.00
流动负债	1 431 905 050.00	2 150 393 622.00	1 881 682 843.00	2 032 194 819.00
负债合计	1 431 905 050.00	2 189 479 737.00	1 987 231 958.00	2 145 984 073.00
股东权益	2 629 027 530.00	3 174 681 061.00	3 996 145 295.00	5 149 960 148.00

2. 基本数据分析

1）从收入利润方面分析

本公司属葡萄酒类食品制造企业，2008 年至 2011 年期间的营业收入和净利润保持连续增长状态。其中，2011 年实现主营业务收入 60.28 亿元，比上年同期增加 20.96%。收入上升的原因主要是由于本年度公司产品需求旺盛，葡萄酒、香槟酒、白兰地的销售量继续取得稳定增长。2011 年度实现净利润 19.07 亿元，比上年同期增长 31.15%。净利润上升主要系公司营业利润和营业外收入增长所致。

2）从资产负债方面分析

公司 2008 年至 2011 年期间的总资产规模保持了连续增长。其中，2011 年资产总额比期初增长 21.94%，主要由于本期净利润增长以及存货、固定资产和在建工程的增长引起的，其中公司在建工程增幅达 67.84%，固定资产增加了 35.44%，说明公司规模有所扩张，公司生产能力有保障；公司的资产负债率为 29.41%，公司资本结构较为稳健，财务风险小。

公司 2011 年的流动资产比期初增长 15.13%，主要原因是存货和应收票据的增长，其中存货比期初增长 35.66%，应收票据增加了 78.93%。企业流动比率 2.28，公司短期偿债能力非常强，但应注意合理有效地利用公司的资金，以免造成资金的浪费。

3）从现金流量方面分析

公司 2008 年至 2011 年期间的经营活动现金净流量，除了 2010 年比上年略有下降之外，其他年份都保持了稳定增长。其中，公司 2011 年经营活动现金流量净额比期初增长了 16.73%，主要是公司在报告期内经营规模扩大，使公司经营活动现金流入、流出实现较大增长，均在 20% 以上，但经营活动现金流出增幅大于经营活动现金流入增幅，使经营活动产生的现金流量净额同比小幅增长。

公司 2011 年的现金及现金等价物净增加额由上年的负值转变为正数，并且比期初增长了 125.76%，增长的主要原因有两个：一是公司经营活动的现金流量净额增长了；二是公司在投资活动中获得大量现金流入，增长幅度达到 638.56%，投资活动产生的现金流出也减少了 46.07%。

再将经营活动现金流量净额与企业净利润比较,公司 2011 年当期净利润为 1 907 208 732.00 元,当期经营活动现金流量净额为 1 505 722 107.00 元,占净利润的 78.95%,说明公司利润质量良好。

(四) 主要财务比率分析

1. 张裕股份主要财务比率分析表

根据张裕股份的基本财务数据,计算得到了以下 2009 年度至 2011 年度反映公司盈利能力、偿债能力、营运能力和发展能力几方面情况的一些重要指标(如表10-10 所示),并对其进行比较分析。

表 10 - 10　张裕股份主要财务比率分析表

指　标	2009 年	2010 年	2011 年
总资产报酬率(%)	31.17	33.50	37.58
销售净利率(%)	26.84	28.78	31.64
净资产收益率(%)	38.85	40.00	41.71
流动比率(倍)	1.80	2.14	2.28
资产负债率(%)	40.82	33.21	29.41
应收账款周转率(次)	46.57	50.30	50.10
存货周转率(次)	3.94	4.11	2.30
销售增长率(%)	21.60	18.66	20.96
净利润增长率(%)	27.00	28.01	31.15
总资产增长率(%)	32.09	11.54	21.94

2. 财务比率分析

1) 从盈利能力方面分析

2009 年至 2011 年期间,反映盈利能力的三大指标总资产报酬率、销售净利率和净资产收益率实现了稳步增长,说明公司期间资产整体的获利性以及所有者投入资金的获利能力逐年增强,公司的获利空间增大,投资者实际获得的报酬增多。这主要是因为公司销售规模扩大、市场效益良好。

2) 从偿债能力方面分析

除了 2009 年公司流动比率在 1.80 外,2010 年和 2011 年的流动比率都高于经验标准 2,并且 2009 年至 2011 年期间的流动比率持续提高,说明公司短期偿债能力较强。公司 2011 年的资产负债率为 29.41%,较年初有所降低。实际上在 2009 年至 2011 年间的资产负债率一直持续下降,说明公司注意到了对其资本结构的调整,公司长期偿债能力不断增强,财务风险相对减小。但也需注意过低的负债率不利于公司充分发挥财务杠杆的效应,提高公司投资者的报酬率。

3）从营运能力方面分析

公司 2010 年和 2011 年的应收账款周转率都在 50 次左右,平均约 7 天周转一次,较 2009 年得到提升,说明企业应收账款的质量较好,对应收账款的管理也比较到位。公司存货周转率波动较大,2011 年比前两年有较大幅度的下降,仅为 2.30 次,平均 159 天周转一次,周转速度较慢,还要参照酒类行业性质确定其合理性。

4）从发展能力方面分析

公司 2011 年的主营业务收入比上年同期增加了 2.3 个百分点,但低于 2009 年的增长速度。而 2011 年度净利润比上年同期增长 3.14 个百分点,并且 2009 年至 2011 年间持续提高。公司总资产比上年同期增长 10.5 个百分点,增长速度也较前一年加快,但在过去 3 年间增长速度的变动幅度较大。整体来看,公司在各方面均保持了较高速度的增长势头,尤其是净利润的增长速度持续增加,但是营业收入和总资产的增长速度出现一定波动。

（五）综合财务分析

前面从企业财务报表方面以及主要财务指标方面对张裕股份的财务状况和经营成果进行了分析,但该公司分析期间的综合表现到底如何,可以通过杜邦分析法对张裕股份进行分析,评价该公司的综合表现。

2009 年至 2011 年的净资产收益率按杜邦分析体系分解如表 10-11 所示。

表 10－11　张裕股份杜邦分析法指标计算表

年　份	净资产收益率	销售净利率	总资产周转率	权益乘数
2009	38.84％	26.84％	89.11％	1.624 0
2010	40.00％	28.78％	87.82％	1.582 5
2011	41.71％	31.64％	90.78％	1.42

从表 10-11 可知,2009—2011 年张裕股份的净资产收益率始终呈上升趋势。2010 年净资产收益率的上升主要归功于公司销售净利率的增加,而总资产周转率和权益乘数均出现下降;2011 年净资产收益率的上升主要是由于销售净利率和总资产周转率的增加,而权益乘数由于公司资本结构的调整 2011 年又进一步减少。由此可知,一方面张裕股份的盈利能力较为出色,3 年间销售净利率持续增加;另一方面资产管理能力和运营效率在 2011 年有所提升,这也为净资产收益率的增加作出了贡献。公司应当继续关注对资产的管理效率,以及资本结构对净资产收益率的影响。

二、2011 年度中兴通讯股份有限公司财务分析

（一）公司基本情况介绍

中兴通讯股份有限公司（以下简称"中兴通讯",证券代码:000063）是全球领先的

综合性通信制造业上市公司和全球通信解决方案提供商之一。

1985 年,中兴通讯前身——深圳市中兴半导体有限公司成立。1997 年,中兴通讯 A 股在深圳证券交易所上市。2001 年,中兴通讯香港公司成立;2004 年 12 月,中兴通讯公开发行 H 股并成功在香港联交所主板上市,成为首家在香港主板上市的 A 股公司。2010 年,中兴通讯国际市场实现营业收入 380.66 亿元,其中,欧美地区收入占整体营业收入的比重提升至 21%,首次成为中兴通讯海外收入比重最大区域。到 2011 年,中兴通讯已成为中国最大的通讯设备上市公司。

中兴通讯股份有限公司是由深圳市中兴新通讯设备有限公司、中国精密机械进出口深圳公司、骊山微电子公司、深圳市兆科投资发展有限公司、湖南南天集团有限公司、陕西顺达通信公司、邮电部第七研究所、吉林省邮电器材总公司、河北省邮电器材公司共同发起设立,发行后注册资本 25 000 万元。

（二）企业经营范围

中兴通讯属于通信设备类制造行业,致力于设计、开发、生产、分销及安装各种先进的电信系统和设备,包括运营商网络、终端、电信软件系统、服务及其他产品等。该公司 2011 年度营业收入构成分析如表 10-12 所示。

表 10 - 12　中兴通讯 2011 年度营业收入构成分析表

单元:百万元

产　品	营业收入	所占比重	营业成本	所占比重	毛利率
运营商网络	46 522.1	53.94%	28 305.8	47.05%	39.16%
终端	26 933.5	31.23%	22 843.8	37.97%	15.18%
电信软件系统、服务及其他产品	12 798.9	14.84%	9 007.8	14.97%	29.62%
合　计	86 254.5	100.00%	60 157.4	100.00%	—

由该公司营业收入构成分析表可以看出:该公司运营商网络获利空间最大,毛利率达 39.16%,占整个公司收入的 53.94%;电信软件系统、服务及其他产品获利空间稍小,毛利率为 29.62%,其收入占所有收入的 14.84%,终端获利空间最小,但其占营业收入比重处于第二位,达到 31.23%。公司毛利率最小的产品所占比重相对较大,公司应当调整产品结构,扩大获利能力强的产品所占比重。

（三）财务报表基本数据分析

1. 中兴通讯财务报表基本数据

为了从整体上了解中兴通讯近几年的财务状况,从利润表、资产负债表和现金流量表中选取了 2008—2011 年度的一些重要数据作为分析对象(如表 10-13 所示)。

表 10-13　中兴通讯财务报表基本数据分析表　　　　单位:千元

项　目	2008 年	2009 年	2010 年	2011 年
营业收入	44 293 427	60 272 563	69 906 686	86 254 456
营业利润	1 245 393	2 064 163	2 589 558	429 510
利润总额	2 262 543	3 324 742	4 360 201	2 635 136
净利润	1 911 935	2 695 661	3 476 482	2 243 093
财务费用	1 308 254	784 726	1 198 477	2 356 319
经营活动现金净流量	3 647 913	3 729 272	941 910	−1 812 217
现金及现金等价物净增加额	5 034 411	2 731 662	829 277	5 756 990
每股收益	0.95	1.40	0.98	0.61
总资产	50 865 921	68 342 322	84 152 357	105 368 114
流动资产	42 676 095	55 593 903	65 528 099	84 477 369
其中:货币资金	11 480 406	14 496 808	15 383 207	21 471 967
应收账款	9 972 495	15 319 215	17 563 925	23 873 425
应收票据	1 578 473	779 112	1 289 877	3 223 529
存货	8 978 036	9 324 800	12 103 670	14 988 379
固定资产	4 103 076	4 714 533	6 523 505	7 003 824
在建工程	817 086	1 332 735	1 146 739	1 580 462
流动负债	29 996 836	41 095 060	48 214 142	63 474 811
负债合计	35 682 374	50 393 456	59 190 359	79 079 339
股东权益	15 183 547	17 948 866	24 961 998	26 288 775

2. 基本数据分析

1) 从收入利润方面分析

公司 2008 年度至 2011 年度的营业收入实现了稳定增长,营业利润和净利润在前 3 年也增长情况良好,但 2011 年出现大幅度下降。其中,2011 年公司实现营业收入 862.54 亿元,同比增长 23.39%;营业利润 4.30 亿元,同比减少 83.41%;实现净利润 22.43 亿元,同比减少 35.48%。虽然营业收入有了一定增长,但是营业利润急剧下降,净利润的减少幅度低于营业利润,系因巨额的营业外收入。营业外收入主要是软件产品的增值税退税和政府补助。根据其年报披露,利润下滑的主要原因是世界经济增长放缓、国内货币政策调整及本集团推行市场规模扩张策略的影响,从而导致其营业成本的增长幅度超过营业收入的增长幅度,另外销售费用、财务费用和资产减值损失均出现了明显增加。

2）从资产负债方面分析

公司 2008 年度至 2011 年度的资产规模实现了持续增长。其中，2011 年资产总额比期初增长 25.21％，主要由于本期销售增长，进而货币资金、应收账款和应收票据增长引起资产总额的增长。同时公司固定资产较前一年度增长了 7.36％，在建工程增加 37.82％，从而引起资产总额的增加。说明公司规模在不断扩张，公司生产能力有保障。

公司 2011 年度流动资产比期初增长 28.92％，与公司销售收入的增长速度近似。公司流动比率为 1.33，公司短期偿债能力一般，公司面临着一定的短期偿债压力，短期债务的保障程度也不高。

3）从现金流量方面分析

公司分析期前 3 年的经营活动现金净流量都保持正值，但在 2011 年公司经营活动现金流量净额为负值，比期初下降了 292.40％，反映了公司的经营活动遇到了很大的问题。根据其年报，经营活动现金流入较上年增加了 156 亿元，但是经营活动现金流出的增长幅度超过了现金流入的增加，特别是购买商品接受劳务支付的现金和支付给职工以及为职工支付的现金大幅度增加，仅此两项就增加了 162 亿元。因此，中兴通讯的成本上涨问题十分突出。

公司 2008 年度至 2011 年度的现金及现金等价物净增加额均为正值。其中 2011 年度现金及现金等价物净增加额比期初增加了 594.22％，其增加的主要原因是中兴通讯 2011 年取得借款收到了 349 亿元。由此可知，中兴通讯是通过增加借款来解决由于成本上涨带来的资金短缺问题。

（四）主要财务比率分析

1. 中兴通讯主要财务比率分析表

以下选取了 2009 年度至 2011 年度反映盈利能力、偿债能力、营运能力和发展能力几方面情况的一些重要指标作为分析对象（如表 10-14 所示），进行比较分析。

表 10-14　中兴通讯主要财务比率分析表

指　标	2009 年	2010 年	2011 年
总资产报酬率	6.89％	7.29％	5.27％
销售净利率	4.47％	4.97％	2.60％
净资产收益率	16.27％	16.20％	8.75％
资产负债率	73.74％	70.34％	75.05％
流动比率（倍）	1.35	1.36	1.33
应收账款周转率（次）	4.77	4.25	4.16
存货周转率（次）	6.36	6.28	6.34

（续表）

指标	2009 年	2010 年	2011 年
销售增长率	36.08%	15.98%	23.39%
净利润增长率	40.99%	28.97%	−35.48%
总资产增长率	34.36%	23.13%	25.21%

2. 从盈利能力方面分析

公司的经营盈利能力主要反映公司经营业务创造利润的能力。公司前两年盈利能力保持稳定,但在 2011 年,中兴通讯的总资产报酬率、销售净利率、净资产收益率和 2010 年相比均出现了明显下降,降幅分别为 2.02、2.37、7.45 个百分点,说明公司盈利能力较前两年出现了大幅度下滑。结合前文的基础数据分析可知,盈利能力下降是由于成本的大幅度增加,公司面临着外部经济环境的负面影响。

3. 从偿债能力方面分析

公司的偿债能力是指公司用其资产偿还长短期债务的能力。公司有无支付现金的能力和偿还债务能力,是公司能否健康生存和发展的关键。中兴通讯分析期间的负债率在 70% 左右,流动比率在 1.30 左右,变化不大。其中,2011 年公司流动比率为 1.33,比期初略有下降;公司资产负债率为 75.05%,较年初增加了 4.71 个百分点。说明公司的长短期偿债能力均有所下降,这是公司为维持资金链而大举负债的结果。同时,公司的资产负债率较高,存在较高的财务风险,对债务的保障程度不足。

4. 从营运能力方面分析

公司分析期间的营运能力基本稳定,应收账款周转率在 4 次左右,存货周转率在 6 次左右。其中,2011 年公司应收账款周转率为 4.16 次,平均约 87.74 天周转一次,较 2010 年略有下降,说明公司对应收账款的管理水平有下滑趋势,应收账款周转率也处于较低水平。公司存货周转率为 6.34 次,平均 57.57 天周转一次,周转速度较快,说明公司对存货的管理较好。具体还需结合行业性质进一步分析。

5. 从发展能力方面分析

公司为了生产和竞争需要不断发展,通过对公司成长性分析我们可以预测公司未来的经营状况的趋势。由表 10-14 可知,中兴通讯分析期间的营业收入和资产规模保持了持续增长,但净利润增长波动较大,2011 年出现严重下滑。其中,公司 2011 年销售收入和总资产保持了较高速度的增长,与 2010 年相比增长速度分别达到 23.39% 和 25.21%,说明公司的资产规模和销售规模均处于高速发展阶段。但是,企业的净利润在 2011 年出现了大幅度减少,较上年下降了 35.48%,反映出盈利能力出现了与销售规模、资产规模不相称的大幅度减少。因此,虽然本期公司在扩大市场需求、增加资产规模方面都取得了一定进步,但是盈利能力却丧失了发展势头。而盈利能力是企业最根本的能力,这对企业来说应当是一个警示,盈利能力的萎缩很可能导致企业发展停滞等一系列问题。企业必须重视这一现象，并采取措施及时解决这一问题。

（五）综合财务分析

前面我们从企业财务报表方面以及主要财务指标方面对中兴通讯的财务状况和经营成果进行分析，下面通过杜邦分析法对中兴通讯进行分析，评价该公司的综合表现。

2009 年至 2011 年的净资产收益率按杜邦分析体系分解如表 10-15 所示。

表 10 - 15　中兴通讯杜邦分析法指标计算表

时间（年）	净资产收益率	销售净利率	总资产周转率	权益乘数
2009	16.27％	4.47％	1.01	3.81
2010	16.20％	4.97％	0.92	3.37
2011	8.75％	2.60％	0.91	4.01

从表 10-15 可知，2009—2011 年中兴通讯的净资产收益率呈现下降趋势，2010 年出现小幅度下滑，2011 年的下降幅度达到 46％。2010 年净资产收益率的下降主要是因为公司总资产周转率和权益乘数的下降，而销售净利率有所上升；2011 年净资产收益率的下降主要是由于销售净利率的大幅度下降，由 4.97％下降至 2.60％，总资产周转率基本保持稳定，权益乘数在 2011 年有所提高。由此可知，影响中兴通讯净资产收益率的最主要因素是销售净利率，销售净利率的大幅度下滑导致了净资产收益率的下降。前文的基本数据分析和财务指标分析也均指出了中兴通讯盈利能力下降的问题，所以，公司应当注重提高盈利能力，强化应对外界影响的政策措施，为公司的成长发展提供更有力的保证。

第三节　企业价值评估方法

一、企业价值评估的目的与内容

企业价值评估简称价值评估，是将一个企业作为一个有机整体，依据其拥有或占有的全部资产状况和整体获利能力，结合企业所处的宏观经济环境及行业背景，充分考虑影响企业获利能力的各种因素，对企业整体公允市场价值进行的综合性评估，是一种经济评估方法，目的是分析和衡量企业的公平市场价值并提供有关信息，为投资者和管理当局相关决策提供帮助。

（一）企业价值评估的对象

价值评估的对象一般是企业整体的经济价值，而非会计的账面价值。企业整体的经济价值是指企业作为一个整体的公平市场价值。企业整体价值可以分为实体价值与股权价值、持续经营价值与清算价值、少数股权价值与控股权价值等类别。

1. 实体价值与股权价值

企业实体价值是指企业全部资产的总体价值。股权价值是指股权的公平市场价值，而不是所有者权益的账面价值。企业实体价值是其股权价值与债务价值之和。在这里，债务价值也不是它们的账面价值，而是债务的公平市场价值。大多数企业并购是以购买股份的形式进行的，因此评估的最终目标和双方谈判的焦点是卖方的股权价值。但是，买方的实际收购成本等于股权成本加上所承担的债务。一般情况下，债务的公平市场价值较容易确定，因此，无论是评估企业实体价值还是评估股权价值，两者是互相关联的。

2. 持续经营价值与清算价值

持续经营价值是由营业所产生的未来现金流量的现值；清算价值是企业停止经营，出售资产产生的现金流。企业持续经营价值与清算价值通常是不相等的。在对企业价值进行评估时，这两者的评估方法和评估结果有明显区别。因此，在进行企业价值评估时，必须首先明确拟评估的企业是一个持续经营的企业，还是一个准备清算的企业，评估的价值是其持续经营价值，还是其清算价值。有的企业持续经营价值高于清算价值，有的企业清算价值则高于持续经营价值，企业的公平市场价值应当是持续经营价值和清算价值中较高的一个。

3. 少数股权价值与控股权价值

企业的所有权和控制权是两个不同的概念。股票市场上交易的是没有决策权的少数股权，大多数股票并没有参加交易。市场上的股价通常只是少数已经交易的股票价格，衡量的只是少数股权的价值，而少数股权价值不能作为控股权交易的可靠价格指标。少数股权与控股股权的价值差异，明显地体现在收购交易当中。一旦控股权参加交易，股价会迅速飙升，甚至达到少数股权价值的数倍。在评估企业价值时，应当明确拟评估的对象是少数股权价值，还是控股权价值。

因此，在进行企业价值评估时，首先要明确拟评估的对象是什么，判断清楚是企业实体价值还是股权价值，是持续经营价值还是清算价值，是少数股权价值还是控股权价值。不同的企业价值评估对象，有不同的用途，需要使用不同的方法进行评估。

（二）企业价值评估的意义

1. 企业价值评估体现了现代企业的目标

在现代企业制度下，企业资本的所有者即为企业的所有者。资本所有者投资的根本目的是资本增值，因此企业的目标是发展、获利以使资本增值。要确定企业资本增值的程度，就需要对企业价值进行评估。

2. 企业价值评估为各种财务活动决策提供依据

企业的财务活动包括投资活动、筹资活动等,要确定这些活动是否能给企业带来收益,都需要对企业价值进行评估。例如,企业合并和杠杆收购,潜在投资者选择新的投资机会,证券分析师寻找价值被低估的股票等。

3. 对企业价值进行评估可以评价企业业绩

企业业绩好坏并不取决于短期利润的实现情况,而是由企业在可持续经营期间的总体经营情况来决定的。进行企业价值评估需要企业长期的财务报表,没有非常完整的信息就难以对企业价值进行评估。所以,对企业价值评估可以衡量企业的业绩。

4. 对企业价值进行评估符合利益相关者的需求

现代企业是由很多利益相关者通过契约组成的,任何利益相关者都希望从企业获取最大利益,但同时必须考虑契约各方的利益。为了协调各方的利益,通常当企业整体利益最大化时,各利益相关者也能实现价值增值。因此需要对企业进行价值评估。

企业价值评估的方法有很多,目前较为流行的方法主要有三种:一是以现金流量为基础的价值评估方法;二是以经济利润为基础的价值评估方法;三是以价格比为基础的价值评估方法。

二、以现金流量为基础的价值评估方法

以现金流量为基础的价值评估方法的基本思想是:任何资产(包括企业或股权)的价值是其产生的未来现金流量的现值,遵循的是增量现金流量原则和时间价值原则。

（一）折现现金流量法的基本模型

与其他商品一样,企业也可以进行买卖,买卖过程中也需要定价。而企业价格的确定离不开企业的价值。然而,企业又具有其特殊性,它的价值体现在企业可持续经营期间能给企业的投资者带来多少收益,而该收益的现值就是企业的现实价值。因此,判断企业未来收益对企业价值评估具有至关重要的意义。

企业未来收益通常用现金流量来表示,而不是会计利润。这是由于现金流量采用收付实现制,较为客观,可以避免会计利润的主观性,因为会计政策的选择不同,不同的会计人员核算出来的会计利润可能不相等。而且从长远看,企业获得的现金流量的增加值最终与其实现的净利润总额是相等的。因此,以现金流量为基础的价值评估方法又称为折现现金流量法。

折现现金流量法的基本模型为:

$$\text{企业价值} = \sum_{t=1}^{n} \frac{NCF_t}{(1+K_t)^t}$$

式中　NCF_t——第 t 年的现金净流量；

　　　K_t——第 t 年的资本成本率；

　　　n——企业预期存续年限。

在价值评估中可供选择的企业现金流量有三种：股利现金流量、股权现金流量和实体现金流量。股利现金流量是指企业分配给股权投资人的现金流量。股权现金流量是指一定期间企业可以提供给股权投资人的现金流量，它等于企业实体现金流量扣除对债权人支付后的现金流量。而实体现金流量是企业全部现金流入扣除成本费用和必要的投资后的剩余部分，它是企业一定期间可以提供给所有投资人（包括股权投资人和债券投资人）的税后现金流量。由于股利现金流量取决于企业的股利分配政策，使其很难预计，所以股利现金流量模型在实务中很少被使用。如果使用股权现金流量进行估值，得到的是股权价值，股权价值加上企业债务价值即可得到企业价值。如果使用实体现金流量进行估值，得到的是企业价值。

（二）折现现金流量法基本模型的影响因素

通过折现现金流量法基本模型可知，影响企业价值评估的因素有三个：一是企业可持续经营期间每年的现金流量；二是折现率，一般用企业的加权平均资本成本表示；三是企业预期存续年限。这三个变量将直接影响到企业价值评估的正确性。

1. 现金流量的估计

未来现金流量的数据一般通过财务预测来取得。在财务预测中，使用较为普遍的是全面预测，是指编制成套的预计财务报表，通过预计财务报表获取所需的预测数据。

全面预测的起点是预测销售收入，而销售收入取决于销售数量和销售价格两个因素。由于财务报表并不披露这两项数据，企业外部人员通常只能直接对销售收入的增长率进行预测，然后根据基期销售收入和预计增长率计算预期的销售收入。根据会计各要素之间的关系，以预计销售收入为起点，进而编制预计资产负债表、预计利润表和预计现金流量表，最终得到企业未来现金流量。

2. 折现率的估计

折现率是现金流量风险的函数，也反映了企业资本的成本大小，风险越大则折现率越大。需要注意的是，折现率和现金流量要相互匹配，股权现金流量只能用股权资本成本来折现，实体现金流量只能用企业实体的加权平均资本成本来折现。只有折现率准确地反映现金流量的风险，才能得到准确的价值评估结果。其中，加权平均资本成本的计算公式为：

$$加权平均资本成本 = 股权成本 \times \frac{股东权益}{总资本} + 债务成本 \times \frac{负债}{总资本} \times (1 - 企业所得税税率)$$

3. 企业存续年限的估计

在持续经营假设下，通常认为企业的寿命是无限的。然而，预测无限期的现金流量数据是非常困难的，预测的时间越长，预测数据越不可靠。为了避免这一问题，提高预测的准确性，通常将预测的时间分为两个阶段：第一阶段为预测期，在此阶段需要对每年的现金流量进行具体预测，此期间一般是 5～10 年；第二阶段是为后续期（或永续期），在此阶段假设企业进入稳定状态，有一个稳定的增长率，可以用简便方法直接估计后续期价值。因此，企业价值就是预测期价值和后续期价值之和。

以上三因素中任何一个因素判断有误，都会引起企业价值的巨大偏差，从而可能带来错误决策，因此使用这种方法对企业价值进行估计有一定困难。

【例 10-4】 根据新华制药的历史数据，预测未来 5 年的现金流量如表 10-16 所示。已知其股权成本为 8.25%，债权成本为 2.56%，预计 2023 年以后，实体现金流量将以 2023 年的水平流入。根据以上数据估计新华制药的企业价值。

表 10-16　新华制药未来 5 年预测现金流量 单位：元

年份	2019 年	2020 年	2021 年	2022 年	2023 年
实体现金流量	90 029 859.77	108 035 831.72	129 642 998.07	155 571 597.68	186 685 917.21

首先，根据 2018 年的资本结构估计折现率：

$$加权平均资本成本 = 8.25\% \times \frac{2\ 796\ 553\ 032.08}{5\ 916\ 156\ 319.63} + 2.56\% \times \frac{3\ 119\ 603\ 287.55}{5\ 916\ 156\ 319.63} \times (1-25\%)$$
$$= 4.91\%$$

其次，计算未来 5 年现金流量的折现值：

$$\frac{90\ 029\ 859.77}{1+4.91\%} + \frac{108\ 035\ 831.72}{(1+4.91\%)^2} + \frac{129\ 642\ 998.07}{(1+4.91\%)^3} + \frac{155\ 571\ 597.68}{(1+4.91\%)^4} + \frac{186\ 685\ 917.21}{(1+4.91\%)^5}$$
$$= 571\ 585\ 834.64(元)$$

然后，计算 5 年后现金流量的折现值：

$$\frac{186\ 685\ 917.21}{4.91\%} + \frac{1}{(1+4.91\%)^5} = 2\ 991\ 890\ 057.96(元)$$

因此，新华制药的企业价值评估值为：

$$571\ 585\ 834.64 + 2\ 991\ 890\ 057.96 = 3\ 563\ 475\ 892.60(元)$$

新华制药 2018 年年末共有普通股 621 859 447 股，所以其平均每股评估价值为 5.73 元(3 563 475 892.60 ÷ 621 859 447)。

三、以经济利润为基础的价值评估方法

1. 经济利润法基本模型

追求投资资本的保值增值是投资者投资企业的目的,而企业价值增值的重要体现就是经济利润的取得。以经济利润为基础的价值评估认为,企业的价值就是投资者期初投入资本加上企业价值的增值。企业价值评估的经济利润法模型可以表示为:

$$企业价值 = 投资资本 + 预计经济利润的现值$$

其中,经济利润又可以表示为:

$$经济利润 = 息前税后营业利润 - 资本成本费用$$

$$经济利润的现值 = \sum_{t=1}^{n} \frac{经济利润_t}{(1+折现率)^t}$$

经济利润法模型的基本思想是:如果每年的息前税后利润正好等于债权人和股东要求的收益,那么经济利润等于零,则企业的价值既没有增加,也没有减少,仍然等于投资资本。

2. 经济利润法基本模型的特点

首先,经济利润模型与现金流量模型在本质上是一致的。但是,经济利润法优于现金流量贴现法之处在于,经济利润法可以计量单一年份的价值增加。

其次,经济利润法实现了投资决策必需的现金流量与业绩考核必需的权责发生制的统一。投资决策用现金流量的净现值来评价,而业绩考核用权责发生制下的利润来评价,决策与业绩考核的标准是相分离、甚至是冲突的,而经济利润法有效地解决了这一问题。

四、以价格比为基础的价值评估方法

在购买某一种商品时,消费者会评估商品的价格是否合理,此时最简单的方法就是寻找一个类似性能、类似质量的产品,利用相对价值法评估它的价值。对一个企业价值的评估也可以采用类似的方法,这种以价格比为基础的价值评估方法又称为相对价值法。

相对价值法的具体步骤是:首先,寻找一个影响企业价值的关键变量(如净利);其次,确定一组可以比较的类似企业,计算可比企业的市价与关键变量的比值的平均值(如平均市盈率);然后,根据目标企业的关键变量(如净利)乘以上面得到的平均值(平均市盈率),计算目标企业的评估价值。

根据选择的关键变量的不同,可以形成三种不同的模型:市盈率模型、市净率模

型、收入乘数模型。

1. 市盈率模型

当选择企业的净利润为关键变量时，就形成了市盈率模型。其计算公式为：

$$市盈率 = \frac{每股市价}{每股净利}$$

在该模型下，首先选择一组可比企业，计算类似企业的平均市盈率，然后用平均市盈率乘以目标企业的每股净利，得出目标企业的每股市价，继而得到企业的市场价值。其计算公式为：

$$目标企业每股价值 = 可比企业平均市盈率 \times 目标企业的每股净利$$

市盈率模型的优点有：①市盈率数据容易获得，计算简单。②市盈率结合了价格和收益，反映了投入和产出的关系。③市盈率具有很高的综合性，涵盖了增长率、风险补偿率、股利支付率的影响。但其也有明显的不足：①若收益为负值，市盈率就无法使用。②市盈率除了受到企业经营状况的影响，还受到外部经济环境的影响。

2. 市净率模型

当关键变量为企业的净资产时，就形成了市净率模型。其计算公式为：

$$市净率 = \frac{每股市价}{每股净资产}$$

在该模型下，首先选择一组可比企业，计算类似企业的平均市净率，然后用平均市净率乘以目标企业的每股净资产，得出目标企业的每股市价，继而得到企业的市场价值。其计算公式为：

$$目标企业每股价值 = 可比企业平均市净率 \times 目标企业的每股净资产$$

市净率模型的优点包括：①市净率很少出现负值，可以应用于大多数企业。②净资产的账面价值容易获得。③净资产的账面价值可以避免像利润一样被操纵。

市净率模型的缺点包括：①净资产的账面价值也易受到会计政策选择的影响，若各企业执行不同的会计政策，市净率就失去了可比性。②服务性企业和高新技术企业的固定资产很少，净资产与企业价值关系不大，市净率的比较失去了意义。③少数企业的净资产为负值，市净率无法进行比较。

3. 收入乘数模型

当关键变量为企业的销售收入时，就形成了收入乘数模型。其计算公式为：

$$收入乘数 = \frac{每股市价}{每股销售收入}$$

在该模型下，首先选择一组可比企业，计算类似企业的平均收入乘数，然后用平

均收入乘数乘以目标企业的每股销售收入,得出目标企业的每股市价,继而得到企业的市场价值。其计算公式为:

目标企业每股价值 = 可比企业平均收入乘数 × 目标企业每股销售收入

收入乘数模型的优点包括:①收入乘数不会出现负数,对于亏损企业和资不抵债的企业同样适用。②收入乘数比较稳定,不易被操纵。③收入乘数对企业战略和价格政策的变化敏感,可以反映这些变化的结果。其缺点是不能反映成本的变化。

相对价值法应用的主要困难在于选择可比企业。通常的做法是选择一组同业的上市企业,计算出它们的平均市价比率,作为估计目标企业价值的乘数。如果符合条件的企业较多,可以进一步根据规模的类似性进行筛选,以提高企业之间的可比性。选择可比企业的时候,经常会出现找不到符合条件的可比企业,或者同行业的上市企业很少的情况。当确实无法找到足够多的可比企业时,可以采用修正的市价比率来解决这一问题。

企业价值评估是一个认识企业价值的过程,由于企业充满了个性化的差异,不能把价值评估看成是履行某种规定程序的工作,而是应当始终关注企业的真实价值受哪些因素驱动,尽可能作深入细致的分析,以保证评估价值的客观公正性。

推荐读物

[1] K·R·苏布拉马尼亚姆.财务报表分析[M].11 版.宋小明,谢盛纹,译.北京:中国人民大学出版社,2015:541-547.

[2] 马丁·弗里德森,费尔南多·阿尔瓦雷斯.财务报表分析[M].4 版.刘婷,译.北京:中国人民大学出版社,2016:244-263.

思考与案例讨论

1. 简述杜邦分析体系的概念及其主要内容。

2. 简述沃尔比重评分法的含义及其特点。

3. 什么是综合评分法?简述其分析步骤?

4. 简述企业价值的含义及其评估的意义。

5. 试比较各类企业价值评估方法的适用范围与优缺点。

6. 阅读福耀玻璃年报相关内容(见书后附录),并回答以下问题:

(1)试利用杜邦分析体系和因素分析法对该公司的财务绩效进行综合分析。

(2)试利用折现现金流量法对该公司价值进行评估。除了公司年报,折现现金流量价值评估法还需要哪些数据支持?

(3)试利用相对价值法对该公司价值进行评估,并对各种方法的评估结果进行比较。

第十一章 审计报告解读与分析

学习目标

通过本章学习,了解审计报告的含义和类型;理解审计报告与财务信息质量之间的关系;熟悉无保留审计报告和非无保留审计报告的格式内容;掌握无保留审计报告和非无保留审计报告的解读与分析方法;学会利用审计报告分析判断企业的财务信息质量。

引导案例[①]

4月底5月初康美药业(600518)密集发布公告,其中2018年年报被会计师事务所出具保留审计意见,及前期会计差错更正的公告,尤其引人注目。康美药业称:经过自查,对2017年度财务报表进行重述,涉及多项报表科目。其中,分别调减货币资金、营业收入、营业成本299.44亿元、88.98亿元、76.62亿元等,调增存货、其他应收款、应收账款、在建工程金额为195.46亿元、57.14亿元、6.41亿元和6.32亿元等。此消息发布后,康美药业股价应声大跌,市场质疑声不断。但康美药业董事长马兴田表示,"财务差错和财务造假是两件事"。

康美药业是否涉及信息披露违规? 会计师事务所在2017年年报审计中是否勤勉尽责及是否需要承担责任?

北京德恒(宁波)律师事务所张志旺律师分析认为,"财务差错"和"财务造假"的确是两回事。通俗地讲,"财务差错"是业务水平、技术性失误或客观条件限制

---

① 资料来源:摘自2019年5月7日《新浪财经》(有删改)。

等因素导致账做错了,而不是故意为之;而"财务造假"就是故意做错账,做假账。英美法中把虚假陈述分为无意的虚假陈述、过失性虚假陈述和欺诈性虚假陈述。"财务差错"属于无意的虚假陈述及过失性虚假陈述,而"财务造假"属于欺诈性虚假陈述。"财务造假"是典型的信息披露违规行为,而"财务差错"没有及时更正,也是信息披露违规行为。比如2011年中国证监会作出的(2011)17号《行政处罚决定书》认定,五粮液因录入差错事项(属于财务差错情形)没有及时更正的行为属于信息披露违规行为,并作为五粮液的违规行为之一而进行处罚。

张志旺律师进一步认为,到底是"财务差错"还是"财务造假",不是康美药业董事长现在说了算的,要以相关机构调查核实为准。实际上,上交所已经关注到这个问题。5月6日康美药业发布《关于收到上海证券交易所关于对康美药业股份有限公司媒体报道有关事项的问询函的公告》,上交所在问询函中提醒"你公司应当严格区分会计准则理解错误和管理层有意财务舞弊行为性质的不同,如实核查你公司是否存在财务报告编制等方面的信息披露违法违规行为。"新华社更严厉指出:康美药业,别拿"信披"当儿戏。

多年从事证券维权业务的张志旺律师对中介机构是否勤勉尽责及是否应当承担责任等问题一直非常关注。康美药业的审计机构,即广东中正珠江会计师事务所(特殊普通合伙)在该事件中能否脱得了干系?

康美药业2017年年报披露,公司聘请了广东正中珠江会计师事务所(特殊普通合伙)对公司2017年度内部控制情况进行独立审计,会计师事务所出具的是无保留意见的内部控制审计报告。而今年的4月30日发布的《康美药业2018年度内部控制评价报告》称"通过2018年度内控自我评价工作,发现公司在财务管理等方面存在内控重大缺陷。"而康美药业上市以来,一直由该家会计师事务所审计,长达19年。所以对审计机构是否勤勉尽责不得不产生怀疑。5月6日的上海证券交易所监管函中也要求:"针对前期会计差错更正事项,请年审会计师补充披露差错更正所涉事项履行的审计程序、与前期相比存在的差异以及是否遵循相关职业准则的要求;结合前期审计工作,说明未及时发现前期差错的具体原因及责任人。"

如果康美药业信息披露违规及会计师事务所在审计中未勤勉尽责而遭到证监会处罚,并由此导致投资者损失的,根据相关法律和司法解释的规定,康美药业和审计机构应当对投资者的损失承担连带赔偿责任。

重要概念

审计报告(audit report)

无保留意见(unqualified opinion)

保留意见(qualified opinion)

无法表示意见(disclaimer of opinion)

否定意见(adverse opinion)

第一节　审计报告与财务信息质量

一、审计报告概述

1. 审计的含义与目标

根据美国会计学会的定义,审计是一个系统化过程,即通过客观地获取和评价有关经济活动与经济事项认定的证据,以证实这些认定与既定标准的符合程度,并将结果传达给有关使用者。

审计按其执行的主体不同,分为政府审计(或国家审计)、内部审计和社会审计。财务报表分析中所涉及的审计即指社会审计,是由注册会计师依法接受委托进行的审计,也是本章讨论的内容。

注册会计师提供的审计业务可以分为财务报表审计、经营审计和合规性审计。其中,按照中国注册会计师执业准则的规定,对财务报表发表审计意见是注册会计师的责任。企业财务报表审计的委托人一般是企业的所有者或股东,财务报表审计的目标是注册会计师通过执行审计工作,对财务报表是否按照适用的会计准则和相关会计制度的规定编制和是否在所有重大方面公允反映被审计单位的财务状况、经营成果和现金流量发表审计意见,提高财务报表预期使用者对财务报表的信赖程度。具体来说,财务报表审计的目标是评价财务报表的公允性和合法性。

2. 审计报告的含义与类型

审计报告是指注册会计师根据中国注册会计师审计准则的规定,在实施审计工作的基础上对被审计单位财务报表发表审计意见的书面文件。注册会计师应当在审计报告中清楚地表达对会计报表整体的意见,并对出具的审计报告负责。审计报告是对注册会计师审计任务的完成情况和结果进行的总结,可以表明审计工作的质量并明确注册会计师审计责任的履行情况。

审计报告依据审计师出具的审计意见类型可以分成无保留意见审计报告和非无保留意见审计报告。

无保留意见是指当注册会计师认为财务报表在所有重大方面按照适用的财务报告编制基础编制并实现公允反映时发表的审计意见。无保留意见又包括无任何事项段的无保留意见、带强调事项段的无保留意见、带持续经营事项段的无保留意见、带其他事项段的无保留意见等情形。

非无保留意见是指注册会计师对财务报表发表的保留意见、否定意见或无法表示意见。当存在下列情形之一时,注册会计师应当按照《中国注册会计师审计准则第3502号——在审计报告中发表非无保留意见》的规定,在审计报告中发表非无保留意见:①根据获取的审计证据,得出财务报表整体存在重大错报的结论;②无法获取充分、适当的审计证据,不能得出财务报表整体不存在重大错报的结论。

二、审计报告与财务信息质量的关系

注册会计师签发的审计报告,是以超然独立的第三者身份,对被审计单位财务报表合法性、公允性发表意见。注册会计师通过审计,可以对被审计单位财务报表出具不同类型审计意见的审计报告,以提高财务报表预期使用者对财务报表信息的信赖程度,能够在一定程度上对被审计单位的财产、债权人和股东的权益及企业利害关系人的利益起到保护作用。投资者为了减少投资风险,在进行投资之前,必须要查阅被投资企业的财务报表和注册会计师的审计报告,了解被投资企业的经营情况和财务状况。投资者根据注册会计师的审计报告作出投资决策,可以降低其投资风险。

需要注意的是,由于审计的固有限制,注册会计师出具的审计报告只能提供合理保证,而非绝对保证。也就是说,即使是无保留意见审计报告,也不意味着企业的财务报表不存在任何重大错报。审计的固有限制来源于以下三个方面。

1. 财务报告的性质

编制财务报表的过程中,有一定的会计政策和会计估计方法供企业选择,因此很多项目涉及主观判断、评估或一定程度的不确定性,某些项目的金额本身就可以在一定幅度内变动,而这种变动是无法通过追加审计程序消除的。

2. 审计程序的性质

注册会计师获取审计证据的能力受到多方面的限制,主要有:

(1) 企业管理层可能会有意或无意地提供注册会计师所需要的信息。因此,注册会计师无法保证信息的完整性。

(2) 财务舞弊,尤其是涉及高管人员的舞弊或串通舞弊,通常是精心策划并隐瞒的,注册会计师通过审计程序很难发现舞弊。

(3) 注册会计师搜集审计证据的行为不具有行政强制力,主要依赖于企业的配合,因此有时难以搜集到完整的证据。

3. 审计的成本效益原则

审计工作需要在合理的时间内以合理的成本完成,这样才能控制审计工作的成本、提高审计的效益。审计工作主要关注于"重大方面",在审计报告中也有"在所有重大方面"的表述。因此,审计工作不可能面面俱到,有时注册会计师认为的"非重大方面"可能对一部分财务报表使用者来说是重大的。

财务报表使用者在深入分析企业财务报表时,应当认真阅读注册会计师出具的审计报告,正确理解审计报告提供的信息,并结合其他信息作出决策,才能有效降低风险。随着注册会计师素质的提高以及监管力度的加大,审计意见对企业财务信息质量的重要性也越来越大,一般认为,被出具无保留意见和保留意见的财务报告的信息质量高于被出具另外两种审计意见的财务报告。

第二节　无保留意见审计报告解读与分析

一、无保留意见审计报告的格式

无保留意见审计报告应当包括下列要素:①标题;②收件人;③审计意见;④形成审计意见的基础;⑤管理层对财务报表的责任;⑥注册会计师对财务报表审计的责任;⑦按照相关法律、法规的要求报告的事项(如适用);⑧注册会计师的签名和盖章;⑨会计师事务所的名称、地址和盖章;⑩报告日期。

在适用的情况下,注册会计师还应当按照《中国注册会计师审计准则第1324号——持续经营》《中国注册会计师审计准则第1504号——在审计报告中沟通关键审计事项》《中国注册会计师审计准则第1521号——注册会计师对其他信息的责任》的相关规定,在审计报告中对与持续经营相关的重大不确定性、关键审计事项、被审计单位年度报告中包含的除财务报表和审计报告之外的其他信息进行报告。

无保留意见审计报告的参考格式如表11-1所示。

表11-1　无保留意见审计报告格式

审　计　报　告
ABC有限公司全体股东:
一、审计意见
我们审计了ABC股份有限公司(以下简称ABC公司)财务报表,包括20×1年12月31日的资产负债表,20×1年度的利润表、现金流量表、股东权益变动表以及相关财务报表附注。
我们认为,后附的财务报表在所有重大方面按照企业会计准则的规定编制,公允反映了ABC公司20×1年12月31日的财务状况以及20×1年度的经营成果和现金流量。
二、形成审计意见的基础
我们按照中国注册会计师审计准则的规定执行了审计工作。审计报告的"注册会计师对财务报表审计的责任"部分进一步阐述了我们在这些准则下的责任。按照中国注册会计师职业道德守则,我们独立于ABC公司,并履行了职业道德方面的其他责任。我们相信,我们获取的审计证据是充分、适当的,为发表审计意见提供了基础。
三、关键审计事项
关键审计事项是根据我们的职业判断,认为对本期财务报表审计最为重要的事项。这些事项是在对财

（续表）

务报表整体进行审计并形成意见的背景下进行处理的，我们不对这些事项提供单独的意见。

（按照《中国注册会计师审计准则第 1504 号——在审计报告中沟通关键审计事项》的规定描述每一关键审计事项。）

四、管理层和治理层对财务报表的责任

管理层负责按照企业会计准则的规定编制财务报表，使其实现公允反映，并设计、执行和维护必要的内部控制，以使财务报表不存在由于舞弊或错误导致的重大错报。

在编制财务报表时，管理层负责评估 ABC 公司的持续经营能力，披露与持续经营相关的事项（如适用），并运用持续经营假设，除非计划清算 ABC 公司、停止营运或别无其他现实的选择。

治理层负责监督 ABC 公司的财务报告过程。

五、注册会计师对财务报表审计的责任

我们的目标是对财务报表整体是否不存在由于舞弊或错误导致的重大错报获取合理保证，并出具包含审计意见的审计报告。合理保证是高水平的保证，但并不能保证按照审计准则执行的审计在某一重大错报存在时总能发现。错报可能由于舞弊或错误导致，如果合理预期错报单独或汇总起来可能影响财务报表使用者依据财务报表作出的经济决策，则通常认为错报是重大的。

在按照审计准则执行审计的过程中，我们运用了职业判断，保持了职业怀疑。我们同时：

（1）识别和评估由于舞弊或错误导致的财务报表重大错报风险；对这些风险有针对性地设计和实施审计程序；获取充分、适当的审计证据，作为发表审计意见的基础。由于舞弊可能涉及串通、伪造、故意遗漏、虚假陈述或凌驾于内部控制之上，未能发现由于舞弊导致的重大错报的风险高于未能发现由于错误导致的重大错报的风险。

（2）了解与审计相关的内部控制，以设计恰当的审计程序，但目的并非对内部控制的有效性发表意见。

（3）评价管理层选用会计政策的恰当性和作出会计估计及相关披露的合理性。

（4）对管理层使用持续经营假设的恰当性得出结论。同时，根据获取的审计证据，就可能导致对 ABC 公司持续经营能力产生重大疑虑的事项或情况是否存在重大不确定性得出结论。如果我们得出结论认为存在重大不确定性，审计准则要求我们在审计报告中提请报表使用者注意财务报表中的相关披露；如果披露不充分，我们应当发表非无保留意见。我们的结论基于审计报告日可获得的信息。然而，未来的事项或情况可能导致 ABC 公司不能持续经营。

（5）评价财务报表的总体列报、结构和内容（包括披露），并评价财务报表是否公允反映相关交易和事项。

我们与治理层就计划的审计范围、时间安排和重大审计发现（包括我们在审计中识别的值得关注的内部控制缺陷）等事项进行沟通。

我们还就遵守关于独立性的相关职业道德要求向治理层提供声明，并就可能被合理认为影响我们独立性的所有关系和其他事项，以及相关的防范措施（如适用）与治理层进行沟通。

从与治理层沟通的事项中，我们确定哪些事项对本期财务报表审计最为重要，因而构成关键审计事项。我们在审计报告中描述这些事项，除非法律、法规禁止公开披露这些事项，或在极其罕见的情形下，如果合理预期在审计报告中沟通某事项造成的负面后果超过在公众利益方面产生的益处，我们确定不应在审计报告中沟通该事项。

　　　　××会计师事务所　　　　　　　　　　中国注册会计师：×××（项目合伙人）
　　　　　（盖章）　　　　　　　　　　　　　　　（签名并盖章）
　　　　　　　　　　　　　　　　　　　　　中国注册会计师：×××
　　　　　　　　　　　　　　　　　　　　　　（签名并盖章）
　　　　中国××市　　　　　　　　　　　　二○×二年×月×日

二、无保留意见审计报告的分析

无保留意见是指注册会计师按照审计准则对被审计单位的财务报表进行审计后，认为被审计单位遵循了会计准则及有关规定，财务报表在所有重大方面按照使用的财务报告编制基础编制并实现公允反映时发表的审计意见。

注册会计师在认为被审计单位财务报表的编制同时符合以下条件时,应出具无保留意见审计报告:①财务报表的编制符合《企业会计准则》以及国家其他有关财务会计法规的规定;②财务报表在所有重大方面公允地反映了被审计单位的财务状况、经营成果和现金流量情况;③会计处理方法的选择符合一贯性原则;④注册会计师已经按照独立审计准则的要求,实施了必要的审计程序,在审计过程中未受限制和阻碍;⑤不存在应调整而被审计单位未予调整的重要事项。

被出具无保留意见审计报告,意味着企业财务报表反映的内容符合被审计单位的实际情况,财务报表的反映是公允的,内容完整、表达清楚、无重要遗漏,报表项目的分类和编制方法符合规定要求,因而注册会计师对被审计单位的财务报表无保留地表示满意。无保留意见是委托人最希望得到的审计意见,因为这说明企业的财务报表符合实际,并能够满足大多数利益相关者的共同需要,同时也反映了企业的内部控制制度较为完善,能够提高财务信息使用者对企业财务状况、经营成果和现金流量的信任度。需要注意的是,注册会计师发表的审计意见是自己的判断,不能对财务报表的合法性、公允性和一贯性提供绝对保证。财务报表使用者应当避免这一误解,同时也应了解注册会计师仅承担审计责任,并不能代替被审计单位承担会计责任。

【例 11-1】　表 11-2 为新华制药 2018 年度审计报告,对此进行分析。

由该审计报告可知,新华制药 2018 年的审计报告系由信永中和会计师事务所出具的,报告由审计意见、形成审计意见的基础、关键审计事项、其他信息、管理层和治理层对财务报表的责任、注册会计师对财务报表审计的责任六部分组成。其中,关键审计事项对应收账款坏账准备、存货跌价准备和收入确认的主要审计过程进行了重点说明。

从审计意见可知,信永中和会计师事务所对新华制药出具了无任何事项段的无保留意见审计报告,说明新华制药 2018 年度的财务报表真实地反映了企业当期的财务状况、经营成果和现金流量,提高了财务报表使用者对企业财务信息的信赖程度。但是,审计报告并不是对企业经营能力的保证,企业当期以及未来的发展情况还需要根据多种因素综合分析。

表 11-2　新华制药 2018 年度审计报

审　计　报　告
XYZH/2019JNA50011
山东新华制药股份有限公司全体股东:
一、审计意见
我们审计了山东新华制药股份有限公司(以下简称新华制药)财务报表,包括 2018 年 12 月 31 日的合并及母公司资产负债表,2018 年度的合并及母公司利润表、合并及母公司现金流量表、合并及母公司股东权益变动表,以及相关财务报表附注。
我们认为,后附的财务报表在所有重大方面按照企业会计准则的规定编制,公允反映了新华制药 2018 年 12 月 31 日的合并及母公司财务状况以及 2018 年度的合并及母公司经营成果和现金流量。

（续表）

二、形成审计意见的基础

我们按照中国注册会计师审计准则的规定执行了审计工作。审计报告的"注册会计师对财务报表审计的责任"部分进一步阐述了我们在这些准则下的责任。按照中国注册会计师职业道德守则，我们独立于新华制药，并履行了职业道德方面的其他责任。我们相信，我们获取的审计证据是充分、适当的，为发表审计意见提供了基础。

三、关键审计事项

关键审计事项是我们根据职业判断，认为对本期财务报表审计最为重要的事项。这些事项的应对以对财务报表整体进行审计并形成审计意见为背景，我们不对这些事项单独发表意见。

1. 应收账款坏账准备

截至 2018 年 12 月 31 日，如新华制药合并财务报表附注六、2.2 所述，新华制药应收账款账面价值为 34 223.38 万元，已计提的坏账准备金额为 5 862.69 万元。新华制药管理层对应收账款的预期信用风险评估较为复杂，需要管理层对于应收账款是否发生信用减值进行评估和假设。鉴于坏账准备金额对财务报表影响整体重大，且涉及未来现金流量估计和判断，为此我们确定应收账款坏账准备为关键审计事项。

我们执行的主要审计程序如下：①了解新华制药信用政策并对应收账款管理相关内部控制的设计和运行有效性进行评估和测试；②我们复核了新华制药管理层用来计算预期信用损失率的历史信用损失经验数据及关键假设的合理性，从而评估管理层对应收账款的信用风险评估和识别的合理性；③获取新华制药应收账款预期信用损失模型，检查了管理层对预期信用损失的假设和计算过程，分析检查应收账款坏账准备的计提依据是否充分合理，重新计算坏账计提金额是否准确；④通过分析新华制药应收账款的账龄和客户信誉情况，并执行应收账款函证程序及检查期后回款情况，评价应收账款坏账准备计提的合理性；⑤评估新华制药管理层对应收账款坏账准备的会计处理以及相关信息在财务报表中的列报和披露是否恰当。

2. 存货跌价准备

截至 2018 年 12 月 31 日，如新华制药合并财务报表附注六、5 所述，存货账面价值为人民币 95 172.33 万元，已计提的存货跌价准备金额为人民币 4 620.98 万元，跌价准备计提是否充分对财务报表影响较大。新华制药产品的主要原材料是基础化学原料，其受原油价格波动传导的影响较为明显。尽管原材料价格的上涨可以向下游转移，但如果出现原材料价格持续大幅波动，新华制药产品存在跌价的可能性较大，为此我们确定存货的跌价准备为关键审计事项。

我们执行的主要审计程序如下：①对新华制药存货跌价准备相关内部控制的设计与执行进行了评估；②对新华制药存货实施盘监盘，检查存货的数量、状况及产品有效期等；③结合新华制药存货的库龄、产品的有效期，对库龄较长的存货进行分析性复核，分析存货跌价准备是否合理；④查询新华制药本年度主要原材料单价变动情况，了解 2018 年度原油价格的走势，考虑存货受原油价格影响的程度，判断产生存货跌价的风险；⑤获取新华制药存货跌价准备计算表，执行存货减值测试，检查是否按新华制药相关会计政策执行，检查以前年度计提的存货跌价本期的变化情况等，分析存货跌价准备计提是否充分；⑥评估新华制药管理层对存货跌价准备的会计处理以及相关信息在财务报表中的列报和披露是否恰当。

3. 收入确认

如新华制药合并财务报表附注四、26 和六、36 所述，新华制药 2018 年度营业收入 520 786.88 万元，收入确认对净利润的影响较大。收入确认存在固有风险，收入是否完整、准确地计入恰当的会计期间存在重大错报风险，为此我们将营业收入的确认作为关键审计事项。

我们执行的主要审计程序如下：①对新华制药销售与收款循环相关内部控制进行测试，分析检查公司收入确认的内部控制有效性；②获取新华制药与客户签订的协议，对发货及验收、付款及结算政策等关键条款进行检查，了解新华制药管理层对确定收入确认的时点和金额具有重大影响的判断，包括确定履约进度的方法及采用该方法的原因、评估客户取得所转让商品控制权时点的相关判断的合理性；③结合新华制药所属行业发展情况和公司实际经营特点，执行分析性复核程序，以判断销售收入和毛利变动的合理性；④区别产品和销售类型，分别抽取重要样本检查收入确认相关支持性文件，包括财务凭证、销售记录、合同、发运单据、销售发票、收款单据、签收记录等，以验证收入确认的真实性、准确性；⑤对资产负债表日前后的销售收入执行截止性测试，以评价销售收入是否记录于恰当的会计期间；⑥评估新华制药管理层对收入确认的会计处理以及相关信息在财务报表中的列报和披露是否恰当。

四、其他信息

新华制药管理层（以下简称管理层）对其他信息负责。其他信息包括新华制药 2018 年度报告中涵盖的信

（续表）

息，但不包括财务报表和我们的审计报告。

　　我们对财务报表发表的审计意见不涵盖其他信息，我们也不对其他信息发表任何形式的鉴证结论。

　　结合我们对财务报表的审计，我们的责任是阅读其他信息，在此过程中，考虑其他信息是否与财务报表或我们在审计过程中了解到的情况存在重大不一致或者似乎存在重大错报。

　　基于我们已执行的工作，如果我们确定其他信息存在重大错报，我们应当报告该事实。在这方面，我们无任何事项需要报告。

　　五、管理层和治理层对财务报表的责任

　　管理层负责按照企业会计准则的规定编制财务报表，使其实现公允反映，并设计、执行和维护必要的内部控制，以使财务报表不存在由于舞弊或错误导致的重大错报。

　　在编制财务报表时，管理层负责评估新华制药的持续经营能力，披露与持续经营相关的事项（如适用），并运用持续经营假设，除非管理层计划清算新华制药、终止运营或别无其他现实的选择。

　　治理层负责监督新华制药的财务报告过程。

　　六、注册会计师对财务报表审计的责任

　　我们的目标是对财务报表整体是否不存在由于舞弊或错误导致的重大错报获取合理保证，并出具包含审计意见的审计报告。合理保证是高水平的保证，但并不能保证按照审计准则执行的审计在某一重大错报存在时总能发现。错报可能由于舞弊或错误导致，如果合理预期错报单独或汇总起来可能影响财务报表使用者依据财务报表作出的经济决策，则通常认为错报是重大的。

　　在按照审计准则执行审计工作的过程中，我们运用职业判断，并保持职业怀疑。同时，我们也执行以下工作：

　　（1）识别和评估由于舞弊或错误导致的财务报表重大错报风险；设计和实施审计程序以应对这些风险；并获取充分、适当的审计证据，作为发表审计意见的基础。由于舞弊可能涉及串通、伪造、故意遗漏、虚假陈述或凌驾于内部控制之上，未能发现由于舞弊导致的重大错报的风险高于未能发现由于错误导致的重大错报的风险。

　　（2）了解与审计相关的内部控制，以设计恰当的审计程序。

　　（3）评价管理层选用会计政策的恰当性和作出会计估计及相关披露的合理性。

　　（4）对管理层使用持续经营假设的恰当性得出结论。同时，根据获取的审计证据，就可能导致对新华制药持续经营能力产生重大疑虑的事项或情况是否存在重大不确定性得出结论。如果我们得出结论认为存在重大不确定性，审计准则要求我们在审计报告中提请报表使用者注意财务报表中的相关披露；如果披露不充分，我们应当发表非无保留意见。我们的结论基于截至审计报告日可获得的信息。然而，未来的事项或情况可能导致新华制药不能持续经营。

　　（5）评价财务报表的总体列报、结构和内容（包括披露），并评价财务报表是否公允反映相关交易和事项。

　　（6）就新华制药中实体或业务活动的财务信息获取充分、适当的审计证据，以对财务报表发表审计意见。我们负责指导、监督和执行集团审计，并对审计意见承担全部责任。

　　我们与治理层就计划的审计范围、时间安排和重大审计发现等事项进行沟通，包括沟通我们在审计中识别出的值得关注的内部控制缺陷。

　　我们还就已遵守与独立性相关的职业道德要求向治理层提供声明，并与治理层沟通可能被合理认为影响我们独立性的所有关系和其他事项，以及相关的防范措施（如适用）。

　　从与治理层沟通过的事项中，我们确定哪些事项对本期财务报表审计最为重要，因而构成关键审计事项。我们在审计报告中描述这些事项，除非法律、法规禁止公开披露这些事项，或在极少数情形下，如果合理预期在审计报告中沟通某事项造成的负面后果超过在公众利益方面产生的益处，我们确定不应在审计报告中沟通该事项。

信永中和会计师事务所（特殊普通合伙）　　　　　　　　　　中国注册会计师：阚京平

　　　　　　　　　　　　　　　　　　　　　　　　　　　　　　　　　（项目合伙人）

　　　　　　　　　　　　　　　　　　　　　　　　　　　　中国注册会计师：潘素娇

　　　中国·北京　　　　　　　　　　　　　　　　　　　　　二〇一九年三月二十二日

三、带强调事项段的无保留意见审计报告分析

审计报告的强调事项段是指注册会计师在审计意见段之后增加的对重大事项予以强调的段落。从审计理论上讲,注册会计师在审计意见段之后增加强调事项段,仅提及已经在财务报表中列报或披露的信息,只是增加审计报告的信息含量,提高审计报告的有用性,不影响发表的审计意见。

如果认为有必要提醒财务报表使用者关注已在财务报表中列报或披露,且根据职业判断认为对财务报表使用者理解财务报表至关重要的事项,在同时满足下列条件时,注册会计师应当在审计报告中增加强调事项段:(1)按照《中国注册会计师审计准则第 1502 号——在审计报告中发表非无保留意见》的规定,该事项不会导致注册会计师发表非无保留意见;(2)当《中国注册会计师审计准则第 1504 号——在审计报告中沟通关键审计事项》适用时,该事项未被确定为在审计报告中沟通的关键审计事项。

某些审计准则对特定情况下在审计报告中增加强调事项段提出具体要求。这些情形包括:(1)法律法规规定的财务报告编制基础不可接受,但其是由法律或法规作出的规定;(2)提醒财务报表使用者注意财务报表按照特殊目的编制基础编制;(3)注册会计师在审计报告日后知悉了某些事实(即期后事项),并且出具了新的审计报告或修改了审计报告。

除上述审计准则要求增加强调事项的情形外,注册会计师可能认为需要增加强调事项段的情形还有:(1)异常诉讼或监管行动的未来结果存在不确定性;(2)提前应用(在允许的情况下)对财务报表有广泛影响的新会计准则;(3)存在已经或持续对被审计单位财务状况产生重大影响的特大灾难。

强调事项段的过多使用会降低注册会计师沟通所强调事项的有效性。此外,与财务报表中的列报或披露相比,在强调事项段中包括过多的信息,可能隐含着这些事项未被恰当列报或披露。因此,强调事项段应当仅提及已在财务报表中列报或披露的信息。

【例 11-2】 表 11-3 为广西桂东电力股份有限公司(以下简称桂东电力,证券代码为 600310)2017 年度的审计报告,对此进行分析。

由该审计报告可知,桂东电力 2017 年度的审计报告系由大信会计师事务所出具的,报告由审计意见、形成审计意见的基础、强调事项、关键审计事项、其他信息、管理层和治理层对财务报表的责任、注册会计师对财务报表审计的责任七部分组成。其中,关键审计事项对商誉减值、在建工程减值和贸易业务确认的主要审计过程进行了重点说明。

从审计意见可知,大信会计师事务所对桂东电力出具了无保留意见审计报告,说

明桂东电力2017年度的财务报表真实地反映了企业当期的财务状况、经营成果和现金流量，提高了财务报表使用者对企业财务信息的信赖程度。但是，在关键审计事项之前又增加了强调事项段，其中提到，"如财务报表附注十二、(二)7所述全资子公司桂旭能源在建的动力车间项目目前处于停建状态，动力车间项目虽然目前受政策影响停建，但其投资已超过70%，停建对地方经济将产生非常大的负面影响，各级政府正在积极协调重建工作。我们提请报告使用者关注未来如果不能恢复重建，将对公司经营成果及财务状况产生重大影响。"

上述强调事项段并不影响注册会计师已发表的审计意见，其所述内容已在财务报表中披露，而且该事项未被确定为在审计报告中沟通的三个关键审计事项，但注册会计师认为该事项对理解财务报表至关重要，有必要提醒财务报表使用者关注。

表 11-3　桂东电力 2017 年度审计报告

审 计 报 告

大信审字〔2018〕第 5-00100 号

广西桂东电力股份有限公司全体股东：

一、审计意见

我们审计了广西桂东电力股份有限公司(以下简称贵公司或公司)的财务报表，包括2017年12月31日的合并及母公司资产负债表，2017年度的合并及母公司利润表、合并及母公司现金流量表、合并及母公司股东权益变动表，以及财务报表附注。

我们认为，后附的财务报表在所有重大方面按照企业会计准则的规定编制，公允反映了贵公司2017年12月31日的合并及母公司财务状况以及2017年度的合并及母公司经营成果和现金流量。

二、形成审计意见的基础

我们按照中国注册会计师审计准则的规定执行了审计工作。审计报告的"注册会计师对财务报表审计的责任"部分进一步阐述了我们在这些准则下的责任。按照中国注册会计师职业道德守则，我们独立于贵公司，并履行了职业道德方面的其他责任。

我们相信，我们获取的审计证据是充分、适当的，为发表审计意见提供了基础。

三、强调事项

如财务报表附注十二、(二)7所述全资子公司桂旭能源在建的动力车间项目目前处于停建状态，动力车间项目虽然目前受政策影响停建，但其投资已超过70%，停建对地方经济将产生非常大的负面影响，各级政府正在积极协调重建工作。我们提请报告使用者关注未来如果不能恢复重建，将对公司经营成果及财务状况产生重大影响。

四、关键审计事项

关键审计事项是我们根据职业判断，认为对本期财务报表审计最为重要的事项。这些事项的应对以对财务报表整体进行审计并形成审计意见为背景，我们不对这些事项单独发表意见。

1. 商誉减值

如财务报表附注五(十六)所述，截至2017年12月31日，公司合并财务报表中商誉的账面价值为人民币3.57亿元，未发现商誉减值情形。

根据企业会计准则的相关规定，财务报表中单独列示的商誉，无论是否存在减值迹象，公司管理层(以下简称管理层)至少每年进行减值测试。减值测试时，商誉的账面价值分摊至预期从企业合并的协同效应中受益的资产组或资产组组合。测试结果表明包含分摊的商誉的资产组或资产组组合的可收回金额低于其账面价值的，确认相应的减值损失。

由于商誉减值测试的结果很大程度上依赖于管理层所作的估计和采用的假设，该等假设及估计均存在重大不确定性，受管理层对未来市场以及对经济环境判断的影响，采用不同的估计和假设会对评估的商誉可收回价值有很大的影响。由于商誉金额重大，且管理层需要作出重大判断，因此我们将商誉的减值识别为关键审计事项。

（续表）

我们针对商誉的减值执行的主要审计程序包括：①我们对贵公司与商誉评估相关的内部控制的设计及运行有效性进行了解、评估及测试。②我们与贵公司管理层讨论商誉减值测试过程中所使用的方法、关键评估的假设、参数的选择、预测未来收入及现金流折现率等的合理性。③我们复核评估公司出具的关于贵公司相关标的公司估值的评估报告，特别是关键参数的选取方法和依据的合理性；评价由贵公司管理层聘请的外部评估机构的独立性、客观性、经验、资质及专业胜任能力。④我们评价估值方法及估值模型中采用的关键假设，审慎评价估值模型中的预算收入、资本性投入、营运资金追加额、永续期增长率和利润率以及采用的折现率等关键参数输入值的合理性。⑤我们通过实施相关程序对管理层商誉减值测试的关键假设进行了评估，包括将现金流量增长率与历史现金流量增长率以及行业历史数据进行比较，将毛利率与以往业绩进行比较，并考虑市场趋势，复核现金流量预测水平和所采用折现率的合理性等。⑥评估贵公司管理层于 2017 年 12 月 31 日对商誉及其减值估计结果、财务报表的披露是否恰当。

2. 在建工程减值

如财务报表附注五（十三）、附注十二、（二）7 所述，截至 2017 年 12 月 31 日，公司合并财务报表中在建工程的账面价值为人民币 32.78 亿元，占资产总额的 25.7%。其中贺州市铝电子产业动力车间项目（以下简称动力车间项目）账面价值为人民币 23.85 亿元，占在建工程余额的 72.76%。2017 年 10 月 20 日，公司发布公告称收到贺州市发改委转发的《关于印发 2017 年分省煤电停建和缓建项目名单的通知》，通知中将公司动力车间项目以"未纳入规划"为理由列入停建范围，并要求列入停建范围的项目要坚决停工，国家能源局各派出能源监管机构不得颁发电力业务许可证书，电网企业不予并网。同时要求停建的手续不全项目，在依法、依规取齐开工必要支持性文件，相应省级发改委（能源局）会同派出能源监管机构等部门和单位确认后，由国家发展改革委、国家能源局根据电力发展"十三五"规划实施情况，研究后续建设问题。公司管理层认为动力车间项目在建之前各项手续完备，且已纳入了贺州市"多规合一"发展规划，同时考虑到动力车间项目对贺州经济的重要性，目前虽已收到停建文件，但恢复重建可能性大，尚不能表明该项资产已经闲置或终止使用，无须对其提减值准备。由于该事项对于财务报表整体影响重大，因此我们将在建工程减值识别为关键审计事项。

针对在建工程减值执行的主要审计程序包括：①了解贵公司在建工程的相关内部控制的设计及执行情况，并测试相关内部控制的有效性；②了解公司开工建设动力车间项目时的政策背景和该项目对公司整体发展的协同性，判断其是否符合当时法规规定，并获取项目备案和各部门批复文件；③了解公司为动力车间恢复重建采取了哪些措施及进展，并获取的相关申请文件；④对相关政府机关进行了访谈，了解政府对动力车间项目恢复重建的支持力度及动力车间项目对贺州经济的重要性；⑤对在建工程动力车间进行了实地盘点，了解资产目前的状况。

3. 贸易业务的确认

如财务报表附注五（三十九）所述，贵公司 2017 年贸易收入达 848 933.29 万元，占合并总收入的 82.86%，较上年增长 143.39%，毛利率为 2.27%。因贸易业务营业收入金额重大，且销售毛利率低，我们将贸易业务的确认识别为关键审计事项。

针对贸易业务的确认执行的主要审计程序包括：①我们了解了贵公司与贸易业务营业收入相关的内部控制，测试并对内控设计的合理性和执行的有效性进行评价；②我们获取贵公司与重大客户签订的贸易业务购销合同，关注交易价格、交易数量、交易方式、货物转移、货款结算等条款，并与相应营业收入确认凭证进行核对；③我们对贸易业务客户本期交易数量、交易金额、期末余额实施函证；④我们对资产负债表日前后记录的贸易收入交易，选取样本，核对出库单及其他支持性文件，以评价贸易收入是否被记录于恰当的会计期间；⑤我们走访了贵公司贸易业务的主要客户、核查了该类业务涉及的客户供应商的工商信息，验证贵公司此类贸易业务的真实性，以及是否存在关联交易。

五、其他信息

贵公司管理层（以下简称管理层）对其他信息负责。其他信息包括贵公司 2017 年度报告中涵盖的信息，但不包括财务报表和我们的审计报告。

我们对财务报表发表的审计意见并不涵盖其他信息，我们也不对其他信息发表任何形式的鉴证结论。

结合我们对财务报表的审计，我们的责任是阅读其他信息，在此过程中，考虑其他信息是否与财务报表或我们在审计过程中了解到的情况存在重大不一致或者似乎存在重大错报。

基于我们已执行的工作，如果我们确定其他信息存在重大错报，我们应当报告该事实。在这方面，我们无任何事项需要报告。

（续表）

六、管理层和治理层对财务报表的责任

管理层负责按照企业会计准则的规定编制财务报表，使其实现公允反映，并设计、执行和维护必要的内部控制，以使财务报表不存在由于舞弊或错误导致的重大错报。

在编制财务报表时，管理层负责评估贵公司的持续经营能力，披露与持续经营相关的事项（如适用），并运用持续经营假设，除非管理层计划清算贵公司、终止运营或别无其他现实的选择。

治理层负责监督贵公司的财务报告过程。

七、注册会计师对财务报表审计的责任

我们的目标是对财务报表整体是否不存在由于舞弊或错误导致的重大错报获取合理保证，并出具包含审计意见的审计报告。合理保证是高水平的保证，但并不能保证按照审计准则执行的审计在某一重大错报存在时总能发现。错报可能由于舞弊或错误导致，如果合理预期错报单独或汇总起来可能影响财务报表使用者依据财务报表作出的经济决策，则通常认为错报是重大的。

在按照审计准则执行审计工作的过程中，我们运用职业判断，并保持职业怀疑。同时，我们也执行以下工作：

（1）识别和评估由于舞弊或错误导致的财务报表重大错报风险；设计和实施审计程序以应对这些风险，并获取充分、适当的审计证据，作为发表审计意见的基础。由于舞弊可能涉及串通、伪造、故意遗漏、虚假陈述或凌驾于内部控制之上，未能发现由于舞弊导致的重大错报的风险高于未能发现由于错误导致的重大错报的风险。

（2）了解与审计相关的内部控制，以设计恰当的审计程序。

（3）评价管理层选用会计政策的恰当性和作出会计估计及相关披露的合理性。

（4）对管理层使用持续经营假设的恰当性得出结论。同时，根据获取的审计证据，就可能导致对贵公司持续经营能力产生重大疑虑的事项或情况是否存在重大不确定性得出结论。如果我们得出结论认为存在重大不确定性，审计准则要求我们在审计报告中提请报表使用者注意财务报表中的相关披露；如果披露不充分，我们应当发表非无保留意见。我们的结论基于截至审计报告日可获得的信息。然而，未来的事项或情况可能导致贵公司不能持续经营。

（5）评价财务报表的总体列报、结构和内容（包括披露），并评价财务报表是否公允反映相关交易和事项。

（6）就贵公司中实体或业务活动的财务信息获取充分、恰当的审计证据，以对合并财务报表发表审计意见。我们负责指导、监督和执行集团审计，并对审计意见承担全部责任。

我们与治理层就计划的审计范围、时间安排和重大审计发现等事项进行沟通，包括沟通我们在审计中识别出的值得关注的内部控制缺陷。

我们还就遵守与独立性相关的职业道德要求向治理层提供声明，并与治理层沟通可能被合理认为影响我们独立性的所有关系和其他事项，以及相关的防范措施（如适用）。

从与治理层沟通过的事项中，我们确定哪些事项对本期财务报表审计最为重要，因而构成关键审计事项。我们在审计报告中描述这些事项，除非法律、法规禁止公开披露这些事项，或在极少数情形下，如果合理预期在审计报告中沟通某事项造成的负面后果超过在公众利益方面产生的益处，我们确定不应在审计报告中沟通该事项。

大信会计师事务所（特殊普通合伙）

中国注册会计师：李炜

（项目合伙人）

中国注册会计师：肖琳

中国·北京

二〇一八年四月二十四日

四、带持续经营事项段的无保留意见审计报告分析

持续经营假设是指被审计单位在编制财务报表时，假定其经营活动在可预见的将来会继续下去，不拟也不必终止经营或破产清算，可以在正常的经营过程中变现资产、清偿债务。持续经营假设通常是会计确认和计量的基本假定之一，对财务报表的

编制和审计关系重大。是否以持续经营假设为基础编制财务报表，对会计确认、计量和列报将产生很大影响。

注册会计师应当根据获取的审计证据，运用职业判断，确定是否存在与事项或情况相关的重大不确定性（且这些事项或情况单独或汇总起来可能导致对被审计单位持续经营能力产生重大疑虑）并考虑对审计意见的影响。

如果认为运用持续经营假设适合具体情况，但存在重大不确定性，注册会计师应当确定：①财务报表是否已充分描述可能导致对持续经营能力产生重大疑虑的主要事项或情况，以及管理层针对这些事项或情况的应对计划；②财务报表是否已清楚披露可能导致对持续经营能力产生重大疑虑的事项或情况存在重大不确定性，并由此导致被审计单位可能无法在正常的经营过程中变现资产和清偿债务。

如果运用持续经营假设是适当的，但存在重大不确定性，且财务报表对重大不确定性已作出充分披露，注册会计师应当发表无保留意见，并在审计报告中增加以"与持续经营相关的重大不确定性"为标题的单独部分，从而：（1）提醒财务报表使用者关注财务报表附注中对所述事项的披露；（2）说明这些事项或情况表明存在可能导致对被审计单位持续经营能力产生重大疑虑的重大不确定性，并说明该事项并不影响发表的审计意见。

【例 11-3】 表 11-4 为天津一汽夏利汽车股份有限公司（以下简称一汽夏利，证券代码为 000927）2018 年度的审计报告，对此进行分析。

表 11-4 一汽夏利 2018 年度审计报告

<table>
<tr><td colspan="2" align="center">审 计 报 告</td></tr>
<tr><td></td><td align="right">致同审字（2019）第 110ZA3363 号</td></tr>
</table>

天津一汽夏利汽车股份有限公司全体股东：

一、审计意见

我们审计了天津一汽夏利汽车股份有限公司（以下简称一汽夏利）财务报表，包括 2018 年 12 月 31 日的合并及公司资产负债表，2018 年度的合并及公司利润表、合并及公司现金流量表、合并及公司股东权益变动表以及相关财务报表附注。

我们认为，后附的财务报表在所有重大方面按照企业会计准则的规定编制，公允反映了一汽夏利 2018 年 12 月 31 日的合并及公司财务状况以及 2018 年度的合并及公司的经营成果和现金流量。

二、形成审计意见的基础

我们按照中国注册会计师审计准则的规定执行了审计工作。审计报告的"注册会计师对财务报表审计的责任"部分进一步阐述了我们在这些准则下的责任。按照中国注册会计师职业道德守则，我们独立于一汽夏利，并履行了职业道德方面的其他责任。我们相信，我们获取的审计证据是充分、适当的，为发表审计意见提供了基础。

三、与持续经营相关的重大不确定性

我们提醒财务报表使用者关注，如财务报表附注二、2 所述，一汽夏利 2018 年实现净利润 3 659.82 万元，其中非经常性损益 130 010.03 万元，扣除非经常性损益净利润−126 350.21 万元，且于 2018 年 12 月 31 日，一汽夏利流动负债高于流动资产 133 036.13 万元，表明存在可能导致对一汽夏利持续经营能力产生重大疑虑的重大不确定性，该事项不影响已发表的审计意见。

四、关键审计事项

关键审计事项是我们根据职业判断，认为对本期财务报表审计最为重要的事项。这些事项的应对以对财

（续表）

务报表整体进行审计并形成审计意见为背景，我们不对这些事项单独发表意见。除"与持续经营相关的重大不确定性"部分所描述的事项外，我们确定下列事项是需要在审计报告中沟通的关键审计事项。

1. 重要股权的交易

相关信息披露详见财务报表附注三、15，附注五、9，附注五、42。一汽夏利于2018年11月26日与中国第一汽车股份有限公司（以下简称一汽股份）签订《股权转让协议》，转让一汽夏利持有的天津一汽丰田汽车有限公司（以下简称一汽丰田）15%股权。一汽丰田于2018年12月25日办理完毕工商登记变更相关事宜，一汽夏利与一汽股份完成了转让股权的交割。

本次股权交易形成股权处置收益175 504.98万元，对一汽夏利2018年度经营成果产生重大影响，且涉及管理层对于处置日的重大判断、处置损益的计算和复杂的会计处理，因此我们将该重要股权的交易确定为关键审计事项。

我们针对重要股权的交易执行了如下的审计程序：①评估及测试了与股权交易相关的内部控制的设计及执行有效性，包括股权交易的审批、交易价格的确定；②获取与股权交易有关的股东会、董事会决议等文件，公司内部的相关重要审批文件，检查了股权出售协议、批准文件以及股权款的支付情况等，评估了管理层对处置日判断的准确性；③获取了评估报告，评价评估师的胜任能力和独立性，并对评估师的基本工作方法、参数等进行了了解，此外，我们还聘请了内部资产评估专家对该评估报告进行了复核；④复核关于出售股权的会计处理，重新计算出售股权事项产生的投资收益；⑤评估此次股权交易事项在财务报表中的披露是否符合企业会计准则的要求。

2. 固定资产减值的计提

相关信息披露详见财务报表附注三、17，附注五、11。截至2018年12月31日，一汽夏利固定资产原值为455 944.73万元，累计折旧为290 858.34万元，减值准备为31 278.28万元，账面价值为133 808.11万元。一汽夏利2018年度计提固定资产减值准备23 649.07万元。

2018年度，一汽夏利主营业务处于亏损状态，管理层按照资产使用计划，选择使用公允价值减去处置费用后的净额与资产或资产组预计未来现金流量现值法执行了固定资产减值测试。估计可收回金额时涉及的关键假设包括公允价值及处置费用的预测；在使用未来现金流量现值方法时涉及的关键假设包括资产组的判断、未来的收入预测、毛利率、费用率及折现率。

由于上述固定资产的减值测试涉及管理层复杂及重大的判断，我们将固定资产减值的计提确定为关键审计事项。

我们针对固定资产减值的计提执行了如下的审计程序：①评估及测试了与固定资产减值相关的内部控制的设计及执行有效性，包括关键假设的采用及减值计提金额的复核及审批；②检查了管理层对固定资产减值迹象的识别过程，复核了管理层对资产组的判断；③获取管理层编制的固定资产减值测试表，选取样本对减值测试过程进行检查；④综合考虑行业走势及未来生产计划，以及由于产量变化带来的成本及费用变化，评价管理层使用的未来收入预测、毛利率和费用率假设是否在合理区间，是否有充分的依据；⑤对减值测试模型中的折现率、产量执行敏感性分析，评估这些参数和假设在合理变动时对减值的潜在影响。

3. 存货减值的计提

相关信息披露详见财务报表附注三、13，附注五、5。截至2018年12月31日，一汽夏利存货余额为52 590.69万元，存货跌价准备为26 119.47万元，存货价值为26 471.22万元，一汽夏利2018年度计提存货跌价准备27 928.55万元。

一汽夏利管理层将存货按照成本与可变现净值孰低计量。当其可变现净值低于成本时，计提存货跌价准备。可变现净值以存货的估计售价减去至完工时估计将要发生的成本、估计的销售费用以及相关税费后的金额确定。

由于存货可变现净值的确定涉及管理层复杂及重大判断，且影响金额重大，我们将存货减值的计提确定为关键审计事项。

我们针对存货减值的计提执行了如下的审计程序：①评估及测试了与存货减值相关的内部控制的设计及执行有效性，包括关键假设的采用及减值计提金额的复核及审批；②评估公司相关会计政策的合理性，并检查是否按照相关会计政策执行；③对存货实施监盘，检查存货的状况等；④获取公司存货跌价准备测算表并进行复核，选取样本对可变现净值的计算过程及关键假设进行复核和测试，包括参考公司未来经营计划、期后市场价格对预计售价进行复核，参考公司历史财务数据对至完工时估计将要发生的成本、估计的销售费用等关键假设进行分析。

（续表）

五、其他信息

一汽夏利管理层对其他信息负责。其他信息包括一汽夏利 2018 年度报告中涵盖的信息,但不包括财务报表和我们的审计报告。

我们对财务报表发表的审计意见不涵盖其他信息,我们也不对其他信息发表任何形式的鉴证结论。

结合我们对财务报表的审计,我们的责任是阅读其他信息,在此过程中,考虑其他信息是否与财务报表或我们在审计过程中了解到的情况存在重大不一致或者似乎存在重大错报。

基于我们已执行的工作,如果我们确定其他信息存在重大错报,我们应当报告该事实。在这方面,我们无任何事项需要报告。

六、管理层和治理层对财务报表的责任

一汽夏利管理层负责按照企业会计准则的规定编制财务报表,使其实现公允反映,并设计、执行和维护必要的内部控制,以使财务报表不存在由于舞弊或错误导致的重大错报。

在编制财务报表时,管理层负责评估一汽夏利的持续经营能力,披露与持续经营相关的事项(如适用),并运用持续经营假设,除非管理层计划清算一汽夏利、终止运营或别无其他现实的选择。

治理层负责监督一汽夏利的财务报告过程。

七、注册会计师对财务报表审计的责任

我们的目标是对财务报表整体是否不存在由于舞弊或错误导致的重大错报获取合理保证,并出具包含审计意见的审计报告。合理保证是高水平的保证,但并不能保证按照审计准则执行的审计在某一重大错报存在时总能发现。错报可能由于舞弊或错误导致,如果合理预期错报单独或汇总起来可能影响财务报表使用者依据财务报表作出的经济决策,则通常认为错报是重大的。

在按照审计准则执行审计工作的过程中,我们运用职业判断,并保持职业怀疑。同时,我们也执行以下工作:

(1)识别和评估由于舞弊或错误导致的财务报表重大错报风险,设计和实施审计程序以应对这些风险,并获取充分、适当的审计证据,作为发表审计意见的基础。由于舞弊可能涉及串通、伪造、故意遗漏、虚假陈述或凌驾于内部控制之上,未能发现由于舞弊导致的重大错报的风险高于未能发现由于错误导致的重大错报的风险。

(2)了解与审计相关的内部控制,以设计恰当的审计程序。

(3)评价管理层选用会计政策的恰当性和作出会计估计及相关披露的合理性。

(4)对管理层使用持续经营假设的恰当性得出结论。同时,根据获取的审计证据,就可能导致对一汽夏利的持续经营能力产生重大疑虑的事项或情况是否存在重大不确定性得出结论。如果我们得出结论认为存在重大不确定性,审计准则要求我们在审计报告中提请报表使用者注意财务报表中的相关披露;如果披露不充分,我们应当发表非无保留意见。我们的结论基于截至审计报告日可获得的信息。然而,未来的事项或情况可能导致一汽夏利不能持续经营。

(5)评价财务报表的总体列报、结构和内容(包括披露),并评价财务报表是否公允反映相关交易和事项。

(6)就一汽夏利中实体或业务活动的财务信息获取充分、适当的审计证据,以对财务报表发表意见。我们负责指导、监督和执行集团审计,并对审计意见承担全部责任。

我们与治理层就计划的审计范围、时间安排和重大审计发现等事项进行沟通,包括沟通我们在审计中识别出的值得关注的内部控制缺陷。

我们还就已遵守与独立性相关的职业道德要求向治理层提供声明,并与治理层沟通可能被合理认为影响我们独立性的所有关系和其他事项,以及相关的防范措施(如适用)。

从与治理层沟通过的事项中,我们确定哪些事项对本期财务报表审计最为重要,因而构成关键审计事项。我们在审计报告中描述这些事项,除非法律、法规禁止公开披露这些事项,或在极少数情形下,如果合理预期在审计报告中沟通某事项造成的负面后果超过在公众利益方面产生的益处,我们确定不应在审计报告中沟通该事项。

致同会计师事务所(特殊普通合伙)　　　　　　　　　　　中国注册会计师:奚大伟

　　　　　　　　　　　　　　　　　　　　　　　　　　　中国注册会计师:孙鸥

中国·北京　　　　　　　　　　　　　　　　　　　　　二〇一九年三月二十九日

由该审计报告可知,一汽夏利 2018 年的审计报告系由致同会计师事务所出具的,报告由审计意见、形成审计意见的基础、与持续经营相关的重大不确定性、关键审计事项、其他信息、管理层和治理层对财务报表的责任、注册会计师对财务报表审计的责任七部分组成。其中,关键审计事项对重要股权交易、固定资产减值计提和存货减值计提的主要审计过程进行了重点说明。

从审计意见可知,致同会计师事务所对一汽夏利出具了无保留意见审计报告,说明一汽夏利 2018 年度的财务报表真实地反映了企业当期的财务状况、经营成果和现金流量,提高了财务报表使用者对企业财务信息的信赖程度。但是,在关键审计事项之前又增加了与持续经营相关的重大不确定性事项段,其中提到,"我们提醒财务报表使用者关注,如财务报表附注二、2 所述,一汽夏利 2018 年实现净利润 3 659.82 万元,其中非经常性损益 130 010.03 万元,扣除非经常性损益净利润-126 350.21 万元,且于 2018 年 12 月 31 日,一汽夏利流动负债高于流动资产 133 036.13 万元,表明存在可能导致对一汽夏利持续经营能力产生重大疑虑的重大不确定性,该事项不影响已发表的审计意见。"

注册会计师认为上述事项存在可能导致对一汽夏利持续经营能力产生重大疑虑的重大不确定性,有必要提醒财务报表使用者关注财务报表附注中对所述事项的披露。由于一汽夏利管理层运用持续经营假设是适当的,且财务报表对此重大不确定性已作出充分披露,所以注册会计师发表了无保留意见。

五、带其他事项段的无保留意见审计报告分析

其他事项段是指审计报告中含有的一个段落,该段落提及未在财务报表中列报或披露的事项,根据注册会计师的职业判断,该事项与财务报表使用者理解审计工作、注册会计师的责任或审计报告相关。

如果认为有必要沟通虽然未在财务报表中列报或披露,但根据职业判断认为与财务报表使用者理解审计工作、注册会计师的责任或审计报告相关的事项,在同时满足下列条件时,注册会计师应当在审计报告中增加其他事项段:

(1) 未被法律、法规禁止。

(2) 当《中国注册会计师审计准则第 1504 号——在审计报告中沟通关键审计事项》适用时,该事项未被确定为在审计报告中沟通的关键审计事项。

需要注意的是,其他事项段的内容明确反映了未被要求在财务报表中列报或披露的其他事项。其他事项段不包括法律、法规或其他职业准则(如中国注册会计师职业道德守则中与信息保密相关的规定)禁止注册会计师提供的信息。其他事项段也不包括要求管理层提供的信息。

如果在审计报告中包含其他事项段,注册会计师应当将该段落作为单独的一部

分,并使用"其他事项"或其他适当标题。

第三节　非无保留意见审计报告解读与分析

非无保留意见的审计报告包括保留意见的审计报告、否定意见的审计报告或无法表示意见的审计报告。

如果根据获取的审计证据,得出财务报表整体存在重大错报的结论;或者无法获取充分、适当的审计证据,不能得出财务报表整体不存在重大错报的结论,注册会计师应当在审计报告中发表非无保留意见。

注册会计师确定恰当的非无保留意见类型,取决于下列事项:①导致非无保留意见的事项的性质,是财务报表存在重大错报,还是在无法获取充分、适当的审计证据的情况下,财务报表可能存在重大错报;②注册会计师就导致非无保留意见的事项对财务报表产生或可能产生影响的广泛性作出的判断。

表11-5列示了注册会计师对导致发表非无保留意见的事项的性质和这些事项对财务报表产生或可能产生影响的广泛性作出的判断,以及注册会计师的判断对审计意见类型的影响。

表11-5　非无保留意见类型的判断依据

导致发表非无保留意见的事项的性质	这些事项对财务报表产生或可能产生影响的广泛性	
	重大但不具有广泛性	重大且具有广泛性
财务报表存在重大错报	保留意见	否定意见
无法获取充分、适当的审计证据	保留意见	无法表示意见

一、保留意见审计报告的分析

注册会计师发表保留意见有以下两种情况:

首先,注册会计师在获取充分、适当的审计证据后,只有当认为财务报表就整体而言是公允的,但还存在对财务报表产生重大影响的错报时,才能发表保留意见。如果注册会计师认为错报对财务报表产生的影响极为严重且具有广泛性,则应发表否定意见。因此,保留意见被视为注册会计师在不能发表无保留意见情况下最不严厉的审计意见。

第二,注册会计师因审计范围受到限制而发表保留意见还是无法表示意见,取决于无法获取的审计证据对形成审计意见的重要性。注册会计师在判断重要性时,应当考虑有关事项潜在影响的性质和范围以及在财务报表中的重要程度。只有当未发现的错报(如存在)对财务报表可能产生的影响重大但不具有广泛性时,才能发表保留意见。

保留意见审计报告的参考格式如表 11-6 所示。

表 11-6　保留意见审计报告格式

审 计 报 告
ABC 股份有限公司全体股东：

一、保留意见

我们审计了 ABC 股份有限公司(以下简称 ABC 公司)财务报表,包括 20×1 年 12 月 31 日的资产负债表,20×1 年度的利润表、现金流量表、股东权益变动表以及相关财务报表附注。

我们认为,除"形成保留意见的基础"部分所述事项产生的影响外,后附的财务报表在所有重大方面按照企业会计准则的规定编制,公允反映了 ABC 公司 20×1 年 12 月 31 日的财务状况以及 20×1 年度的经营成果和现金流量。

二、形成保留意见的基础

ABC 公司 20×1 年 12 月 31 日资产负债表中存货的列示金额为 x 元。管理层根据成本对存货进行计量,而没有根据成本与可变现净值孰低的原则进行计量,这不符合企业会计准则的规定。ABC 公司的会计记录显示,如果管理层以成本与可变现净值孰低来计量存货,存货列示金额将减少 x 元。相应地,资产减值损失将增加 x 元,所得税、净利润和股东权益将分别减少 x 元、x 元和 x 元。

我们按照中国注册会计师审计准则的规定执行了审计工作。审计报告的"注册会计师对财务报表审计的责任"部分进一步阐述了我们在这些准则下的责任。按照中国注册会计师职业道德守则,我们独立于 ABC 公司,并履行了职业道德方面的其他责任。我们相信,我们获取的审计证据是充分、适当的,为发表保留意见提供了基础。

三、关键审计事项

关键审计事项是根据我们的职业判断,认为对本期财务报表审计最为重要的事项。这些事项是在对财务报表整体进行审计并形成意见的背景下进行处理的,我们不对这些事项提供单独的意见。除"形成保留意见的基础"部分所述事项外,我们确定下列事项是需要在审计报告中沟通的关键审计事项。

(按照《中国注册会计师审计准则第 1504 号——在审计报告中沟通关键审计事项》的规定描述每一关键审计事项。)

四、管理层和治理层对财务报表的责任

(按照《中国注册会计师审计准则第 1501 号——对财务报表形成审计意见和出具审计报告》的规定报告。)

五、注册会计师对财务报表审计的责任

(按照《中国注册会计师审计准则第 1501 号——对财务报表形成审计意见和出具审计报告》的规定报告。)

××会计师事务所	中国注册会计师：×××(项目合伙人)
(盖章)	(签名并盖章)
	中国注册会计师：×××(签名并盖章)
中国××市	二○×二年×月×日

【例 11-4】　表 11-7 为幸福蓝海影视文化集团股份有限公司(以下简称幸福蓝海,证券代码为 300528)2018 年度的审计报告,对此进行分析。

由该审计报告可知,幸福蓝海 2018 年度的审计报告系由江苏苏亚金诚会计师事务所出具的,报告由保留意见、形成保留意见的基础、关键审计事项、其他信息、管理层和治理层对财务报表的责任、注册会计师对财务报表审计的责任六部分组成。其中,关键审计事项对收入确认和商誉减值的主要审计过程进行了重点说明。

从审计意见可知,江苏苏亚金诚会计师事务所对幸福蓝海出具了保留意见审计报告,说明除形成保留意见的基础所述事项产生的影响外,后附的财务报表在所有重大方面按照企业会计准则的规定编制,公允反映了幸福蓝海2018年12月31日的财务状况以及2018年度的经营成果和现金流量。

在形成保留意见的基础部分提到,"幸福蓝海于2017年12月收购了重庆笛女阿瑞斯影视传媒有限公司(以下简称笛女传媒)80%的股权。收购后,幸福蓝海发现笛女传媒及其原实际控制人在收购重组过程中存在提供材料不实等情形,部分应收款项很可能无法收回。幸福蓝海针对很可能发生的资产减值损失单项计提了资产减值准备38 970.37万元(详见财务报表附注五、2和4)。但对该项预计损失的归属期间,由于受审计条件的限制,我们未能实施进一步的审计程序以获取充分、适当的审计证据。因此,我们无法对该项预计损失的归属期间作出合理判断。"

从上述形成保留意见的基础提到的事项可知,在幸福蓝海对相关预计损失计提了资产减值准备后,注册会计师无法对该项预计损失的归属期间作出合理判断,也未能实施进一步的审计程序以获取充分、适当的审计证据;同时注册会计师认为该事项对财务报表可能产生的影响重大但不具有广泛性。

因此,在获取充分、适当的审计证据后,注册会计师认为幸福蓝海财务报表就整体而言是公允的,但还存在可能对财务报表产生重大影响的错报,从而对其出具了保留意见的审计报告。

表11-7 幸福蓝海2018年度审计报告

审 计 报 告

苏亚审〔2019〕501号

幸福蓝海影视文化集团股份有限公司全体股东:

一、保留意见

我们审计了幸福蓝海影视文化集团股份有限公司(以下简称幸福蓝海)财务报表,包括2018年12月31日的合并资产负债表及资产负债表,2018年度的合并利润表及利润表、合并现金流量表及现金流量表、合并所有者权益变动表及所有者权益变动表以及相关财务报表附注。

我们认为,除"形成保留意见的基础"部分所述事项产生的影响外,后附的财务报表在所有重大方面按照企业会计准则的规定编制,公允反映了幸福蓝海2018年12月31日的财务状况以及2018年度的经营成果和现金流量。

二、形成保留意见的基础

幸福蓝海于2017年12月收购了重庆笛女阿瑞斯影视传媒有限公司(以下简称笛女传媒)80%的股权。收购后,幸福蓝海发现笛女传媒及其原实际控制人在收购重组过程中存在提供材料不实等情形,部分应收款项很可能无法收回。幸福蓝海针对很可能发生的资产减值损失单项计提了资产减值准备38 970.37万元(详见财务报表附注五、2和4)。但对该项预计损失的归属期间,由于受审计条件的限制,我们未能实施进一步的审计程序以获取充分、适当的审计证据。因此,我们无法对该项预计损失的归属期间作出合理判断。

我们按照中国注册会计师审计准则的规定执行了审计工作。审计报告的"注册会计师对财务报表审计的责任"部分进一步阐述了我们在这些准则下的责任。按照中国注册会计师职业道德守则,我们独立于幸福蓝海,并履行了职业道德方面的其他责任。我们相信,我们获取的审计证据是充分、适当的,为发表保留意见提供了基础。

（续表）

三、关键审计事项

关键审计事项是我们根据职业判断，认为对本期财务报表审计最为重要的事项。这些事项的应对以对财务报表整体进行审计并形成审计意见为背景，我们不对这些事项单独发表意见。除"形成保留意见的基础"部分所述事项外，我们确定下列事项是需要在审计报告中沟通的关键审计事项。

1. 收入确认

请参阅财务报表附注三"重要会计政策和会计估计"注释22所述的会计政策及附注五"合并财务报表主要项目注释"注释30。幸福蓝海主要从事电视剧的制作、发行，电影院线和影城的经营及电影相关的广告经营。2018年度幸福蓝海确认的营业收入为人民币165 482.38万元，主要包括电视剧发行收入21 730.53万元，院线发行及放映收入120 658.18万元。由于收入是幸福蓝海的关键业绩指标之一，从而存在为了达到特定目标或期望而操纵收入确认时点的固有风险，我们将幸福蓝海收入确认确定为关键审计事项。

我们针对收入确认执行的主要审计程序包括：①我们了解和评价幸福蓝海业务流程中与销售相关的内部控制设计的有效性，并测试关键控制执行的有效性。②我们通过检查销售合同及与管理层的访谈，对与销售收入确认有关的风险及报酬转移时点进行了分析评价，了解和评价销售收入确认政策。③我们结合业务板块、行业发展和幸福蓝海实际情况，执行分析程序，判断各板块收入变动的合理性。④检查与影视剧收入确认相关的支持性文件，包括销售合同、供带证明、销售发票等；对重大的新增客户和关联方销售业务执行函证等程序。⑤抽查院线公司下属各影城上报的《电影放映情况月报表》和《电影放映收入结算月报表》，将其与院线系统编制的统计报表进行核对，根据确定的分账比例计算院线的分账收入，并与账面记录进行核对。⑥检查全部影城账面放映收入，与售票系统数据进行核对，并将影院票房收入与国家专资平台上的票房收入进行核对。⑦就资产负债表日前后记录的收入交易，选取样本，核对合同及其他支持性文件，以评价收入是否被记录于恰当的会计期间。

2. 商誉减值

请参阅财务报表附注三"重要会计政策和会计估计"注释18所述的会计政策及附注五"合并财务报表主要项目注释"注释12。截至2018年12月31日，幸福蓝海合并财务报表中商誉账面余额为51 322.49万元，2018年度计提商誉减值准备48 211.69万元。根据企业会计准则，管理层至少应在每年年度终了对商誉进行减值测试，并依据减值测试的结果调整商誉的账面价值。因商誉减值测试的过程复杂，需要高度的职业判断，减值测试涉及确定折现率等参数及对未来若干年的经营和财务情况的假设，包括未来若干年的销售增长率和毛利率等，且本期对商誉计提减值准备金额较大，对财务报表影响重大，我们将商誉减值确定为关键审计事项。

我们针对商誉减值执行的主要审计程序包括：①了解和评价与商誉减值测试相关内部控制设计的有效性，并测试关键控制执行的有效性；②获取管理层聘请的资产评估机构出具的以2018年12月31日为基准日的、以商誉减值测试为评估目的的评估报告，并对评估师的专业胜任能力和客观性进行评价；③与公司管理层、外部评估专家讨论和评价商誉减值测试过程中资产组的认定、所使用的测试方法、关键测试假设、折现率等参数的合理性；④关注现金流量预测中的未来收入和经营成果，结合资产组的历史表现，评价管理层制定的未来经营计划的合理性，复核商誉减值测试的计算过程；⑤评价管理层对商誉的减值测试结果及财务报表的披露是否恰当。

四、其他信息

幸福蓝海管理层（以下简称管理层）对其他信息负责。其他信息包括幸福蓝海2018年度报告中涵盖的信息，但不包括财务报表和我们的审计报告。

我们对财务报表发表的审计意见不涵盖其他信息，我们也不对其他信息发表任何形式的鉴证结论。

结合我们对财务报表的审计，我们的责任是阅读其他信息，在此过程中，考虑其他信息是否与财务报表或我们在审计过程中了解到的情况存在重大不一致或者似乎存在重大错报。

基于我们已执行的工作，如果我们确定其他信息存在重大错报，我们应当报告该事实。如上述"形成保留意见的基础"部分所述，由于该事项对本期数据和对应数据可能存在影响，因此，我们无法确定与该事项相关的其他信息是否存在重大错报。

五、管理层和治理层对财务报表的责任

管理层负责按照企业会计准则的规定编制财务报表，使其实现公允反映，并设计、执行和维护必要的内部控制，以使财务报表不存在由于舞弊或错误导致的重大错报。

在编制财务报表时，管理层负责评估幸福蓝海的持续经营能力，披露与持续经营相关的事项（如适用），并运用持续经营假设，除非管理层计划清算幸福蓝海、终止运营或别无其他现实的选择。

治理层负责监督幸福蓝海的财务报告过程。

六、注册会计师对财务报表审计的责任

我们的目标是对财务报表整体是否不存在由于舞弊或错误导致的重大错报获取合理保证，并出具包含审计意见的审计报告。合理保证是高水平的保证，但并不能保证按照审计准则执行的审计在某一重大错报存在时总能发现。错报可能由于舞弊或错误导致，如果合理预期错报单独或汇总起来可能影响财务报表使用者依据财务报表作出的经济决策，则通常认为错报是重大的。

在按照审计准则执行审计工作的过程中，我们运用职业判断，并保持职业怀疑。同时，我们也执行以下工作：

（1）识别和评估由于舞弊或错误导致的财务报表重大错报风险，设计和实施审计程序以应对这些风险，并获取充分、适当的审计证据，作为发表审计意见的基础。由于舞弊可能涉及串通、伪造、故意遗漏、虚假陈述或凌驾于内部控制之上，未能发现由于舞弊导致的重大错报的风险高于未能发现由于错误导致的重大错报的风险。

（2）了解与审计相关的内部控制，以设计恰当的审计程序，但目的并非对内部控制的有效性发表意见。

（3）评价管理层选用会计政策的恰当性和作出会计估计及相关披露的合理性。

（4）对管理层使用持续经营假设的恰当性得出结论。同时，根据获取的审计证据，就可能导致对幸福蓝海持续经营能力产生重大疑虑的事项或情况是否存在重大不确定性得出结论。如果我们得出结论认为存在重大不确定性，审计准则要求我们在审计报告中提请报表使用者注意财务报表中的相关披露；如果披露不充分，我们应当发表非无保留意见。我们的结论基于截至审计报告日可获得的信息。然而，未来的事项或情况可能导致幸福蓝海不能持续经营。

（5）评价财务报表的总体列报、结构和内容（包括披露），并评价财务报表是否公允反映相关交易和事项。

（6）就幸福蓝海中实体或业务活动的财务信息获取充分、适当的审计证据，以对财务报表发表审计意见。我们负责指导、监督和执行集团审计，并对审计意见承担全部责任。

我们与治理层就计划的审计范围、时间安排和重大审计发现等事项进行沟通，包括沟通我们在审计中识别出的值得关注的内部控制缺陷。

我们还就已遵守与独立性相关的职业道德要求向治理层提供声明，并与治理层沟通可能被合理认为影响我们独立性的所有关系和其他事项，以及相关的防范措施。

从与治理层沟通过的事项中，我们确定哪些事项对本年财务报表审计最为重要，因而构成关键审计事项。我们在审计报告中描述这些事项，除非法律、法规禁止公开披露这些事项，或在极少数情形下，如果合理预期在审计报告中沟通某事项造成的负面后果超过在公众利益方面产生的益处，我们确定不应在审计报告中沟通该事项。

江苏苏亚金诚会计师事务所（特殊普通合伙）　　　　　　　　中国注册会计师：周家文

中国注册会计师：尤文波

中国南京市　　　　　　　　　　　　　　　　　　　　　　二〇一九年四月十一日

二、无法表示意见审计报告的分析

如果无法获取充分、适当的审计证据以作为形成审计意见的基础，但认为未发现的错报（如存在）对财务报表可能产生的影响重大且具有广泛性，注册会计师应当在审计报告中发表无法表示意见。

在极其特殊的情况下，可能存在多个不确定事项。即使注册会计师对每个单独的不确定事项获取了充分、适当的审计证据，但由于不确定事项之间可能存在相互影响，以及可能对财务报表产生累积影响，注册会计师不可能对财务报表形成审计意见。在这种情况下，注册会计师应当在审计报告中发表无法表示意见。

【例 11-5】　表 11-8 为广州东凌国际投资股份有限公司(以下简称东凌国际,证券代码为 000893)2017 年度的审计报告,对此进行分析。

由该审计报告可知,东凌国际 2017 年度的审计报告系由中勤万信会计师事务所出具的,报告由无法表示意见、形成无法表示意见的基础、管理层和治理层对财务报表的责任、注册会计师对财务报表审计的责任四部分组成。

从审计意见可知,中勤万信会计师事务所对东凌国际出具了无法表示意见审计报告,说明由于形成无法表示意见的基础所述事项的重要性,注册会计师无法获取充分、适当的审计证据以作为对财务报表发表审计意见的基础。

在形成无法表示意见的基础部分提到,"2017 年度,贵公司对子公司中农国际钾盐开发有限公司(以下简称中农国际)下属中农钾肥有限公司老挝 35 平方公里钾盐矿采矿权计提减值准备 259 262.52 万元人民币,系基于公司聘请评估机构对该矿产经营权的估值作出的判断,估值报告结果为'矿业经营权指示价值',同时,估值报告对估算时假定和受制条件提示'并无对客户提供的扩产计划可行性进行分析研究,也未与中农国际现在的营运管理层就东凌国际提供的扩产计划及财务预测进行过任何讨论'。我们无法判断估值报告中资产估值假设条件及财务预测的恰当性,亦无法实施满意的审计程序以获取充分、适当的审计证据以判断贵公司上述无形资产采矿权减值计提的合理性。"

从上述形成无法表示意见的基础提到的事项可知,东凌国际对相关无形资产采矿权减值计提了近 26 亿元,注册会计师对该项减值计提的合理性和资产估值假设条件及财务预测的恰当性无法作出判断,也无法实施满意的审计程序以获取充分、适当的审计证据。鉴于该事项涉及金额巨大,又无法获取充分、适当的审计证据以作为形成审计意见的基础,存在对财务报表产生重大且广泛性影响的错报可能性,因此注册会计师对东凌国际出具了无法表示意见的审计报告。

表 11-8　东凌国际 2017 年度审计报告

<table>
<tr><td colspan="2" align="center">审　计　报　告</td></tr>
<tr><td></td><td align="right">勤信审字〔2018〕第 1017 号</td></tr>
<tr><td colspan="2">广州东凌国际投资股份有限公司全体股东:
　　一、无法表示意见
　　我们接受委托,审计了广州东凌国际投资股份有限公司(以下简称贵公司或东凌国际)财务报表,包括 2017 年 12 月 31 日的合并及母公司资产负债表,2017 年度的合并及母公司利润表、合并及母公司现金流量表、合并及母公司所有者权益变动表以及相关财务报表附注。
　　我们不对后附的贵公司财务报表发表审计意见。由于"形成无法表示意见的基础"部分所述事项的重要性,我们无法获取充分、适当的审计证据以作为对财务报表发表审计意见的基础。
　　二、形成无法表示意见的基础
　　2017 年度,贵公司对子公司中农国际钾盐开发有限公司(以下简称中农国际)下属中农钾肥有限公司老挝 35 平方公里钾盐矿采矿权计提减值准备 259 262.52 万元人民币,系基于公司聘请评估机构对该矿产经营权的估值作出的判断,估值报告结果为"矿业经营权指示价值",同时,估值报告对估算时假定和受制条件提示"并无对客户提供的扩产计划可行性进行分析研究,也未与中农国际现在的营运管理层就东凌国际提供的扩</td></tr>
</table>

（续表）

产计划及财务预测进行过任何讨论"。我们无法判断估值报告中资产估值假设条件及财务预测的恰当性，亦无法实施满意的审计程序以获取充分、适当的审计证据以判断贵公司上述无形资产采矿权减值计提的合理性。

三、管理层和治理层对财务报表的责任

贵公司管理层（以下简称管理层）负责按照企业会计准则的规定编制财务报表，使其实现公允反映，并设计、执行和维护必要的内部控制，以使财务报表不存在由于舞弊或错误导致的重大错报。

在编制财务报表时，管理层负责评估贵公司的持续经营能力，披露与持续经营相关的事项（如适用），并运用持续经营假设，除非管理层计划清算贵公司、停止营运或别无其他现实的选择。

治理层负责监督贵公司的财务报告过程。

四、注册会计师对财务报表审计的责任

我们的责任是按照中国注册会计师审计准则的规定，对贵公司的财务报表执行审计工作，以出具审计报告。但由于"形成无法表示意见的基础"部分所述的事项，我们无法获取充分、适当的审计证据以作为发表审计意见的基础。

按照中国注册会计师职业道德守则，我们独立于贵公司，并履行了职业道德方面的其他责任。

中勤万信会计师事务所（特殊普通合伙）　　　　　　　　中国注册会计师：陈明生
　　　　　　　　　　　　　　　　　　　　　　　　　　　　　　（项目合伙人）
　　　　　　　　　　　　　　　　　　　　　　　　　　　中国注册会计师：吴震
中国·北京　　　　　　　　　　　　　　　　　　　　　　二〇一八年四月二十六日

三、否定意见审计报告的分析

在获取充分、适当的审计证据后，如果认为错报单独或汇总起来对财务报表的影响重大且具有广泛性，注册会计师应当在审计报告中发表否定意见。

在确定非无保留意见的类型时还需注意以下两点：

一是在承接审计业务后，如果注意到管理层对审计范围施加了限制，且认为这些限制可能导致对财务报表发表保留意见或无法表示意见，注册会计师应当要求管理层消除这些限制。如果管理层拒绝消除限制，除非治理层全部成员参与管理被审计单位，注册会计师应当就此事项与治理层沟通，并确定能否实施替代程序以获取充分、适当的审计证据。如果无法获取充分、适当的审计证据，注册会计师应当通过下列方式确定其影响：①如果未发现的错报（如存在）可能对财务报表产生的影响重大，但不具有广泛性，应当发表保留意见；②如果未发现的错报（如存在）可能对财务报表产生的影响重大且具有广泛性，以至于发表保留意见不足以反映情况的严重性，应当在可行时解除业务约定（除非法律、法规禁止）。当然，注册会计师应当在解除业务约定前，与治理层沟通在审计过程中发现的、将会导致发表非无保留意见的所有错报事项；如果在出具审计报告之前解除业务约定被禁止或不可行，应当在审计报告中发表无法表示意见。

在某些情况下，如果法律、法规要求注册会计师继续执行审计业务，则注册会计师可能无法解除审计业务约定。这种情况可能包括：①注册会计师接受委托审计公共部门实体的财务报表;②注册会计师接受委托审计涵盖特定期间的财务报表,或者接受一定期间的委托,在完成财务报表审计前或在受托期间结束前,不允许解除审计业务约定。在这些情况下,注册会计师可能认为需要在审计报告中增加其他事项段。

二是如果认为有必要对财务报表整体发表否定意见或无法表示意见,注册会计师不应在同一审计报告中对按照相同财务报告编制基础编制的单一财务报表或者财务报表特定要素、账户或项目发表无保留意见。在同一审计报告中包含无保留意见,将会与对财务报表整体发表的否定意见或无法表示意见相矛盾。

当然,对经营成果、现金流量(如相关)发表无法表示意见,而对财务状况发表无保留意见,这种情况可能是被允许的。因为在这种情况下,注册会计师并没有对财务报表整体发表无法表示意见。

推荐读物

[1] 马丁·弗里德森,费尔南多·阿尔瓦雷斯.财务报表分析[M].14 版.刘婷,译.北京:中国人民大学出版社,2016:144-153.

[2] 查尔斯·H.吉布森.财务报告与分析[M].10 版.胡玉明,译.大连:东北财经大学出版社,2009:27-46.

思考与案例讨论

1. 简述审计报告的含义与类型。

2. 如何理解审计报告与财务信息质量之间的关系?

3. 简述无保留审计报告的格式内容及分析要点。

4. 简述带强调事项段的无保留意见审计报告的格式内容及分析要点。

5. 简述保留意见审计报告的格式内容及分析要点。

6. 否定意见审计报告和无法表示意见审计报告的区别有哪些?

7. 结合本章引导案例,查阅康美药业(600518)2018 年度审计报告并对其进行分析。

附录

福耀玻璃工业集团股份有限公司
（600660）2018 年度报告相关内容

一、经营情况讨论与分析

作为全球汽车玻璃和汽车级浮法玻璃设计、开发、制造、供应及服务一体化解决方案的领导企业，福耀奉行技术领先和快速反应的品牌发展战略。在报告期内公司为全球汽车厂商和维修市场源源不断地提供凝聚着福耀人智慧和关爱的汽车安全玻璃产品和服务，为全球汽车用户提供了智能、安全、舒适、环保且更加时尚的有关汽车安全玻璃全解决方案，同时不断提升驾乘人的幸福体验。

2018 年，世界经济充满动荡，英国脱欧、中美贸易摩擦等，全球经济增长速度放缓，主要经济体复苏动力减弱，大多数国家出现了经济增速回落；经济下行压力影响明显，中国汽车行业出现了 28 年来首次负增长。根据中国汽车工业协会统计，2018 年度中国汽车产销量分别为 2 780.92 万辆和 2 808.06 万辆，同比下降 4.16％和 2.76％。

在国内经济下行和汽车行业负增长的情况下，福耀业绩逆势增长，取得良好的效果。报告期内，公司合并实现营业收入人民币 2 022 498.57 万元，比去年同期增长 8.08％；实现利润总额人民币 496 236.03 万元，比去年同期增长 34.86％，实现归属于上市公司股东的净利润人民币 412 048.74 万元，比去年同期增长 30.86％；实现每股收益人民币 1.64 元，比去年同期增长 30.16％。

其中，本报告期公司实现汇兑收益人民币 25 851.64 万元，去年同期汇兑损失人民币 38 750.65 万元；本报告期公司出售北京福通 75％股权确认的投资收益为人民币 66 403.25 万元，去年同期出售一宗国有土地使用权及一座工业厂房、附属设施等资产以及出售福州浮法 100％股权，合计实现收益人民币 3 909.36 万元。若扣除上述因素的影响，本报告期公司利润总额同比增长 0.29％。

报告期内，公司围绕集团经营战略，以"为客户持续创造价值"为中心，以市场为导向，以技术创新为支持，以规范管理为保障，保证全价值链效率稳步提升，主要开展以下工作：

- 公司以市场为导向的全球化经营战略取得实质性成果,公司市场份额得到进一步提升。本报告期,受中国汽车行业产量下降的影响,公司汽车玻璃中国境内收入比去年同期减少 0.64%,减少幅度低于汽车行业产量的下降幅度(2018 年,汽车行业产量下降 4.16%);在海外业务方面,由于公司战略提前介入,加上国内外生产基地的协同,公司汽车玻璃海外业务收入实现同比增长 24.42%。
- 公司以高质量确保高效益,贯彻全员、全过程质量管理,严肃质量管理,运用六西格玛等改善工具,严格执行自检制度和预防管理,为公司创造质量效益。
- 报告期内,公司收购三锋饰件、福州模具,成立通辽精铝,进一步促进产业链上下游协同,并纵深拓展汽车部件领域,打造福耀全产业链,形成系统化的产业优势"护城河"。
- 报告期内,公司推进大部屋精益运营力度,通过五星班组建设、精益带级人才带动、部门精益活动等全方位全价值链促成降本增效落地。报告期内,公司的成本费用率(营业成本、税金及附加、管理费用、销售费用、研发费用、财务费用合计占营业收入比率)为 79.67%,同比下降 1.58 个百分点。
- 报告期内,公司贴近市场,依托清晰的产品战略研发路线持续创新,从"安全舒适、节能环保、造型美观、智能集成"这四大维度展开新技术产品研发,以"攻关令"撬动技术和装备突破,提高产品附加值和竞争力。
- 报告期内,公司深化管理改革,以全面预算为抓手,强化考核激励机制为推力,完善对标管理,充分发挥每个员工潜力,持续地创新和改革,促进预算目标落地。
- 报告期内,公司以内部管理学院为依托,进一步优化人才培养培训体系,深化各层级各类型人才的员工培训力度,使员工的成长与发展成为集团转型升级的坚实保障。

截至 2018 年 12 月 31 日,公司总资产人民币 344.90 亿元,比年初上升 8.79%,总负债人民币 143.01 亿元,比年初上升 12.61%,资产负债率 41.46%,归属于母公司所有者权益人民币 201.91 亿元,比年初增长 6.26%。

报告期内,公司实现营业收入人民币 2 022 498.57 万元,比去年同期增长 8.08%;实现归属于上市公司股东的净利润人民币 412 048.74 万元,比去年同期增长 30.86%;实现归属于上市公司股东的扣除非经常性损益的净利润人民币 346 788.79 万元,比去年同期上升 14.44%;实现基本每股收益人民币 1.64 元,比去年同期增长 30.16%。

(一)主营业务分析

1. 利润表及现金流量表相关科目变动分析表(单位:元　币种:人民币)

科目	本期数	上年同期数	变动比例
营业收入	20 224 985 720	18 713 034 974	8.08%
营业成本	11 603 054 947	10 712 611 816	8.31%

(续表)

科目	本期数	上年同期数	变动比例
销售费用	1 467 671 276	1 274 308 845	15.17%
管理费用	2 063 072 209	1 797 379 424	14.78%
研发费用	887 721 987	803 441 192	10.49%
财务费用	−110 626 746	418 737 949	−126.42%
经营活动产生的现金流量净额	5 807 861 303	4 924 161 761	17.95%
投资活动产生的现金流量净额	−3 327 784 233	−3 641 534 756	−8.62%
筹资活动产生的现金流量净额	−3 080 004 062	−1 455 834 290	111.56%

2. 收入和成本分析

报告期内,公司汽车玻璃销售比去年同期增加人民币 148 376.57 万元,同比增长 8.30%,主要为出口 OEM 销售增加人民币 110 062.74 万元,出口 ARG 销售增加人民币 45 692.31 万元。公司汽车玻璃销售成本比去年同期增加人民币 113 275.59 万元,同比上升 10.05%。2018 年公司成本费用率为 79.67%,比去年同期下降 1.58 个百分点。

本公司坚持产业专营,加强销售力度,加强新技术产品研发,提高产品附加值和竞争力,同时公司全方位全价值链促成降本增效,以全面预算为抓手,完善对标管理,从而确保公司利润稳定增长。

(1) 主营业务分产品、分地区情况(单位:元　币种:人民币)

主营业务分产品情况						
分产品	营业收入	营业成本	毛利率	营业收入比上年增减	营业成本比上年增减	毛利率比上年增减
汽车玻璃	19 351 888 769	12 407 230 011	35.89%	8.30%	10.05%	减少 1.01 个百分点
浮法玻璃	3 220 524 367	1 870 957 442	41.91%	11.09%	1.59%	增加 5.44 个百分点
其他	232 315 572	131 369 365				
减:集团内部抵消	−2 920 889 734	−2 920 889 734				
合计	19 883 838 974	11 488 667 084	42.22%	9.31%	9.58%	减少 0.14 个百分点

（续表）

主营业务分产品情况					
分地区	营业收入	营业成本	毛利率	营业收入比上年增减	营业成本比上年增减	毛利率比上年增减
国内	11 571 725 502	6 348 365 851	45.14%	−0.01%	−2.47%	增加 1.39个百分点
国外	8 312 113 472	5 140 301 233	38.16%	25.59%	29.31%	减少 1.78个百分点
合计	19 883 838 974	11 488 667 084	42.22%	9.31%	9.58%	减少 0.14个百分点

（2）产销量情况分析表[单位：汽车玻璃百万平方米，浮法玻璃万吨（百分比除外）]

主要产品	生产量	销售量	库存量	生产量比上年增减	销售量比上年增减	库存量比上年增减
汽车玻璃	116.80	117.66	10.84	3.69%	4.46%	−8.75%
浮法玻璃	134.50	118.83	38.32	17.75%	7.92%	63.13%

（3）成本分析表

分产品情况							
分产品	成本构成项目	本期金额	本期占总成本比例	上年同期金额	上年同期占总成本比例	本期金额较上年同期变动比例	情况说明
汽车玻璃	原辅材料	7 919 525 855	63.83%	7 356 434 188	65.25%	7.65%	
汽车玻璃	能源成本	893 388 635	7.20%	856 288 078	7.59%	4.33%	
汽车玻璃	人工成本	2 015 927 463	16.25%	1 719 252 358	15.25%	17.26%	
汽车玻璃	制造费用	1 578 388 058	12.72%	1 342 499 527	11.91%	17.57%	
浮法玻璃	原辅材料	653 237 618	34.91%	616 642 288	33.48%	5.93%	
浮法玻璃	能源成本	607 631 293	32.48%	602 473 856	32.71%	0.86%	
浮法玻璃	人工成本	167 521 806	8.95%	179 725 159	9.76%	−6.79%	
浮法玻璃	制造费用	442 566 725	23.66%	442 807 458	24.05%	−0.05%	

3. 研发投入

研发投入情况表如下。

本期费用化研发投入	887 721 987
本期资本化研发投入	0
研发投入合计	887 721 987
研发投入总额占营业收入比例	4.39%
公司研发人员的数量	3 924
研发人员数量占公司总人数的比例	14.50%
研发投入资本化的比重	0

4. 资本开支

公司资本开支主要用于新增项目持续投入以及其他公司改造升级所致。报告期内,购建固定资产、无形资产和其他长期资产支付的现金为人民币 35.92 亿元,其中,本溪浮法玻璃项目资本性支出约人民币 5.87 亿元,苏州汽车玻璃项目资本性支出约人民币 5.68 亿元。

5. 借款情况

报告期内,新增银行借款约人民币 132.65 亿元,超短期融资券人民币 3 亿元;偿还银行借款约人民币 133.42 亿元。公司未使用金融工具作对冲,截至 2018 年 12 月 31 日,有息债务列示如下。

单位:亿元　币种:人民币

类别	金额
固定利率短期借款	41.74
浮动利率短期借款	13.75
固定利率一年内到期长期借款	0
浮动利率一年内到期长期借款	5.04
浮动利率长期借款	12.47
公司债券	8.00
超短期融资券	3.01
合计	84.01

(二)非主营业务导致利润重大变化的说明

资产及负债状况[单位:元　币种:人民币(百分比除外)]如下。

项目名称	本期期末数	本期期末数占总资产的比例	上期期末数	上期期末数占总资产的比例	本期期末金额较上期期末变动比例	情况说明
交易性金融资产	387 261 777	1.12%	0	0.00	100%	交易性金融资产变动主要是本报告期执行新金融工具准则 报告期末持有的结构性存款 因其合同现金流量特征不符合基本借贷安排 将其列入该项目列报。
以公允价值计量且其变动计入当期损益的金融资产	0	0.00	101 927 854	0.32%	−100.00%	以公允价值计量且其变动计入当期损益的金融资产变动主要是本报告期执行新金融工具准则 将原列报于该项下的事项 根据新金融工具准则的规定重新计量和列报。根据新准则衔接规定 对前期比较财务报表数据不予调整。
衍生金融资产	47 542 362	0.14%	3 561 550	0.01%	1 234.88%	衍生金融资产变动主要是本报告期末到期交割的 CCS 货币互换合同因汇率波动估算为金融资产。
其他应收款	510 753 825	1.48%	105 412 820	0.33%	384.53%	其他应收款增加主要是本公司根据与太原金诺实业有限公司签订的《福耀集团北京福通安全玻璃有限公司股权转让协议》 将应收剩余的 24% 股权转让款 列入其他应收款核算列报。
一年内到期的非流动资产	190 000 000	0.55%	0	0.00	100%	一年内到期的非流动资产增加主要是原应收金垦玻璃工业双辽有限公司以其资产及其股东股权抵押/质押给公司的借款人民币 1.9 亿元 将于一年内到期 故从长期应收款转入该项目列报。
长期应收款	0	0.00	190 000 000	0.60%	−100.00%	长期应收款减少主要是原应收金垦玻璃工业双辽有限公司以其资产及其股东股权抵押/质押给公司的借款人民币 1.9 亿元 将于一年内到期 故从长期应收款转入"一年内到期的非流动资产"列报。

（续表）

项目名称	本期期末数	本期期末数占总资产的比例	上期期末数	上期期末数占总资产的比例	本期期末金额较上期期末变动比例	情况说明
长期股权投资	205 738 050	0.60％	95 519 959	0.30％	115.39％	长期股权投资增加主要是本公司终止确认福耀集团北京福通安全玻璃有限公司75％股权 对北京福通失去控制权 对于子公司福耀（香港）有限公司持有北京福通的剩余25％股权 由于具有重大影响 故视为联营企业投资而转入该项目列报。
商誉	153 707 174	0.45％	74 678 326	0.24％	105.83％	商誉增加主要是本报告期本集团非同一控制下合并三骐（厦门）精密制造有限公司[已更名为"福耀（厦门）精密制造有限公司"]78％股权 合并成本大于其可辨认净资产公允价值的差额确认为商誉。
衍生金融负债	3 077 741	0.01％	23 190 469	0.07％	−86.73％	衍生金融负债减少主要是本报告期部分货币互换合约到期交割转出所致。
预收款项	0	0.00	18 007 856	0.06％	−100.00％	预收款项减少是因为根据新收入准则核算要求 公司将因转让商品收到的预收款 按"合同负债"核算列报。根据新收入准则的衔接规定 对前期比较财务报表数据不予调整。
合同负债	594 503 112	1.72％	0	0.00	100％	合同负债增加主要是根据新收入准则核算要求 在向客户转让商品之前已经收到的合同对价或已经取得的无条件收取合同对价权利的金额列报为合同负债。本报告期公司执行新准则 将为客户开发并用于公司产品生产的模检具工装认定为非单项履约义务 在本集团已收或已取得收时对价权利时确认为合同负债 并随着商品销售的同时确认收入。根据新准则衔接规定 对前期比较财务报表数据不予调整。

（续表）

项目名称	本期期末数	本期期末数占总资产的比例	上期期末数	上期期末数占总资产的比例	本期期末金额较上期期末变动比例	情况说明
应交税费	449 716 675	1.30%	313 192 643	0.99%	43.59%	主要是本报告期本公司产生应纳税所得额计提相应应交所得税所致。
一年内到期的非流动负债	1 303 514 922	3.78%	8 500 000	0.03%	15 235.47%	一年内到期的非流动负债增加主要是报告期末将一年内到期的公司债及长期借款转入该项目列报所致。
其他流动负债	300 984 971	0.87%	0	0.00	100%	其他流动负债增加主要是本公司于本报告期发行的人民币 3 亿元超短期融资券。
应付债券	0	0.00	798 605 414	2.52%	−100.00%	应付债券减少是因为将一年内到期的公司债券转入"一年内到期的非流动负债"列报所致。
递延所得税负债	159 748 849	0.46%	75 790 241	0.24%	110.78%	递延所得税负债增加主要是本公司出售福耀集团北京福通安全玻璃有限公司 75%股权确认的投资收益 其中 24%股权的投资收益因尚未交割 确认递延所得税负债所致。
其他综合收益	−41 473 936	−0.12%	−204 408 762	−0.64%	−79.71%	其他综合收益变动是因为本报告期人民币贬值 导致外币报表折算差额变动所致。
少数股东权益	−1 033 586	0.00	4 422 741	0.01%	−123.37%	少数股东权益变动主要是本报告期收购的三骐（厦门）精密制造有限公司以及通过收购福建三锋控股集团有限公司间接控制的福建三锋汽车服务有限公司均为非全资子公司,其分别剩余的 22%及 40%股权的相应权益转入该项目列报所致。

（三）行业经营性信息分析

根据中国汽车工业协会统计,2018 年汽车产销 2 780.92 万辆和 2 808.06 万辆,同比下降 4.16%和 2.76%,自 1990 年以来首次出现负增长。但汽车产量已由 2010 年的 1 826.47 万辆增长至 2018 年的 2 780.92 万辆,复合年增长率为 5.40%,中国汽车产销已连续十年蝉联全球第一。

随着汽车在城镇家庭的逐渐普及,汽车行业已基本告别 2000—2010 年 10 年高速增长期,转而进入稳健增长时期,从短期市场走势看,考虑宏观经济增速继续回落、汽车产业转型升级尚未结束、1.6 升及以下购置税优惠政策完全退出等因素,中国汽车市场不确定因素增多。

从多年来的国际汽车平均增速看,全球汽车工业年平均增速在 3.5% 至 4.5% 左右,但发展中国家的汽车工业增速高于发达国家,它们占全球汽车工业的比重在不断提升,影响在不断加大。就汽车保有量而言,长期来看,中国汽车保有量提升空间仍然极为广阔。2017 年美国每百人汽车拥有量超过 80 辆,日本每百人汽车拥有量约 60 辆,而中国每百人汽车拥有量约 15 辆,我国汽车普及度与发达国家相比差距仍然巨大。随着中国经济的发展,城镇化水平的提升,居民收入的增长,消费能力的提升,以及道路基础设施的改善,中国潜在汽车消费需求仍然巨大,从人均 GDP 和汽车保有的国际横向比较看,中国中长期汽车市场仍拥有较大的增长潜力,为汽车工业提供配套的本行业仍有较大的发展空间。

当前中国汽车市场进入需求多元、结构优化的新发展阶段,总体上汽车消费由实用型向质量化转变。新能源、智能、节能汽车推广,推动经济转型升级;随着应用技术的发展,汽车玻璃朝着"安全舒适、节能环保、造型美观、智能集成"方向发展,其附加值在不断地提升。福耀在本行业技术的领导地位,为本公司汽车玻璃销售带来结构性的机会。

因此,从中长期看,为汽车工业发展相配套的本行业还有较稳定的发展空间。

注:以上数据来源于世界汽车组织(OICA)、中国汽车工业协会和国际汽车制造商协会等相关资料。

(四)主要控股参股公司分析[单位:万元 币种:人民币(另有说明者除外)]

公司	业务性质	主要产品或服务	注册资本	总资产	净资产	营业收入	营业利润	净利润
福建省万达汽车玻璃工业有限公司	生产性企业	汽车用玻璃制品的生产和销售	74 514.95	313 645.12	174 420.72	254 190.23	75 987.09	69 439.27
福耀集团(上海)汽车玻璃有限公司	生产性企业	汽车用玻璃制品的生产和销售	6 804.88 万美元	444 718.97	135 683.80	282 722.13	79 793.60	72 227.49
广州福耀玻璃有限公司	生产性企业	生产无机非金属材料及制品的特种玻璃	7 500 万美元	310 528.22	114 820.80	220 632.99	60 775.30	51 622.49
福耀玻璃美国有限公司	生产性企业	汽车用玻璃制品的生产和销售	33 000 万美元	582 033.62	56 729.33	341 194.27	20 133.39	24 586.72

备注:福耀玻璃美国有限公司 100% 控股福耀伊利诺伊有限公司及福耀美国 C 资产公司,上表中披露的福耀玻璃美国有限公司财务数据为三者合并后的数据。

二、重要事项

（一）现金分红政策的制定、执行或调整情况

1. 公司的现金分红政策

根据公司章程及规定的现金分红政策进行分红。

2018 年 3 月 17 日本公司公告《福耀玻璃未来三年（2018—2020 年度）股东分红回报规划》[具体分配政策等内容详见公司于《上海证券报》《中国证券报》《证券时报》和上交所网站（http://www.sse.com.cn）上发布的日期为 2018 年 3 月 17 日的《福耀玻璃未来三年（2018—2020 年度）股东分红回报规划》]。

2. 报告期内公司实施了 2017 年度利润分配和 2018 年中期利润分配

• 2017 年度利润分配方案：以公司已发行股本总额 2 508 617 532 股为基数，每 10 股派送现金红利人民币 7.50 元（含税），合计分红人民币 1 881 463 149 元。A 股现金红利发放日为 2018 年 5 月 29 日，H 股现金红利发放日为 2018 年 6 月 29 日。

• 2018 年中期利润分配方案：以公司已发行股本总额 2 508 617 532 股为基数，每 10 股派送现金红利人民币 4 元（含税），合计分红人民币 1 003 447 012.80 元。A 股现金红利发放日为 2018 年 10 月 24 日，H 股现金红利发放日为 2018 年 11 月 23 日。

（二）公司近三年（含报告期）的普通股股利分配方案或预案、资本公积金转增股本方案或预案（单位：元　币种：人民币）

分红年度	每 10 股送红股数（股）	每 10 股派息数（元）（含税）	每 10 股转增数（股）	现金分红的数额（含税）	分红年度合并报表中归属于上市公司普通股股东的净利润	占合并报表中归属于上市公司普通股股东的净利润的比率
2018 年	0	11.5	0	2 884 910 162	4 120 487 402	70.01%
2017 年	0	7.5	0	1 881 463 149	3 148 748 043	59.75%
2016 年	0	7.5	0	1 881 463 149	3 144 227 339	59.84%

（三）聘任、解聘会计师事务所情况（单位：万元　币种：人民币）

	现聘任
境内会计师事务所名称	普华永道中天会计师事务所（特殊普通合伙）
境内会计师事务所报酬	398
境内会计师事务所审计年限	17
境外会计师事务所名称	罗兵咸永道会计师事务所
境外会计师事务所报酬	107
境外会计师事务所审计年限	4

	名称	报酬
内部控制审计会计师事务所	普华永道中天会计师事务所（特殊普通合伙）	75

备注：除上述外，公司另支付核数师普华永道咨询费、尽职调查费等非审计业务费用人民币 534 万元，以上数据均为含税金额。

三、普通股股份变动及股东情况

（一）证券发行与上市情况（单位：股　币种：人民币）

股票及其衍生证券的种类	发行日期	发行价格（或利率）	发行数量	上市日期	获准上市交易数量	交易终止日期
公司债券	2016 年7 月 22 日	3%	800 000 000	2016 年8 月 30 日	800 000 000	2019 年7 月 22 日

经中国证监会"证监许可〔2016〕1539 号"批复核准，公司获准向合格投资者公开发行面值总额不超过 60 亿元的公司债券（以下简称本次公司债券），本次公司债券采用分期发行方式，2016 年 7 月 22 日公司成功发行了 2016 年公司债券（第一期）（以下简称本期债券）发行规模为人民币 8 亿元，本期债券为无担保债券，票面金额为人民币 100 元，按面值平价发行，采取网下面向合格投资者询价配售的方式公开发行，本期债券的票面利率为 3%。

（二）股东和实际控制人情况

1. 股东总数

于 2018 年 12 月 31 日，本公司股东总数为：A 股股东 79 770 户，H 股股东 56 户，合计 79 826 户。

截至报告期末普通股股东总数（户）	79 826
年度报告披露日前上一月末的普通股股东总数（户）	80 478
截至报告期末表决权恢复的优先股股东总数（户）	0
年度报告披露日前上一月末表决权恢复的优先股股东总数（户）	0

2. 截至报告期末前 10 名股东、前 10 名流通股东（或无限售条件股东）持股情况表

前 10 名无限售条件股东持股情况（单位：股）

股东名称	持有无限售条件流通股的数量	股份种类及数量	
		种类	数量
HKSCC NOMINEES LIMITED（注）	491 739 600	境外上市外资股	491 739 600
三益发展有限公司	390 578 816	人民币普通股	390 578 816
河仁慈善基金会	290 000 000	人民币普通股	290 000 000

（续表）

股东名称	持有无限售条件流通股的数量	股份种类及数量	
		种类	数量
香港中央结算有限公司	283 471 136	人民币普通股	283 471 136
白永丽	34 653 315	人民币普通股	34 653 315
福建省耀华工业村开发有限公司	34 277 742	人民币普通股	34 277 742
中国证券金融股份有限公司	28 095 495	人民币普通股	28 095 495
全国社保基金四零六组合	25 652 841	人民币普通股	25 652 841
中央汇金资产管理有限责任公司	24 598 300	人民币普通股	24 598 300
全国社保基金一零三组合	21 999 643	人民币普通股	21 999 643
上述股东关联关系或一致行动的说明	三益发展有限公司与福建省耀华工业村开发有限公司实际控制人为同一家庭成员。其余 8 名无限售条件股东中，股东之间未知是否存在关联关系，也未知是否属于《上市公司股东持股变动信息披露管理办法》中规定的一致行动人。		

注：HKSCC NOMINEES LIMITED 即香港中央结算（代理人）有限公司，其所持股份是代表多个客户持有。

（三）控股股东及实际控制人情况

1. 控股股东情况

名称	三益发展有限公司
单位负责人或法定代表人	曹德旺
成立日期	1991 年 4 月 4 日
主要经营业务	非业务经营性投资控股
报告期内控股和参股的其他境内外上市公司的股权情况	无

2. 实际控制人情况

姓名	曹德旺
国籍	中国香港
是否取得其他国家或地区居留权	否
主要职业及职务	自 1999 年 8 月至今任本公司董事局执行董事兼董事长。曹德旺先生亦为本公司主要创办人、经营者和投资人之一。曹德旺先生目前亦担任本公司大多数子公司的董事，并于多个组织内担任职位，包括中国人民政治协商会议第十二届全国委员会委员、中国侨商投资企业协会常务副会长、中国光彩事业促进会名誉会长、福建省企业与企业家协会副会长及福建省慈善总会名誉会长。曹德旺先生亦担任三益发展有限公司及环球工商有限公司的董事。
过去 10 年曾控股的境内外上市公司情况	无

3. 公司与实际控制人之间的产权及控制关系的方框图

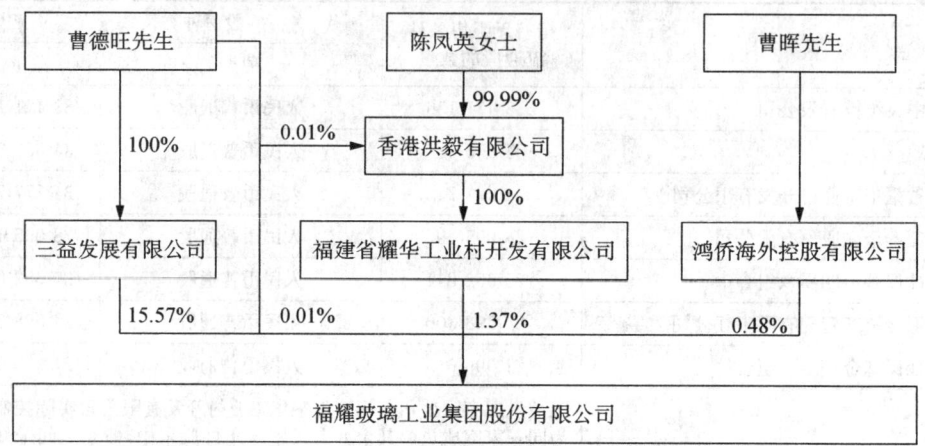

4. 其他持股在10％以上的法人股东(单位:元　币种:人民币)

法人股东名称	单位负责人或法定代表人	成立日期	组织机构代码	注册资本	主要经营业务或管理活动等情况
河仁慈善基金会	曹德淦	2010-06-07	53100000500021799L	20 000 000	扶助贫困、设施建设、疾病防治
情况说明					

四、审计报告

公司年度审计报告已经普华永道中天会计师事务所(特殊普通合伙)注册会计师秦洁(项目合伙人)、陆沁瑶审计,并出具了无保留意见的审计报告。具体内容略。

五、基本财务报表

(一) 合并报表

1. 合并资产负债表

合并资产负债表

编制单位:福耀玻璃工业集团股份有限公司　　　2018 年 12 月 31 日　　　单位:元　币种:人民币

资产	2018年12月31日	2017年12月31日	负债和所有者权益(或股东权益)	2018年12月31日	2017年12月31日
流动资产:			流动负债:		
货币资金	6 365 973 126	6 728 200 042	短期借款	5 548 826 223	5 379 161 092

（续表）

资产	2018 年 12 月 31 日	2017 年 12 月 31 日	负债和所有者权益（或股东权益）	2018 年 12 月 31 日	2017 年 12 月 31 日
交易性金融资产	387 261 777		交易性金融负债		
以公允价值计量且其变动计入当期损益的金融资产		101 927 854	衍生金融负债	3 077 741	23 190 469
衍生金融资产	47 542 362	3 561 550	应付票据及应付账款	2 465 349 981	2 401 097 118
应收票据及应收账款	4 304 107 516	4 637 643 979	预收款项		18 007 856
其中：应收票据	710 399 926	921 383 461	合同负债	594 503 112	
应收账款	3 593 707 590	3 716 260 518	应付职工薪酬	483 015 711	439 505 286
预付款项	220 126 772	195 521 295	应交税费	449 716 675	313 192 643
其他应收款	510 753 825	105 412 820	其他应付款	1 208 118 598	1 069 106 178
其中：应收利息			其中：应付利息	30 918 976	29 257 043
应收股利			应付股利		
存货	3 241 739 977	2 974 677 451	持有待售负债		
合同资产			一年内到期的非流动负债	1 303 514 922	8 500 000
持有待售资产			其他流动负债	300 984 971	
一年内到期的非流动资产	190 000 000		流动负债合计	12 357 107 934	9 651 760 642
其他流动资产	313 634 314	259 548 554	非流动负债：		
流动资产合计	15 581 139 669	15 006 493 545	长期借款	1 246 875 075	1 711 000 000
非流动资产：			应付债券		798 605 414
债权投资			递延收益	536 834 206	461 594 918
其他债权投资			递延所得税负债	159 748 849	75 790 241
长期应收款		190 000 000	其他非流动负债		
长期股权投资	205 738 050	95 519 959	非流动负债合计	1 943 458 130	3 046 990 573
其他权益工具投资			负债合计	14 300 566 064	12 698 751 215
其他非流动金融资产			所有者权益（或股东权益）：		
投资性房地产			实收资本（或股本）	2 508 617 532	2 508 617 532
固定资产	13 629 887 296	11 151 786 090	其他权益工具		
在建工程	2 936 812 592	3 366 783 284	资本公积	6 223 078 157	6 224 133 097
生产性生物资产			其他综合收益	−41 473 936	−204 408 762
无形资产	1 219 578 721	1 098 130 404	专项储备		

（续表）

资产	2018 年 12 月 31 日	2017 年 12 月 31 日	负债和所有者权益（或股东权益）	2018 年 12 月 31 日	2017 年 12 月 31 日
开发支出			盈余公积	2 350 361 581	1 912 914 559
商誉	153 707 174	74 678 326	一般风险准备		
长期待摊费用	510 271 130	438 811 527	未分配利润	9 150 322 858	8 559 579 107
递延所得税资产	252 461 078	280 595 644	归属于母公司所有者权益合计	20 190 906 192	19 000 835 533
其他非流动资产	842 960	1 210 710	少数股东权益	−1 033 586	4 422 741
非流动资产合计	18 909 299 001	16 697 515 944	所有者权益（或股东权益）合计	20 189 872 606	19 005 258 274
资产总计	34 490 438 670	31 704 009 489	负债和所有者权益（或股东权益）总计	34 490 438 670	31 704 009 489

2. 合并利润表

合并利润表

编制单位:福耀玻璃工业集团股份有限公司　　　2018 年　　　　单位:元　币种:人民币

项目	2018 年度	2017 年度
一、营业总收入	20 224 985 720	18 713 034 974
其中:营业收入	20 224 985 720	18 713 034 974
二、营业总成本	16 164 433 000	15 211 853 543
其中:营业成本	11 603 054 947	10 712 611 816
税金及附加	203 072 222	200 263 617
销售费用	1 467 671 276	1 274 308 845
管理费用	2 063 072 209	1 797 379 424
研发费用	887 721 987	803 441 192
财务费用	−110 626 746	418 737 949
其中:利息费用	376 230 473	182 373 020
利息收入	236 034 167	156 658 899
资产减值损失	22 335 530	5 110 700
信用减值损失	28 131 575	

（续表）

项目	2018 年度	2017 年度
加：其他收益	146 750 220	190 690 589
投资收益（损失以"－"号填列）	703 300 958	23 390 958
其中：对联营企业和合营企业的投资收益	3 743 957	－6 016 466
净敞口套期收益（损失以"－"号填列）		
公允价值变动收益（损失以"－"号填列）	63 893 463	－19 118 332
资产处置收益（损失以"－"号填列）	－1 279 203	－26 217 990
汇兑收益（损失以"－"号填列）		
三、营业利润（亏损以"－"号填列）	4 973 218 158	3 669 926 656
加：营业外收入	60 687 441	27 172 108
减：营业外支出	71 545 321	17 376 997
四、利润总额（亏损总额以"－"号填列）	4 962 360 278	3 679 721 767
减：所得税费用	855 187 629	531 479 253
五、净利润（净亏损以"－"号填列）	4 107 172 649	3 148 242 514
（一）按经营持续性分类		
1. 持续经营净利润（净亏损以"－"号填列）	4 107 172 649	3 148 242 514
2. 终止经营净利润（净亏损以"－"号填列）		
（二）按所有权归属分类		
1. 归属于母公司股东的净利润	4 120 487 402	3 148 748 043
2. 少数股东损益	－13 314 753	－505 529
六、其他综合收益的税后净额	162 934 826	－295 446 885
归属母公司所有者的其他综合收益的税后净额	162 934 826	－295 446 885
（一）不能重分类进损益的其他综合收益		
（二）将重分类进损益的其他综合收益	162 934 826	－295 446 885
8. 外币财务报表折算差额	162 934 826	－295 446 885
9. 其他		

(续表)

项目	2018 年度	2017 年度
归属于少数股东的其他综合收益的税后净额		
七、综合收益总额	4 270 107 475	2 852 795 629
归属于母公司所有者的综合收益总额	4 283 422 228	2 853 301 158
归属于少数股东的综合收益总额	−13 314 753	−505 529
八、每股收益:		
(一)基本每股收益(元/股)	1.64	1.26
(二)稀释每股收益(元/股)	1.64	1.26

3. 合并现金流量表

合并现金流量表

编制单位:福耀玻璃工业集团股份有限公司　　　　2018 年　　　　单位:元　币种:人民币

项目	2018 年度	2017 年度
一、经营活动产生的现金流量:		
销售商品、提供劳务收到的现金	22 728 927 626	20 482 066 535
收到的税费返还	281 901 831	274 447 357
收到其他与经营活动有关的现金	537 292 015	467 910 670
经营活动现金流入小计	23 548 121 472	21 224 424 562
购买商品、接受劳务支付的现金	11 999 820 697	10 795 682 357
支付给职工以及为职工支付的现金	3 835 696 147	3 373 546 340
支付的各项税费	1 664 451 977	1 942 764 215
支付其他与经营活动有关的现金	240 291 348	188 269 889
经营活动现金流出小计	17 740 260 169	16 300 262 801
经营活动产生的现金流量净额	5 807 861 303	4 924 161 761
二、投资活动产生的现金流量:		
收回投资收到的现金		

（续表）

项目	2018 年度	2017 年度
取得投资收益收到的现金	7 350 000	
处置固定资产、无形资产和其他长期资产收回的现金净额	63 761 705	83 503 836
处置子公司及其他营业单位收到的现金净额	682 452 213	148 151 006
收到其他与投资活动有关的现金	2 065 524 464	306 805 478
投资活动现金流入小计	2 819 088 382	538 460 320
购建固定资产、无形资产和其他长期资产支付的现金	3 591 741 242	3 589 995 076
取得子公司及其他营业单位支付的现金净额	240 131 373	
支付其他与投资活动有关的现金	2 315 000 000	590 000 000
投资活动现金流出小计	6 146 872 615	4 179 995 076
投资活动产生的现金流量净额	−3 327 784 233	−3 641 534 756
三、筹资活动产生的现金流量：		
吸收投资收到的现金		
其中：子公司吸收少数股东投资收到的现金		
取得借款收到的现金	13 264 898 468	10 648 891 109
发行债券收到的现金		
收到其他与筹资活动有关的现金	300 000 000	
筹资活动现金流入小计	13 564 898 468	10 648 891 109
偿还债务支付的现金	13 341 532 550	9 989 267 535
分配股利、利润或偿付利息支付的现金	3 303 070 399	2 110 837 864
其中：子公司支付给少数股东的股利、利润		
支付其他与筹资活动有关的现金	299 581	4 620 000
筹资活动现金流出小计	16 644 902 530	12 104 725 399
筹资活动产生的现金流量净额	−3 080 004 062	−1 455 834 290
四、汇率变动对现金及现金等价物的影响	253 287 574	−321 331 418
五、现金及现金等价物净增加额	−346 639 418	−494 538 703
加：期初现金及现金等价物余额	6 704 295 628	7 198 834 331
六、期末现金及现金等价物余额	6 357 656 210	6 704 295 628

4. 合并所有者权益变动表

合并所有者权益变动表

2018 年

编制单位:福耀玻璃工业集团股份有限公司　　2018 年度　　　　　　　单位:元　币种:人民币

项目	归属于母公司所有者权益											少数股东权益	所有者权益合计
	股本	其他权益工具			资本公积	减:库存股	其他综合收益	专项储备	盈余公积	一般风险准备	未分配利润		
		优先股	永续债	其他									
一、上年期末余额	2 508 617 532				6 224 133 097		−204 408 762		1 912 914 559		8 559 579 107	4 422 741	19 005 258 274
加:会计政策变更									−92 921		−207 293 546		−207 386 467
前期差错更正													
同一控制下企业合并													
其他													
二、本年期初余额	2 508 617 532				6 224 133 097		−204 408 762		1 912 821 638		8 352 285 561	4 422 741	18 797 871 807
三、本年增减变动金额(减少以"—"号填列)					−1 054 940		162 934 826		437 539 943		798 037 297	−5 456 327	1 392 000 799
(一)综合收益总额							162 934 826				4 120 487 402	−13 314 753	4 270 107 475
(二)所有者投入和减少资本													
1. 所有者投入的普通股													
2. 其他权益工具持有者投入资本													
3. 股份支付计入所有者权益的金额													
4. 其他													
(三)利润分配									437 539 943		−3 322 450 105	−12 095 603	−2 897 005 765

（续表）

2018 年度

项目	归属于母公司所有者权益											少数股东权益	所有者权益合计
	股本	其他权益工具			资本公积	减: 库存股	其他综合收益	专项储备	盈余公积	一般风险准备	未分配利润		
		优先股	永续债	其他									
1. 提取盈余公积									437 539 943		-437 539 943		
2. 提取一般风险准备													
3. 对所有者（或股东）的分配											-2 884 910 162	-12 095 603	-2 897 005 765
4. 其他													
（四）所有者权益内部结转													
1. 资本公积转增资本（或股本）													
2. 盈余公积转增资本（或股本）													
3. 盈余公积弥补亏损													
4. 设定受益计划变动额结转留存收益													
5. 其他综合收益结转留存收益													
6. 其他													
（五）专项储备													
1. 本期提取													
2. 本期使用													
（六）其他					-1 054 940							19 954 029	18 899 089
四、本期期末余额	2 508 617 532				6 223 078 157		-41 473 936		2 350 361 581		9 150 322 858	-1 033 586	20 189 872 606

2017 年度

项目	归属于母公司所有者权益										少数股东权益	所有者权益合计
	股本	其他权益工具		资本公积	减：库存股	其他综合收益	专项储备	盈余公积	一般风险准备	未分配利润		
		优先股 永续债	其他									
一、上年期末余额	2 508 617 532			6 228 753 097		91 038 123		1 634 319 463		7 570 889 309	4 928 270	18 038 545 794
加：会计政策变更												
前期差错更正												
同一控制下企业合并												
其他												
二、本年期初余额	2 508 617 532			6 228 753 097		91 038 123		1 634 319 463		7 570 889 309	4 928 270	18 038 545 794
三、本期增减变动金额（减少以"－"号填列）				−4 620 000		−295 446 885		278 595 096		938 689 798	−505 529	966 712 480
（一）综合收益总额						−295 446 885				3 148 748 043	−505 529	2 852 795 629
（二）所有者投入和减少资本												
1. 所有者投入的普通股												
2. 其他权益工具持有者投入资本												
3. 股份支付计入所有者权益的金额												
4. 其他												
（三）利润分配								278 595 096		−2 160 058 245		−1 881 463 149
1. 提取盈余公积								278 595 096		−278 595 096		

（续表）

2017 年度

项目	归属于母公司所有者权益										少数股东权益	所有者权益合计
	股本	其他权益工具		资本公积	减:库存股	其他综合收益	专项储备	盈余公积	一般风险准备	未分配利润		
		优先股	永续债	其他								
2. 提取一般风险准备												
3. 对所有者（或股东）的分配										−1 881 463 149		−1 881 463 149
4. 其他												
（四）所有者权益内部结转												
1. 资本公积转增资本（或股本）												
2. 盈余公积转增资本（或股本）												
3. 盈余公积弥补亏损												
4. 设定受益计划变动额结转留存收益												
5. 其他综合收益结转留存收益												
6. 其他												
（五）专项储备												
1. 本期提取												
2. 本期使用					−4 620 000							−4 620 000
（六）其他												
四、本期期末余额	2 508 617 532				6 224 133 097		−204 408 762		1 912 914 559		8 559 579 107	4 422 741	19 005 258 274

(二)母公司报表

1. 母公司资产负债表

母公司资产负债表

编制单位:福耀玻璃工业集团股份有限公司   2018 年 12 月 31 日   单位:元   币种:人民币

资产	2018 年 12 月 31 日	2017 年 12 月 31 日	负债和所有者权益(或股东权益)	2018 年 12 月 31 日	2017 年 12 月 31 日
流动资产:			流动负债:		
货币资金	6 017 450 898	6 353 866 585	短期借款	2 163 490 386	3 803 754 092
交易性金融资产	387 261 777		交易性金融负债		
以公允价值计量且其变动计入当期损益的金融资产		101 927 854	以公允价值计量且其变动计入当期损益的金融负债		
衍生金融资产	47 542 362	3 561 550	衍生金融负债	3 077 741	22 857 761
应收票据及应收账款	1 112 284 329	1 469 181 518	应付票据及应付账款	1 798 059 778	1 255 088 803
其中:应收票据	297 470 121	853 199 702	预收款项		189 827 470
应收账款	814 814 208	615 981 816	合同负债	200 064 096	
预付款项	66 954 047	31 810 021	应付职工薪酬	127 297 440	99 787 168
其他应收款	12 858 289 129	8 757 293 909	应交税费	114 905 997	2 599 671
其中:应收利息			其他应付款	7 530 964 681	5 771 670 536
应收股利	134 235 731	109 615 449	其中:应付利息	22 491 020	28 713 638
存货	425 475 331	355 656 461	应付股利		
合同资产			持有待售负债		
持有待售资产			一年内到期的非流动负债	1 303 514 922	8 500 000
一年内到期的非流动资产	190 000 000		其他流动负债	300 984 971	
其他流动资产	41 438 065	42 339 542	流动负债合计	13 542 360 012	11 154 085 501
流动资产合计	21 146 695 938	17 115 637 440	非流动负债:		
非流动资产:			长期借款	1 177 000 000	1 671 000 000
债权投资			应付债券		798 605 414
其他债权投资			递延收益	25 059 372	27 449 475
长期应收款	2 238 295 416	3 667 553 044	递延所得税负债	105 631 168	33 300 859

（续表）

资产	2018 年 12 月 31 日	2017 年 12 月 31 日	负债和所有者权益（或股东权益）	2018 年 12 月 31 日	2017 年 12 月 31 日
长期股权投资	6 664 912 906	6 527 388 995	其他非流动负债		
投资性房地产			非流动负债合计	1 307 690 540	2 530 355 748
固定资产	775 918 602	617 442 186	负债合计	14 850 050 552	13 684 441 249
在建工程	25 512 336	210 707 551	所有者权益（或股东权益）：		
生产性生物资产			实收资本（或股本）	2 508 617 532	2 508 617 532
无形资产	74 934 967	52 471 474	其他权益工具		
开发支出			资本公积	6 202 552 740	6 202 552 740
商誉	48 490 007	48 490 007	其他综合收益		
长期待摊费用	20 917 147	15 685 546	专项储备		
递延所得税资产	9 332 492	94 464 201	盈余公积	2 350 361 581	1 912 914 559
其他非流动资产			未分配利润	5 093 427 406	4 041 314 364
非流动资产合计	9 858 313 873	11 234 203 004	所有者权益（或股东权益）合计	16 154 959 259	14 665 399 195
资产总计	31 005 009 811	28 349 840 444	负债和所有者权益（或股东权益）总计	31 005 009 811	28 349 840 444

2. 母公司利润表

母公司利润表

编制单位：福耀玻璃工业集团股份有限公司　2018 年　　　　　　　单位:元　币种:人民币

项目	2018 年度	2017 年度
一、营业收入	4 826 344 643	4 251 042 318
减:营业成本	4 145 346 028	3 885 321 770
税金及附加	17 138 302	12 527 189
销售费用	256 084 032	204 040 963
管理费用	375 969 010	320 421 353
研发费用	40 128 780	32 058 433
财务费用	−469 724 815	448 502 182
其中:利息费用	291 489 537	182 453 458
利息收入	336 861 747	244 223 795
资产减值损失	12 380 513	4 540 753

（续表）

项目	2018 年度	2017 年度
信用减值损失		
加:其他收益	20 720 242	68 753 985
投资收益(损失以"－"号填列)	4 114 969 379	3 289 786 391
其中:对联营企业和合营企业的投资收益	4 649 233	3 316 399
净敞口套期收益(损失以"－"号填列)		
公允价值变动收益(损失以"－"号填列)	63 560 754	－16 834 357
资产处置收益(损失以"－"号填列)	－1 132 751	3 356 997
二、营业利润(亏损以"－"号填列)	4 647 140 417	2 688 692 691
加:营业外收入	665 359	5 555 239
减:营业外支出	1 995 764	69 876
三、利润总额(亏损总额以"－"号填列)	4 645 810 012	2 694 178 054
减:所得税费用	270 410 580	－91 772 908
四、净利润(净亏损以"－"号填列)	4 375 399 432	2 785 950 962
(一) 持续经营净利润(净亏损以"－"号填列)	4 375 399 432	2 785 950 962
(二) 终止经营净利润(净亏损以"－"号填列)		
五、其他综合收益的税后净额		
六、综合收益总额	4 375 399 432	2 785 950 962

3. 母公司现金流量表

母公司现金流量表

编制单位:福耀玻璃工业集团股份有限公司　2018 年　　　　　　　单位:元　币种:人民币

项目	2018 年度	2017 年度
一、经营活动产生的现金流量:		
销售商品、提供劳务收到的现金	5 769 009 036	4 140 483 973
收到的税费返还	258 795 447	251 502 280
收到其他与经营活动有关的现金	355 810 105	304 774 274
经营活动现金流入小计	6 383 614 588	4 696 760 527
购买商品、接受劳务支付的现金	4 542 670 065	4 855 799 632
支付给职工以及为职工支付的现金	308 178 205	287 245 354
支付的各项税费	19 762 279	158 754 188

（续表）

项目	2018 年度	2017 年度
支付其他与经营活动有关的现金	1 130 895 588	2 002 096 397
经营活动现金流出小计	6 001 506 137	7 303 895 571
经营活动产生的现金流量净额	382 108 451	−2 607 135 044
二、投资活动产生的现金流量：		
收回投资收到的现金		
取得投资收益收到的现金	3 676 961 994	3 390 463 185
处置固定资产、无形资产和其他长期资产收回的现金净额	849 961	29 708 967
处置子公司及其他营业单位收到的现金净额	683 050 000	
收到其他与投资活动有关的现金	2 065 253 973	306 805 479
投资活动现金流入小计	6 426 115 928	3 726 977 631
购建固定资产、无形资产和其他长期资产支付的现金	112 856 981	302 355 443
投资支付的现金	442 440 781	969 083 721
取得子公司及其他营业单位支付的现金净额		
支付其他与投资活动有关的现金	2 315 000 000	590 000 000
投资活动现金流出小计	2 870 297 762	1 861 439 164
投资活动产生的现金流量净额	3 555 818 166	1 865 538 467
三、筹资活动产生的现金流量：		
吸收投资收到的现金		
取得借款收到的现金	8 244 764 436	9 415 181 874
发行债券收到的现金		
收到其他与筹资活动有关的现金	300 000 000	
筹资活动现金流入小计	8 544 764 436	9 415 181 874
偿还债务支付的现金	9 883 528 142	6 542 600 650
分配股利、利润或偿付利息支付的现金	3 180 962 258	2 048 249 931
支付其他与筹资活动有关的现金	299 581	
筹资活动现金流出小计	13 064 789 981	8 590 850 581
筹资活动产生的现金流量净额	−4 520 025 545	824 331 293
四、汇率变动对现金及现金等价物的影响	245 683 241	−316 599 173
五、现金及现金等价物净增加额	−336 415 687	−233 864 457
加：期初现金及现金等价物余额	6 353 866 585	6 587 731 042
六、期末现金及现金等价物余额	6 017 450 898	6 353 866 585

4. 母公司所有者权益变动表

母公司所有者权益变动表

编制单位:福耀玻璃工业集团股份有限公司　　2018 年　　2018 年度

单位:元　币种:人民币

项目	股本	其他权益工具			资本公积	减:库存股	其他综合收益	专项储备	盈余公积	未分配利润	所有者权益合计
		优先股	永续债	其他							
一、上年期末余额	2 508 617 532				6 202 552 740				1 912 914 559	4 041 314 364	14 665 399 195
加:会计政策变更									−92 921	−836 285	−929 206
前期差错更正											
其他											
二、本年期初余额	2 508 617 532				6 202 552 740				1 912 821 638	4 040 478 079	14 664 469 989
三、本期增减变动金额(减少以"-"号填列)									437 539 943	1 052 949 327	1 490 489 270
(一)综合收益总额										4 375 399 432	4 375 399 432
(二)所有者投入和减少资本											
1. 所有者投入的普通股											
2. 其他权益工具持有者投入资本											
3. 股份支付计入所有者权益的金额											
4. 其他											
(三)利润分配									437 539 943	−3 322 450 105	−2 884 910 162

（续表）

2018 年度

项目	股本	其他权益工具			资本公积	减：库存股	其他综合收益	专项储备	盈余公积	未分配利润	所有者权益合计
		优先股	永续债	其他							
1. 提取盈余公积									437 539 943	−437 539 943	
2. 对所有者（或股东）的分配										−2 884 910 162	−2 884 910 162
3. 其他											
（四）所有者权益内部结转											
1. 资本公积转增资本（或股本）											
2. 盈余公积转增资本（或股本）											
3. 盈余公积弥补亏损											
4. 设定受益计划变动额结转留存收益											
5. 其他综合收益结转留存收益											
6. 其他											
（五）专项储备											
1. 本期提取											
2. 本期使用											
（六）其他											
四、本期期末余额	2 508 617 532				6 202 552 740				2 350 361 581	5 093 427 406	16 154 959 259

2017 年度

项目	股本	其他权益工具			资本公积	减：库存股	其他综合收益	专项储备	盈余公积	未分配利润	所有者权益合计
		优先股	永续债	其他							
一、上年期末余额	2 508 617 532				6 202 552 740				1 634 319 463	3 415 421 647	13 760 911 382
加：会计政策变更											
前期差错更正											
其他											
二、本年期初余额	2 508 617 532				6 202 552 740				1 634 319 463	3 415 421 647	13 760 911 382
三、本期增减变动金额（减少以以"－"号填列）									278 595 096	625 892 717	904 487 813
（一）综合收益总额										2 785 950 962	2 785 950 962
（二）所有者投入和减少资本											
1. 所有者投入的普通股											
2. 其他权益工具持有者投入资本											
3. 股份支付计入所有者权益的金额											
4. 其他											
（三）利润分配									278 595 096	-2 160 058 245	-1 881 463 149
1. 提取盈余公积									278 595 096	-278 595 096	

（续表）

2017 年度

项目	股本	其他权益工具			资本公积	减:库存股	其他综合收益	专项储备	盈余公积	未分配利润	所有者权益合计
		优先股	永续债	其他							
2. 对所有者(或股东)的分配										−1 881 463 149	−1 881 463 149
3. 其他											
(四) 所有者权益内部结转											
1. 资本公积转增资本(或股本)											
2. 盈余公积转增资本(或股本)											
3. 盈余公积弥补亏损											
4. 设定受益计划变动额结转留存收益											
5. 其他综合收益结转留存收益											
6. 其他											
(五) 专项储备											
1. 本期提取											
2. 本期使用											
(六) 其他											
四、本期期末余额	2 508 617 532				6 202 552 740				1 912 914 559	4 041 314 364	14 665 399 195

六、会计报表附注

附注1　公司概况

福耀玻璃工业集团股份有限公司(以下简称本公司)系于1991年改制,1992年6月在中华人民共和国(以下简称中国)福建省福州市注册成立的股份有限公司,总部地址为福建省福清市。三益发展有限公司(以下简称三益发展)为本公司控股股东。曹德旺先生通过直接控制该控股股东,实际控股本公司,为本公司单一最大控股股东。

本公司境内发行的人民币普通股A股(以下简称"A股")在上海证券交易所挂牌上市交易,共计2 002 986 332股,每股面值1元。

经2006年2月13日至2006年2月15日网络投票和2006年2月15日召开的股权分置改革相关股东会议审议,通过了《福耀玻璃工业集团股份有限公司股权分置改革方案》,本公司于2006年3月15日进行股权分置改革。以股权登记日(2006年3月13日)的流通股总数385 684 110股为基数,流通股股东每10股获得非流通股股东支付的1股股票,共计支付38 568 411股。根据股权分置改革方案中关于有限售条件的流通股上市的承诺,福建省外贸汽车维修厂、上海福敏信息科技有限公司和福建省闽辉大厦有限公司所持有的37 115 548股有限售条件流通股于2007年3月15日上市流通;三益发展及鸿侨海外有限公司(现已更名为"鸿侨海外控股有限公司")持有的763 024 288股有限售条件流通股于2009年9月15日上市流通。

在本公司股权分置改革方案中,非流通股股东福建省耀华工业村开发有限公司(以下简称工业村)作出追加对价安排承诺。根据承诺内容,由于本公司2008年度经审计的合并报表净利润为246 052 503元,每股收益为0.12元/股,低于2007年度每股收益0.46元/股(因本公司2008年度每10股派发股票股利10股,导致普通股股数增加1倍,故按调整后的股数重新计算2007年度每股收益),触发了追送条件。对追加执行对价股权登记日(2009年4月17日)在册的无限售条件流通股股东,按照股权分置改革方案通过日流通股股份每10股送1股,共计38 568 411股。

由于本公司2008年度派发股票股利,本次追送股份的数量调整为77 136 822股。追送的对价股份上市日为2009年4月21日。工业村持有的100 149 317、100 149 317及39 790 450股有限售条件流通股分别于2011年4月26日、2012年4月20日及2013年4月20日上市流通。

2011年4月11日,工业村和三益发展与河仁慈善基金会签署了《捐赠协议书》,约定河仁慈善基金会以赠予方式获赠工业村持有的本公司有限售条件流通股240 089 084股,获赠三益发展有限公司持有的本公司无限售条件流通股59 910 916股。

2011 年 4 月 14 日,河仁慈善基金会在中国证券登记结算有限责任公司上海分公司完成了上述股票的过户手续,成为本公司的股东。

2011 年 4 月 26 日,2012 年 4 月 20 日及 2013 年 4 月 22 日,河仁慈善基金会持有的本公司有限售条件流通股 100 149 317、100 149 317 及 39 790 450 股分别上市流通。

2015 年 3 月 31 日及 2015 年 4 月 28 日,本公司在中国香港向全球公开发行境外上市外资股 439 679 600 股并超额配售境外上市外资股 65 951 600 股,并在中国香港联合交易所主板挂牌上市(以下简称 H 股),每股面值人民币 1 元,发行后本公司总股本增加至 2 508 617 532 股。

本公司及子公司(以下合称本集团)主要从事汽车用玻璃制品及浮法玻璃的生产及销售。本集团产品的商标为"福耀"。

本财务报表由本公司董事局于 2019 年 3 月 15 日批准报出。

附注 2　财务报表的编制基础

1. 编制基础

本公司财务报表以持续经营为编制基础。

本财务报表按照财政部于 2006 年 2 月 15 日及以后期间颁布的《企业会计准则——基本准则》、各项具体会计准则及相关规定(以下合称企业会计准则),以及中国证券监督管理委员会《公开发行证券的公司信息披露编报规则第 15 号——财务报告的一般规定》的披露规定编制。

2. 持续经营

本公司不存在导致对报告期末起 12 个月内的持续经营假设产生重大疑虑的事项或情况。

附注 3　重要会计政策及会计估计

本集团根据生产经营特点确定具体会计政策和会计估计,主要体现在应收款项预期信用损失的计量、存货的计价方法、固定资产折旧和无形资产摊销、收入的确认时点等。

1. 遵循企业会计准则的声明

本公司所编制的财务报表符合企业会计准则的要求,真实、完整地反映了公司的财务状况、经营成果、股东权益变动和现金流量等有关信息。

2. 会计期间

本公司会计年度自公历 1 月 1 日起至 12 月 31 日止。

3. 营业周期

本公司以 12 个月作为一个营业周期。

4. 记账本位币

本公司及境内子公司的记账本位币为人民币。美国、俄罗斯、中国香港等境外子公司从事境外经营,选择其经营所处的主要经济环境中的货币为记账本位币。本财务报表以人民币列示。

5. 同一控制下和非同一控制下企业合并的会计处理方法

(1) 同一控制下的企业合并

合并方支付的合并对价及取得的净资产均按账面价值计量,如被合并方是最终控制方以前年度从第三方收购来的,则以被合并方的资产、负债(包括最终控制方收购被合并方而形成的商誉)在最终控制方合并财务报表中的账面价值为基础。合并方取得的净资产账面价值与支付的合并对价账面价值的差额,调整资本公积(股本溢价);资本公积(股本溢价)不足以冲减的,调整留存收益。为进行企业合并发生的直接相关费用于发生时计入当期损益。为企业合并而发行权益性证券或债务性证券的交易费用,计入权益性证券或债务性证券的初始确认金额。

(2) 非同一控制下的企业合并

购买方发生的合并成本及在合并中取得的可辨认净资产按购买日的公允价值计量。合并成本大于合并中取得的被购买方于购买日可辨认净资产公允价值份额的差额,确认为商誉;合并成本小于合并中取得的被购买方可辨认净资产公允价值份额的差额,计入当期损益。为进行企业合并发生的直接相关费用于发生时计入当期损益。为企业合并而发行权益性证券或债务性证券的交易费用,计入权益性证券或债务性证券的初始确认金额。

6. 合并财务报表的编制方法

编制合并财务报表时,合并范围包括本公司及全部子公司。

从取得子公司的实际控制权之日起,本集团开始将其纳入合并范围;从丧失实际控制权之日起停止纳入合并范围。对于同一控制下企业合并取得的子公司,自其与本公司同受最终控制方控制之日起纳入本公司合并范围,并将其在合并日前实现的净利润在合并利润表中单列项目反映。在编制合并财务报表时,子公司与本公司采用的会计政策或会计期间不一致的,按照本公司的会计政策或会计期间对子公司财务报表进行必要的调整。对于非同一控制下企业合并取得的子公司,以购买日可辨认净资产公允价值为基础对其财务报表进行调整。集团内所有重大往来余额、交易及未实现利润在合并财务报表编制时予以抵销。子公司的股东权益、当期净损益及综合收益中不属于本公司所拥有的部分分别作为少数股东权益、少数股东损益及归属于少数股东的综合收益总额在合并财务报表中股东权益、净利润及综合收益总额项下单独列示。本公司向子公司出售资产所发生的未实现内部交易损益,全额抵销归属于母公司股东的净利润;子公司向本公司出售资产所发生的未实现内部交易损益,按本公司对该子公司的分配比例在归属于母公司股东的净利润和少数股东损益之间分配抵销。子公司之间出售资产所发生的未实现内部交易损益,按照母公司对出售方子公司的分配比例在归属于母公司股东的净利润和少数股东损益之间分配抵销。

如果以本集团为会计主体与以本公司或子公司为会计主体对同一交易的认定不同时,从本集团的角度对该交易予以调整。

7. 现金及现金等价物的确定标准

现金等价物是指企业持有的期限短(一般指从购买日起 3 个月内到期)、流动性强、易于转换为已知金额现金、价值变动风险很小的投资。

8. 外币业务和外币报表折算

(1) 外币交易

外币交易按交易发生日的即期汇率或即期汇率的近似汇率将外币金额折算为人民币入账。利润表中的收入与费用项目,采用按照系统合理的方法确定的、与交易发生日即期汇率近似的汇率折算。

于资产负债表日,外币货币性项目采用资产负债表日的即期汇率折算为记账本位币。为购建符合借款费用资本化条件的资产而借入的外币专门借款产生的汇兑差额在资本化期间内予以资本化;其他汇兑差额直接计入当期损益。以历史成本计量的外币非货币性项目,于资产负债表日采用交易发生日的即期汇率折算。汇率变动对现金的影响额在现金流量表中单独列示。

(2) 外币财务报表的折算

在编制合并财务报表时,境外子公司的外币财务报表已折算为人民币财务报表。境外经营的资产负债表中的资产和负债项目,采用资产负债表日的即期汇率折算,股东权益中除未分配利润项目外,其他项目采用发生时的即期汇率折算。境外经营的利润表中的收入与费用项目,采用按照系统合理的方法确定的、与交易发生日即期汇率近似的汇率折算。上述折算产生的外币报表折算差额,计入其他综合收益。境外经营的现金流量项目,采用按照系统合理的方法确定的、与交易发生日即期汇率近似的汇率折算。汇率变动对现金的影响额,在现金流量表中单独列示。

9. 金融工具

金融工具是指形成一方的金融资产并形成其他方的金融负债或权益工具的合同。当本集团成为金融工具合同的一方时,确认相关的金融资产或金融负债。

(1) 金融资产

(i) 分类和计量

本集团根据管理金融资产的业务模式和金融资产的合同现金流量特征,将金融资产划分为:①以摊余成本计量的金融资产;②以公允价值计量且其变动计入其他综合收益的金融资产;③以公允价值计量且其变动计入当期损益的金融资产。

金融资产在初始确认时以公允价值计量。对于以公允价值计量且其变动计入当期损益的金融资产,相关交易费用直接计入当期损益;对于其他类别的金融资产,相关交易费用计入初始确认金额。因销售产品或提供劳务而产生的、未包含或不考虑重大融资成分的应收账款或应收票据,本集团按照预期有权收取的对价金额作为初始确认金额。

第一,债务工具。

本集团持有的债务工具是指从发行方角度分析符合金融负债定义的工具,分别采用以下三种方式进行计量:

一是以摊余成本计量:

本集团管理此类金融资产的业务模式为以收取合同现金流量为目标,且此类金融资产的合同现金流量特征与基本借贷安排相一致,即在特定日期产生的现金流量,仅为对本金和以未偿付本金金额为基础的利息的支付。本集团对于此类金融资产按照实际利率法确认利息收入。此类金融资产主要包括货币资金、应收票据及应收账款、其他应收款、债权投资和长期应收款等。本集团将自资产负债表日起1年内(含1年)到期的债权投资和长期应收款,列示为一年内到期的非流动资产;取得时期限在1年内(含1年)的债权投资列示为其他流动资产。

二是以公允价值计量且其变动计入其他综合收益:

本集团管理此类金融资产的业务模式为既以收取合同现金流量为目标又以出售为目标,且此类金融资产的合同现金流量特征与基本借贷安排相一致。此类金融资产按照公允价值计量且其变动计入其他综合收益,但减值损失或利得、汇兑损益和按照实际利率法计算的利息收入计入当期损益。此类金融资产列示为其他债权投资,自资产负债表日起1年内(含1年)到期的其他债权投资,列示为一年内到期的非流动资产;取得时期限在1年内(含1年)的其他债权投资列示为其他流动资产。

三是以公允价值计量且其变动计入当期损益:

本集团将持有的未划分为以摊余成本计量和以公允价值计量且其变动计入其他综合收益的债务工具,以公允价值计量且其变动计入当期损益,列示为交易性金融资产。在初始确认时,本集团为了消除或显著减少会计错配,将部分金融资产指定为以公允价值计量且其变动计入当期损益的金融资产。自资产负债表日起超过1年到期且预期持有超过1年的,列示为其他非流动金融资产。

第二,权益工具。

本集团将对其没有控制、共同控制和重大影响的权益工具投资按照公允价值计量且其变动计入当期损益,列示为交易性金融资产;自资产负债表日起预期持有超过1年的,列示为其他非流动金融资产。

此外,本集团将部分非交易性权益工具投资指定为以公允价值计量且其变动计入其他综合收益的金融资产,列示为其他权益工具投资。该类金融资产的相关股利收入计入当期损益。

(ii)减值

本集团对于以摊余成本计量的金融资产、以公允价值计量且其变动计入其他综合收益的债务工具投资、合同资产和财务担保合同等,以预期信用损失为基础确认损失准备。本集团考虑有关过去事项、当前状况以及对未来经济状况的预测等合理且有依据的信息,以发生违约的风险为权重,计算合同应收的现金流量与预期能收到的现金流量之间差额的现值的概率加权金额,确认预期信用损失。

于每个资产负债表日,本集团对于处于不同阶段的金融工具的预期信用损失分别进行计量。金融工具自初始确认后信用风险未显著增加的,处于第一阶段,本集团按照未来 12 个月内的预期信用损失计量损失准备;金融工具自初始确认后信用风险已显著增加但尚未发生信用减值的,处于第二阶段,本集团按照该工具整个存续期的预期信用损失计量损失准备;金融工具自初始确认后已经发生信用减值的,处于第三阶段,本集团按照该工具整个存续期的预期信用损失计量损失准备。

对于在资产负债表日具有较低信用风险的金融工具,本集团假设其信用风险自初始确认后并未显著增加,按照未来 12 个月内的预期信用损失计量损失准备。

本集团对于处于第一阶段和第二阶段,以及较低信用风险的金融工具,按照其未扣除减值准备的账面余额和实际利率计算利息收入。对于处于第三阶段的金融工具,按照其账面余额减已计提减值准备后的摊余成本和实际利率计算利息收入。

对于应收票据及应收账款和合同资产,无论是否存在重大融资成分,本集团均按照整个存续期的预期信用损失计量损失准备。

当单项金融资产无法以合理成本评估预期信用损失的信息时,本集团依据信用风险特征将应收款项划分为若干组合,在组合基础上计算预期信用损失,确定组合的依据如下:

• 对于划分为组合的应收票据,本集团参考历史信用损失经验,结合当前状况以及对未来经济状况的预测,通过违约风险敞口和整个存续期预期信用损失率,计算预期信用损失。

• 对于划分为组合的应收账款,本集团参考历史信用损失经验,结合当前状况以及对未来经济状况的预测,编制应收账款逾期天数与整个存续期预期信用损失率对照表,计算预期信用损失。对于划分为组合的其他应收款,本集团参考历史信用损失经验,结合当前状况以及对未来经济状况的预测,通过违约风险敞口和未来 12 个月内或整个存续期预期信用损失率,计算预期信用损失。

本集团将计提或转回的损失准备计入当期损益。对于持有的以公允价值计量且其变动计入其他综合收益的债务工具,本集团在将减值损失或利得计入当期损益的同时调整其他综合收益。

金融资产满足下列条件之一的,予以终止确认:①收取该金融资产现金流量的合同权利终止;②该金融资产已转移,且本集团将金融资产所有权上几乎所有的风险和报酬转移给转入方;③该金融资产已转移,虽然本集团既没有转移也没有保留金融资产所有权上几乎所有的风险和报酬,但是放弃了对该金融资产的控制。

其他权益工具投资终止确认时,其账面价值与收到的对价以及原直接计入其他综合收益的公允价值变动累计额之和的差额,计入留存收益;其余金融资产终止确认时,其账面价值与收到的对价以及原直接计入其他综合收益的公允价值变动累计额之和的差额,计入当期损益。

（2）金融负债

金融负债于初始确认时分类为以摊余成本计量的金融负债和以公允价值计量且其变动计入当期损益的金融负债。本集团的金融负债主要为以摊余成本计量的金融负债,包括应付票据及应付账款、其他应付款、借款及应付债券等。该类金融负债按其公允价值扣除交易费用后的金额进行初始计量,并采用实际利率法进行后续计量。期限在1年以下(含1年)的,列示为流动负债;期限在1年以上但自资产负债表日起1年内(含1年)到期的,列示为一年内到期的非流动负债;其余列示为非流动负债。

当金融负债的现时义务全部或部分已经解除时,本集团终止确认该金融负债或义务已解除的部分。终止确认部分的账面价值与支付的对价之间的差额,计入当期损益。

（3）金融工具的公允价值确定

存在活跃市场的金融工具,以活跃市场中的报价确定其公允价值。不存在活跃市场的金融工具,采用估值技术确定其公允价值。在估值时,本集团采用在当前情况下适用并且有足够可利用数据和其他信息支持的估值技术,选择与市场参与者在相关资产或负债的交易中所考虑的资产或负债特征相一致的输入值,并尽可能优先使用相关可观察输入值。在相关可观察输入值无法取得或取得不切实可行的情况下,使用不可观察输入值。

10. 存货

存货包括原材料、在产品、产成品和周转材料等,按成本与可变现净值孰低计量。

存货发出时的成本按加权平均法核算,产成品和在产品成本包括原材料、直接人工以及在正常生产能力下按照系统的方法分配的制造费用。

存货跌价准备按存货成本高于其可变现净值的差额计提。可变现净值按日常活动中,以存货的估计售价减去至完工时估计将要发生的成本、估计的销售费用以及相关税费后的金额确定。

本集团的存货盘存制度采用永续盘存制。

周转材料包括低值易耗品和包装物等,均采用一次转销法进行摊销。

11. 持有待售资产

同时满足下列条件的非流动资产或处置组划分为持有待售：①根据类似交易中出售此类资产或处置组的惯例，在当前状况下即可立即出售；②本集团已与其他方签订具有法律约束力的出售协议且已取得相关批准，预计出售将在1年内完成。

符合持有待售条件的非流动资产（不包括金融资产、以公允价值计量的投资性房地产以及递延所得税资产），以账面价值与公允价值减去出售费用后的净额孰低计量，公允价值减去出售费用后的净额低于原账面价值的金额，确认为资产减值损失。

被划分为持有待售的非流动资产和处置组中的资产和负债，分类为流动资产和流动负债，并在资产负债表中单独列示。

12. 长期股权投资

长期股权投资包括：本公司对子公司的长期股权投资；本集团对合营企业和联营企业的长期股权投资。

子公司为本公司能够对其实施控制的被投资单位。合营企业为本集团通过单独主体达成，能够与其他方实施共同控制，且基于法律形式、合同条款及其他事实与情况仅对其净资产享有权利的合营安排。联营企业为本集团能够对其财务和经营决策具有重大影响的被投资单位。

对子公司的投资，在公司财务报表中按照成本法确定的金额列示，在编制合并财务报表时按权益法调整后进行合并；对合营企业和联营企业投资采用权益法核算。

（1）投资成本确定

对于企业合并形成的长期股权投资：同一控制下企业合并取得的长期股权投资，在合并日按照被合并方所有者权益在最终控制方合并财务报表中的账面价值的份额作为投资成本；非同一控制下企业合并取得的长期股权投资，按照合并成本作为长期股权投资的投资成本。

对于支付现金取得的长期股权投资，按照实际支付的购买价款作为初始投资成本。

（2）后续计量及损益确认方法

采用成本法核算的长期股权投资，按照初始投资成本计量，被投资单位宣告分派的现金股利或利润，确认为投资收益计入当期损益。

采用权益法核算的长期股权投资，初始投资成本大于投资时应享有被投资单位可辨认净资产公允价值份额的，以初始投资成本作为长期股权投资成本，若初始投资时股权交易不涉及一项业务，则长期股权投资无需按照公允价值进行重新计量；初始投资成本小于投资时应享有被投资单位可辨认净资产公允价值份额的，其差额计入当期损益，并相应调增长期股权投资成本。

采用权益法核算的长期股权投资，本集团按应享有或应分担的被投资单位的净损益份额确认当期投资损益。确认被投资单位发生的净亏损,以长期股权投资的账面价值以及其他实质上构成对被投资单位净投资的长期权益减记至零为限,但本集团负有承担额外损失义务且符合预计负债确认条件的,继续确认预计将承担的损失金额。被投资单位除净损益、其他综合收益和利润分配以外所有者权益的其他变动,调整长期股权投资的账面价值并计入资本公积。被投资单位分派的利润或现金股利于宣告分派时按照本集团应分得的部分,相应减少长期股权投资的账面价值。本集团与被投资单位之间未实现的内部交易损益按照持股比例计算归属于本集团的部分,予以抵销,在此基础上确认投资损益。本集团与被投资单位发生的内部交易损失,其中属于资产减值损失的部分,相应的未实现损失不予抵销。

(3)确定对被投资单位具有控制、共同控制、重大影响的依据

控制是指拥有对被投资单位的权力,通过参与被投资单位的相关活动而享有可变回报,并且有能力运用对被投资单位的权力影响其回报金额。

共同控制是指按照相关约定对某项安排所共有的控制,并且该安排的相关活动必须经过本集团及分享控制权的其他参与方一致同意后才能决策。

重大影响是指对被投资单位的财务和经营政策有参与决策的权力,但并不能够控制或者与其他方一起共同控制这些政策的制定。

(4)长期股权投资减值

对子公司、合营企业及联营企业的长期股权投资,当其可收回金额低于其账面价值时,账面价值减记至可收回金额。

13. 固定资产

(1)确认条件

固定资产包括房屋及建筑物、机器设备、运输工具、电子设备及其他设备等。

固定资产在与其有关的经济利益很可能流入本集团、且其成本能够可靠计量时予以确认。购置或新建的固定资产按取得时的成本进行初始计量。

与固定资产有关的后续支出,在与相关的经济利益很可能流入本集团且其成本能够可靠计量时,计入固定资产成本;对于被替换的部分,终止确认其账面价值;所有其他后续支出于发生时计入当期损益。

(2)折旧方法

类别	折旧方法	折旧年限	残值率	年折旧率
房屋及建筑物	年限平均法	10～20 年	10%	4.5%～9%
机器设备	年限平均法	10～12 年	10%	7.5%～9%
运输工具	年限平均法	5 年	10%	18%
电子设备及其他设备	年限平均法	5 年	10%	18%

固定资产折旧采用年限平均法并按其入账价值减去预计净残值后在预计使用寿命内计提。对计提了减值准备的固定资产,则在未来期间按扣除减值准备后的账面价值及依据尚可使用年限确定折旧额。

对固定资产的预计使用寿命、预计净残值和折旧方法于每年年度终了进行复核并作适当调整。

当固定资产的可收回金额低于其账面价值时,账面价值减记至可收回金额。

当固定资产被处置,或者预期通过使用或处置不能产生经济利益时,终止确认该固定资产。固定资产出售、转让、报废或毁损的处置收入扣除其账面价值和相关税费后的金额计入当期损益。

14. 在建工程

在建工程按实际发生的成本计量。实际成本包括建筑成本、安装成本、符合资本化条件的借款费用以及其他为使在建工程达到预定可使用状态所发生的必要支出。在建工程在达到预定可使用状态时,转入固定资产并自次月起开始计提折旧。当在建工程的可收回金额低于其账面价值时,账面价值减记至可收回金额。

15. 借款费用

本集团发生的可直接归属于需要经过相当长时间的购建活动才能达到预定可使用状态之资产的购建的借款费用,在资产支出及借款费用已经发生、为使资产达到预定可使用状态所必要的购建活动已经开始时,开始资本化并计入该资产的成本。当购建的资产达到预定可使用状态时停止资本化,其后发生的借款费用计入当期损益。如果资产的购建活动发生非正常中断,并且中断时间连续超过 3 个月,暂停借款费用的资本化,直至资产的购建活动重新开始。

对于为购建符合资本化条件的资产而借入的专门借款,以专门借款当期实际发生的利息费用减去尚未动用的借款资金存入银行取得的利息收入或进行暂时性投资取得的投资收益后的金额确定专门借款借款费用的资本化金额。

对于为购建符合资本化条件的资产而占用的一般借款,按照累计资产支出超过专门借款部分的资本支出加权平均数乘以所占用一般借款的加权平均实际利率计算确定一般借款借款费用的资本化金额。实际利率是将借款在预期存续期间或适用的更短期间内的未来现金流量折现为该借款初始确认金额所使用的利率。

16. 无形资产

(1) 计价方法、使用寿命、减值测试

无形资产包括土地使用权、专有技术和计算机软件等,以成本计量。

土地使用权按合同规定的使用年限平均摊销。

专有技术按合同规定的使用年限平均摊销。

计算机软件和其他无形资产按受益年限平均摊销。

对使用寿命有限的无形资产的预计使用寿命及摊销方法于每年年度终了进行复核并作适当调整。

当无形资产的可收回金额低于其账面价值时,账面价值减记至可收回金额。

（2）内部研究开发支出会计政策

内部研究开发项目支出根据其性质以及研发活动最终形成无形资产是否具有较大不确定性,被分为研究阶段支出和开发阶段支出。

为研究某特定汽车玻璃生产工艺而进行的有计划的调查、评价和选择阶段的支出为研究阶段的支出,于发生时计入当期损益;大规模生产之前,针对该特定汽车玻璃生产工艺最终应用的相关设计、测试阶段的支出为开发阶段的支出,同时满足下列条件的,予以资本化:

- 该特定汽车玻璃生产工艺的开发业经技术团队进行充分论证;
- 管理层已批准该特定汽车玻璃生产工艺开发的预算;
- 前期市场调研的研究分析说明该特定汽车玻璃生产工艺所生产的产品具有市场推广能力;
- 有足够的技术和资金支持,以进行该特定汽车玻璃生产工艺的开发活动及后续的大规模生产;
- 该特定汽车玻璃生产工艺开发的支出能够可靠地归集。

不满足上述条件的开发阶段的支出,于发生时计入当期损益。以前期间已计入损益的开发支出不在以后期间重新确认为资产。已资本化的开发阶段的支出在资产负债表上列示为开发支出,自该项目达到预定用途之日起转为无形资产。

17. 长期资产减值

固定资产、在建工程、使用寿命有限的无形资产及对子公司、合营企业、联营企业的长期股权投资等,于资产负债表日存在减值迹象的,进行减值测试;尚未达到可使用状态的无形资产,无论是否存在减值迹象,至少每年进行减值测试。减值测试结果表明资产的可回收金额低于其账面价值的,按其差额计提减值准备并计入减值损失。可回收金额为资产的公允价值减去处置费用后的净额与资产预计未来现金流量的现值两者之间的较高者。资产减值准备按单项资产为基础计算并确认,如果难以对单项资产的可回收金额进行估计的,以该资产所属的资产组确定资产组的可回收金额。资产组是能够独立产生现金流入的最小资产组合。

在财务报表单独列示的商誉,无论是否存在减值迹象,至少每年进行减值测试。减值测试时,商誉的账面价值分摊至预期从企业合并的协同效应中受益的资产组或资产组组合。测试结果表明包含分摊的商誉的资产组或资产组组合的可回收金额低于其账面价值的,确认相应的减值损失。减值损失金额先抵减分摊至该资产组或资产组组合的商誉的账面价值,再根据资产组或资产组组合中除商誉以外的其他各项资产的账面价值所占比重,按比例抵减其他各项资产的账面价值。

上述资产减值损失一经确认,以后期间不予转回价值得以恢复的部分。

18. 长期待摊费用

长期待摊费用包括模检具及其他已经发生但应由本期和以后各期负担的、分摊期限在 1 年以上的各项费用,按预计受益期间分期平均摊销,并以实际支出减去累计摊销后的净额列示。

19. 合同负债

合同负债,是指本集团已收或应收客户对价而应向客户转让商品的义务。

在向客户转让商品之前,如果客户已经支付了合同对价或本集团已经取得了无条件收取合同对价的权利,则本集团将在客户实际支付款项与到期应支付款项孰早时点,将该已收或应收的款项列示为合同负债。

20. 职工薪酬

职工薪酬是本集团为获得职工提供的服务或解除劳动关系而给予的各种形式的报酬或补偿,包括短期薪酬、离职后福利、辞退福利和其他长期职工福利等。

(1) 短期薪酬的会计处理方法

短期薪酬包括工资、奖金、津贴和补贴、职工福利费、医疗保险费、工伤保险费、生育保险费、住房公积金、工会和教育经费等。本集团在职工提供服务的会计期间,将实际发生的短期薪酬确认为负债,并计入当期损益或相关资产成本。其中,非货币性福利按照公允价值计量。

(2) 离职后福利的会计处理方法

本集团于中国、美国等地参加了多项退休金计划及其他退休后福利。本集团将离职后福利计划分类为设定提存计划和设定受益计划。设定提存计划是本集团向独立的基金缴存固定费用后,不再承担进一步支付义务的离职后福利计划;设定受益计划是除设定提存计划以外的离职后福利计划。于报告期内,本集团的离职后福利是为员工缴纳的基本养老保险和失业保险,均属于设定提存计划。

中国境内公司。

中国境内公司职工参加了由当地劳动和社会保障部门组织实施的社会基本养老保险。本集团以当地规定的社会基本养老保险缴纳基数和比例,按月向当地社会基本养老保险经办机构缴纳养老保险费。职工退休后,当地劳动及社会保障部门有责任向已退休员工支付社会基本养老金。本集团在职工提供服务的会计期间,将根据上述社保规定计算应缴纳的金额确认为负债,并计入当期损益或相关资产成本。

美国公司。

本集团向当地独立的基金缴存固定费用后,该基金有责任向已退休员工支付退休金和其他退休后福利。本集团在职工提供服务的会计期间,根据设定提存计划计算的应缴存金额确认为负债,并计入当期损益或相关资产成本。

（3）辞退福利的会计处理方法

本集团在职工劳动合同到期之前解除与职工的劳动关系,或者为鼓励职工自愿接受裁减而提出给予补偿,在本集团不能单方面撤回解除劳动关系计划或裁减建议时和确认与涉及支付辞退福利的重组相关的成本费用时两者孰早日,确认因解除与职工的劳动关系给予补偿而产生的负债,同时计入当期损益。

预期在资产负债表日起1年内需支付的辞退福利,列示为流动负债。

21. 股份支付

现金股利于股东大会批准的当期,确认为负债。

22. 收入

本集团在客户取得相关商品或服务的控制权时,按预期有权收取的对价金额确认收入。

本集团将产品按照合同规定运至约定交货地点,由购买方确认接受后,确认收入。其中,国内配套销售收入在国内汽车生产商根据销售合同条款的规定领用并确认接受产品时予以确认;其他客户包括海外汽车生产商和售后维修供应商等的销售收入,于产品按照协议合同运至约定交货地点并由购买方确认接受后确认。

23. 政府补助

政府补助为本集团从政府无偿取得的货币性资产,包括税费返还、财政补贴等。

政府补助在本集团能够满足其所附的条件并且能够收到时予以确认,并按照收到或应收的金额计量。

与资产相关的政府补助,是指本集团取得的、用于购建或以其他方式形成长期资产的政府补助。与收益相关的政府补助,是指除与资产相关的政府补助之外的政府补助。

本集团将与资产相关的政府补助确认为递延收益并在相关资产使用寿命内按照合理、系统的方法分摊计入损益;与收益相关的政府补助,用于补偿以后期间的相关成本费用或损失的,确认为递延收益,并在确认相关成本费用或损失的期间,计入当期损益,用于补偿已发生的相关费用或损失的,直接计入当期损益。本集团对同类政府补助采用相同的列报方式。

与日常活动相关的政府补助纳入营业利润,与日常活动无关的政府补助计入营业外收支。

本集团收到的政策性优惠利率贷款,以实际收到的借款金额作为借款的入账价值,按照借款本金和该政策性优惠利率计算相关借款费用。本集团直接收取的财政贴息,冲减相关借款费用。

政府拨入的投资补助等专项拨款,国家相关文件规定作为"资本公积"处理的,属政府资本性投入,计入资本公积。

24. 递延所得税资产/递延所得税负债

递延所得税资产和递延所得税负债根据资产和负债的计税基础与其账面价值的差额(暂时性差异)计算确认。对于按照税法规定能够于以后年度抵减应纳税所得额的可抵扣亏损,确认相应的递延所得税资产。对于商誉的初始确认产生的暂时性差异,不确认相应的递延所得税负债。对于既不影响会计利润也不影响应纳税所得额(或可抵扣亏损)的非企业合并的交易中产生的资产或负债的初始确认形成的暂时性差异,不确认相应的递延所得税资产和递延所得税负债。于资产负债表日,递延所得税资产和递延所得税负债,按照预期收回该资产或清偿该负债期间的适用税率计量。

递延所得税资产的确认以很可能取得用来抵扣可抵扣暂时性差异、可抵扣亏损和税款抵减的应纳税所得额为限。

对与子公司、合营企业及联营企业投资相关的应纳税暂时性差异,确认递延所得税负债,除非本集团能够控制该暂时性差异转回的时间且该暂时性差异在可预见的未来很可能不会转回。对与子公司、合营企业及联营企业投资相关的可抵扣暂时性差异,当该暂时性差异在可预见的未来很可能转回且未来很可能获得用来抵扣可抵扣暂时性差异的应纳税所得额时,确认递延所得税资产。

同时满足下列条件的递延所得税资产和递延所得税负债以抵销后的净额列示:

• 递延所得税资产和递延所得税负债与同一税收征管部门对本集团内同一纳税主体征收的所得税相关;

• 本集团内该纳税主体拥有以净额结算当期所得税资产及当期所得税负债的法定权利。

25. 租赁

经营租赁的会计处理方法

实质上并未转移与资产所有权有关的全部风险和报酬的租赁为经营租赁。经营租赁的租金支出在租赁期内按照直线法计入相关资产成本或当期损益。经营租赁的租金收入在租赁期内按照直线法确认。

26. 其他重要的会计政策和会计估计

(1) 商誉

非同一控制下的企业合并,其合并成本超过合并中取得的被购买方可辨认净资产于购买日的公允价值份额的差额确认为商誉。当商誉的可收回金额低于其账面价值时,账面价值减记至可收回金额。

(2) 分部信息

本集团以内部组织结构、管理要求、内部报告制度为依据确定经营分部,以经营分部为基础确定报告分部并披露分部信息。

经营分部是指本集团内同时满足下列条件的组成部分：①该组成部分能够在日常活动中产生收入、发生费用；②本集团管理层能够定期评价该组成部分的经营成果，以决定向其配置资源、评价其业绩；③本集团能够取得该组成部分的财务状况、经营成果和现金流量等有关会计信息。两个或多个经营分部具有相似的经济特征，并且满足一定条件的，则可合并为一个经营分部。

本集团的业务单一，主要为生产和销售汽车用玻璃制品及浮法玻璃。管理层将此业务视作为一个整体实施管理、评估经营成果。因此，本集团不需呈报分部信息。

（3）重要会计估计和判断

本集团根据历史经验和其他因素，包括对未来事项的合理预期，对所采用的重要会计估计进行持续的评价。

（a）采用会计政策的关键判断

下列重要会计估计及关键假设的存在会导致下一会计年度资产和负债的账面价值出现重大调整的重要风险：

信用风险显著增加的判断：本集团判断信用风险显著增加的主要标准为逾期天数超过 30 日，或者以下一个或多个指标发生显著变化：债务人所处的经营环境、内外部信用评级、实际或预期经营成果的显著变化、担保物价值或担保方信用评级的显著下降等。

本集团判断已发生信用减值的主要标准为逾期天数超过 90 日（即，已发生违约），或者符合以下一个或多个条件：债务人发生重大财务困难，进行其他债务重组或很可能破产等。

（b）重要会计估计及其关键假设

（i）预期信用损失的计量

本集团通过违约风险敞口和预期信用损失率计算预期信用损失，并基于违约概率和违约损失率确定预期信用损失率。在确定预期信用损失率时，本集团使用内部历史信用损失经验等数据，并结合当前状况和前瞻性信息对历史数据进行调整。在考虑前瞻性信息时，本集团使用的指标包括经济下滑的风险、预期失业率的增长、外部市场环境、技术环境和客户情况的变化等。本集团定期监控并复核与预期信用损失计算相关的假设。上述估计技术和关键假设于 2018 年度未发生重大变化。

（ii）存货减值

本集团管理层及时判断存货的可变现净值，以此来估计存货减值准备。如发生任何事件或情况变动，显示该等存货未必可实现有关价值，则需要使用估计，对存货计提准备。若预期数字与原先估计数不同,有关差额则会影响存货账面价值,以及在估计变动期间的减值费用。

(iii)　固定资产的预计使用寿命与预计净残值

本集团管理层负责评估确认固定资产的预计使用寿命与预计净残值。这项估计是将性质和功能类似的固定资产过往的实际使用寿命与实际净残值作为基础。在固定资产使用过程中,其所处的经济环境、技术环境以及其他环境有可能对固定资产使用寿命与预计净残值产生较大影响。如果固定资产使用寿命与净残值的预计数与原先估计数有差异,本集团管理层将对其进行调整。

(iv)　长期资产减值

本集团管理层于资产负债表日评估固定资产、在建工程、无形资产、商誉等长期资产是否出现减值。可收回金额为资产预计未来产生的现金流量的现值与公允价值减去处置费用后的净额两者中较高者,是按可以取得的最佳信息作出估计,以反映知情自愿各方于各资产负债表日进行公平交易以处置资产而获取的款项(应扣减处置成本)或持续使用该资产所产生的现金。该估计于每次减值测试时都可能予以调整。如果重新估计的可收回金额高于本集团管理层原先的估计,本集团不能转回原已计提的资产减值损失。

(v)　所得税

本集团在中国各地区及海外缴纳企业所得税。在正常的经营活动中,部分交易和事项的最终税务处理存在不确定性。在计提各个地区的所得税费用时,本集团需要作出重大判断。如果这些税务事项的最终认定结果与最初入账的金额存在差异,该差异将对作出上述最终认定期间的所得税费用和递延所得税的金额产生影响。

(vi)　递延所得税资产

本集团确认税务亏损及其他可抵扣暂时性差异所产生的递延所得税资产在很大程度上取决于本集团很可能获得用来抵扣可抵扣亏损和税项抵减的未来应纳税所得额,而计算该未来应纳税所得额需要运用大量的判断及估计。不同的判断及估计会影响确认的递延所得税资产的金额。

27.　重要会计政策和会计估计的变更

(1)　重要会计政策变更

财政部于 2017 年颁布了修订后的《企业会计准则第 14 号——收入》(以下简称新收入准则)以及修订后的《企业会计准则第 22 号——金融工具确认和计量》和《企业会计准则第 23 号——金融资产转移》及《企业会计准则第 37 号——金融工具列报》等(以下合称新金融工具准则),并于 2018 年颁布了《财政部关于修订印发 2018 年度一般企业财务报表格式的通知》(财会〔2018〕15 号)及其解读,本集团已采用上述准则和通知编制 2018 年度财务报表。

一般企业财务报表格式的修改,对本集团及本公司财务报表的影响列示如下:

本公司将应收股利计入其他应收款项目	经本公司董事局于 2018 年 10 月 25 日批准	2017 年 12 月 31 日影响项目及金额: 应收股利-109 615 449 元 其他应收款 109 615 449 元
本公司将应付票据和应付账款合并计入应付票据及应付账款项目	经本公司董事局于 2018 年 10 月 25 日批准	2017 年 12 月 31 日影响项目及金额: 应付账款-206 203 916 元 应付票据-1 048 884 887 元 应 付 票 据 及 应 付 账 款 1 255 088 803 元
本公司将应付利息和其他应付款合并计入其他应付款项目	经本公司董事局于 2018 年 10 月 25 日批准	2017 年 12 月 31 日影响项目及金额: 应付利息-28 713 638 元 其他应付款 28 713 638 元
本公司将原计入管理费用项目的研发费用单独列示为研发费用项目	经本公司董事局于 2018 年 10 月 25 日批准	2017 年度影响项目及金额: 研发费用 32 058 443 元 管理费用-32 058 443 元
本公司将原计入营业收入项目的代扣代缴个人所得税手续费返还重分类至其他收益项目	经本公司董事局于 2018 年 10 月 25 日批准	2017 年度影响项目及金额: 营业收入-2 005 734 元 其他收益 2 005 734 元
本公司将收到的与资产相关的政府补助款项从收到其他与投资活动有关的现金重分类至收到其他与经营活动有关的现金	经本公司董事局于 2018 年 10 月 25 日批准	2017 年度影响金额为 1 800 000 元

(2)首次执行新金融工具准则或新收入准则调整首次执行当年年初财务报表相关项目情况

合并资产负债表　　　　　单位:元　币种:人民币

项目	2017 年 12 月 31 日	2018 年 1 月 1 日	调整数
流动资产:			
货币资金	6 728 200 042	6 728 200 042	
交易性金融资产		101 927 854	101 927 854
以公允价值计量且其变动计入当期损益的金融资产	101 927 854		-101 927 854
衍生金融资产	3 561 550	3 561 550	
应收票据及应收账款	4 637 643 979	4 637 643 979	
其中:应收票据	921 383 461	921 383 461	
应收账款	3 716 260 518	3 716 260 518	

（续表）

项目	2017 年 12 月 31 日	2018 年 1 月 1 日	调整数
预付款项	195 521 295	195 521 295	
其他应收款	105 412 820	105 412 820	
其中:应收利息			
应收股利			
存货	2 974 677 451	2 974 677 451	
合同资产			
持有待售资产			
一年内到期的非流动资产			
其他流动资产	259 548 554	259 548 554	
流动资产合计	15 006 493 545	15 006 493 545	
非流动资产:			
发放贷款和垫款			
债权投资			
可供出售金融资产			
其他债权投资			
持有至到期投资			
长期应收款	190 000 000	190 000 000	
长期股权投资	95 519 959	95 519 959	
其他权益工具投资			
其他非流动金融资产			
投资性房地产			
固定资产	11 151 786 090	11 332 521 554	180 735 464
在建工程	3 366 783 284	3 366 783 284	
生产性生物资产			
油气资产			
无形资产	1 098 130 404	1 098 130 404	
开发支出			
商誉	74 678 326	74 678 326	
长期待摊费用	438 811 527	438 811 527	

（续表）

项目	2017 年 12 月 31 日	2018 年 1 月 1 日	调整数
递延所得税资产	280 595 644	316 748 737	36 153 093
其他非流动资产	1 210 710	1 210 710	
非流动资产合计	16 697 515 944	16 914 404 501	216 888 557
资产总计	31 704 009 489	31 920 898 046	216 888 557
流动负债：			
短期借款	5 379 161 092	5 379 161 092	
交易性金融负债			
以公允价值计量且其变动计入当期损益的金融负债			
衍生金融负债	23 190 469	23 190 469	
应付票据及应付账款	2 401 097 118	2 401 097 118	
预收款项	18 007 856		−18 007 856
合同负债		442 282 880	442 282 880
应付职工薪酬	439 505 286	439 505 286	
应交税费	313 192 643	313 192 643	
其他应付款	1 069 106 178	1 069 106 178	
其中：应付利息	29 257 043	29 257 043	
应付股利			
持有待售负债			
一年内到期的非流动负债	8 500 000	8 500 000	
其他流动负债			
流动负债合计	9 651 760 642	10 076 035 666	424 275 024
非流动负债：			
长期借款	1 711 000 000	1 711 000 000	
应付债券	798 605 414	798 605 414	
长期应付款			
长期应付职工薪酬			
预计负债			
递延收益	461 594 918	461 594 918	
递延所得税负债	75 790 241	75 790 241	

（续表）

项目	2017 年 12 月 31 日	2018 年 1 月 1 日	调整数
其他非流动负债			
非流动负债合计	3 046 990 573	3 046 990 573	
负债合计	12 698 751 215	13 123 026 239	424 275 024
所有者权益(或股东权益):			
实收资本(或股本)	2 508 617 532	2 508 617 532	
其他权益工具			
资本公积	6 224 133 097	6 224 133 097	
其他综合收益	−204 408 762	−204 408 762	
专项储备			
盈余公积	1 912 914 559	1 912 821 638	−92 921
一般风险准备			
未分配利润	8 559 579 107	8 352 285 561	−207 293 546
归属于母公司所有者权益合计	19 000 835 533	18 793 449 066	−207 386 467
少数股东权益	4 422 741	4 422 741	
所有者权益(或股东权益)合计	19 005 258 274	18 797 871 807	−207 386 467
负债和所有者权益(或股东权益)总计	31 704 009 489	31 920 898 046	216 888 557

各项目调整情况的说明:

• 因执行新收入准则,本集团将模具销售认定为非单项履约义务,在本集团已经收取了合同对价或已经取得了无条件收取合同对价权利时确认为合同负债,并随着商品销售的同时确认收入。

• 因执行新金融工具准则,本集团将原列报在"以公允价值计量且其变动计入当期损益的金融资产"报表项目调整至"交易性金融资产"列报。

根据新收入及新金融工具准则的相关规定,本集团对于首次执行上述准则的累积影响数调整 2018 年年初留存收益以及财务报表其他相关项目金额,2017 年度的比较财务报表未重列。

母公司资产负债表　　　　　　　　单位:元　币种:人民币

项目	2017 年 12 月 31 日	2018 年 1 月 1 日	调整数
流动资产:			
货币资金	6 353 866 585	6 353 866 585	

（续表）

项目	2017年12月31日	2018年1月1日	调整数
交易性金融资产		101 927 854	101 927 854
以公允价值计量且其变动计入当期损益的金融资产	101 927 854		−101 927 854
衍生金融资产	3 561 550	3 561 550	
应收票据及应收账款	1 469 181 518	1 469 181 518	
其中:应收票据	853 199 702	853 199 702	
应收账款	615 981 816	615 981 816	
预付款项	31 810 021	31 810 021	
其他应收款	8 757 293 909	8 757 293 909	
其中:应收利息			
应收股利	109 615 449	109 615 449	
存货	355 656 461	355 656 461	
合同资产			
持有待售资产			
一年内到期的非流动资产			
其他流动资产	42 339 542	42 339 542	
流动资产合计	17 115 637 440	17 115 637 440	
非流动资产:			
债权投资			
可供出售金融资产			
其他债权投资			
持有至到期投资			
长期应收款	3 667 553 044	3 667 553 044	
长期股权投资	6 527 388 995	6 527 388 995	
其他权益工具投资			
其他非流动金融资产			
投资性房地产			
固定资产	617 442 186	617 841 999	399 813
在建工程	210 707 551	210 707 551	
生产性生物资产			

（续表）

项目	2017 年 12 月 31 日	2018 年 1 月 1 日	调整数
油气资产			
无形资产	52 471 474	52 471 474	
开发支出			
商誉	48 490 007	48 490 007	
长期待摊费用	15 685 546	15 685 546	
递延所得税资产	94 464 201	94 773 936	309 735
其他非流动资产			
非流动资产合计	11 234 203 004	11 234 912 552	709 548
资产总计	28 349 840 444	28 350 549 992	709 548
流动负债：			
短期借款	3 803 754 092	3 803 754 092	
交易性金融负债			
以公允价值计量且其变动计入当期损益的金融负债			
衍生金融负债	22 857 761	22 857 761	
应付票据及应付账款	1 255 088 803	1 255 088 803	
预收款项	189 827 470		−189 827 470
合同负债		191 466 224	191 466 224
应付职工薪酬	99 787 168	99 787 168	
应交税费	2 599 671	2 599 671	
其他应付款	5 771 670 536	5 771 670 536	
其中:应付利息	28 713 638	28 713 638	
应付股利			
持有待售负债			
一年内到期的非流动负债	8 500 000	8 500 000	
其他流动负债			
流动负债合计	11 154 085 501	11 155 724 255	1 638 754
非流动负债：			
长期借款	1 671 000 000	1 671 000 000	
应付债券	798 605 414	798 605 414	

（续表）

项目	2017 年 12 月 31 日	2018 年 1 月 1 日	调整数
长期应付款			
长期应付职工薪酬			
预计负债			
递延收益	27 449 475	27 449 475	
递延所得税负债	33 300 859	33 300 859	
其他非流动负债			
非流动负债合计	2 530 355 748	2 530 355 748	
负债合计	13 684 441 249	13 686 080 003	1 638 754
所有者权益(或股东权益)：			
实收资本(或股本)	2 508 617 532	2 508 617 532	
其他权益工具			
资本公积	6 202 552 740	6 202 552 740	
减:库存股			
其他综合收益			
专项储备			
盈余公积	1 912 914 559	1 912 821 638	−92 921
未分配利润	4 041 314 364	4 040 478 079	−836 285
所有者权益(或股东权益)合计	14 665 399 195	14 664 469 989	−929 206
负债和所有者权益(或股东权益)总计	28 349 840 444	28 350 549 992	709 548

各项目调整情况的说明：

• 因执行新收入准则,本公司将模具销售认定为非单项履约义务,在本公司已经收取了合同对价或已经取得了无条件收取合同对价权利时确认为合同负债,并随着商品销售的同时确认收入。

• 因执行新金融工具准则,本公司将原列报在"以公允价值计量且其变动计入当期损益的金融资产"报表项目调整至"交易性金融资产"列报。

根据新收入及新金融工具准则的相关规定,本公司对于首次执行上述准则的累积影响数调整 2018 年年初留存收益以及财务报表其他相关项目金额,2017 年度的比较财务报表未重列。

附注 4 税项

1. 主要税种及税率

主要税种及税率情况表。

税种	计税依据	税率
增值税	应纳税增值额(应纳税额按应纳税销售额乘以适用税率扣除当期允许抵扣的进项税后的余额计算)	详见3
消费税		
城市维护建设税	当年缴纳的增值税及出口免抵的增值税额	5%或7%
企业所得税	应纳税所得额	详见下表
教育费附加	当年缴纳的增值税及出口免抵的增值税额	3%
地方教育费附加	当年缴纳的增值税及出口免抵的增值税额	1%、1.5%或2%

存在不同企业所得税税率纳税主体的,披露情况说明如下。

纳税主体名称	所得税税率	实际所得税税率
本公司	25%	25%
福建省万达汽车玻璃工业有限公司(以下简称福清汽车玻璃)	25%	15%
福耀集团(上海)汽车玻璃有限公司(以下简称上海汽车玻璃)	25%	15%
福耀集团长春有限公司(以下简称长春汽车玻璃)	25%	15%
福耀(长春)巴士玻璃有限公司(以下简称长春巴士玻璃)	25%	25%
重庆万盛福耀玻璃有限公司(以下简称万盛汽车玻璃)	25%	15%
福耀玻璃(重庆)有限公司(以下简称重庆汽车玻璃)	25%	15%
重庆万盛浮法玻璃有限公司(以下简称重庆浮法)	25%	15%
福耀集团通辽有限公司(以下简称通辽浮法)	25%	15%
福耀集团(福建)工程玻璃有限公司(以下简称工程玻璃)	25%	—
福耀集团(福建)机械制造有限公司(以下简称福清机械制造)	25%	15%
广州南沙福耀汽车玻璃有限公司(以下简称南沙中转库)	25%	10%
本溪福耀浮法玻璃有限公司(以下简称本溪浮法)	25%	—
海南文昌福耀硅砂有限公司(以下简称海南文昌硅砂)	25%	—
广州福耀玻璃有限公司(以下简称广州汽车玻璃)	25%	15%
上海福耀客车玻璃有限公司(以下简称上海巴士玻璃)	25%	15%
福耀玻璃(湖北)有限公司(以下简称湖北汽车玻璃)	25%	15%
福耀集团上海汽车饰件有限公司(以下简称上海汽车饰件)	25%	—
郑州福耀玻璃有限公司(以下简称郑州汽车玻璃)	25%	15%
佛山福耀玻璃有限公司(以下简称佛山中转库)	25%	25%

（续表）

纳税主体名称	所得税税率	实际所得税税率
溆浦福耀硅砂有限公司（以下简称湖南溆浦硅砂）	25%	—
福耀集团（沈阳）汽车玻璃有限公司（以下简称沈阳汽车玻璃）	25%	15%
成都绿榕汽车玻璃有限公司（以下简称成都中转库）	25%	—
烟台福耀玻璃有限公司（以下简称烟台中转库）	25%	—
武汉福耀玻璃有限公司（以下简称武汉中转库）	25%	—
柳州福耀玻璃有限公司（以下简称柳州中转库）	25%	—
本溪福耀硅砂有限公司（以下简称辽宁本溪硅砂）	25%	—
天津泓德汽车玻璃有限公司（以下简称天津汽车玻璃）	25%	15%
福耀玻璃（苏州）有限公司（以下简称苏州汽车玻璃）	25%	—
福耀国际控股有限公司	25%	—
厦门精密	25%	—
三锋控股	25%	—
福州模具	25%	15%
福耀饰件	25%	—
三锋服务	25%	25%
通辽精铝	25%	—
福耀（香港）有限公司（以下简称福耀香港）	25%	—
Meadland Limited（以下简称 Meadland）	25%	—
融德投资有限公司（以下简称融德投资）	16.5%	16.5%
福耀集团（香港）有限公司（以下简称福耀集团香港）	16.5%	16.5%
福耀北美玻璃工业有限公司（以下简称福耀北美）	24%	24%
福耀玻璃配套北美有限公司（以下简称北美配套）	27%	—
福耀美国 A 资产公司（以下简称美国 A 资产）	27%	—
福耀玻璃美国有限公司（以下简称福耀美国）	25.45%	—
福耀美国 C 资产公司（以下简称美国 C 资产）	25.45%	—
福耀玻璃伊利诺伊有限公司（以下简称福耀伊利诺伊）	25.45%	—
福耀集团韩国株式会社（以下简称福耀韩国）	10%	—
福耀欧洲玻璃工业有限公司（以下简称福耀欧洲）	28.78%	—
SAM 汽车饰件国际有限公司（以下简称 SAM 国际）	28.78%	—

（续表）

纳税主体名称	所得税 税率	实际所得税 税率
FYSAM 汽车饰件有限公司（以下简称 FYSAM 饰件）	28.78%	—
SAM 汽车铝件有限公司（以下简称 SAM 饰件）	28.78%	—
福耀日本株式会社（以下简称福耀日本）	39.67%	39.67%
福耀玻璃俄罗斯有限公司（以下简称福耀俄罗斯）	20%	—

2. 税收优惠

• 福清汽车玻璃注册于福清市融侨经济技术开发区,适用税率为 25%。根据闽科高〔2017〕22 号文,福清汽车玻璃 2017 年再次被认定为高新技术企业,于 2017 年至 2019 年期间内享受高新技术企业减按 15%税率征收企业所得税的优惠政策。因此本报告期按 15%缴纳企业所得税（2017 年:15%）。

• 上海汽车玻璃注册于上海国际汽车城零部件配套工业园区,适用税率为 25%。上海汽车玻璃已被列入上海市 2018 年第一批认定高新技术企业名单。于 2018 年至 2020 年期间内享受高新技术企业减按 15%税率征收企业所得税的优惠政策。因此本报告期按 15%缴纳企业所得税（2017 年:15%）。

• 长春汽车玻璃注册于长春市经济技术开发区,适用税率为 25%。根据吉科发办〔2017〕262 号文,长春汽车玻璃 2017 年再次被认定为高新技术企业,于 2017 年至 2019 年期间内享受高新技术企业减按 15%税率征收企业所得税的优惠政策。因此本报告期按 15%缴纳企业所得税（2017 年:15%）。

• 万盛汽车玻璃注册于重庆市万盛区、重庆汽车玻璃注册于重庆市北部新区、通辽浮法注册于通辽市经济技术开发区,重庆浮法注册于重庆市万盛区,适用税率均为 25%。根据《关于深入实施西部大开发战略有关税收政策问题的通知》（财税〔2011〕58 号）,自 2011 年 1 月 1 日至 2020 年 12 月 31 日,对设在西部地区的鼓励类产业企业减按 15%的税率征收企业所得税。上述鼓励类产业企业是指以《西部地区鼓励类产业目录》中规定的产业项目为主营业务,且其主营业务收入占企业收入总额 70%以上的企业。2014 年 8 月 20 日国家发改委公布了《西部地区鼓励类产业目录》,该目录明确规定了可以享受相关税收优惠的西部地区产业范围。万盛汽车玻璃、重庆汽车玻璃、通辽浮法、重庆浮法已获得发改委或其授权部门签发的西部地区鼓励类产业项目确认书,且 2018 年其符合主营业务收入占企业收入总额达到 70%以上的要求,因此万盛汽车玻璃、重庆汽车玻璃、通辽浮法、重庆浮法本报告期按 15%缴纳企业所得税（2017 年:15%）。

• 工程玻璃、本溪浮法、海南文昌硅砂、上海汽车饰件、湖南溆浦硅砂、成都中转库、烟台中转库、武汉中转库、柳州中转库、辽宁本溪硅砂、苏州汽车玻璃、福耀国际、厦门精密、通辽精铝适用税率为 25％，由于本报告期亏损或剔除居民企业投资收益后应纳税所得小于零或尚处于筹建期，因此本报告期无须缴纳企业所得税（2017年：0％）。

- 福清机械制造注册于福清市融侨经济技术开发区，适用税率为 25％。根据国科火字〔2016〕159 号文，福清机械制造于 2016 年被认定为高新技术企业，于 2016 年至 2018 年期间内享受高新技术企业减按 15％税率征收企业所得税的优惠政策。因此本报告期按 15％缴纳企业所得税（2017 年：15％）。

- 南沙中转库注册于广州市南沙区，适用税率 25％。根据《关于进一步扩大小型微利企业所得税优惠政策范围的通知》（财税〔2018〕77 号），自 2018 年 1 月 1 日至 2020 年 12 月 31 日，将小型微利企业的年应纳税所得额上限由 50 万元提高至 100 万元，对年应纳税所得额低于 100 万元（含 100 万元）的小型微利企业，其所得减按 50％计入应纳税所得额，按 20％的税率缴纳企业所得税。南沙中转库符合上述所得税优惠政策，因此本报告期按实际税率 10％缴纳企业所得税（2017 年：10％）。

- 广州汽车玻璃注册于广州增城市新塘镇，适用税率为 25％。广州汽车玻璃已被列入广东省 2018 年第一批认定高新技术企业名单，于 2018 年至 2020 年期间内享受高新技术企业减按 15％税率征收企业所得税的优惠政策，因此本报告期按 15％缴纳企业所得税（2017 年：15％）。

- 上海巴士玻璃注册于上海国际汽车城零部件配套工业园区，适用税率为 25％。上海巴士玻璃已被列入上海市 2018 年第二批认定高新技术企业名单，于 2018 年至 2020 年期间内享受高新技术企业减按 15％税率征收企业所得税的优惠政策，因此本报告期按 15％缴纳企业所得税（2017 年：15％）。

- 湖北汽车玻璃注册于湖北省荆门市，适用税率为 25％。根据国科火字〔2016〕184 号，湖北汽车玻璃于 2016 年再次被认定为高新技术企业，于 2016 年至 2018 年期间内享受高新技术企业减按 15％税率征收企业所得税的优惠政策，因此本报告期按 15％缴纳企业所得税（2017 年：15％）。

- 郑州汽车玻璃注册于河南省郑州市管城区金岱工业园区，适用税率为 25％。郑州汽车玻璃已被列入河南省 2018 年第二批拟认定高新技术企业名单，于 2018 年至 2020 年期间内享受高新技术企业减按 15％税率征收企业所得税的优惠政策，因此本报告期按 15％缴纳企业所得税（2017 年：15％）。

- 沈阳汽车玻璃注册于辽宁省沈阳市大东区，适用税率 25％，根据辽科发〔2017〕56 号，沈阳汽车玻璃于 2017 年被认定为高新技术企业，于 2017 年至 2019 年期间内享受高新技术企业减按 15％税率征收企业所得税的优惠政策，因此本报告期按 15％缴纳企业所得税（2017 年：15％）。

- 天津汽车玻璃注册于天津西青汽车工业区,适用税率为25%。根据国科火字〔2017〕222号,天津汽车玻璃于2017年被认定为高新技术企业,于2017年至2019年期间内享受高新技术企业减按15%税率征收企业所得税的优惠政策,因此本报告期按15%缴纳企业所得税(2017年:15%)。

- 三锋控股注册于福建省福清市,适用税率为25%,由于本报告期剔除居民企业投资收益后应纳税所得小于零,因此本报告期无须缴纳企业所得税(2017年:0%)。

- 福州模具注册于福州市海西高新区,适用税率为25%。根据闽科高〔2018〕1号文,福州模具于2017年被认定为高新技术企业,于2017年至2019年期间内享受高新技术企业减按15%税率征收企业所得税的优惠政策。因此本报告期按15%缴纳企业所得税(2017年:15%)。

- 福耀饰件注册于福建省福清市,适用税率为25%。根据闽科高〔2018〕1号,福耀饰件于2017年被认定为高新技术企业,于2017年至2019年期间内享受高新技术企业减按15%税率征收企业所得税的优惠政策。由于本报告期亏损,因此本报告期无须缴纳企业所得税(2017年:0%)。

- 根据国税函〔2010〕468号文《国家税务总局关于福耀(香港)有限公司及Meadland Limited居民企业认定问题的批复》,福耀香港和Meadland Limited适用税率为25%,由于本报告期剔除居民企业投资收益后应纳税所得小于零,因此本报告期无须缴纳企业所得税(2017年:0%)。

- 北美配套、美国A资产在母公司北美配套所在地美国密歇根州联合申报公司所得税,根据美国相关税法,联邦税率21%,综合州税率6%,合计27%,本报告期两家联合申报为亏损,因此本报告期北美配套、美国A资产无须缴纳企业所得税(2017年:0%)。

- 福耀美国、美国伊利诺伊、美国C资产联合申报联邦所得税和州税,根据美国相关税法,联邦税率21%,综合州税率4.45%,合计25.45%。本报告期使用了以前年度的可抵扣亏损,因此本报告期无须缴纳企业所得税(2017年:0%)。

- 福耀韩国注册于韩国仁川市,根据韩国所得税法,应纳税所得额200 000 000韩元以下的公司适用所得税率为10%,应纳税所得额在200 000 000韩元至20 000 000 000韩元之间的部分适用所得税率为20%,应纳税所得额超过20 000 000 000韩元至300 000 000 000的部分适用所得税率为22%,超过300 000 000 00的部分适用税率为25%,福耀韩国本报告期亏损,因此本报告期无须缴纳企业所得税(2017年:0%)。

- 福耀欧洲、SAM国际、FYSAM饰件及SAM饰件注册于德国莱茵加尔滕,根据德国所得税法,所得税税率15.83%,经营税12.95%,合计28.78%。本报告期福耀欧洲亏损,SAM国际、FYSAM饰件及SAM饰件尚处于筹建期,因此本报告期无须缴纳企业所得税(2017年:0%)。

• 福耀俄罗斯注册于俄罗斯卡卢加州,根据俄罗斯所得税法,联邦税率3%,地方税率17%,合计20%。本报告期福耀俄罗斯亏损,因此本报告期无须缴纳企业所得税(2017年:0%)。

3. 其他

本集团的产品于中国的销售业务适用增值税,根据《财政部、国家税务总局关于调整增值税税率的通知》(财税〔2018〕32号)相关规定,自2018年5月1日起,内销汽车玻璃适用的增值税税率为16%,2018年5月1日前该业务适用的增值税税率为17%。外销汽车玻璃采用"免、抵、退"办法,自2018年8月1日起汽车玻璃的出口退税率由17调整为16%。

本集团的产品于海外的销售业务在部分国家适用增值税,其中欧洲产品增值税税率为19%,俄罗斯产品增值税税率为18%,日本产品增值税税率为8%。

附注5　合并财务报表项目注释

1. 货币资金(单位:元　币种:人民币)

项目	期末余额	期初余额
库存现金	998 579	43 817
银行存款	6 356 657 631	6 704 251 811
其他货币资金	8 316 916	23 904 414
合计	6 365 973 126	6 728 200 042
其中:存放在境外的款项总额	4 719 365 413	5 930 824 700

其他说明:

• 于2018年12月31日,无定期存款质押给银行作为借款的担保(2017年12月31日:无)。

• 于2018年12月31日,其他货币资金中3 792 786元(2017年12月31日:3 608 969元)为本集团所属子公司海关关税保证金存款;4 524 130元(2017年12月31日:18 571 137元)为本集团所属子公司向银行申请开具信用证及汇票存入的保证金存款。

• 于2017年12月31日,本集团所属子公司厂房租赁保证金存款为1 724 308元。

2. 交易性金融资产(单位:元　币种:人民币)

项目	期末余额	期初余额
指定以公允价值计量且其变动计入当期损益的金融资产	387 261 777	101 927 854
其中:		

（续表）

项目	期末余额	期初余额
结构性理财产品(a)	1 401 366	101 927 854
结构性存款(b)	385 860 411	
合计	387 261 777	101 927 854

其他说明：

• 于 2018 年 12 月 31 日,本集团结存的收益与摩根大通 MOZAIC WEEKLY 指数连结的保本型理财产品,该产品已于 2018 年 8 月 17 日归还投资本金,将于 2019 年 8 月 16 日到期。年末估值为 204 185 美元,折合人民币 1 401 366 元(2017 年 12 月 31 日:估值为 15 599 133 美元,折合人民币 101 927 854 元)。

• 于 2018 年 12 月 31 日,本集团结存的收益与美元兑港币汇率连结的保本型结构性存款,投资金额合计人民币 200 000 000 元,年末估值为人民币 200 642 466 元(2017 年 12 月 31 日:无)。该等产品将于 2019 年 5 月 13 日至 2019 年 5 月 21 日期间到期。

于 2018 年 12 月 31 日,本集团结存的收益与 USD3M-LIBOR 连结的保本型结构性存款,投资金额人民币 185 000 000 元,年末估值为人民币 185 217 945 元(2017 年 12 月 31 日:无)。该产品将于 2019 年 6 月 21 日到期。

3. 衍生金融资产(单位:元　币种:人民币)

项目	期末余额	期初余额
货币掉期合同(a)	44 661 962	3 561 550
远期外汇合同(b)	2 880 400	
合计	47 542 362	3 561 550

其他说明：

• 于 2018 年 12 月 31 日,本集团与银行间已签约但尚未到期的货币掉期合同中:以人民币兑美元之名义金额合计为 198 000 000 美元,合同约定到期汇率为 6.225 至 6.927,合同将在 2019 年 1 月 9 日至 2019 年 12 月 25 日期间到期。

于 2017 年 12 月 31 日,本集团与银行间已签约但尚未到期的货币掉期合同中:以人民币兑美元之名义金额合计为 157 000 000 美元,合同约定到期汇率为 6.45 至 6.7481,合同已于 2018 年 7 月 19 日至 2018 年 12 月 25 日期间到期;以欧元兑美元之合同本金合计为欧元 18 518 519 元,合同约定到期汇率为 1.08,合同已于 2018 年 3 月 23 日到期。

• 于 2018 年 12 月 31 日,本集团与银行间已签约但尚未到期的远期外汇合同中:以美元兑人民币之名义金额合计为 90 000 000 美元,合同约定到期汇率为 6.7118 至 6.98,合同将在 2019 年 7 月 15 日至 2019 年 11 月 15 日期间到期。

于 2017 年 12 月 31 日,本集团与银行间已签约但尚未到期的远期外汇合同中: 以欧元兑换美元之名义金额合计为 4 896 000 欧元;合同约定的到期汇率为 1.20;合同已于 2018 年 8 月 31 日到期。

• 于 2017 年 12 月 31 日,本集团与银行间已签约但尚未到期的卖出外汇看涨期权合同中:以美元兑人民币之合同本金合计为 60 000 000 美元,合同约定到期汇率为 6.75 至 6.9,合同已于 2018 年 1 月 3 日至 2018 年 5 月 3 日到期。

4. 应收票据及应收账款

(1) 总表情况

分类列示(单位:元 币种:人民币)。

项 目	期末余额	期初余额
应收票据	710 399 926	921 383 461
应收账款	3 593 707 590	3 716 260 518
合计	4 304 107 516	4 637 643 979

(2) 应收票据

(a) 应收票据分类列示(单位:元 币种:人民币)

项 目	期末余额	期初余额
银行承兑票据	691 471 513	898 670 630
商业承兑票据	18 928 413	22 712 831
合计	710 399 926	921 383 461

(b) 期末公司已质押的应收票据(单位:元 币种:人民币)

项 目	期末已质押金额
银行承兑票据	373 715 027
商业承兑票据	
合计	373 715 027

(c) 期末公司已背书或贴现且在资产负债表日尚未到期的应收票据(单位:元 币种:人民币)

项目	期末终止确认金额	期末未终止确认金额
银行承兑票据	1 154 209 803	
商业承兑票据		
合计	1 154 209 803	

其他说明:于 2018 年度,本集团对部分应收银行承兑汇票进行了背书或贴现并已终止确认。此外,本集团无重大因视其日常资金管理的需要将一部分银行承兑汇票进行贴现和背书。

（3）应收账款

（a）按账龄披露(单位:元　币种:人民币)

账龄	期末余额
1 年以内	3 591 954 445
1～2 年	1 745 426
2～3 年	170 930
3 年以上	2 515 375
合计	3 596 386 176

备注:上述金额不含坏账准备金额。

（b）按坏账计提方法分类披露(单位:元　币种:人民币)

类别	期末余额					期初余额				
	账面余额		坏账准备		账面价值	账面余额		坏账准备		账面价值
	金额	比例	金额	计提比例		金额	比例	金额	计提比例	
按单项计提坏账准备	2 515 375		1 815 375	68%	700 000					
其中:										
单项金额重大										
单项金额不重大	2 515 375		1 815 375	68%	700 000					
按组合计提坏账准备	3 593 870 801	100%	863 211	32%	3 593 007 590	3 716 260 518	100%			3 716 260 518
其中:										
按信用风险特征组合	3 593 870 801	100%	863 211	32%	3 593 007 590	3 716 260 518	100%			3 716 260 518
合计	3 596 386 176	—	2 678 586	—	3 593 707 590	3 716 260 518	—		—	3 716 260 518

(i) 按单项计提坏账准备:(单位:元 币种:人民币)

名称	期末余额			
	账面余额	坏账准备	计提比例	计提理由
客户 1	1 525 301	1 525 301	100%	预计无法收回
客户 2	990 074	290 074	29%	预计部分无法收回
合计	2 515 375	1 815 375	72%	

(ii) 按组合计提坏账准备:

组合计提项目:按信用风险特征组合(单位:元 币种:人民币)。

名称	期末余额		
	应收账款	坏账准备	计提比例(%)
1 年以内	3 591 954 445	711 384	0.02
1~2 年	1 745 426	94 827	5.43
2~3 年	170 930	57 000	33.35
合计	3 593 870 801	863 211	0.02

(c) 坏账准备的情况(单位:元 币种:人民币)

类别	期初余额	本期变动金额			期末余额
		计提	收回或转回	转销或核销	
单项金额不重大但单独计提坏账准备		3 524 152		1 708 777	1 815 375
按信用风险特征组合计提坏账准备		863 211			863 211
合计		4 387 363		1 708 777	2 678 586

(d) 本期实际核销的应收账款情况(单位:元 币种:人民币)

项目	核销金额
实际核销的应收账款	1 708 777

其中重要的应收账款核销情况(单位:元 币种:人民币)

单位名称	应收账款性质	核销金额	核销原因	履行的核销程序	款项是否由关联交易产生
客户1	应收货款	106	重大财务困难	经审批已核销	否
客户2	应收货款	52	重大财务困难	经审批已核销	否
合计		158			

（e）按欠款方归集的期末余额前5名的应收账款情况（单位：元　币种：人民币）

	期末数	坏账准备金额	占应收账款比例
余额前五名的应收账款总额	523 756 578		15%

5. 预付款项

（1）预付款项按账龄列示（单位：元　币种：人民币）

账龄	期末余额		期初余额	
	金额	比例	金额	比例
1年以内	203 494 471	92%	185 080 925	95
1～2年	6 323 692	3%	241 989	0
2～3年	94 598	0	10 133 383	5
3年以上	10 214 011	5%	64 998	0
合计	220 126 772	100%	195 521 295	100

（2）按预付对象归集的期末余额前5名的预付款情况（单位：元　币种：人民币）

	金额	占预付账款总额比例
前5名预付款项汇总	102 577 570	47%

其他说明：于2018年12月31日，账龄超过1年的预付款项为16 632 301元，主要为预付材料款及加工费（2017年12月31日为10 440 370元）。

6. 其他应收款

（1）总表情况（单位：元　币种：人民币）

项目	期末余额	期初余额
应收利息		
应收股利		
其他应收款	510 753 825	105 412 820
合计	510 753 825	105 412 820

（2）其他应收款

（a）按账龄披露（单位：元　币种：人民币）

账龄	期末余额
1 年以内	502 992 576
1～2 年	20 680 384
2～3 年	283 558
3 年以上	10 609 795
合计	534 566 313

备注：上述金额不含坏账准备金额。

（b）按款项性质分类情况（单位：元　币种：人民币）

款项性质	期末账面余额	期初账面余额
应收股权转让款	321 400 000	
应收关联方	63 297 450	7 969 625
应收赔偿款	23 812 488	
应收退税	18 484 758	27 078 246
押金及保证金	16 751 532	14 649 184
代垫款项	14 318 154	18 378 737
员工借款	1 585 482	1 653 351
其他	74 916 449	35 683 677
减：坏账准备		
合计	510 753 825	105 412 820

（c）坏账准备计提情况（单位：元　币种：人民币）

坏账准备	第一阶段 未来 12 个月预期信用损失	第二阶段 整个存续期预期信用损失（未发生信用减值）	第三阶段 整个存续期预期信用损失（已发生信用减值）	合计
本期计提			23 812 488	23 812 488
2018 年 12 月 31 日余额			23 812 488	23 812 488

(d) 坏账准备的情况(单位:元　币种:人民币)

类别	期初余额	本期变动金额			期末余额
		计提	收回或转回	转销或核销	
应收赔偿款		23 812 488			23 812 488
合计		23 812 488			23 812 488

(e) 按欠款方归集的期末余额前5名的其他应收款情况(单位:元　币种:人民币)

单位名称	款项的性质	期末余额	账龄	占其他应收款期末余额合计数的比例(%)	坏账准备期末余额
第一名	应收股权转让款	321 400 000	1年以内	60	
第二名	应收关联方	60 008 765	1年以内	11	
第三名	应收赔偿款	23 812 488	1年以内	4	23 812 488
第四名	保险赔款	15 827 446	1年以内	3	
第五名	代垫款项	11 634 938	1年以内	2	
合计		432 683 637		80	23 812 488

(f) 涉及政府补助的应收款项(单位:元　币种:人民币)

单位名称	政府补助项目名称	期末余额	期末账龄	预计收取的时间、金额及依据
福建省东锅节能科技有限公司	余热发电项目	1 525 812	1年以内	2019年6月~8月从应付给对方的电费中扣减

7. 存货

(1) 存货分类(单位:元　币种:人民币)

项目	期末余额			期初余额		
	账面余额	存货跌价准备/合同履约成本减值准备	账面价值	账面余额	存货跌价准备	账面价值
原材料	1 288 788 120	15 960 047	1 272 828 073	1 226 005 506	1 260 474	1 224 745 032
在产品	172 089 862		172 089 862	115 678 100		115 678 100
库存商品	1 792 977 367	12 789 805	1 780 187 562	1 630 798 850	6 843 520	1 623 955 330
周转材料	16 634 480		16 634 480	10 298 989		10 298 989
合计	3 270 489 829	28 749 852	3 241 739 977	2 982 781 445	8 103 994	2 974 677 451

(2) 存货跌价准备及合同履约成本减值准备(单位:元　币种:人民币)

项目	期初余额	本期增加金额		本期减少金额		期末余额
		计提	其他	转回或转销	其他	
原材料	1 260 474	14 699 573	703 539	703 539		15 960 047
在产品						
库存商品	6 843 520	8 857 786	725 588	3 637 089		12 789 805
周转材料						
合计	8 103 994	23 557 359	1 429 127	4 340 628		28 749 852

8. 一年内到期的非流动资产（单位：元　币种：人民币）

项目	期末余额	期初余额
一年内到期的长期应收款	190 000 000	
合计	190 000 000	

9. 其他流动资产（单位：元　币种：人民币）

项目	期末余额	期初余额
合同取得成本		
应收退货成本		
待抵扣增值税进项税额	270 977 578	201 222 304
待认证增值税进项税额	31 049 543	40 556 492
预缴税费	11 607 193	17 769 758
合计	313 634 314	259 548 554

10. 长期应收款（单位：元　币种：人民币）

项目	期末余额			期初余额			折现率区间
	账面余额	坏账准备	账面价值	账面余额	坏账准备	账面价值	
融资租赁款							
其中：未实现融资收益							
分期收款销售商品							
分期收款提供劳务							

（续表）

项目	期末余额			期初余额			折现率区间
	账面余额	坏账准备	账面价值	账面余额	坏账准备	账面价值	
应收关联方	190 000 000		190 000 000	190 000 000		190 000 000	
减:一年内到期的长期应收款	−190 000 000		−190 000 000				
合计	0		0	190 000 000		190 000 000	

　　于 2018 年 12 月 31 日及 2017 年 12 月 31 日,长期应收款 190 000 000 元为本集团向联营企业金垦玻璃工业双辽有限公司(以下简称"金垦玻璃")提供的借款,借款期限 2 年,年利率 5.225%,每季度付息一次。该借款以双辽市金源玻璃制造有限公司和吉林省华生燃气集团有限公司合计持有的金垦玻璃 75% 股权无条件质押,及以金垦玻璃拥有的所有机器设备、车辆等动产与不动产(包括但不限于房屋建筑物、土地使用权等)无条件抵押给本集团,作为该借款的担保。截至 2018 年 12 月 31 日,金垦玻璃抵押物账面价值为 310 542 195 元(2017 年 12 月 31 日:304 974 465 元)金垦玻璃抵押物账面价值为 304 974 465 元。于 2018 年 12 月 31 日,本集团未计提长期应收款减值准备(2017 年:无)。

　　11. 长期股权投资(单位:元　币种:人民币)

被投资单位	期初余额	本期增减变动								期末余额	减值准备期末余额
		追加投资	减少投资	权益法下确认的投资损益	其他综合收益调整	其他权益变动	宣告发放现金股利或利润	计提减值准备	其他		
一、合营企业											
特耐王包装	43 381 319			4 649 233			7 350 000			40 680 552	
小计	43 381 319			4 649 233			7 350 000			40 680 552	
二、联营企业											
金垦玻璃	52 138 640			699 021						52 837 661	
北京福通				−1 604 297					113 824 134	112 219 837	
小计	52 138 640			−905 276					113 824 134	165 057 498	
合计	95 519 959			3 743 957			7 350 000		113 824 134	205 738 050	

　　12. 固定资产

　　(1) 总表情况(单位:元　币种:人民币)

项目	期末余额	期初余额
固定资产	13 629 887 296	11 332 521 554
固定资产清理		
合计	13 629 887 296	11 332 521 554

（2）固定资产

（a）固定资产情况（单位：元　币种：人民币）

项目	房屋及建筑物	机器设备	运输工具	电子设备及其他	合计
一、账面原值：					
1. 期初余额	5 794 607 402	9 974 392 993	195 398 861	2 072 555 293	18 036 954 549
2. 本期增加金额	846 925 662	2 545 582 128	42 896 092	707 541 496	4 142 945 378
（1）购置	85 198 062	179 449 363	35 221 863	355 936 810	655 806 098
（2）在建工程转入	660 136 265	2 132 602 706	3 545 695	313 478 890	3 109 763 556
（3）企业合并增加	62 828 242	138 629 899	4 031 753	31 663 594	237 153 488
（4）外币报表折算差异	38 763 093	94 900 160	96 781	6 462 202	140 222 236
3. 本期减少金额	238 072 246	598 063 132	26 117 394	213 618 259	1 075 871 031
（1）处置或报废	16 524 601	130 620 976	15 590 192	106 630 751	269 366 520
（2）处置子公司	221 547 645	467 442 156	10 527 202	106 987 508	806 504 511
4. 期末余额	6 403 460 818	11 921 911 989	212 177 559	2 566 478 530	21 104 028 896
二、累计折旧					
1. 期初余额	1 379 632 917	4 244 936 334	132 303 233	938 645 311	6 695 517 795
2. 本期增加金额	267 985 907	801 724 509	19 117 177	314 264 010	1 403 091 603
（1）计提	270 322 625	794 782 013	19 228 662	312 860 568	1 397 193 868
（2）外币报表折算差异	−2 336 718	6 942 496	−111 485	1 403 442	5 897 735
3. 本期减少金额	100 099 124	388 441 999	21 498 349	123 343 526	633 382 998
（1）处置或报废	4 516 305	77 382 768	12 915 823	55 867 340	150 682 236
（2）处置子公司	95 582 819	311 059 231	8 582 526	67 476 186	482 700 762
4. 期末余额	1 547 519 700	4 658 218 844	129 922 061	1 129 565 795	7 465 226 400
三、减值准备					
1. 期初余额	8 915 200				8 915 200
2. 本期增加金额					
计提					
3. 本期减少金额					

（续表）

项目	房屋及建筑物	机器设备	运输工具	电子设备及其他	合计
处置或报废					
4. 期末余额	8 915 200				8 915 200
四、账面价值					
1. 期末账面价值	4 847 025 918	7 263 693 145	82 255 498	1 436 912 735	13 629 887 296
2. 期初账面价值	4 406 059 285	5 729 456 659	63 095 628	1 133 909 982	11 332 521 554

（b）未办妥产权证书的固定资产情况（单位：元　币种：人民币）

项目	账面价值	未办妥产权证书的原因
房屋、建筑物	1 172 970 100	审批中

其他说明：

• 于 2018 年 12 月 31 日,本集团账面价值为 9 209 115 元（原值 34 875 020 元）（2017 年 12 月 31 日：账面价值为 8 246 943 元,原值为 33 271 374 元）的土地及地上建筑物作为港币 3 000 万元授信额度的抵押物。

• 于 2018 年度固定资产计提的折旧金额为 1 397 193 868 元（2017 年度：1 170 550 643 元）,其中计入营业成本、销售费用、管理费用及研发费用的折旧费用分别为：1 198 975 924 元、11 855 239 元、123 905 597 元及 62 457 108（2017 年度：969 070 321 元、9 718 100 元、125 986 205 元及 65 776 017 元）。

• 由在建工程转入固定资产的原价为 3 109 763 556 元（2017 年度：2 943 942 393元）。房屋及建筑物减值准备为本公司的中国香港子公司融德投资对其房产按可收回金额与账面价值的差异于以往年度计提的减值准备。

• 于 2018 年 12 月 31 日,净值为人民币 1 172 970 100 元的房屋及建筑物因审批进度等因素的影响尚在办理房产证。本公司管理层认为上述房产证办理并无实质性障碍,亦不会对本集团的营运造成重大不利影响。

13. 在建工程

（1）总表情况（单位：元　币种：人民币）

项目	期末余额	期初余额
在建工程	2 936 812 592	3 366 783 284
工程物资		
合计	2 936 812 592	3 366 783 284

（2）在建工程

（a）在建工程情况（单位：元　币种：人民币）

项目	期末余额			期初余额		
	账面余额	减值准备	账面价值	账面余额	减值准备	账面价值
苏州汽车玻璃项目	657 411 872		657 411 872	76 400 651		76 400 651
美国汽车玻璃项目	508 192 022		508 192 022	1 027 337 668		1 027 337 668
天津汽车玻璃项目	274 542 551		274 542 551	395 622 631		395 622 631
湖北汽车玻璃项目	177 487 248		177 487 248	232 139 130		232 139 130
北美配套项目	176 822 271		176 822 271	131 314 487		131 314 487
万盛汽车玻璃项目	167 743 856		167 743 856	177 143 932		177 143 932
本溪浮法项目	155 785 024		155 785 024	259 234 629		259 234 629
福耀饰件项目	108 158 787		108 158 787			
福清汽车玻璃项目	88 256 218		88 256 218	117 450 459		117 450 459
福州模具项目	76 067 170		76 067 170			
上海汽车玻璃项目	75 364 385		75 364 385	163 276 174		163 276 174
福耀欧洲项目	74 361 328		74 361 328	52 402 526		52 402 526
长春汽车玻璃项目	64 167 475		64 167 475	36 013 272		36 013 272
郑州汽车玻璃项目	43 667 351		43 667 351	57 002 255		57 002 255
广州汽车玻璃项目	41 148 437		41 148 437	26 314 679		26 314 679
俄罗斯汽车玻璃项目	40 403 062		40 403 062	64 476 276		64 476 276
重庆汽车玻璃项目	37 746 813		37 746 813	50 815 594		50 815 594
美国浮法玻璃项目	37 412 612		37 412 612	60 930 094		60 930 094
福清机械制造项目	30 365 603		30 365 603	36 684 464		36 684 464
上海巴士玻璃项目	28 269 872		28 269 872	39 475 152		39 475 152
沈阳汽车玻璃项目	24 189 687		24 189 687	38 141 252		38 141 252
本公司项目	25 512 336		25 512 336	210 707 551		210 707 551
本溪硅砂项目	8 406 647		8 406 647	42 984 679		42 984 679
北京汽车玻璃项目				39 794 333		39 794 333
其他	15 329 965		15 329 965	31 121 396		31 121 396
合计	2 936 812 592		2 936 812 592	3 366 783 284		3 366 783 284

（b）重要在建工程项目本期变动情况（单位：元　币种：人民币）

项目名称	预算数	期初余额	本期增加金额	本期转入固定资产金额	本期其他减少金额	期末余额	工程累计投入占预算比例(%)	工程进度	利息资本化累计金额	其中：本期利息资本化金额	本期利息资本化率(%)	资金来源
苏州汽车玻璃项目	100 000	7 640	58 101			65 741	75%	77%	1 130	1 069	3.688%	自有及借贷资金
本溪浮法玻璃项目	100 000	25 923	54 789	65 134		15 579	88%	97%	1 214	1 090	3.680%	自有及借贷资金
合计	200 000	33 563	112 890	65 134		81 320	—	—	2 344	2 159	—	—

14. 无形资产

（1）无形资产情况（单位：元　币种：人民币）

项目	土地使用权	专利权	技术使用费	计算机软件	其他	合计
一、账面原值						
1. 期初余额	1 205 585 715	32 608 778	68 714 915	80 063 564	21 987 301	1 408 960 273
2. 本期增加金额	133 023 527	294 930		47 232 755	34 631 793	215 183 005
(1) 购置	81 783 504	294 930		45 729 705	34 248 335	162 056 474
(2) 内部研发						
(3) 企业合并增加	51 240 023			1 503 050	383 458	53 126 531
3. 本期减少金额	58 271 688		−1 974 000	3 067 363	−7 108	59 357 943
(1) 处置	58 013 727			3 902 332		61 916 059
(2) 外币折算差异	257 961		−1 974 000	−834 969	−7 108	−2 558 116
4. 期末余额	1 280 337 554	32 903 708	70 688 915	124 228 956	56 626 202	1 564 785 335
二、累计摊销						
1. 期初余额	167 411 188	26 390 732	36 278 283	55 277 329	16 557 137	301 914 669
2. 本期增加金额	24 120 900	1 634 229	3 448 989	19 570 193	1 371 986	50 146 297
计提	24 120 900	1 634 229	3 448 989	19 570 193	1 371 986	50 146 297
3. 本期减少金额	16 023 760		−355 320	105 969	−4 857	15 769 552
(1) 处置	16 100 234			486 951		16 587 185
(2) 外币折算差异	−76 474		−355 320	−380 982	−4 857	−817 633

（续表）

项目	土地使用权	专利权	技术使用费	计算机软件	其他	合计
4. 期末余额	175 508 328	28 024 961	40 082 592	74 741 553	17 933 980	336 291 414
三、减值准备						
1. 期初余额	8 915 200					8 915 200
2. 本期增加金额						
计提						
3. 本期减少金额						
处置						
4. 期末余额	8 915 200					8 915 200
四、账面价值						
1. 期末账面价值	1 095 914 026	4 878 747	30 606 323	49 487 403	38 692 222	1 219 578 721
2. 期初账面价值	1 029 259 327	6 218 046	32 436 632	24 786 235	5 430 164	1 098 130 404

本期末通过公司内部研发形成的无形资产占无形资产余额的比例 0。

（2）未办妥产权证书的土地使用权情况（单位：元　币种：人民币）

项目	账面价值	未办妥产权证书的原因
土地使用权	13 604 987	因审批进度原因尚未办妥

其他说明：

• 2018 年度无形资产的摊销金额为 50 146 297 元（2017 年度：44 348 345 元）。

• 于 2018 年度，无形资产减少中包含因处置子公司而减少的资产，净值共计 41 913 564 元（2017 年度：192 252 183 元）。

• 于 2018 年 12 月 31 日，本集团账面价值为 9 209 115 元（原值 34 875 020 元）（2017 年 12 月 31 日：账面价值为 8 246 943 元，原值为 33 271 374 元）的土地及地上建筑物作为港币 3 000 万元授信额度的抵押物。

15. 商誉

（1）商誉账面原值（单位：元　币种：人民币）

被投资单位名称或形成商誉的事项	期初余额	本期增加 企业合并形成的	本期减少 处置	期末余额
福清汽车玻璃(a)	18 445 091			18 445 091
福清汽车玻璃（原福州绿榕）(a)	44 298 719			44 298 719

（续表）

被投资单位名称或形成商誉的事项	期初余额	本期增加 企业合并形成的	本期减少 处置	期末余额
海南文昌硅砂(b)	11 934 516			11 934 516
厦门精密(c)		74 942 227		74 942 227
三锋控股(d)		4 086 621		4 086 621
合计	74 678 326	79 028 848		153 707 174

• 本公司及福耀香港于 1999 年分别以美元 7 800 000 元（折合人民币 64 757 461元）及美元 8 200 000 元（折合人民币 68 352 446 元）收购第三方圣戈班所持有的福清汽车玻璃 26％及 25％的股权（账面净资产为人民币 224 832 972 元）。收购价与可辨认净资产公允价值份额的差额计人民币 18 445 091 元确认为商誉。

本公司及福耀香港于 2000 年分别以人民币 123 518 182 元及 41 155 887 元自（中国香港）北海实业有限公司取得福州绿榕 75％及 25％的股权（账面净资产为人民币 120 375 350 元）。收购价与可辨认净资产公允价值份额的差额计人民币 44 298 719元确认为商誉。于 2005 年，福清汽车玻璃吸收合并福州绿榕。

• 海南浮法与福耀香港于 2006 年分别以 38 250 000 元及 12 750 000 元收购海南文昌硅砂 100％的股权（账面净资产为 39 070 000 元）。收购价与可辨认净资产公允价值份额的差额计 11 934 516 元确认为商誉。本公司于 2009 年以 38 250 000 元收购海南浮法持有的海南文昌硅砂 75％的股权（账面净资产为 38 250 000 元）。

• 福耀香港于本报告期以 12 675 000 美元（折合人民币 80 900 850 元）收购厦门精密 78％股权（账面净资产为－32 352 314 元），收购价与可辨认净资产公允价值份额的差额计人民币 74 942 227 元确认为商誉。

• 福耀香港于本报告期以人民币 223 765 000 元收购三锋控股 100％股权（三锋控股及其下属子公司合并财务报表账面净资产为人民币 214 189 839 元），收购价与可辨认净资产公允价值份额的差额计人民币 4 086 621 元确认为商誉。

（2）说明商誉减值测试过程、关键参数及商誉减值损失的确认方法

于商誉减值测试时，资产组和资产组组合的可收回金额依据管理层批准的五年期预算，采用现金流量预测方法计算。超过该 5 年期的现金流量采用估计增长率作出推算。本集团管理层根据历史经验及对市场发展的预测确定增长率和毛利率，并采用能够反映相关资产组和资产组组合的特定风险的税前利率为折现率。

在进行商誉减值测试时，本集团将相关资产或资产组组合（含商誉）的账面价值与其可收回金额进行比较，如果可收回金额低于账面价值，相关差额计入当期损益。本集团的商誉分摊于 2018 年度未发生变化。

资产组和资产组组合的可收回金额是基于管理层批准的 5 年期预算,之后采用固定的增长率(如下表所述)为基础进行估计,采用现金流量预测方法计算。

采用未来现金流量折现方法的主要假设:

项目	福清汽车玻璃	海南文昌硅砂	厦门精密	三锋控股
预测期增长率	3%	5%	14%～36%	5%
稳定期增长率	2%	2%	2%	2%
毛利率	38%	68%	25%～31%	37%
折现率	13%	13%	13%	13%

本集团根据历史经验及对市场发展的预测确定增长率和毛利率,并采用能够反映相关资产组和资产组组合的特定风险的税前利率为折现率,稳定期增长率为本集团预测五年期预算后的现金流量所采用的加权平均增长率,与行业报告所载的预测数据一致,不超过各产品的长期平均增长率。

16. 长期待摊费用(单位:元 币种:人民币)

项目	期初余额	本期增加金额	本期摊销金额	其他减少金额	期末余额
包装铁箱	199 770 401	132 384 939	94 745 729	11 482 181	225 927 430
工装	82 796 924	80 059 788	54 994 363	1 424 797	106 437 552
模检具	74 659 494	57 771 073	48 404 359	3 657 858	80 368 350
砂矿场地合作服务费	26 840 131		6 696 561		20 143 570
其他	54 744 577	58 754 379	34 986 425	1 118 303	77 394 228
合计	438 811 527	328 970 179	239 827 437	17 683 139	510 271 130

17. 递延所得税资产/递延所得税负债

(1) 未经抵销的递延所得税资产(单位:元 币种:人民币)

项目	期末余额		期初余额	
	可抵扣暂时性差异	递延所得税资产	可抵扣暂时性差异	递延所得税资产
资产减值准备	22 122 638	4 876 734	5 124 840	1 157 006
未实现利润	1 154 746 996	191 339 116	767 479 766	130 049 841
可抵扣亏损	1 425 994 491	425 802 717	1 544 270 422	465 485 427
递延收益	263 698 149	43 120 847	252 666 410	43 567 938
预提费用	31 738 638	5 673 672	42 047 950	7 962 578

（续表）

项目	期末余额		期初余额	
	可抵扣暂时性差异	递延所得税资产	可抵扣暂时性差异	递延所得税资产
无形资产摊销	2 369 493	592 373	4 060 827	1 016 533
开办费	57 561 662	14 650 815	59 487 764	15 258 697
以公允价值计量且其变动计入当期损益的金融负债的公允价值变动	3 077 741	769 435	22 323 761	5 580 940
固定资产折旧	631 291	94 694	10 175 471	1 526 321
其他	205 379 444	52 275 442	276 920 870	73 068 312
合计	3 167 320 543	739 195 845	2 984 558 081	744 673 593

（2）未经抵销的递延所得税负债（单位：元　币种：人民币）

项目	期末余额		期初余额	
	应纳税暂时性差异	递延所得税负债	应纳税暂时性差异	递延所得税负债
非同一控制企业合并资产评估增值	66 626 258	7 990 555	7 857 461	1 178 619
可供出售金融资产公允价值变动				
海外子公司尚未分配的利润	622 373 751	50 761 118	559 558 134	43 474 900
利息资本化	71 520 587	15 449 836	61 726 873	13 345 775
固定资产折旧	2 576 327 609	496 789 936	3 035 569 149	477 125 557
无形资产摊销	12 919 743	1 937 961	13 226 426	1 983 964
以公允价值计量且其变动计入当期损益的金融资产的公允价值变动	49 804 139	12 451 035	5 489 404	1 372 350
投资收益	224 690 847	56 172 712		
其他	19 371 322	4 930 463	5 239 201	1 387 025
合计	3 643 634 256	646 483 616	3 688 666 648	539 868 190

（3）以抵销后净额列示的递延所得税资产或负债（单位：元　币种：人民币）

项目	递延所得税资产和负债期末互抵金额	抵销后递延所得税资产或负债期末余额	递延所得税资产和负债期初互抵金额	抵销后递延所得税资产或负债期初余额
递延所得税资产	−486 734 767	252 461 078	−464 077 949	280 595 644
递延所得税负债	−486 734 767	159 748 849	−464 077 949	75 790 241

（4）未确认递延所得税资产明细（单位：元　币种：人民币）

项目	期末余额	期初余额
可抵扣暂时性差异	25 661 054	
可抵扣亏损	1 953 847 698	2 326 293 787
合计	1 979 508 752	2 326 293 787

（5）未确认递延所得税资产的可抵扣亏损将于以下年度到期（单位：元　币种：人民币）

年份	期末金额	期初金额	备注
2018 年		1 376 760	
2019 年	1 555 628	1 959 600	
2020 年	29 717 040	31 409 502	
2021 年	27 732 960	33 964 137	
2022 年	53 046 825	308 137 146	
2023 年	177 597 886		
2034 年	980 944	980 944	
2035 年	9 349 937	9 349 937	
2036 年	229 875 534	551 339 808	
2037 年	774 428 840	887 644 724	
2038 年	23 957 976		
2038 年后	625 604 128	500 131 229	
合计	1 953 847 698	2 326 293 787	

18. 资产减值准备（单位：元　币种：人民币）

项目	期初数	本年减少		本年减少		期末数
		计提	其他	转回	转销	
应收票据及应收账款坏账准备		4 387 363			1 708 777	2 678 586
其中：单项计提坏账准备		3 524 152			1 708 777	1 815 375
组合计提坏账准备		863 211				863 211
其他应收款坏账准备		23 812 488				23 812 488

（续表）

项目	期初数	本年减少		本年减少		期末数
		计提	其他	转回	转销	
存货跌价准备	8 103 994	23 557 359	1 429 127	1 221 829	3 118 799	28 749 852
固定资产减值准备	8 915 200					8 915 200
无形资产减值准备	8 915 200					8 915 200
合计	25 934 394	51 757 210	1 429 127	1 221 829	4 827 576	73 071 326

19. 短期借款

短期借款分类（单位：元　币种：人民币）。

项目	期末余额	期初余额
质押借款		
抵押借款		
保证借款	330 119 920	555 407 000
信用借款	5 218 706 303	4 823 754 092
合计	5 548 826 223	5 379 161 092

短期借款分类的说明：

• 于 2018 年 12 月 31 日，无银行抵押借款及质押借款（2017 年 12 月 31 日：无）；保证借款 330 119 920 元，由本公司为合并范围内子公司提供担保（2017 年 12 月 31 日：555 407 000 元）。

• 于 2018 年 12 月 31 日，短期借款的利率区间为 2.92%～4.35%（2017 年 12 月 31 日：0.40%～4.40%）。

20. 衍生金融负债（单位：元　币种：人民币）

项目	期末余额	期初余额
远期外汇合同（b）	2 640 710	332 708
货币掉期合同（a）	437 031	22 323 761
外汇卖出看涨期权（c）		534 000
合计	3 077 741	23 190 469

21. 应付票据及应付账款

（1）总表情况（单位：元　币种：人民币）

项目	期末余额	期初余额
应付票据	1 164 568 692	977 677 867
应付账款	1 300 781 289	1 423 419 251
合计	2 465 349 981	2 401 097 118

（2）应付票据（单位：元　币种：人民币）

种类	期末余额	期初余额
商业承兑汇票		
银行承兑汇票	1 164 568 692	977 677 867
合计	1 164 568 692	977 677 867

本期末已到期未支付的应付票据总额为 0。

（3）应付账款（单位：元　币种：人民币）

项目	期末余额	期初余额
应付原辅材料款	1 217 327 182	1 356 236 189
其他	83 454 107	67 183 062
合计	1 300 781 289	1 423 419 251

其他说明：于 2018 年 12 月 31 日，账龄超过 1 年的应付账款为 19 072 043 元（2017 年 12 月 31 日：10 943 645 元），主要为应付设备款。鉴于设备安装尚未验收完成，该等款项尚未进行最后结算。

22. 合同负债（单位：元　币种：人民币）

项目	期末余额	期初余额
预收货款	594 503 112	442 282 880
合计	594 503 112	442 282 880

其他说明：

于 2018 年 1 月 1 日，本集团合同负债的余额为 442 282 880 元，其中 134 438 103 元已于 2018 年度转入营业收入。

23. 应付职工薪酬

（1）应付职工薪酬列示（单位：元　币种：人民币）

项目	期初余额	本期增加	本期减少	期末余额
一、短期薪酬	433 327 213	3 587 748 062	3 542 783 524	478 291 751
二、离职后福利—设定提存计划	6 178 073	291 458 510	292 912 623	4 723 960
三、辞退福利				
四、一年内到期的其他福利				
合计	439 505 286	3 879 206 572	3 835 696 147	483 015 711

（2）短期薪酬列示（单位：元　币种：人民币）

项目	期初余额	本期增加	本期减少	期末余额
一、工资、奖金、津贴和补贴	428 545 778	3 189 170 353	3 144 261 545	473 454 586
二、职工福利费	0	82 192 059	82 192 059	0
三、社会保险费	3 026 033	233 654 583	233 695 122	2 985 494
其中:医疗保险费	1 657 311	198 278 104	197 125 077	2 810 338
工伤保险费	1 361 390	26 435 569	27 739 280	57 679
生育保险费	7 332	8 940 910	8 830 765	117 477
四、住房公积金	19 303	52 883 867	52 880 914	22 256
五、工会经费和职工教育经费	1 082 795	18 084 264	18 063 341	1 103 718
六、短期带薪缺勤				
七、短期利润分享计划				
八、其他短期薪酬	653 304	11 762 936	11 690 543	725 697
合计	433 327 213	3 587 748 062	3 542 783 524	478 291 751

（3）设定提存计划列示（单位：元　币种：人民币）

项目	期初余额	本期增加	本期减少	期末余额
1、基本养老保险	3 898 589	281 409 426	280 798 543	4 509 472
2、失业保险费	2 279 484	10 049 084	12 114 080	214 488
3、企业年金缴费				
合计	6 178 073	291 458 510	292 912 623	4 723 960

24. 应交税费（单位：元　币种：人民币）

项目	期末余额	期初余额
增值税	90 083 510	82 807 570
消费税		

（续表）

项目	期末余额	期初余额
企业所得税	331 863 257	200 881 892
个人所得税	4 965 140	6 383 924
城市维护建设税	6 128 918	7 176 182
教育费附加	4 143 010	5 875 292
土地使用税	2 996 606	2 704 781
房产税	5 829 451	4 966 222
其他	3 706 783	2 396 780
合计	449 716 675	313 192 643

25. 其他应付款

总表情况（单位:元　币种:人民币）

项目	期末余额	期初余额
应付利息	30 918 976	29 257 043
应付股利		
其他应付款	1 177 199 622	1 039 849 135
合计	1 208 118 598	1 069 106 178

应付利息（单位:元　币种:人民币）

项目	期末余额	期初余额
分期付息到期还本的长期借款利息	1 590 521	1 508 424
企业债券利息	10 717 808	10 717 808
短期借款应付利息	18 610 647	17 030 811
合计	30 918 976	29 257 043

其他应付款（单位:元　币种:人民币）

项目	期末余额	期初余额
应付工程款及质保金	427 374 360	402 655 542
应付仓储配送费	119 432 102	115 931 083
应付运费	101 785 499	122 045 361
货款回笼第三方质押	75 495 200	71 876 200

（续表）

项目	期末余额	期初余额
应付水电费	55 403 085	57 454 988
应付木箱及包装费	51 370 640	49 254 486
应付预提税金款	36 839 022	14 907 023
应付加工费	31 336 922	30 571 341
应付关联方	29 276 813	6 067 005
应付预提天然气	22 668 297	6 346 616
待返还工程建设准备金	20 410 000	20 410 000
应付其他	205 807 682	142 329 490
合计	1 177 199 622	1 039 849 135

其他说明：于 2018 年 12 月 31 日，账龄超过 1 年的其他应付款为 314 301 304 元（2017 年 12 月 31 日：359 050 905 元），主要为应付工程款及货款回笼第三方质押款。

26. 一年内到期的非流动负债（单位：元　币种：人民币）

项目	期末余额	期初余额
一年内到期的长期借款	504 000 000	8 500 000
一年内到期的应付债券	799 514 922	
合计	1 303 514 922	8 500 000

27. 其他流动负债

（1）其他流动负债情况（单位：元　币种：人民币）

项目	期末余额	期初余额
超短期融资券	300 984 971	
合计	300 984 971	

（2）短期应付债券的增减变动（单位：元　币种：人民币）

债券名称	面值	发行日期	债券期限	发行金额	期初余额	本期发行	按面值计提利息	溢折价摊销	本期偿还	期末余额
超短期融资券—18 福耀玻璃 SCP001	100	2018 年 11 月 22 日	270 天	300 000 000		300 000 000	1 124 384	139 413		300 984 971
合计				300 000 000		300 000 000	1 124 384	139 413		300 984 971

28. 长期借款(单位:元 币种:人民币)

项目	期末余额	期初余额
质押借款		
抵押借款		
保证借款		
信用借款	1 750 875 075	1 719 500 000
减:一年内到期的长期借款	−504 000 000	−8 500 000
合计	1 246 875 075	1 711 000 000

长期借款分类的说明:于 2018 年 12 月 31 日,无长期银行保证借款(2017 年 12 月 31 日:无)。

其他说明,包括利率区间:于 2018 年 12 月 31 日,长期借款的年利率为 2.65% ～ 4.51%(2017 年 12 月 31 日:2.64%～4.275%)。

29. 应付债券

(1) 应付债券(单位:元 币种:人民币)

项目	期末余额	期初余额
公司债券	799 514 922	798 605 414
减:一年内到期部分	−799 514 922	
合计	0	798 605 414

(2) 应付债券的增减变动(单位:元 币种:人民币)

债券名称	面值	发行日期	债券期限	发行金额	期初余额	本期发行	按面值计提利息	溢折价摊销	本期偿还	期末余额
公司债券— 16 福耀01	100	2016 年 7 月 22 日	3 年	800 000 000	798 605 414			−909 508		799 514 922
合计	—	—	—	800 000 000	798 605 414			−909 508		799 514 922

其他说明:于 2016 年 7 月 22 日,本公司在上海证券交易所发行 2016 年度第一期公司债券,债券代码为 136566,每张面值 100 元,发行利率为 3%,起息日为 2016 年 7 月 22 日,兑付方式为到期一次性还本,按年付息。

30. 递延收益

(1) 递延收益情况(单位:元 币种:人民币)

项目	期初余额	本期增加	本期减少	期末余额	形成原因
政府补助	461 594 918	104 849 700	29 610 412	536 834 206	本公司及子公司所在地相关部门补贴项目建设
合计	461 594 918	104 849 700	29 610 412	536 834 206	

(2) 涉及政府补助的项目(单位:元　币种:人民币)

负债项目	期初余额	本期新增补助金额	本期计入营业外收入金额	本期计入其他收益金额	其他变动	期末余额	与资产相关/与收益相关
通辽浮法项目	84 878 580			5 092 715		79 785 865	与资产相关
郑州汽车玻璃项目	61 691 667			4 800 000		56 891 667	与资产相关
天津汽车玻璃项目	52 857 726	6 661 100		3 379 331		56 139 495	与资产相关
苏州汽车玻璃项目	46 670 000					46 670 000	与资产相关
本溪浮法项目	62 600 000	59 500 000		1 526 250		120 573 750	与资产相关
其他	152 896 945	38 688 600		15 947 167	1 135 051	176 773 429	与资产相关
合计	461 594 918	104 849 700		30 745 463	1 135 051	536 834 206	

31. 股本(单位:元　币种:人民币)

期初余额	本次变动增减(+、-)					期末余额
	发行新股	送股	公积金转股	其他	小计	
股份总数 2 508 617 532						2 508 617 532

32. 资本公积(单位:元　币种:人民币)

项目	期初余额	本期增加	本期减少	期末余额
资本溢价(股本溢价)	6 198 580 803		1 054 940	6 197 525 863
其他资本公积	14 152 294			14 152 294
政府资本性投入	11 400 000			11 400 000
合计	6 224 133 097		1 054 940	6 223 078 157

33. 其他综合收益(单位:元　币种:人民币)

项目	期初余额	本期发生金额					期末余额
		本期所得税前发生额	减:前期计入其他综合收益当期转入损益	减:所得税费用	税后归属于母公司	税后归属于少数股东	
一、不能重分类进损益的其他综合收益							
二、将重分类进损益的其他综合收益	−204 408 762	162 934 826			162 934 826		−41 473 936
外币财务报表折算差额	−204 408 762	162 934 826			162 934 826		−41 473 936
其他综合收益合计	−204 408 762	162 934 826			162 934 826		−41 473 936

34. 盈余公积(单位:元 币种:人民币)

项目	期初余额	本期增加	本期减少	期末余额
法定盈余公积	1 912 821 638	437 539 943		2 350 361 581
合计	1 912 821 638	437 539 943		2 350 361 581

盈余公积说明:

• 2018 年度,由于首次执行新收入准则调减期初盈余公积 92 921 元。

• 根据《中华人民共和国公司法》及本公司章程,本公司按年度净利润的 10% 提取法定盈余公积,当法定盈余公积累计额达到股本的 50% 以上时,可不再提取。法定盈余公积经批准后可用于弥补亏损,或者增加股本。经董事会决议,本公司 2018 年按净利润的 10% 提取法定盈余公积 437 539 943 元(2017 年:按净利润的 10% 提取 278 595 096 元)。

35. 未分配利润(单位:元 币种:人民币)

项目	本期	上期
调整前上期末未分配利润	8 559 579 107	7 570 889 309
调整期初未分配利润合计数(调增＋,调减一)	−207 293 546	
调整后期初未分配利润	8 352 285 561	7 570 889 309
加:本期归属于母公司所有者的净利润	4 120 487 402	3 148 748 043
减:提取法定盈余公积	437 539 943	278 595 096

（续表）

项目	本期	上期
提取任意盈余公积		
提取一般风险准备		
应付普通股股利	2 884 910 162	1 881 463 149
转作股本的普通股股利		
期末未分配利润	9 150 322 858	8 559 579 107

调整期初未分配利润明细：

- 由于《企业会计准则》及其相关新规定进行追溯调整,影响期初未分配利润－207 293 546元。
- 由于会计政策变更,影响期初未分配利润为0。
- 由于重大会计差错更正,影响期初未分配利润为0。
- 由于同一控制导致的合并范围变更,影响期初未分配利润为0。
- 其他调整合计影响期初未分配利润为0。

根据公司章程的规定,本公司可供股东分配利润为按中国会计准则编制的报表数与按国际财务报告准则编制报表数两者孰低的金额。本公司根据董事会决议并经股东大会通过后确定应分配的股利。

根据2018年5月11日和2018年10月9日的股东大会决议,本公司向全体股东派发2017年度和2018年中期现金股利,每10股分别派发人民币7.5元和4元(含税),按照已发行股份2 508 617 532股计算,共计2 884 910 162元。2017年度现金股利已于2018年5月和6月发放,2018年中期现金股利已于2018年10月和11月发放。

36. 营业收入和营业成本(单位:元　币种:人民币)

项目	本期发生额		上期发生额	
	收入	成本	收入	成本
主营业务	19 883 838 974	11 488 667 084	18 190 913 985	10 484 369 082
其他业务	341 146 746	114 387 863	522 120 989	228 242 734
合计	20 224 985 720	11 603 054 947	18 713 034 974	10 712 611 816

产品类别	本期发生额		上期发生额	
	主营业务收入	主营业务成本	主营业务收入	主营业务成本
汽车玻璃	19 351 888 769	12 407 230 011	17 868 123 103	11 274 474 151
浮法玻璃	3 220 524 367	1 870 957 442	2 899 053 827	1 841 648 761

（续表）

产品类别	本期发生额		上期发生额	
	主营业务收入	主营业务成本	主营业务收入	主营业务成本
其他	232 315 572	131 369 365	95 819 302	40 328 417
减:内部抵销	-2 920 889 734	-2 920 889 734	-2 672 082 247	-2 672 082 247
合计	19 883 838 974	11 488 667 084	18 190 913 985	10 484 369 082

产品类别	本期发生额		上期发生额	
	其他业务收入	其他业务成本	其他业务收入	其他业务成本
销售废料及材料	341 146 746	114 387 863	522 120 989	228 242 734

37. 税金及附加（单位:元　币种:人民币）

项目	本期发生额	上期发生额
消费税		
城市维护建设税	61 140 465	70 434 375
教育费附加	27 206 664	31 877 737
资源税	9 722 001	3 185 937
房产税	45 883 050	41 216 925
土地使用税	19 833 152	19 314 228
车船税	159 889	93 862
印花税	13 702 364	9 975 196
地方教育费附加	17 698 649	20 753 285
其他	7 725 988	3 412 072
合计	203 072 222	200 263 617

38. 销售费用（单位:元　币种:人民币）

项目	本期发生额	上期发生额
包装费	398 626 696	331 388 726
运费	384 809 816	375 045 145
仓储配送费	277 071 385	236 404 981
职工薪酬	133 605 150	113 248 217
售后服务费	97 841 154	54 088 316

（续表）

项目	本期发生额	上期发生额
保险费	40 481 946	30 836 650
租赁费	32 112 773	31 270 840
其他	103 122 356	102 025 970
合计	1 467 671 276	1 274 308 845

39. 管理费用（单位：元　币种：人民币）

项目	本期发生额	上期发生额
职工薪酬	1 053 900 248	900 279 265
修理费	248 796 028	246 155 802
折旧	123 234 861	125 888 856
存货报废	99 642 829	71 951 110
消防安全及环保	78 781 093	64 051 623
差旅费	61 927 837	66 212 800
顾问费	61 670 576	45 731 475
租赁费	45 571 674	45 825 449
无形资产摊销	40 603 964	38 096 039
开办费	39 053 513	12 403 690
保险费	36 875 814	32 784 461
其他	173 013 772	147 998 854
合计	2 063 072 209	1 797 379 424

40. 研发费用（单位：元　币种：人民币）

项目	本期发生额	上期发生额
职工薪酬	393 446 582	339 016 825
材料	250 369 956	247 207 933
折旧	62 457 108	65 776 017
电力	43 175 120	45 068 566
实验费	35 365 998	36 738 841
试制费	32 161 398	35 389 454
其他	70 745 825	34 243 556
合计	887 721 987	803 441 192

41. 财务费用(单位:元 币种:人民币)

项目	本期发生额	上期发生额
利息支出	376 230 473	182 373 020
减:利息收入	−236 034 167	−156 658 899
汇兑损益	−258 516 410	387 506 549
其他	7 693 358	5 517 279
合计	−110 626 746	418 737 949

其他说明:2018 年利息资本化金额为人民币 31 104 650 元(2017 年:53 976 530 元)。

42. 费用按性质分类

利润表中的营业成本、销售费用、管理费用和研发费用按照性质分类,列示如下:

单位:元 币种:人民币

项目	本期发生额	上期发生额
耗用的原材料和低值易耗品等	6 279 848 756	5 924 822 005
产成品及在产品存货变动	−212 643 994	−148 359 793
职工薪酬费用	3 879 206 572	3 392 759 867
折旧费和摊销费用	1 687 167 602	1 398 392 498
能源成本	1 567 157 912	1 514 600 946
运费及仓储费	661 881 201	611 450 126
包装费用	398 626 696	331 388 726
修理费	248 796 028	246 155 802
售后服务费	97 841 154	54 088 316
租赁费	77 633 721	77 098 428
保险费	77 782 155	63 658 713
税费	13 480 174	10 819 285
其他	1 244 742 442	1 110 866 358
合计	16 021 520 419	14 587 741 277

43. 资产减值损失(单位:元 币种:人民币)

项目	本期发生额	上期发生额
一、坏账损失		−13 305
二、存货跌价损失及合同履约成本减值损失	22 335 530	5 124 005
合计	22 335 530	5 110 700

44. 信用减值损失（单位：元　币种：人民币）

项目	本期发生额	上期发生额
应收票据及应收账款坏账损失	4 387 363	
其他应收款坏账损失	23 744 212	
合计	28 131 575	

45. 其他收益（单位：元　币种：人民币）

项目	本期发生额	上期发生额
研发、科技及专利奖励	43 730 175	12 062 613
税费奖励	35 642 061	32 083 344
递延收益摊销	30 745 463	23 894 571
代扣代缴个人所得税手续费返还	5 754 944	2 573 781
总部企业扶持资金		47 046 200
就业奖励金		28 321 820
其他	30 877 577	44 708 260
合计	146 750 220	190 690 589

46. 投资收益（单位：元　币种：人民币）

项目	本期发生额	上期发生额
权益法核算的长期股权投资收益	3 743 957	−6 016 466
处置长期股权投资产生的投资收益	664 032 538	29 407 424
交易性金融资产持有期间取得的投资收益	35 253 973	
其他	270 490	
合计	703 300 958	23 390 958

47. 公允价值变动收益（单位：元　币种：人民币）

产生公允价值变动收益的来源	本期发生额	上期发生额
交易性金融资产	333 923	1 927 854
交易性金融负债		
衍生金融资产	43 980 812	1 610 283
衍生金融负债	19 578 728	−22 656 469
合计	63 893 463	−19 118 332

48. 资产处置收益(单位:元　币种:人民币)

项目	本期发生额	上期发生额
处置固定资产利得	2 697 325	9 831 751
处置无形资产利得		6 748 584
处置其他长期资产利得	460 509	75 802
处置固定资产损失	−4 437 037	−42 779 652
处置其他长期资产损失		−94 475
合计	−1 279 203	−26 217 990

49. 营业外收入(单位:元　币种:人民币)

项目	本期发生额	上期发生额	计入当期非经常性损益的金额
非流动资产处置利得合计			
其中:固定资产处置利得			
无形资产处置利得			
债务重组利得			
非货币性资产交换利得			
接受捐赠			
政府补助		164 000	
索赔收入	53 228 356	8 371 376	53 228 356
其他	7 459 085	18 636 732	7 459 085
合计	60 687 441	27 172 108	60 687 441

50. 营业外支出(单位:元　币种:人民币)

项目	本期发生额	上期发生额	计入当期非经常性损益的金额
非流动资产报废损失合计	62 019 107		62 019 107
其中:固定资产报废损失	58 052 775		58 052 775
无形资产报废损失	3 415 310		3 415 310
其他长期资产报废损失	551 022		551 022
债务重组损失			
非货币性资产交换损失			
对外捐赠	1 562 848	14 136 664	1 562 848
其他	7 963 366	3 240 333	7 963 366
合计	71 545 321	17 376 997	71 545 321

51. 所得税费用
（1）所得税费用表（单位:元　币种:人民币）

项目	本期发生额	上期发生额
当期所得税费用	724 348 698	623 288 287
递延所得税费用	130 838 931	−91 809 034
合计	855 187 629	531 479 253

（2）会计利润与所得税费用调整过程（单位:元　币种:人民币）

项目	本期发生额
利润总额	4 962 360 278
按法定/适用税率计算的所得税费用	1 339 183 768
子公司适用不同税率的影响	−3 223 843
调整以前期间所得税的影响	−32 337 258
非应税收入的影响	−1 012 938
不可抵扣的成本、费用和损失的影响	1 410 129
使用前期末确认递延所得税资产的可抵扣亏损的影响	−106 431 215
本期末确认递延所得税资产的可抵扣暂时性差异或可抵扣亏损的影响	111 355 909
使用前期末确认递延所得税资产的可抵扣暂时性差异	
优惠税率的影响	−461 043 141
海外子公司尚未分配的利润	7 286 218
所得税费用	855 187 629

52. 现金流量表项目
（1）收到其他与经营活动有关的现金（单位:元　币种:人民币）

项目	本期发生额	上期发生额
政府补助	220 854 457	291 871 947
利息收入	236 034 167	149 853 420
营业外收入	60 687 441	18 191 054
其他	19 715 950	7 994 249
合计	537 292 015	467 910 670

(2) 支付其他与经营活动有关的现金（单位：元　币种：人民币）

项目	本期发生额	上期发生额
差旅费	68 289 846	66 212 800
顾问费	61 670 576	45 731 475
管理部门水电费	15 975 226	11 148 207
办公费	14 461 566	13 324 312
技术转让及服务费	6 545 366	795 113
捐赠支出	1 562 848	14 136 664
其他	71 785 920	36 921 318
合计	240 291 348	188 269 889

（3）收到其他与投资活动有关的现金（单位：元　币种：人民币）

项目	本期发生额	上期发生额
收回的理财产品本金及其利息收入	2 065 524 464	306 805 478
合计	2 065 524 464	306 805 478

（4）支付其他与投资活动有关的现金（单位：元　币种：人民币）

项目	本期发生额	上期发生额
购买的理财产品	2 315 000 000	400 000 000
向联营公司提供贷款		190 000 000
合计	2 315 000 000	590 000 000

（5）收到其他与筹资活动有关的现金（单位：元　币种：人民币）

项目	本期发生额	上期发生额
发行超短期融资券	300 000 000	
合计	300 000 000	

（6）支付其他与筹资活动有关的现金（单位：元　币种：人民币）

项目	本期发生额	上期发生额
支付少数股东股权购买款		4 620 000
超短期融资券发行费用	299 581	
合计	299 581	4 620 000

53. 现金流量表补充资料

（1）现金流量表补充资料（单位：元　币种：人民币）

补充资料	本期金额	上期金额
1. 将净利润调节为经营活动现金流量：		
净利润	4 107 172 649	3 148 242 514
加：资产减值准备	50 467 105	5 124 005
固定资产折旧、油气资产折耗、生产性生物资产折旧	1 397 193 868	1 170 550 643
无形资产摊销	50 146 297	44 348 345
长期待摊费用摊销	239 827 437	183 493 510
处置固定资产、无形资产和其他长期资产的损失（收益以"－"号填列）	63 298 310	26 217 990
固定资产报废损失（收益以"－"号填列）		
公允价值变动损失（收益以"－"号填列）	－63 893 463	19 118 332
财务费用（收益以"－"号填列）	122 942 899	496 898 960
投资损失（收益以"－"号填列）	－703 300 958	－23 390 958
递延所得税资产减少（增加以"－"号填列）	64 287 659	－87 191 702
递延所得税负债增加（减少以"－"号填列）	66 551 272	－4 617 332
存货的减少（增加以"－"号填列）	－237 853 502	－187 602 869
经营性应收项目的减少（增加以"－"号填列）	412 571 832	－149 949 345
经营性应付项目的增加（减少以"－"号填列）	269 195 361	306 814 239
递延收益摊销	－30 745 463	－23 894 571
经营活动产生的现金流量净额	5 807 861 303	4 924 161 761
2. 不涉及现金收支的重大投资和筹资活动：		
债务转为资本		
一年内到期的可转换公司债券		
融资租入固定资产		
3. 现金及现金等价物净变动情况：		
现金的期末余额	6 357 656 210	6 704 295 628
减：现金的期初余额	6 704 295 628	7 198 834 331
加：现金等价物的期末余额		
减：现金等价物的期初余额		
现金及现金等价物净增加额	－346 639 418	－494 538 703

（2）本期支付的取得子公司的现金净额（单位：元　币种：人民币）

	金额
本期发生的企业合并于本期支付的现金或现金等价物	304 665 850
其中：厦门精密	80 900 850
三锋控股	223 765 000
减：购买日子公司持有的现金及现金等价物	64 534 477
其中：厦门精密	438 950
三锋控股	64 095 527
加：以前期间发生的企业合并于本期支付的现金或现金等价物	
取得子公司支付的现金净额	240 131 373

（3）本期收到的处置子公司的现金净额（单位：元　币种：人民币）

	金额
本期处置子公司于本期收到的现金或现金等价物	683 050 000
减：丧失控制权日子公司持有的现金及现金等价物	597 787
加：以前期间处置子公司于本期收到的现金或现金等价物	
处置子公司收到的现金净额	682 452 213

（4）现金和现金等价物的构成（单位：元　币种：人民币）

项目	期末余额	期初余额
一、现金	6 357 656 210	6 704 295 628
其中：库存现金	998 579	43 817
可随时用于支付的银行存款	6 356 657 631	6 704 251 811
可随时用于支付的其他货币资金		
可用于支付的存放中央银行款项		
存放同业款项		
拆放同业款项		
二、现金等价物		
其中：三个月内到期的债券投资		
三、期末现金及现金等价物余额	6 357 656 210	6 704 295 628
其中：母公司或集团内子公司使用受限制的现金和现金等价物		

(5) 其他说明

单位:元　币种:人民币

	本期金额	上期金额
货币资金	6 365 973 126	6 728 200 042
减:受到限制的其他货币资金	−8 316 916	−23 904 414
年末现金余额	6 357 656 210	6 704 295 628
其中:库存现金	998 579	43 817
可随时用于支付的银行存款	6 356 657 631	6 704 251 811

54. 外币货币性项目(单位:元)

项目	期末外币余额	折算汇率	期末折算人民币余额
货币资金			
其中:美元	711 785 113	6.863 2	4 885 123 588
欧元	14 428 452	7.847 3	113 224 391
港元	1 456 179	0.876 2	1 275 904
日元	128 009 968	0.061 887	7 922 153
韩元	291 000 113	0.006 125	1 782 376
卢布	237 176 110	0.098 636	23 394 103
应收账款			
其中:美元	171 173 085	6.863 2	1 174 795 117
欧元	34 267 319	7.847 3	268 905 932
日元	160 945 071	0.061 887	9 960 408
卢布	436 753 099	0.098 636	43 079 579
其他应收款			
其中:美元	2 283 542	6.863 2	15 672 405
欧元	12 377 944	7.847 3	97 133 442
港元	46 153	0.876 2	40 439
日元	360 000	0.061 887	22 279
韩元	5 000 000	0.006 125	30 625
卢布	171 923 155	0.098 636	16 957 812
英镑	11 708	8.676 2	101 581

（续表）

项目	期末外币余额	折算汇率	期末折算人民币余额
应付账款			
其中：美元	31 054 418	6.863 2	213 132 682
欧元	3 157 574	7.847 3	24 778 430
日元	115 778 883	0.061 887	7 165 208
卢布	224 769 146	0.098 636	22 170 329
英镑	16 120	8.676 2	139 860
其他应付款			
美元	36 415 546	6.863 2	249 927 175
欧元	5 733 113	7.847 3	44 989 458
港元	17 655	0.876 2	15 469
日元	310 271	0.061 887	19 202
韩元	68 109 204	0.006 125	417 169
卢布	114 565 304	0.098 636	11 300 263
英镑	189 712	8.676 2	1 645 979
短期借款			
美元	93 777 000	6.863 2	643 610 306

55. 政府补助（单位：元　币种：人民币）

种类	金额	列报项目	计入当期损益的金额
基础建设补助	59 500 000	递延收益	
与资产相关的技术改造项目补助	45 349 700	递延收益	
研发、科技及专利奖励	43 730 175	其他收益	43 730 175
税费奖励	35 642 061	其他收益	35 642 061
代扣代缴个人所得税手续费返还	5 754 944	其他收益	5 754 944
其他	30 877 577	其他收益	30 877 577
合计	220 854 457		164 386 237

附注6　合并范围的变更

1. 非同一控制下企业合并

（1）本期发生的非同一控制下企业合并（单位：元　币种：人民币）

被购买方名称	股权取得时点	股权取得成本	股权取得比例（%）	股权取得方式	购买日	购买日的确定依据	购买日至期末被购买方的收入	购买日至期末被购买方的净利润
厦门精密	2018年5月18日	80 900 850	78	股权收购	2018年5月18日	控制权转移	12 462 920	−16 936 842
三锋控股集团	2018年6月25日	223 765 000	100	股权收购	2018年6月25日	控制权转移	379 847 950	41 139 581

（2）合并成本及商誉（单位：元　币种：人民币）

合并成本	厦门精密	三锋控股集团
——现金	80 900 850	223 765 000
——非现金资产的公允价值		
——发行或承担的债务的公允价值		
——发行的权益性证券的公允价值		
——或有对价的公允价值		
——购买日之前持有的股权于购买日的公允价值		
——其他		
合并成本合计	80 900 850	223 765 000
减：取得的可辨认净资产公允价值份额	5 958 623	219 678 379
商誉/合并成本小于取得的可辨认净资产公允价值份额的金额	74 942 227	4 086 621

合并成本公允价值的确定方法、或有对价及其变动的说明：本集团采用估值技术确定所转移非现金资产的公允价值以及所发生负债的公允价值。

（3）被购买方于购买日可辨认资产、负债（单位：元　币种：人民币）

	厦门精密		三锋控股集团	
	购买日公允价值	购买日账面价值	购买日公允价值	购买日账面价值
资产：	105 689 585	52 367 487	717 090 656	689 251 912
货币资金	438 950	438 950	64 095 527	64 095 527
应收款项	3 261 864	3 269 588	189 833 505	189 836 957
存货	7 381 803	6 999 229	89 366 745	86 305 869
固定资产	85 118 338	34 509 758	152 035 151	145 253 297
无形资产	5 095 587	2 756 919	48 030 944	29 775 365
他流动资产	4 261 201	4 261 201	20 762 453	20 834 771
其他非流动资产	131 842	131 842	152 966 331	153 150 126

（续表）

	厦门精密		三锋控股集团	
	购买日公允价值	购买日账面价值	购买日公允价值	购买日账面价值
负债:	98 050 325	84 719 801	479 138 885	475 062 073
借款	60 624 529	60 624 529	217 049 759	217 049 759
应付款项	15 088 669	15 088 669	231 337 351	231 337 351
递延所得税负债	13 330 524		4 076 812	
应付职工薪酬	864 754	864 754	11 977 422	11 977 422
其他负债	8 141 849	8 141 849	14 697 541	14 697 541
净资产	7 639 260	−32 352 314	237 951 771	214 189 839
减:少数股东权益	1 680 637		18 273 392	
取得的净资产	5 958 623	−32 352 314	219 678 379	214 189 839

可辨认资产、负债公允价值的确定方法:本集团采用估值技术来确定上述公司的资产负债于购买日的公允价值。

主要资产的评估方法及其关键假设列示如下:

· 固定资产主要包括房屋建筑物及机械设备,其评估方法为成本法,使用的关键假设为:重置成本及成新率。

· 无形资产主要为土地使用权,其评估方法为基准地价系数修正法,使用的关键假设为:基准地价及宗地修正系数等。

2. 处置子公司是否存在单次处置对子公司投资即丧失控制权的情形(单位:元 币种:人民币)

子公司名称	股权处置价款	股权处置比例	股权处置方式	丧失控制权的时点	丧失控制权时点的确定依据	处置价款与处置投资对应的合并财务报表层面享有该子公司净资产份额的差额
北京福通	1 004 450 000	75%	出售	2018 年 7 月 11 日	收到大部分收购款,被处置子公司生产经营活动终止	662 977 598

子公司名称	丧失控制权之日剩余股权的比例	丧失控制权之日剩余股权的账面价值	丧失控制权之日剩余股权的公允价值	按照公允价值重新计量剩余股权产生的利得或损失	丧失控制权之日剩余股权公允价值的确定方法及主要假设	与原子公司股权投资相关的其他综合收益转入投资损益的金额
北京福通	25%	113 824 134	113 824 134			1 054 940

3. 其他原因的合并范围变动

说明其他原因导致的合并范围变动(如新设子公司、清算子公司等)及其相关情况：

• 于 2018 年 11 月 27 日、2018 年 11 月 27 日及 2018 年 11 月 28 日,福耀欧洲独资组建 FYSAM 饰件、SAM 饰件、SAM 国际,注册资本均为欧元 25 000 元。截至 2018 年 12 月 31 日,3 家公司注册资本全部到位。

• 于 2018 年 11 月 29 日,本公司独资设立了全资子公司通辽精铝,注册资本为 10 000 000 元。截至 2018 年 12 月 31 日,注册资本尚未到位。

附注 7　在其他主体中的权益

1. 在子公司中的权益

子公司名称	主要经营地	注册地	业务性质	持股比例		取得方式
				直接	间接	
上海汽车玻璃	中国上海市	中国上海市	生产型企业	75%	25%	投资设立
长春汽车玻璃	中国吉林省	中国吉林省	生产型企业	75%	25%	投资设立
万盛汽车玻璃	中国重庆市	中国重庆市	生产型企业	75%	25%	投资设立
重庆汽车玻璃	中国重庆市	中国重庆市	生产型企业	75%	25%	投资设立
通辽浮法	中国内蒙古	中国内蒙古	生产型企业	75%	25%	投资设立
工程玻璃	中国福建省	中国福建省	生产型企业		100%	投资设立
福清机械制造	中国福建省	中国福建省	生产型企业	75%	25%	投资设立
南沙中转库	中国广东省	中国广东省	生产型企业		100%	投资设立
广州汽车玻璃	中国广东省	中国广东省	生产型企业		100%	投资设立
上海巴士玻璃	中国上海市	中国上海市	生产型企业		100%	投资设立
湖北汽车玻璃	中国湖北省	中国湖北省	生产型企业	75%	25%	投资设立
上海汽车饰件	中国上海市	中国上海市	生产型企业	75%	25%	投资设立
郑州汽车玻璃	中国河南省	中国河南省	生产型企业	75%	25%	投资设立
佛山中转库	中国广东省	中国广东省	生产型企业		100%	投资设立
湖南溆浦硅砂	中国湖南省	中国湖南省	生产型企业		51%	投资设立
沈阳汽车玻璃	中国辽宁省	中国辽宁省	生产型企业	75%	25%	投资设立
成都中转库	中国四川省	中国四川省	生产型企业		100%	投资设立
烟台中转库	中国山东省	中国山东省	生产型企业		100%	投资设立
武汉中转库	中国湖北省	中国湖北省	生产型企业		100%	投资设立
柳州中转库	中国广西壮族自治区	中国广西壮族自治区	生产型企业		100%	投资设立

（续表）

子公司名称	主要经营地	注册地	业务性质	持股比例 直接	持股比例 间接	取得方式
辽宁本溪硅砂	中国辽宁省	中国辽宁省	生产型企业		100%	投资设立
本溪浮法	中国辽宁省	中国辽宁省	生产型企业	100%		投资设立
天津汽车玻璃	中国天津市	中国天津市	生产型企业	100%		投资设立
苏州汽车玻璃	中国江苏省	中国江苏省	生产型企业	100%		投资设立
通辽精铝	中国内蒙古	中国内蒙古	生产型企业	100%		投资设立
福耀国际控股	中国江苏省	中国江苏省	商贸企业	100%		投资设立
融德投资	中国香港	中国香港	商贸企业		100%	投资设立
福耀香港	中国香港	中国香港	商贸企业	100%		投资设立
福耀集团香港	中国香港	中国香港	商贸企业	100%		投资设立
Meadland	中国香港	中国香港	商贸企业		100%	投资设立
福耀北美	美国南卡罗来纳州	美国南卡罗来纳州	商贸企业	100%		投资设立
美国 A 资产	美国俄亥俄州	美国密歇根州	商贸企业		100%	投资设立
福耀美国	美国俄亥俄州	美国俄亥俄州	生产型企业	100%		投资设立
福耀韩国	韩国	韩国	商贸企业	100%		投资设立
福耀欧洲	德国	德国	生产型企业		100%	投资设立
福耀日本	日本	日本	商贸企业	100%		投资设立
福耀俄罗斯	俄罗斯卡卢加州	俄罗斯卡卢加州	生产型企业	100%		投资设立
美国 C 资产	美国伊利诺伊州	美国伊利诺伊州	商贸企业		100%	投资设立
福耀伊利诺伊	美国伊利诺伊州	美国伊利诺伊州	生产型企业		100%	投资设立
FYSAM 饰件	德国	德国	生产型企业		100%	投资设立
SAM 国际	德国	德国	生产型企业		100%	投资设立
SAM 饰件	德国	德国	生产型企业		100%	投资设立
福清汽车玻璃	中国福建省	中国福建省	生产型企业	75%	25%	非同一控制下企业合并
海南文昌硅砂	中国海南省	中国海南省	生产型企业	75%	25%	非同一控制下企业合并
长春巴士玻璃	中国吉林省	中国吉林省	生产型企业		100%	非同一控制下企业合并

（续表）

子公司名称	主要经营地	注册地	业务性质	持股比例 直接	持股比例 间接	取得方式
重庆浮法	中国重庆市	中国重庆市	生产型企业	75％	25％	非同一控制下企业合并
北美配套	美国密歇根州	美国密歇根州	生产型企业	100％		非同一控制下企业合并
厦门精密	中国福建省	中国福建省	生产型企业		78％	非同一控制下企业合并
三锋控股	中国福建省	中国福建省	生产型企业		100％	非同一控制下企业合并
福耀饰件	中国福建省	中国福建省	生产型企业		100％	非同一控制下企业合并
福州模具	中国福建省	中国福建省	生产型企业		100％	非同一控制下企业合并
三锋服务	中国福建省	中国福建省	商贸企业		60％	非同一控制下企业合并

2. 在合营企业或联营企业中的权益

（1）重要的合营企业或联营企业

合营企业或联营企业名称	主要经营地	注册地	业务性质	持股比例 直接	持股比例 间接	对合营企业或联营企业投资的会计处理方法
特耐王包装	中国福建省	中国福建省	生产型企业	49％		权益法核算
金垦玻璃	中国吉林省	中国吉林省	生产型企业		25％	权益法核算
北京福通	中国北京市	中国北京市	生产型企业		25％	权益法核算

在合营企业或联营企业的持股比例不同于表决权比例的说明：于 2005 年，本公司与日本 Tri-Wall 株式会社共同投资组建特耐王包装（福州）有限公司（以下简称特耐王包装）。根据特耐王包装 2011 年 7 月 20 日的董事会决议，并经福清市对外贸易经济合作局融外经贸〔2011〕260 号文件的批准，日本 Tri-Wall 株式会社将其所持有的特耐王包装 51％的股权全部转让于特耐王中国集团有限公司（以下简称特耐王中国）。特耐王包装已于 2011 年 12 月 1 日完成了营业执照的变更。根据特耐王包装 2012 年 4 月 27 日的董事会决议，并经福清市对外贸易经济合作局融外经贸〔2012〕119 号文件的批准，本公司与特耐王中国按原投资比例向特耐王包装增资 80 万美元（其中：本公司出资 39.20 万美元，特耐王中国出资 40.80 万美元）。于 2012 年 8 月 31

日,增资全部到位,业经福建正元会计师事务所有限公司验证并出具 CPA 正元〔2012〕Y596 号验资报告。根据特耐王包装的公司章程,本公司与特耐王中国共同控制该公司,持有表决权比例 50%。

(2)重要合营企业的主要财务信息(单位:元 币种:人民币)

	期末余额/本期发生额	期初余额/上期发生额
	特耐王包装	特耐王包装
流动资产	83 331 441	85 418 973
其中:现金和现金等价物	6 055 822	12 395 281
非流动资产	18 248 332	21 305 968
资产合计	101 579 773	106 724 941
流动负债	18 552 139	18 185 537
非流动负债		
负债合计	18 552 139	18 185 537
少数股东权益		
归属于母公司股东权益	83 027 634	88 539 404
按持股比例计算的净资产份额	40 683 541	43 384 308
调整事项	−2 989	−2 989
——商誉		
——内部交易未实现利润		
——其他	−2 989	−2 989
对合营企业权益投资的账面价值	40 680 552	43 381 319
存在公开报价的合营企业权益投资的公允价值		
营业收入	149 859 373	131 074 137
财务费用	−122 575	14 747
所得税费用	3 191 560	2 235 563
净利润	9 488 230	6 768 161
终止经营的净利润		
其他综合收益		
综合收益总额	9 488 230	6 768 161
本年度收到的来自合营企业的股利	7 350 000	

（3）重要联营企业的主要财务信息（单位：元　币种：人民币）

	期末余额/本期发生额		期初余额/上期发生额	
	金晶玻璃	北京福通	金晶玻璃	北京福通
流动资产	180 857 264	34 258 056	88 953 362	506 717 650
非流动资产	310 542 195	415 527 919	304 974 465	417 746 430
资产合计	491 399 459	449 785 975	393 927 827	924 464 080
流动负债	298 685 198	906 628	14 009 649	316 198 901
非流动负债			190 000 000	
负债合计	298 685 198	906 628	204 009 649	316 198 901
少数股东权益				
归属于母公司股东权益	192 714 261	448 879 348	189 918 178	608 265 179
按持股比例计算的净资产份额	48 178 565	112 219 837	47 479 544	608 265 179
调整事项	4 659 096		4 659 096	
——商誉				
——内部交易未实现利润				
——其他	4 659 096		4 659 096	
对联营企业权益投资的账面价值	52 837 661	112 219 837	52 138 640	
存在公开报价的联营企业权益投资的公允价值				
营业收入	196 921 306	137 555 588	8 875 400	1 433 696 836
净利润	2 796 083	−3 639 625	−37 331 458	163 943 375
终止经营的净利润				
其他综合收益				
综合收益总额	2 796 083	−3 639 625	−37 331 458	163 943 375
本年度收到的来自联营企业的股利				

附注8　与金融工具相关的风险

本集团的经营活动会面临各种金融风险：市场风险（主要为外汇风险、利率风险和价格风险）、信用风险和流动性风险。

上述金融风险以及本集团为降低这些风险所采取的风险管理政策如下所述：董事局负责规划并建立本集团的风险管理架构，制定本集团的风险管理政策和相关指引并监督风险管理措施的执行情况。本集团已制定风险管理政策以识别和分析本集团所面临的风险，这些风险管理政策对特定风险进行了明确规定，涵盖了市场风险、信用风险和流动性风险管理等诸多方面。本集团定期评估市场环境及本集团经营活动的变化以决定是否对风险管理政策及系统进行更新。本集团的风险管理由风险管理委员会按照董事局批准的政策开展。风险管理委员会通过与本集团其他业务部门的紧密合作来识别、评价和规避相关风险。本集团内部审计部门就风险管理控制及程序进行定期的审核,并将审核结果上报本集团的审计委员会。

1. 市场风险

(1) 外汇风险

本集团的汽车玻璃销售业务主要市场为中国境内及海外市场,中国境内业务以人民币结算,海外业务主要以美元结算并存在外汇风险。本集团已确认的外币资产和负债及未来的外币交易(外币资产和负债及外币交易的计价货币主要为美元)存在外汇风险。本集团总部财务部门负责监控集团外币交易和外币资产及负债的规模,以最大程度降低面临的外汇风险;为此,本集团可能会以签署远期外汇合约或货币掉期等合约的方式来达到规避外汇风险的目的。于2018年度,本集团签署了货币掉期、远期外汇等合约(2017年度:本集团签署了货币掉期、远期外汇等合约)。

于2018年12月31日及2017年12月31日,本集团内记账本位币为人民币的公司持有的外币金融资产和外币金融负债折算成人民币的金额列示如下。

单位:元 币种:人民币

	2018 年 12 月 31 日		
	美元项目	其他外币项目	合计
外币金融资产——			
货币资金	4 742 261 460	74 253 381	4 816 514 841
应收款项	307 575 863	271 883 119	579 458 982
合计	5 049 837 323	346 136 500	5 395 973 823
外币金融负债——			
短期借款	313 490 386	0	313 490 386
应付款项	61 833 012	37 379 422	99 212 434
合计	375 323 398	37 379 422	412 702 820

	2017 年 12 月 31 日		
	美元项目	其他外币项目	合计
外币金融资产——			
货币资金	4 851 029 844	50 509 227	4 901 539 071

（续表）

	2017 年 12 月 31 日		
	美元项目	其他外币项目	合计
应收款项	360 340 279	284 549 223	644 889 502
合计	5 211 370 123	335 058 450	5 546 428 573
外币金融负债——			
短期借款	386 539 142	50 714 950	437 254 092
应付款项	93 864 667	55 786 786	149 651 453
合计	480 403 809	106 501 736	586 905 545

于 2018 年 12 月 31 日,本集团内记账本位币为美元的公司持有的主要外币金融资产为货币资金 639 399 欧元和 1 417 298 港币,外币金融负债为应付款项 17 655 港币(2017 年 12 月 31 日:主要外币金融资产为货币资金 2 540 626 欧元,无外币金融负债)。

于 2018 年 12 月 31 日,对于记账本位币为人民币的公司各类美元金融资产和金融负债,如果人民币对美元升值或贬值 10%,其他因素保持不变,则本集团将减少或增加净利润约 226 212 920 元(2017 年 12 月 31 日:约 269 481 201 元)。

（2）利率风险

本集团的利率风险主要产生于长期银行借款及应付债券等长期带息债务。浮动利率的金融负债使本集团面临现金流量利率风险,固定利率的金融负债使本集团面临公允价值利率风险。本集团根据当时的市场环境来决定固定利率及浮动利率合同的相对比例。于 2018 年 12 月 31 日,本集团长期带息债务主要为人民币计价的浮动利率合同,金额为 1 246 875 075 元(2017 年 12 月 31 日:1 711 000 000 元)。

本集团总部财务部门持续监控集团利率水平。利率上升会增加新增带息债务的成本以及本集团尚未付清的以浮动利率计息的带息债务的利息支出,并对本集团的财务业绩产生重大的不利影响,管理层会依据最新的市场状况及时作出调整,这些调整可能是进行利率互换的安排来降低利率风险。于 2018 年度及 2017 年度本集团并无利率互换安排。

于 2018 年 12 月 31 日,如果以浮动利率计算的长期借款利率上升或下降 50 个基点,而其他因素保持不变,本集团的净利润会减少或增加约 5 131 368 元(2017 年 12 月 31 日:约 7 319 362 元)。

2. 信用风险

本集团信用风险主要产生于货币资金、应收票据及应收账款、其他应收款、合同资产、债权投资、其他债权投资和财务担保合同等,以及未纳入减值评估范围的以公允价值计量且其变动计入当期损益的债务工具投资和衍生金融资产等。于资产负债表日,本集团金融资产的账面价值已代表其最大信用风险敞口;无资产负债表表外的财务担保。本集团通过对应收款项投保信用保险以合理规避风险。

本集团货币资金主要为存放于声誉良好并拥有较高信用评级的国有银行和其他大中型上市银行的银行存款,本集团认为其不存在重大的信用风险,几乎不会产生因银行违约而导致的重大损失。

此外,对于应收票据及应收账款、其他应收款和合同资产等,本集团设定相关政策以控制信用风险敞口。本集团基于对客户的财务状况、从第三方获取担保的可能性、信用记录及其他因素诸如目前市场状况等评估客户的信用资质并设置相应信用期。本集团会定期对客户信用记录进行监控,对于信用记录不良的客户,本集团会采用书面催款、缩短信用期或取消信用期等方式,以确保本集团的整体信用风险在可控的范围内。

于 2018 年 12 月 31 日,本集团无重大的因债务人抵押而持有的担保物和其他信用增级。

3. 流动性风险

本集团内各子公司负责其自身的现金流量预测。本集团在汇总各子公司现金流量预测的基础上,在集团层面持续监控短期和长期的资金需求,以确保维持充裕的现金储备和可供随时变现的有价证券;同时持续监控是否符合借款协议的规定,从主要金融机构获得提供足够备用资金的承诺,以满足短期和长期的资金需求。

于资产负债表日,本集团各项金融负债以未折现的合同现金流量按到期日列示如下。

单位:元 币种:人民币

	2018 年 12 月 31 日				
	1 年以内	1~2 年	2~5 年	5 年以上	合计
短期借款	5 601 308 022				5 601 308 022
应付票据及应付账款	2 465 349 981				2 465 349 981
其他应付款	1 208 118 598				1 208 118 598
一年内到期的非流动负债	1 317 090 951				1 317 090 951
长期借款	38 013 343	1 068 307 621	220 456 951		1 326 777 915
衍生金融负债	3 077 741				3 077 741
其他流动负债	309 112 749				309 112 749
合计	10 942 071 385	1 068 307 621	220 456 951		12 230 835 957

	2017 年 12 月 31 日				
	1 年以内	1～2 年	2～5 年	5 年以上	合计
短期借款	5 445 397 445				5 445 397 445
应付票据及应付账款	2 401 097 118				2 401 097 118
其他应付款	1 069 106 178				1 069 106 178
一年内到期长期借款	8 716 985				8 716 985
长期借款	47 976 426	1 562 197 469	198 523 750		1 808 697 645
应付债券	13 311 475	824 000 000			837 311 475
交易性金融负债	23 190 469				23 190 469
合计	9 008 796 096	2 386 197 469	198 523 750		11 593 517 315

附注 9　公允价值的披露

1. 以公允价值计量的资产和负债的期末公允价值（单位：元　币种：人民币）

项目	期末公允价值			
	第一层次公允价值计量	第二层次公允价值计量	第三层次公允价值计量	合计
一、持续的公允价值计量				
（一）交易性金融资产		387 261 777		387 261 777
1. 以公允价值计量且变动计入当期损益的金融资产		387 261 777		387 261 777
（1）债务工具投资		387 261 777		387 261 777
（二）衍生金融资产		47 542 362		47 542 362
持续以公允价值计量的资产总额		434 804 139		434 804 139
（三）交易性金融负债				
（四）指定为以公允价值计量且变动计入当期损益的金融负债				
（五）衍生金融负债		3 077 741		3 077 741
持续以公允价值计量的负债总额		3 077 741		3 077 741

2. 持续和非持续第二层次公允价值计量项目，采用的估值技术和重要参数的定性及定量信息

（1）交易性金融资产

	期末公允价值	估值技术	可观察输入值	
			名称	范围
摩根大通结构性理财产品	1 401 366	现金流量折现模型	摩根大通 MOZAICWEEKLY 指数	276.13
国内商业银行结构性存款	385 860 411	现金流量折现模型	美元兑港币汇率；USD3M-LIBOR	2.6%～4.4%

（2）衍生金融资产

	期末公允价值	估值技术	可观察输入值	
			名称	范围
远期外汇合同	2 880 400	现金流量折现模型	人民币兑美元远期汇率	6.817 9～6.830 0
货币掉期合同	44 661 962	现金流量折现模型	人民币兑美元远期汇率	6.897 3～6.922 9

（3）衍生金融负债

	期末公允价值	估值技术	可观察输入值	
			名称	范围
远期外汇合同	2 640 710	现金流量折现模型	人民币兑美元远期汇率	6.825 9～6.830 0
货币掉期合同	437 031	现金流量折现模型	人民币兑美元远期汇率	6.916 6

3. 不以公允价值计量的金融资产和金融负债的公允价值情况

本集团以摊余成本计量的金融资产和金融负债主要包括：应收票据及应收款项、其他应收款、短期借款、应付款项、长期借款和应付债券等。

除下述金融资产和金融负债以外，其他不以公允价值计量的金融资产和金融负债的账面价值与公允价值差异很小。

单位：元　币种：人民币

	2018 年 12 月 31 日		2017 年 12 月 31 日	
	账面价值	公允价值	账面价值	公允价值
金融负债——				
长期借款	1 246 875 075	1 210 476 927	1 711 000 000	1 663 432 443
应付债券			798 605 414	777 680 000
合计	1 246 875 075	1 210 476 927	2 509 605 414	2 441 112 443

长期借款以及不存在活跃市场的应付债券,以合同规定的未来现金流量按照市场上具有可比信用等级并在相同条件下提供几乎相同现金流量的利率进行折现后的现值确定其公允价值,属于第三层次。

附注 10　关联方及关联交易

1. 本企业的母公司情况(单位:元　币种:人民币)

母公司名称	注册地	业务性质	注册资本	母公司对本企业的持股比例	母公司对本企业的表决权比例
三益发展	中国香港	对外投资	94 011 000	15.57%	15.57%

本企业最终控制方是曹德旺先生。

2. 本企业合营和联营企业情况

本期与本公司发生关联方交易,或前期与本公司发生关联方交易形成余额的其他合营或联营企业情况如下:

合营或联营企业名称	与本企业关系
特耐王包装	本公司持股　49%的合营企业
金垦玻璃	本公司持股　25%的联营企业
北京福通	本公司持股　25%的联营企业

3. 其他关联方情况

其他关联方名称	其他关联方与本企业关系
福建省耀华工业村开发有限公司(以下简称工业村)	受本公司单一最大控股股东的配偶控制
福耀饰件	受本公司的董事控制
三锋服务	受本公司的董事控制
福州模具	受本公司的董事控制
环创德国有限公司(以下简称环创德国)	受本公司单一最大控股股东控制

其他说明:三锋服务、福耀饰件及福州模具的关联交易实际发生额为 2018 年 1 月 1 日至 2018 年 5 月 31 日的统计数据,即成为本公司子公司前与本公司及本公司附属公司的交易额。

4. 关联交易情况

(1) 购销商品、提供和接受劳务的关联交易

采购商品/接受劳务情况(单位:元　币种:人民币)

关联方	关联交易内容	本期发生额	上期发生额
金垦玻璃	采购原辅材料	163 382 417	2 467 365
特耐王包装	采购原辅材料	94 173 280	87 882 125
福耀饰件	采购原辅材料	47 185 053	77 031 891
福州模具	采购模具及检具	57 395 553	153 692 195

出售商品/提供劳务情况表（单位：元　币种：人民币）

关联方	关联交易内容	本期发生额	上期发生额
三锋服务	销售产成品及原辅材料	136 951 078	414 380 715
福耀饰件	销售产成品及原辅材料	9 307 823	14 206 653
福耀饰件	销售模检具工装	38 562	0
福耀饰件	销售水、电	1 259 799	1 795 912
福州模具	销售模检具工装	174 994	0
福州模具	销售水、电	275 682	234 228
金垦玻璃	销售原辅材料	467 074	31 785
金垦玻璃	销售机械设备	150 000	0
金垦玻璃	提供劳务	836 670	0
特耐王包装	销售原辅材料	217 252	187 619
特耐王包装	销售水、电	1 191 001	1 040 694
特耐王包装	提供劳务	2 180 869	1 907 890

（2）关联租赁情况
本公司作为出租方（单位：元　币种：人民币）

承租方名称	租赁资产种类	本期确认的租赁收入	上期确认的租赁收入
福耀饰件	厂房		766 543
特耐王包装	厂房	60 218	59 676

本公司作为承租方（单位：元　币种：人民币）

出租方名称	租赁资产种类	本期确认的租赁费	上期确认的租赁费
工业村	厂房、职工食堂、宿舍、培训中心及仓库	21 812 711	21 183 579
工业村	宿舍	644 429	
环创德国	厂房	19 068 840	

（3）关联方资金拆借（单位：元　币种：人民币）

关联方	拆借金额	起始日	到期日	说明
拆入				
金垦玻璃	190 000 000	2017 年 4 月 6 日	2019 年 8 月 15 日	

（4）关联方资产转让、债务重组情况（单位：元　币种：人民币）

关联方	关联交易内容	本期发生额	上期发生额
福耀饰件	销售土地使用权及其厂房、附属设施等		27 007 010
福耀饰件	销售模检具等设备		2 603 198

（5）关键管理人员报酬（单位：元　币种：人民币）

项目	本期发生额	上期发生额
关键管理人员报酬	25 283 850	26 532 683

5. 关联方应收应付款项

（1）应收项目（单位：元　币种：人民币）

项目名称	关联方	期末余额		期初余额	
		账面余额	坏账准备	账面余额	坏账准备
应收票据及应收账款	三锋服务			53 732 137	
应收票据及应收账款	福耀饰件			896 641	
其他应收款	环创德国	60 008 765			
其他应收款	金垦玻璃	2 973 805		2 049 094	
其他应收款	特耐王包装	314 881		342 694	
其他应收款	福耀饰件			5 523 754	
其他应收款	福州模具			54 083	
预付款项	金垦玻璃	49 498 293		330 000	
预付款项	福州模具			1 369 658	
预付款项	福耀饰件			6 981	
长期应收款	金垦玻璃	190 000 000		190 000 000	

本报告期末,长期应收款——金垦玻璃转入"一年内到期的非流动资产"列报。

(2)应付项目(单位:元　币种:人民币)

项目名称	关联方	期末账面余额	期初账面余额
应付票据及应付账款	金垦玻璃	18 416 315	1 861 896
应付票据及应付账款	特耐王包装	9 978 572	9 010 819
应付票据及应付账款	福耀饰件		19 415 076
应付票据及应付账款	福州模具		1 928 121
其他应付款	福州模具		5 154 639
其他应付款	福耀饰件		912 366
其他应付款	北京福通	29 273 688	
其他应付款	金垦玻璃	3 125	

6. 关联方承诺(单位:元　币种:人民币)

	2018 年 12 月 31 日	2017 年 12 月 31 日
租入:		
工业村	86 480 952	21 944 342
环创德国	291 190 574	312 147 424

附注 11　承诺及或有事项

重要承诺事项,即资产负债表日存在的对外重要承诺、性质、金额。

(1)资本性承诺事项

以下为本集团于资产负债表日 已签约而尚不必在资产负债表上列示的资本性支出承诺。

单位:元　币种:人民币

项目	2018 年 12 月 31 日	2017 年 12 月 31 日
房屋、建筑物及机器设备	1 330 913 670	1 647 159 318

(2)经营租赁承诺事项

根据已签订的不可撤销的经营性租赁合同 本集团未来最低应支付租金汇总如下。

单位:元　币种:人民币

时间	2018 年 12 月 31 日	2017 年 12 月 31 日
1 年以内	45 363 391	58 498 526
1～2 年	33 340 681	25 097 141
2～3 年	33 962 447	25 676 949
3～4 年	29 923 216	26 561 114
4～5 年	30 551 208	27 170 275
5～6 年	31 308 329	27 794 665
6～7 年	31 968 113	28 434 665
7～8 年	32 967 379	29 090 665
8～9 年	33 660 564	30 086 053
9～10 年	34 371 079	30 775 263
10～11 年	35 212 787	31 481 704
11～12 年	5 353 408	32 205 805
12～13 年	5 734 368	2 517 653
13～14 年	5 734 368	2 898 614
14～15 年	5 734 368	2 898 614
15～16 年	—	2 898 614
合计	395 185 706	384 086 320

（3）对外投资承诺事项

经本公司 2013 年 10 月 22 日召开的第七届董事局第十七次会议审议通过,本公司拟在俄罗斯卡卢加州独资组建"福耀俄罗斯浮法玻璃有限公司"(暂定名,最终以当地公司登记机关核准的名称为准),并拟投资 2.2 亿美元建设该浮法玻璃项目。于 2018 年 12 月 31 日,福耀俄罗斯浮法玻璃有限公司尚未成立。

经本公司 2017 年 8 月 4 日召开的第八届董事局第十五次会议审议通过,本公司拟在中国境内组建"福耀玻璃国际控股有限公司"(暂定名实际成立时名称为"福耀国际控股有限公司"),并拟投资不超过人民币 30 亿元建设该控股及管理公司。于 2018 年 12 月 31 日,福耀国际控股有限公司已成立,注册资本尚未投入。

（4）信用证承诺事项(单位:元　币种:人民币)

	2018 年 12 月 31 日	2017 年 12 月 31 日
机器设备	41 689 231	206 071 470

附注 12　资产负债表日后事项

1. 利润分配情况（单位：元　币种：人民币）

拟分配的利润或股利	1 881 463 149
经审议批准宣告发放的利润或股利	1 881 463 149

根据 2019 年 3 月 15 日第九届第九次董事局会议决议，审议通过《2018 年度利润分配方案》。董事局提议本公司向全体股东分配股利，每 10 股派送现金股利 7.5 元（含税），合计派发股利人民币 1 881 463 149 元，未在本财务报表中确认为负债。上述提案尚需提交本公司股东大会审议。

2. 其他资产负债表日后事项说明

• 根据本公司 2019 年 1 月 16 日公告，本公司之全资子公司福耀欧洲玻璃工业有限公司（以下简称福耀欧洲）与 SAM automotive production GmbH（以下简称 SAM）的破产管理人 Dr. Holger Leichtle 签订协议，约定由福耀欧洲购买 SAM 的资产，包括设备、材料、产成品、在产品、工装器具等，购买资产内容以双方协商确定为准，资产购买价格为 58 827 566.19 欧元。根据本公司 2019 年 3 月 1 日公告，购买方变更为新设立的福耀欧洲全资子公司 FYSAM Auto Decorative GmbH（以下简称 FYSAM），该交易已完成交割。

• 本公司于 2017 年 4 月 26 日召开的 2016 年度股东大会审议通过了《关于公司在具备发行资格情况下择机发行超短期融资券的议案》，同意公司向中国银行间市场交易商协会申请注册发行金额不超过人民币 20 亿元（含 20 亿元）的超短期融资券。

于 2019 年 2 月 27 日，公司在全国银行间市场公开发行 2019 年度第一期超短期融资券（以下简称 19 福耀玻璃 SCP001），超短期融资券代码 011900470，发行总额为人民币 5 亿元，本期超短期融资券的期限为 270 天，发行价格为 100 元（百元面值），发行利率为 3.20%（年利率），主承销商为兴业银行股份有限公司，起息日为 2019 年 2 月 28 日，兑付方式为到期一次性还本付息。本次募集资金主要用于补充流动资金。

于 2019 年 3 月 8 日，公司在全国银行间市场公开发行 2019 年度第二期超短期融资券（以下简称 19 福耀玻璃 SCP002），超短期融资券代码 011900559，发行总额为人民币 4 亿元，本期超短期融资券的期限为 269 天，发行价格为 100 元（百元面值），发行利率为 3.26%（年利率），主承销商为中国银行股份有限公司，起息日为 2019 年 3 月 12 日，兑付方式为到期一次性还本付息。本次募集资金主要用于偿还银行借款。

附注 13　母公司财务报表主要项目注释

1. 应收票据及应收账款

（1）总表情况（单位：元　币种：人民币）

项目	期末余额	期初余额
应收票据	297 470 121	853 199 702
应收账款	814 814 208	615 981 816
合计	1 112 284 329	1 469 181 518

（2）应收票据

（a）应收票据分类列示（单位：元　币种：人民币）

项目	期末余额	期初余额
银行承兑票据	297 470 121	853 199 702
商业承兑票据		
合计	297 470 121	853 199 702

（b）期末公司已背书或贴现且在资产负债表日尚未到期的应收票据（单位：元　币种：人民币）

项目	期末终止确认金额	期末未终止确认金额
银行承兑票据	2 490 511 086	
商业承兑票据		
合计	2 490 511 086	

（3）应收账款

（a）按账龄披露（单位：元　币种：人民币）

账龄	期末余额
1 年以内	793 796 412
1～2 年	13 998 789
2～3 年	6 544 118
3 年以上	474 889
合计	814 814 208

（b）按欠款方归集的期末余额前五名的应收账款情况（单位：元　币种：人民币）

	期末数	坏账准备金额	占应收账款比例
余额前五名的应收账款总额	518 016 165		64％

2. 其他应收款

（1）总表情况（单位：元　币种：人民币）

项目	期末余额	期初余额
应收利息		
应收股利	134 235 731	109 615 449
其他应收款	12 724 053 398	8 647 678 460
合计	12 858 289 129	8 757 293 909

（2）应收股利（单位：元　币种：人民币）

项目（或被投资单位）	期末余额	期初余额
福耀香港	134 235 731	50 807 649
福耀集团香港		58 807 800
合计	134 235 731	109 615 449

（3）其他应收款

（a）按账龄披露（单位：元　币种：人民币）

账龄	期末余额
1 年以内	10 005 909 744
1～2 年	2 107 060 962
2～3 年	245 977 381
3 年以上	365 105 311
合计	12 724 053 398

（b）按款项性质分类情况（单位：元　币种：人民币）

款项性质	期末账面余额	期初账面余额
应收关联方款项	12 387 115 757	8 631 791 444
应收股权转让款	321 400 000	

（续表）

款项性质		期末账面余额	期初账面余额
应收保证金		8 638 322	8 591 322
其他		6 899 319	7 295 694
	合　计	12 724 053 398	8 647 678 460

（c）按欠款方归集的期末余额前 5 名的其他应收款情况（单位：元　币种：人民币）

单位名称	款项的性质	期末余额	账龄	占其他应收款期末余额合计数的比例	坏账准备期末余额
第一名	关联方往来	2 691 423 577	3 年以内	31%	
第二名	关联方往来	2 165 008 754	3 年以内	25%	
第三名	关联方往来	1 232 873 791	2 年以内	14%	
第四名	关联方往来	827 391 970	3 年以内	10%	
第五名	关联方往来	694 174 774	4 年以内	8%	
合计		7 610 872 866		88%	

（d）涉及政府补助的应收款项（单位：元　币种：人民币）

单位名称	政府补助项目名称	期末余额	期末账龄	预计收取的时间、金额及依据
福建省东锅节能科技有限公司	余热发电项目	1 525 812.00	1 年内	2019 年 6～8 月从应付给对方的电费中扣减

3. 长期股权投资（单位：元　币种：人民币）

项目	期末余额			期初余额		
	账面余额	减值准备	账面价值	账面余额	减值准备	账面价值
对子公司投资	6 624 232 354		6 624 232 354	6 484 007 676		6 484 007 676
对联营、合营企业投资	40 680 552		40 680 552	43 381 319		43 381 319
合计	6 664 912 906		6 664 912 906	6 527 388 995		6 527 388 995

（1）对子公司投资（单位：元　币种：人民币）

被投资单位	期初余额	本期增加	本期减少	期末余额	本期计提减值准备	减值准备期末余额
福清汽车玻璃	558 862 155			558 862 155		
上海汽车玻璃	378 928 160			378 928 160		

（续表）

被投资单位	期初余额	本期增加	本期减少	期末余额	本期计提减值准备	减值准备期末余额
长春汽车玻璃	225 000 000			225 000 000		
万盛汽车玻璃	60 000 000			60 000 000		
重庆汽车玻璃	182 929 450			182 929 450		
通辽浮法	375 000 000			375 000 000		
北京汽车玻璃	302 216 103		302 216 103	0		
福清机械制造	25 500 000			25 500 000		
湖北汽车玻璃	212 316 550			212 316 550		
上海汽车饰件	154 694 299			154 694 299		
福耀香港	337 249 308			337 249 308		
福耀北美	58 846 580			58 846 580		
福耀韩国	4 034 974			4 034 974		
福耀日本	642 130	16 888 581		17 530 711		
海南文昌硅砂	29 297 551			29 297 551		
重庆浮法	230 166 969			230 166 969		
郑州汽车玻璃	225 000 000			225 000 000		
福耀集团香港	6 827 000			6 827 000		
北美配套	456 571 631	65 052 200		521 623 831		
福耀俄罗斯	702 136 258			702 136 258		
沈阳汽车玻璃	112 500 000			112 500 000		
苏州汽车玻璃	328 770 000			328 770 000		
本溪浮法	139 480 000	360 500 000		499 980 000		
福耀美国	977 038 558			977 038 558		
天津汽车玻璃	400 000 000			400 000 000		
合计	6 484 007 676	442 440 781	302 216 103	6 624 232 354		

（2）对联营、合营企业投资（单位：元　币种：人民币）

投资单位	期初余额	本期增减变动								期末余额	减值准备期末余额
		追加投资	减少投资	权益法下确认的投资损益	其他综合收益调整	其他权益变动	宣告发放现金股利或利润	计提减值准备	其他		
一、合营企业											
特耐王包装	43 381 319			4 649 233			7 350 000			40 680 552	
小计	43 381 319			4 649 233			7 350 000			40 680 552	
合计	43 381 319			4 649 233			7 350 000			40 680 552	

4. 营业收入和营业成本（单位：元　币种：人民币）

项目	本期发生额		上期发生额	
	收入	成本	收入	成本
主营业务	3 861 521 352	3 201 692 526	3 295 662 726	2 942 242 485
其他业务	964 823 291	943 653 502	955 379 592	943 079 285
合计	4 826 344 643	4 145 346 028	4 251 042 318	3 885 321 770

产品类别	本期发生额		上期发生额	
	主营业务收入	主营业务成本	主营业务收入	主营业务成本
汽车玻璃	2 902 475 678	2 554 244 572	2 613 299 461	2 360 562 298
浮法玻璃	959 045 674	647 447 954	682 363 265	581 680 187
合计	3 861 521 352	3 201 692 526	3 295 662 726	2 942 242 485

	本期发生额		上期发生额	
	其他业务收入	其他业务成本	其他业务收入	其他业务成本
销售废料及材料	964 823 291	943 653 502	955 379 592	943 079 285

5. 投资收益（单位：元　币种：人民币）

项目	本期发生额	上期发生额
成本法核算的长期股权投资收益	3 372 832 277	3 286 469 992
权益法核算的长期股权投资收益	4 649 233	3 316 399
处置长期股权投资产生的投资收益	702 233 896	

（续表）

项目	本期发生额	上期发生额
交易性金融资产持有期间取得的投资收益	35 253 973	
合计	4 114 969 379	3 289 786 391

附注 14　补充资料

1. 当期非经常性损益明细表（单位：元　币种：人民币）

项目	金额	说明
非流动资产处置损益	601 116 748	
计入当期损益的政府补助（与企业业务密切相关，按照国家统一标准定额或定量享受的政府补助除外）	146 750 220	
除同公司正常经营业务相关的有效套期保值业务外，持有交易性金融资产、衍生金融资产、交易性金融负债、衍生金融负债产生的公允价值变动损益，以及处置交易性金融资产、衍生金融资产、交易性金融负债、衍生金融负债和其他债权投资取得的投资收益	46 249 132	
除上述各项之外的其他营业外收入和支出	50 778 706	
所得税影响额	−197 830 893	
少数股东权益影响额	5 635 619	
合计	652 699 532	

对公司根据《公开发行证券的公司信息披露解释性公告第 1 号——非经常性损益》定义界定的非经常性损益项目，以及把《公开发行证券的公司信息披露解释性公告第 1 号——非经常性损益》中列举的非经常性损益项目界定为经常性损益的项目，应说明原因。

2. 净资产收益率及每股收益

报告期利润	加权平均净资产收益率	每股收益	
		基本每股收益	稀释每股收益
归属于公司普通股股东的净利润	20.81%	1.64	1.64
扣除非经常性损益后归属于公司普通股股东的净利润	17.52%	1.38	1.38

3. 境内外会计准则下会计数据差异

（1）同时按照国际财务报告准则与按中国企业会计准则披露的财务报告中净利润和净资产差异情况

单位:元　币种:人民币

	净利润		净资产	
	本期发生额	上期发生额	期末余额	期初余额
按中国企业会计准则	4 120 487 402	3 148 748 043	20 190 906 192	19 000 835 533
按国际财务报告准则调整的项目及金额:				
房屋建筑物及土地使用权减值转回及相应的折旧、摊销差异	−552 528	−527 121	12 802 236	13 354 764
按国际财务报告准则	4 119 934 874	3 148 220 922	20 203 708 428	19 014 190 297

（2）境内外会计准则下会计数据差异说明,对已经境外审计机构审计的数据进行差异调节的,应注明该境外机构的名称

本集团之子公司融德投资有限公司于以往年度对房产及土地按可收回金额与其账面价值的差额计提减值准备。该等长期资产减值准备,根据财政部于 2006 年 2 月 15 日颁布的《企业会计准则第 8 号——资产减值》,本集团资产减值损失一经确认,在以后会计期间不得转回;国际财务报告准则下,本集团用于确定资产的可收回金额的各项估计,自最后一次确认减值损失后已发生了变化,应当将以前期间确认的除了商誉以外的资产减值损失予以转回。该等差异,将会对本集团的资产减值准备(及损失)、固定资产及土地使用权在可使用年限内的经营业绩(折旧/摊销)产生影响,从而导致上述调整事项。

主要参考文献

［1］财政部.企业会计准则（2019年版）［M］.上海：立信会计出版社，2019.

［2］财政部.企业会计准则应用指南（2019年版）［M］.上海：立信会计出版社，2019.

［3］查尔斯·H.吉布森.财务报告与分析［M］.10版.胡玉明，译.大连：东北财经大学出版社，2009.

［4］崔刚.上市公司财务报告解读与案例分析［M］.北京：人民邮电出版社，2009.

［5］郭复初，郑亚光，黄娟.财务分析学［M］.北京：首都经济贸易大学出版社，2008.

［6］郭泽光.财务报告分析［M］.北京：高等教育出版社，2007.

［7］黄世忠.财务报表分析［M］.北京：中国财政经济出版，2006.

［8］K·R·苏布拉马尼亚姆.财务报表分析［M］.11版.宋小明，谢盛纹，译.北京：中国人民大学出版社，2015.

［9］卡伦·P·舍尼贝克，马克·P·霍尔兹曼.财务报表分析与解读［M］.6版.韩沚清，付莉，译.北京：电子工业出版社，2014.

［10］李远慧，郝宇欣.财务报告解读与分析［M］.北京：清华大学出版社，2011.

［11］刘国峰，马四海.企业财务报表分析［M］.北京：机械工业出版社，2010.

［12］刘凌冰.会计报表阅读与分析［M］.大连：东北财经大学出版社，2010.

［13］马丁·弗里德森，费尔南多·阿尔瓦雷斯.财务报表分析［M］.4版.刘婷，译.北京：中国人民大学出版社，2016.

［14］企业会计准则编审委员会.企业会计准则案例讲解（2019年版）［M］.上海：立信会计出版社，2019.

［15］单喆敏.上市公司财务报表分析［M］.上海：上海财经大学出版社，2004.

［16］斯蒂芬·H.佩因曼，林小驰，王立彦.财务报表分析与证券定价［M］.3版.北京：北京大学出版社，2013.

［17］宋娟.财务报表分析从入门到精通［M］.北京：机械工业出版社，2010.

［18］孙福明，张颖薇，刘谨，等.财务报表分析［M］.北京：清华大学出版社，2010.

[19] 索弗(Soffer,L.),索费(Soffer,R.).财务报表分析:估值方法[M].肖星,胡谨颖,陈晓,译.北京:清华大学出版社,2005.

[20] 王德发.财务报表分析[M].北京:中国人民大学出版社,2004.

[21] 王萍.财务报表分析[M].北京:清华大学出版社,2008.

[22] 王淑萍.财务报告分析[M].3 版.北京:清华大学出版社,2007.

[23] 王宛秋,张艳秋.财务报表分析[M].北京:北京工业大学出版社,2010.

[24] 徐光华,柳世平,刘义娟.财务报表解读与分析[M].北京:清华大学出版社,2008.

[25] 袁淳,张新玲.财务报表分析[M].大连:东北财经大学出版社,2010.

[26] 袁天荣.企业财务分析[M].北京:机械工业出版社,2010.

[27] 岳虹.财务报表分析[M].北京:中国人民大学出版社,2009.

[28] 张先治,陈友邦.财务分析[M].5 版.大连:东北财经大学出版社,2010.

[29] 张新民,钱爱民.财务报表分析[M].2 版.北京:中国人民大学出版社,2011.

[30] 张新民,钱爱民.企业财务报表分析[M].北京:清华大学出版社,2006.

[31] 张立达.财务管理学[M].2 版.上海:立信会计出版社,2012.

[32] 张立达.财务报表分析[M].2 版.上海:立信会计出版社,2017.

[33] 中国注册会计师协会.财务成本管理[M].北京:中国财政经济出版社,2019.

[34] 中国注册会计师协会.会计[M].北京:中国财政经济出版社,2019.

[35] 中国注册会计师协会.审计[M].北京:中国财政经济出版社,2019.

[36] 中华人民共和国现行审计法规与审计准则及政策解读编写组.现行审计法规与审计准则及政策解读[M].上海:立信会计出版社,2019.